FERNANDO PESSOA

Genie und Wahnsinn

Schriften zu einer intellektuellen Biographie

Aus dem Portugiesischen und Englischen übersetzt, mit Anmerkungen und einem Nachwort versehen von Steffen Dix

Basierend auf der von Jerónimo Pizarro herausgegebenen Kritischen Ausgabe

AMMANN VERLAG

Der Verlag dankt der Equipa Pessoa
unter Leitung von Prof. Dr. Ivo de Castro
(Grupo de Trabalho para o Estudo do Espólio e Edição
da Obra Completa de Fernando Pessoa)

Funded by the Direcção-Geral do Livro
e das Bibliotecas/Portugal

Erste Auflage

www.ammann.ch
Fernando Pessoa. Escritos sobre Génio e Loucura,
Edição Crítica de Fernando Pessoa, Série Maior, vo. VII,
Edição de Jerónimo Pizarro

Einbandgestaltung: Beate Becker
Satz und Layout: Gaby Michel, Hamburg
Druck und Bindung: CPI – Clausen & Bosse, Leck
ISBN 978-3-250-10456-8

[Eine geistige Reise]

(Der Verrückte reist zur Anschauung
des Universums)

Die Verrückten haben ein klares Gehirn; verwirrt und wahnsinnig ist das Gehirn derer, die nicht verrückt sind.

Das Mysterium des Universums, die Komplexität des Lebens, die Zukunft eines jeden einzelnen (...), all dies sind Probleme, die bei wacher Betrachtung zum Wahnsinn führen werden. Nur wenn man sie auf verwirrte Weise betrachtet, bleibt der Geist heil.

Jeder Stein auf dem Boden ist ein Mysterium, der vom Mysterium unseres mysteriös voranschreitenden Körpers auf mysteriöse Weise erfaßt wird. Dies deutlich zu sehen ist bereits ein Symptom des Wahnsinns...

Der Verfolgungswahn? Ist nicht der universale Überlebenskampf eine Tatsache? Sind wir nicht alle bewußte – oder unbewußte – Feinde der anderen? Der Verfolgungswahn ist das korrekte Verständnis der natürlichen Feindschaft im Angesicht all der Dinge, die nicht von mir sind.

Die reine Erregung? Die närrische Eingebung vom Mysterium des Lebens, welche wie ein Vogelschwarm unbewußt und beschwingt frohlockend zum Gehirn emporsteigt.

Der Größenwahn? Das Empfinden unserer göttlichen Erhabenheit, da wir existieren, nur da wir existieren.

Die Melancholie? Die unverständliche Wahrnehmung der Bestürzung und des Mysteriums von der Welt und vom Leben.

Alle Formen des Wahnsinns sind Formen einer klaren Sicht. Die Gesunden des Geistes sind die Blinden und Verwirrten der Seele.

Verrücktwerden bedeutet, sich dem Mysterium entgegen zu bewegen, es von weitem zu erblicken. Verrücktwerden bedeutet, daß man zu leben beginnt.

Wer verfügt über die Anschauung des Lebens – des Mysteriums? Die genialen Menschen. Und wer sind sie? Menschen auf dem Weg zum Wahnsinn, unvollständige Verrückte.

* * *

Genie, Wahnsinn und Degeneration

[Vom Genie]

Wie viele von uns, die sich mit dem Studium der Psychologie beschäftigen, haben tatsächlich eine Idee von dem, was die Psychologie augenscheinlich ist; oder vielmehr sollte ich anfügen, wie viele, die über sie oder von ihr schreiben, haben auch eine wirkliche Wahrnehmung vom Objekt ihrer Abhandlung? Wenn wir in Betracht ziehen, daß nur wenige, nur sehr wenige Leute eine Idee von der Wirklichkeit vergangener Perioden in der Geschichte haben, eigentlich nur so wenige Leute, daß ich schon geneigt bin, eine solche Wahrnehmung als ein festes Anzeichen für Talent oder gar für Genie zu betrachten; wenn wir dies in Betracht ziehen, können wir uns schwerlich wundern (...).

* * *

Es war eine Art Krankheit – das andauernde Schmachten nach etwas, ich fühlte es, Unerreichbarem; das Sehnen nach etwas so Ungewissem, so unbeschreiblich Schönem, das die Welt nicht enthalten kann. Zärtlichkeiten, Liebe, sexuelle Beziehungen – all das scheint mir so kalt, völlig kalt. Genie ist eine Krankheit, sicher eine prächtige Krankheit, aber eine gewaltige.

* * *

Der Künstler mag wohl vom alltäglichen Menschen etwas Abstand haben; das Genie kann es nicht. Es sollte auch nicht. Des Künstlers oberstes Ziel ist die Erschaffung des Schönen, des Genies oberstes

Ziel ist es, dem Guten weiter zu verhelfen, eine zivilisierte Lebenswelt gegenüber dem Übel zu schaffen.

Es gibt drei Formen des Übels: die Ignoranz, die Ungeschliffenheit, die Böswilligkeit.

Gegen das eine setzt die Wissenschaft das Wahre,
gegen das andere setzt die Kunst das Schöne,
gegen das letzte setzt die Religion das Gute, aber all die Dinge, die zum Wahren, zum Schönen, zum Guten tendieren, tendieren auch zum Fortschritt und zur Entwicklung.

* * *

Genie

Der große, überlegene Mensch – der Übermensch – ist derjenige, in dem folgende Dinge in einem höheren Stadium gegenwärtig sind: Reflexion, Gewissen und Tatkraft, die drei Zustände des höheren Bewußtseins, beinahe ausschließlich menschlich. Jedoch sollte man sagen, auch wenn diese Dinge (...) vorhanden sind, sind sie unterschiedlich; der überlegene Mensch denkt genauer, er fühlt tiefer, er will sofort, (...). Er ist nicht *kalt, hart,* im Gegenteil, er ist ein Denker, ohne rein ein Denker zu sein, er ist gefühlvoll, ohne rein gefühlvoll zu sein, er ist ein Mann der Aktion, ohne dabei jedoch einer Maschine zu gleichen. Er ist nicht degeneriert wie Napoleon, der eine reiche Reflexion (im Gefühl), einen großen Willen hatte, dem aber völlig das moralische Gefühl abhanden kam, der ein Krimineller (ein Epileptiker) war und der eigentlich hätte im Asyl (...) bleiben sollen. Napoleon war eine Gefahr für die Gesellschaft. Er war jedoch nicht so entartet wie der tief gefühlvolle, aber asexuelle J. Christus, der zu einer gesunden Reflexion nicht fähig war, sondern der wie alle Mystiker und die meisten Metaphysiker krankhaft und obskur dachte. Nein, der überlegene Mensch ist mehr als dies. Er ist nicht asexuell wie Christus. Er ist sexuell, allerdings nicht erregbar oder übererregbar.

Die Stärke des Übermenschen begründet sich in seiner Macht, ungeordnete Instinkte und Impulse zu kontrollieren. Sein Gewissen erkennt sie als schlecht, seine Reflexion betrachtet sie und überlegt die beste Methode, sie auszugleichen, und sein Wille führt dieses Unternehmen dann aus.

Die Hemmungszentren in seinem Gehirn sind (...).

Auch wenn er begeistert und enthusiastisch ist (da er gesund ist), verfällt er nicht dem Rausch, dem Zorn, dem Laster. Er unterwirft sich keinen Meinungen und attackiert sie auch nicht. Er erschafft Meinungen. Sein hauptsächlicher Wunsch ist das Verstehen. Aber weder wünscht er die Schöpfung oder die Ewigkeit zu verstehen, noch will er unendliche Dinge verstehen, Dinge *sub specie aeternitatis et necessitatis.*

Er ist phantasievoll. Er ist inständig schöpferisch, zutiefst originell. Was er sieht, was er liest, das läßt in seinem Gehirn keine einfache und mechanische Ideenassoziation entstehen. Er denkt darüber nach, kritisiert es, in zauberhaften und wunderlichen Kombinationen läßt er daraus neue Gedanken, neue Ideen, neue Dinge entstehen.

Er ist mitfühlend, leidenschaftlich in seiner Liebe zur Menschheit. Aber er beschäftigt sich nicht mit ihr anhand von *Theorien* zum Guten und Bösen im Menschen, sondern durch ein Studium der bestehenden Bedingungen – ein sorgfältiges, vorurteilloses, vernünftiges Studium.

In all diesen Dingen ist er durch seine Liebe zur Humanität beflügelt. Und diese Liebe zur Humanität, die nichts mit Wahnsinn (wie ich von ihm rede) zu tun hat, die kein Instinkt oder Impuls ist, ist (...) bezüglich dieser Worte die höchste Form der Aktivität des moralischen Sinnes.

Er erfreut sich an reinen Dingen. Er sagt nicht wie Proudhon »le vrai amour n'a pas d'orgueils«. Würde er dies sagen, wäre er verrückt.

Reinheit, Menschenfreundlichkeit, all diese Dinge sind Träume – vielmehr der traurige Reigen von Onanisten, impotenten Leuten, Wahnsinnigen und degenerierten Pessimisten (...).

Ihn verbindet eine warme Freundschaft zu seiner Liebe zur Menschheit. Im Gegenteil ist jeder Liebhaber der Menschheit ein *Misanthrop.* Diese Liebe zum Menschen entstammt dem Anarchismus, und Anarchismus ist das mentale Stigma der Degeneration.

* * *

These – Zur Natur des Genies

Genie ist eine Umwandlung, eine Form der Psychopathie des Zweifels.

Was sind die allgemeinen Charakteristiken eines genialen Menschen?

Tiefgründiges Denken: Eine Form der Psychopathie des Zweifels.

Worin unterscheidet sich die Psychopathie vom Genie? (In der Qualität des Gehirns.)

Mystizismus ist die Verwirrung von überlegenen Gehirnen, so wie Dummheit die Verwirrung von geläufigen Gehirnen ist und Idiotie die Verwirrung von minderwertigen Gehirnen.

Des genialen Menschen ewige Unruhe bezüglich der Gründe und Ursprünge der Dinge.

Die Arten des Genies: Dichter, Philosoph, Wissenschaftler (...).

Was das dichterische Denken ausmacht: Liebe zur Schönheit.

Die pathologische Basis des Rhythmus und des Reims (Dies ist *musikalisch*). Ist Musik in ihrem Ursprung selbst psychopatisch?

Philosophen: Die psychopathische Basis der Metaphysik.

Künstler:

Die Dichter, selbst die einfachsten, müssen selbstverständlich über eine Hypererregbarkeit des Nervensystems verfügen. Nun ist aber ein hypererregbares Gehirn ein anormales Gehirn.

(Physiologie der Inspiration.)

Metaphysiker sind angetan von der Manie des Zweifels.

Was sind die mentalen Krankheiten, gefunden in jedem:

Maler – Bildhauer – Architekt. Die am wenigsten nervösen unter den Künstlern.

Musiker. Nervöser; zumindest sehr nervös.

Dichter. Wenn weniger nervös, dann weil der Intellekt gemeinsam mit der Imagination existiert.

1 Was verstand man unter dem Genie?
Schöpferisches Genie. Wissenschaftliches Talent; innerhalb der Normalität.

2 Dann: Wie viele Arten des Genies gibt es?
Das Genie des Denkens: (Philosophen; Denker; (...))
Das Genie des Gefühls: (Dichter; (...))
Das Genie des Willens: (Christus?; Napoleon; (...))

* * *

Der gesunde Mensch fühlt die Notwendigkeit, jedem Ding eine Bedeutung beizumessen. Der ungesunde Denker strebt eher danach, die Bedeutung eines Dinges vage zu machen, »tiefgründig«.

* * *

Die Beziehung zwischen dem Genie und der Manie des Zweifels.

Die Manie des Zweifels ist übrigens die »halluzinatorische Intensität der intellektuellen Wahrnehmung« (Alexander Search[1]). (Während logisches Denken eventuell wirklich höhere Wahrnehmung besagt.)

Wenn Lord Byron sagt: »Ich *habe* gedacht etc.« Wenn Keats von einem »tiefen oder gehobenen Denken« spricht. Wenn Dichter zu Dichtern sprechen von einem nachdenklichen (...), was meinen sie dann damit?

Sicher meinen sie damit kein logisches Denken. Das ist erst einmal klar. Sie meinen damit eins von zwei Dingen: daß diese Dichter über Dinge nachdenken, über die ein normalerer Geist nicht nachdenken würde, oder daß sie über Dinge nachdenken, über die zwar ein gewöhnlicher Mensch auch nachdenkt, sie jedoch in einer tiefsinnigeren Art und Weise. Oder sie machen dieses zur selben Zeit. Auf der einen Seite gibt es eine Ausdehnung (Quantität), auf der anderen Seite gibt es eine Tiefgründigkeit (Qualität) der Überlegung.

Wir sollten den inneren Charakter von dieser Überlegung für später belassen, wir sollten jedoch den äußeren Sinn davon untersuchen. Was ist also die Bedeutung davon: daß der geniale Mensch mehr und tiefgründiger denkt als der gewöhnliche Mensch? Das bedeutet nur, daß der geniale Mensch (...) und intensiver an die Dinge denkt als der alltägliche Mensch.

All die Dinge, die nicht nach der Bewahrung des Lebens streben, werden als ungesund und anormal betrachtet, als unnatürlich in der Art, wie sie sich nicht dem Lebenskampf anpassen.

Dies kann man daran sehen, daß alle unpersönlichen Fähigkeiten unnatürlich sind (ausgenommen wenn sie Wissenschaft erzeugen, wenn sie sich um das Gute in der menschlichen Rasse bemühen). (Das Gute einer Rasse hat aus einer persönlichen Aufopferung zu entstehen. Nun ist das soziale Gute zwar normal, die persönliche Aufopferung aber anormal. Daher muß also das Normale durch das Anormale erreicht werden. Das Gute durch das Schlechte. Das ist alles schlecht, da überall, wo das ultimative Ende unerreichbar ist, die Bedeutung ewig wird. So ist das Schlechte also niemals das Gute.)

* * *

Das Nachdenken über die besondere Schönheit einer speziellen Sache, das Auffinden einer geheimen Liebenswürdigkeit in den nahestehenden Objekten sind definitive Symptome der Manie des Zweifels.

Schließlich ist die Betrachtung des Schönen in speziellen Sachen immer nur ein Teil ihres Mysteriums.

Die Wahrnehmung der Schönheit in den Dingen ist nur eine

Seite in der Wahrnehmung ihres Mysteriums. Bedeutet nun die eindringliche Versenkung in das Mysterium der Dinge Wahnsinn, dann ist die anhaltende Obsession bezüglich der Schönheit auch Wahnsinn.

* * *

Die Beziehung zwischen der Manie des Zweifels, Symbolismus, Mystizismus etc.

Was sind die hauptsächlichen Charakteristiken der Manie des Zweifels? Mysterium? Das Unbekannte?

* * *

Die Manie des Zweifels

Was ist das?

»Die halluzinatorische Intensität der intellektuellen Wahrnehmung«. Cf. Poe: »Berenice«. Egaeus'[2] Aufmerksamkeit im Hinblick auf die kleinen Dinge ist in der Tat der Tod einer normalen Aufmerksamkeit. Es ist also entweder eine wirkliche Aufmerksamkeit oder keine. Ist es keine, dann ist es nichts anderes als ein Umherstreifen des Geistes, während das Auge auf ein äußeres Objekt fixiert ist. Wenn sie wirklich ist, bedeutet sie eine mentale Krankheit. Für die Aufmerksamkeit gibt es entweder eine Ausrichtung oder keine. Wenn sie eine Ausrichtung hat, betrifft sie entweder das innere oder äußere Verständnis des Objekts. Wenn äußerlich, dann zur Handlung, wenn innerlich, dann zum eigenen Verständnis.

Wenn es keine Ausrichtung gibt, ist sie auch keine *wirkliche* Aufmerksamkeit, und sie ist damit tatsächlich nur jenes geistige Umherstreifen, von dem ich eben sprach.

Scheint der Geist von einem äußeren Objekt verschlungen zu sein, dann zeigt dies *genau,* wie er tatsächlich völlig von sich selbst vereinnahmt ist; daß (dies bemerke man wohl) je *wirklicher* solche Aufmerksamkeit ist, um so *unwirklicher* ist sie als Aufmerksamkeit, um so weniger Aufmerksamkeit ist sie.

Hier besteht die *äußere* Tendenz darin, mehr Objekte zu sehen, als ein normaler Mensch wahrnimmt. Beschreibt nun Shelley, wie er Grashalme etc. mit nahezu übermenschlicher Klarheit sieht, dann haben wir die äußere Tendenz, in den Objekten mehr zu sehen als bei einem normalen Blick. (Entspricht dies mentalen, als Zweifel angenommenen moralischen und physischen Gefühlen?)

(Der Blick und das Denken. Manch einer mag glauben, das Zentrum des Hinterkopfs habe etwas mit dem Denken zu tun. Das konvergente Schielen bei großen Denkern.)

Selbstverständlich (weiter mit dem Blick) verstören solche Arten des Sehens unsere Tendenz, die Objekte zu verstehen, und hauptsächlich ihre Beziehungen zueinander. Ein normales Sehen begreift diese Beziehungen richtig. Keine dieser Abnormitäten nimmt sie richtig wahr. (Warum? Wie?)

Es scheint, die Psychologie des Zweifels wäre eine Veränderung des psychologischen Gefühls für Beziehungen, eine *individualistische Konzentration* der Vernunft, die, anstelle Beziehungen anzustreben, wie es ihre Funktion sein sollte, (...) anstrebt. Die, anstatt ein Verständnis durch Beziehungen anzustreben, ein Verständnis (durch innere Beziehungen?) anstrebt.

(Wie? Warum?) bemüht man sich um Vernunft und Zweck (ohne Vernunft und Zweck als Verhältnis zu betrachten)?

Ist die Manie des Zweifels die grundlegende Psychose, die »Halluzination der Wahrnehmung«?

So wie es in den Sinnen Perversionen, Unvollkommenheiten und Halluzinationen gibt, so gibt es auch im Denken *Perversionen, Unvollkommenheiten* und *Halluzinationen.*

Ist die Manie des Zweifels eine Perversion, und keine Halluzination?

* * *

Ähnliche Punkte zwischen dem Genie und der Manie des Zweifels:

Die Manie des Zweifels erzeugt, involviert zumindest eine gewisse Amnesie.

Die Amnesie haben alle genialen Menschen gemeinsam.

Die Manie des Zweifels ist begleitet von Zerrüttungen des Willens, von Zaudern, von Unentschiedenheit. Viele geniale Menschen sind zaudernd und unentschlossen.

Die fundamentale Charakteristik der Manie des Zweifels ist selbstverständlich der Zweifel, das Anhäufen vieler Fragen und die Sorge, auf diese Fragen auch Antworten zu finden. Das Genie hat diese Charakteristik ebenfalls.

Das Genie und die Manie des Zweifels sind beide zutiefst degenerativ. Fälle der Nervosität und der Krankheit sind in diesen beiden Arten gefunden worden.

Im Genie und in der Manie des Zweifels gibt es einen intellektuellen Egoismus, einen Egozentrismus (?). Dies ist das Ergebnis des Mißbrauchs von Kräften der Vernunft.

(*UNÄHNLICHKEIT:* Die Manie des Zweifels versucht nicht, die Probleme zu lösen; der geniale Mensch versucht es.)

Geniale Menschen, die auf klare Weise an der Manie des Zweifels leiden:

Schopenhauer. (Heraklit.)
Carlyle.
Maine de Biran[3].
Amiel[4].

* * *

Beobachtungen zum Genie.
Der geniale Mensch sieht klarer und träumt mehr als der gewöhnliche Mensch.

Ist die Übersensibilität gegenüber Geräuschen eine Charakteristik von Leuten, die Angst empfinden?

* * *

Die größten Genies sind die Schöpfer eines Milieus.

Richet[5] liegt richtig, wenn er behauptet, daß das, was den großen Menschen auszeichnet, genau jenes ist, was ihn von seinem Milieu unterscheidet. Einige sind einfach nur zur Anpassung unfähig. Einige passen sich an, indem sie das Milieu erobern, indem sie es zu ihrem eigenen machen. Baudelaire und Poe sind Beispiele für die erste These. Napoleon und Christus sind Beispiele für die zweite These.

Der geniale Mensch muß gleichzeitig mehr träumen und wacher sein als der gewöhnliche Mensch. Die höhere Aktivität seines Denkzentrums bringt ihn dazu, ein größeres Bewußtsein vom Leben zu haben, eine größere Sehnsucht nach Verständnis, eine größere Klarheit der Sicht (was ihm hilft bei der Eliminierung von absurden Konzepten, die zwangsläufig in seinem Gehirn erscheinen). Die größere Aktivität von diesen gefährdeten Zentren, die (...) Aktivität der Nerven und die (...) schneiden ihn aber in einer gewissen Weise von der Welt ab, machen aus ihm einen Egoisten und einen Träumer. Daher ist das Phänomen der Amnesie (...) gewöhnlich bei Menschen mit Genie und Talent. (Der Unterschied zwischen diesen beiden besteht in der größeren Imagination des Genies, in der größeren Originalität, allgemein in der größeren Genialität.)

* * *

Die synthetische Aktivität ist verbunden mit einer mentalen Erregung, ebenso wie die Analyse an eine Depression gebunden ist.

Sowohl eine hohe synthetische Aktivität wie auch eine hohe analytische Aktivität sind Symptome eines psychopathischen Zustands.

Zuweilen trifft man in ein und derselben Figur diese beiden Aktivitäten gemeinsam an – dies ist selten, aber es ist möglich; dieses Individuum wird nicht ausgeglichener sein, sondern höchstens nur unausgeglichen ausgeglichen, denn letztlich bewegt es sich außerhalb der gewöhnlichen Naturproportionen.

Die Selbstanalyse ist ein morbides Phänomen.

Das ist offensichtlich. Da die Intelligenz essentiell objektiv ist, jedoch ist die analytische Intelligenz eine subjektive Intelligenz, also eine nichtnatürliche, eine morbide Intelligenz.

Ist die analytische Aktivität nun genau dies, oder ist sie eine Übertreibung des Selbstbewußtseins? Oder vielmehr: Was bedeutet das Selbstbewußtsein?

Der Grund, warum ein Dichter nicht über das Naturell eines Mathematikers verfügt – die Dichtung ist das Erzeugnis einer synthetischen Aktivität, die Mathematik das Erzeugnis einer analytischen Aktivität. Dies ist der wahre Grund, der fundamentale Grund, den alle kennen.

Ein Fall einer großen synthetischen Aktivität, verbunden mit einer völligen Unfähigkeit zur analytischen Aktivität: *Victor Hugo.*

Ein Fall der Koexistenz beider Aktivitäten, Edgar Allan Poe (denke an seine Erfolge in der Mathematik). Ein sich selbst und seiner Dichtung gegenüber tief kritischer Dichter. Der Alkoholismus übersteigerte seine synthetische, vereinfachende Aktivität.

Goethe: ein Fall der Koexistenz, ohne daß sich dabei die beiden Aktivitäten gegenseitig beeinflußt hätten.

* * *

Metaphysiker werden von normalen Menschen in der Regel nur schlecht oder oberflächlich verstanden. Mehr noch, es gibt vielerlei

Leute, die glauben, ein metaphysisches System zu verstehen, wobei sie nur die Worte begreifen – was an sich schon ganz gut ist –, in denen es dargestellt wurde. Liest man einem normalen Menschen Spinozas Definition der Substanz vor, so wird dieser, wenn er sich schon nicht unhöflich gegenüber Spinoza äußert, zumindest doch sagen: »Mit solchen Dingen hat er seine Zeit vergeudet!«

Betrachtet man die Fakten, die Dinge mit einem nach Wahrheit strebenden Auge, so wird niemand leugnen, daß die metaphysische Spekulation nicht direkt auf das hauptsächliche Streben der natürlichen Dinge gerichtet ist, also auf die Erhaltung der Art, auf die Anpassung an den Lebenskampf.

Man würde auf ähnliche Weise die Wahrheit ignorieren, wenn man ebenfalls die andere Tatsache leugnete, nach der auch die Spekulation die Welt formt.

(Fouillée[6]: Philosophiegeschichte, Einleitung)

Zumindest der anormale Metaphysiker ist genaugenommen etwas neurasthenisch, verstrickt in der Manie des Zweifels. Desgleichen der normale Mensch, wie groß seine Klugheit als normaler Mensch auch sein mag (die normale Klugheit zeigt sich auf zwei Arten, in der Intuition des Charakters und in der Kraft der Überlegung). Auf einer höheren Stufe haben wir den manischen Zweifler, der sich mit aller Ernsthaftigkeit höheren Problemen aussetzt als der normale Mensch, der sich jedoch verwirrt, da er hierin nicht mit klarem Blick sieht. Auf der höchsten Stufe haben wir dann den genialen Menschen, der diese Probleme klar sieht, aus ihnen heraus Systeme erstellt, auf ihnen Gedankengebäude errichtet. Allerdings sollte dabei nie vergessen werden, daß seine Klarheit von Finsternis umgeben ist, so wie Katzenaugen im Dunkeln sehen können. Das ist selbstverständlich kein sehr nobler Vergleich, jedoch ausreichend für die Beschreibung.

Der nicht *gesunde* Mensch ist ein Metaphysiker. In diesem (...) Sinne hatte Rousseau recht, als er sagte: »L'homme qui pense est un animal dépravé.«[7]

Wir müssen die Natur des Genies auf verschiedene Weise verstehen; es gibt eine große Macht in der Wachheit; im gewissen Sinne eine hohe Quantität von schlechten Qualitäten. Wie wir sehen, ist die Basis anormal. An der Basis steht der Wahnsinn; Wahnsinn, Ungesundheit sind das Fundament, auf dem er sein Gebäude errichtet.

Dies erklärt viel, zum Beispiel, daß sich im Genie gleichzeitig gegenteilige Dinge ereignen wie ein höheres Bewußtsein und Unbewußtsein oder Schlafwandlertum. Ohne daß es wie ein Paradox klingen soll, könnten wir vielleicht sogar behaupten – je höher das Bewußtsein, um so geringer das Bewußtsein. Das bedeutet einfach nur – je ausgeprägter die frohlockende Erregung, um so größer die Depression.

Ein ähnlicher Fall ist der von Laster und Verbrechen.

* * *

Die Bedingung für jede Erregung ist die Depression; auch die begleitende Depression; die Erregung von einem Gefühl bedrückt andere (?). (Wird Depression hier nicht doppeldeutig benutzt?) Besteht die Erregung ein Leben lang, gehört sie dem Charakter an, wie beim Genie, dann wird auch die Depression ein Leben lang bestehen, dem Charakter angehören. Man sollte daher behaupten, daß im Genie Erregung und Depression immer nebeneinander zu bestehen haben. Das ist ein Gesetz der Natur; also unabwendbar.

Das Genie ist keine Neurose; es ist aber von einer begleitet. Nervöse *équisements,* in anderen Worten Depressionen.

(Warum sind Männer der Tat in den meisten Fällen Epileptiker – Caesar, Napoleon? Sind andere Genies in den meisten Fällen neurasthenisch und neurotisch und hysterisch?) (Besteht die Depression in derselben Art wie die Erregung? – Kriminelle sind öfter Epileptiker.) (Dies scheint zu bedeuten, die Epilepsie wäre die Depression (Neurose) eines Handlungsmenschen.) (Größtes Genie, größtes Unbewußtsein. (Denken – Depression) Shakespeare.)

* * *

Es gibt mindere und höhere Schwachköpfe. Ein Schwachkopf ist ein Mensch, der sich nicht an die Art des Denkens anpassen kann, wie es bei einem seiner Umwelt entsprechenden Menschen geschieht.

Ein minderer Schwachkopf kann nicht die Dinge erlernen, die sein Mitmensch erlernt, er kann nicht (...).

Ein höherer Schwachkopf kann (beständig?) das erlernen, was ein anderer Mensch auch kann, um es allgemein zu sagen, aber er hat keinen Zugang zu einer höherstehenden intellektuellen Umwelt. Er kann keine Neigung zur Wissenschaft zeigen; er kann keine experimentelle Erkenntnis hochschätzen (...). Keats, Baudelaire, Verlaine, Ibsen (...) etc. waren höhere Schwachköpfe.

Das wahre Genie, der wahrhaft große Mensch, der *Progenerierte* (*progénéré* bei M. Richet)[8] liebt die Wissenschaften, er denkt über sie nach. Er erstellt mit ihrer Hilfe vielleicht metaphysische Systeme, aber er verachtet sie nicht, er verehrt sie als die höchste Errungenschaft. Und je mehr er sie verehrt, um so besser. Vielleicht fühlt er in der Tat manchmal seine Unfähigkeit im Hinblick auf eine bestimmte Wissenschaft; er ist möglicherweise gegenüber einigen tendenziell abgeneigt – als ein normaler Mensch zum Beispiel gegenüber der Mathematik; was allerdings einfach nur eine Frage der intellektuellen Begabung ist. Aber dennoch neigt er nicht dazu, sie zu verachten; eventuell liebt er sie sogar, was auch natürlich ist, solange seine Liebe zur Wissenschaft nichts anderes ist als die Liebe zur Wahrheit, zur Klarheit, zum Verständnis.

Um auf den höheren Schwachkopf zurückzukommen. Er hat die Fähigkeit, aber nicht die (...).

Bezüglich der Quantität der Gehirnkraft ist er ein Denker. Durch das Fehlen an Qualität ist er ein Schwachkopf. Das Gehirn des Schwachkopfs ist (um es so zu sagen) quantitativ ausreichend, qualitativ mangelhaft. Das des Idioten ist quantitativ und qualitativ mangelhaft – mangelhaft in jeder Beziehung.

Was das Denken betrifft, so müssen vielleicht zwei Dinge unterschieden werden: das Begriffsvermögen – die Tiefe und die Genauigkeit (?) des Begriffsvermögens.

Diese beiden Dinge fehlen beim Idioten. Eins von beiden fehlt beim Schwachkopf. Der normale Mensch hat beide. (Eins nennt er Verständnis, das andere gesunden Menschenverstand???) Das Genie hat entweder beide, oder nur eins, aber dann muß er etwas anstreben. Wenn dies keine Idee ist oder ein *Glaubensbekenntnis,* dann muß es eine Ambition sein, ein Streben.

Er beharrt prinzipiell auf der Tatsache, daß er nie stiehlt, daß er immer ehrlich ist. Dies bringt er in Geltung gegenüber jedermanns Gesicht. Er spielt Argwohn gegenüber jedermanns Körper vor.

Woraus ergibt sich, daß seine *Aktivität* für ihn sehr aktiv ist? Ist er ehrlich in der Sache seines Landes?

* * *

Der höhere Schwachkopf

Der Wille ist die primäre Form und die Bewegung (als die räumliche Entsprechung) die primäre Manifestation des Psychismus. Daher ist auf konsequente Weise das erste Anzeichen eines höheren Psychismus ein höherer Wille. Was sind die Charakteristiken eines höheren Willens? Die Kraft der Hemmung, *volonté.*

Was ist über einen Mann zu sagen, der, wie João Franco[9], zwar alle mentalen Charakteristiken eines Schwachkopfs repräsentiert, jedoch die Kraft zum Aufstieg besitzt, da er eben in eine solche Position aufsteigen konnte?

Er ist nicht intellektuell. In keiner seiner Reden ist eine einzige *Idee* zu finden.

Er ist nicht aufmerksam, wofür seine peinlichen Verunglimpfungen und Verleumdungen sprechen.

Sein Wille ist nicht hemmend; er ist ein starrsinniger Despot.

In der *Konfrontation* ist er hinterlistig; seine Schlauheit ist reine *Hinterlist* – darin ähnelt er Schwachköpfen und Kriminellen.

Ein starker Widerspruch zwischen seiner Stärke des *Willens* und seinen Gegensätzlichkeiten im *Intellekt.*

Ein sich selbst widersprechender Mensch tut dies in den folgenden Arten:

1 Durch den Willen, und er ist somit ein gewiefter Schurke.
2 Wenn er wirklich beide Seiten ernsthaft durchdenkt, womit er mental unausgeglichen ist.
3 Durch seine Unfähigkeit zum Denken, und dann ist er ein Schwachkopf.

Auf João Franco trifft nicht (1) zu, da der Mensch, der zum willentlichen Selbstwiderspruch schlau genug ist, auch ausreichend schlau ist, um nicht sein Ehrenwort zu geben.

Auf ihn trifft auch nicht (2) zu, da er (...).

Auf ihn trifft (3) zu. Er sagt in jedem Moment genau das, was der Moment erfordert. Dies wird von zwei Dinge verraten: Er hat keinen Sinn für Ehre (...).

Ist er aber in sich selbst widersprüchlich, dann folgt er weder einer Idee noch einer moralischen Absicht.

* * *

Genie.

Es gibt zwei Arten des Genies.

1 Das absolute Genie.
2 Das relative Genie.

Zunächst kann diese Feststellung sehr befremdlich wirken. Wie kann es – so wird vielleicht die Frage lauten – ein absolutes und ein relatives Genie geben? Es gibt nur – so wird man sagen – das Genie als Genie, und was kein Genie ist, das ist eben keins.

Nun ist diese Unterscheidung nicht nur völlig wahr, nicht nur absolut notwendig, sondern auch extrem einfach zu verstehen.

Wir nennen ein »absolutes Genie« den höheren Menschen, den völlig höheren Menschen, der jederzeit und *unabhängig von seinem Einfluß auf die Menschheit* überragend ist.

Wir bezeichnen den Menschen als »relatives Genie«, der, auch wenn wir ihn nicht unbedingt als ein *höheres Wesen* betrachten, durch bestimmte Umweltbedingungen berühmt wurde, zu einem großen Einfluß in seinem Land und bei seinen Anhängern gekommen ist. Solch ein Mensch war beispielsweise der portugiesische Diktator João Franco, der, ausgenommen seiner Ambitionen, über keinerlei Talent oder Qualitäten verfügte, die man als genial hätte bezeichnen können, dessen Name aber als unvergänglich, wenn auch in einer unerfreulichen Form, in die Geschichte des Landes einging.

Es gibt jedoch noch mehr Fälle. Worin bestand beispielsweise der wahre Genius von Mohammed? In seinem Vorsatz (...)? Dies ist allerdings krankhaft und nicht genial.

Und worin zeigte sich der *absolute* Genius, der wahre Genius von Christus?

Hier mag man fragen: Warum bezeichnen wir Christus, Mohammed und Franco als Genies, wenn sie nicht mehr als relative sind?

Da sie in den Definitionsbereich des Genies fallen.

Warum nennen wir Franco, Christus und Mohammed relative Genies? Da keiner von ihnen irgend etwas *Neues,* etwas wahrhaft *Neues* hervorgebracht hat.

Warum nennen wir sie dann überhaupt Genies? Da sie in der Tat Schöpfer waren, zwar nicht von *neuen Dingen,* jedoch von *neuen Situationen,* was eine andere Sache ist, völlig anders.

Es mag entgegengehalten werden: Sie waren Menschen der *Aktion,* und daher lag es nicht im *Bereich* ihres Genies, irgend etwas anderes zu schaffen als neue *Situationen,* also *Zustände,* die ein Mensch der Aktion erschaffen kann. Darüber hinaus ist nicht jegliche Hervorbringung auch eine Hervorbringung von Situationen (...).

* * *

Genies und Kriminelle sind sich in einigen Dingen ähnlich. Das ist sicher nicht das Mördermotiv, in dem sie sich ähnlich sind: Beide sind antisozial.

Politische Kriminelle (beispielsweise Königsmörder etc.) unterscheiden sich zweifelsohne vom normalen Menschen, aber auch (und wir sprechen von einem »Typus«) vom wahrhaften Kriminellen. Sie zeigen oft unterschiedliche Charaktere.

* * *

Der Kriminelle, der Idiot, der Wahnsinnige sind atavistisch: Sie ähneln oder erinnern in einem Teil ihres Charakters an die Vorfahren. Der geniale Mensch ist antiatavistisch. Er ähnelt oder entspricht den *Nachkommen;* er ist dem aktuellen Stadium der Evolution voraus. Die anderen stehen hinter ihm.

* * *

Wenn der geniale Mensch der Zukunft entspricht, dann können wir an ihm vielleicht erkennen, wohin uns die Evolution führt.

* * *

Anmerkung zum Genie.

Zur Tatsache, daß höhere Genies normaler als geringere sind, wie beispielsweise Shakespeare, V. Hugo etc.

Dies überwirft eindeutig und völlig die Theorie, nach der das Genie eine Antizipation ist, wenn zumindest der vorwegnehmende Intellekt die degenerativen Stigma verursacht – je weiter (und daher um so größer) sich der Intellekt in der Zukunft befindet, um so größer sollte die Anormalität sein.

Nun ergibt sich aber genau das Gegenteil.

* * *

Talent und Genie.

Das Talent, das Genie und der Wahnsinn.

In den primitiven Gesellschaften gibt es weder Genie noch Talent: Es gibt nur den Wahnsinn. Das Talent: Die sozialisierte Intelligenz wird zum Ausdruck der Gesellschaftsfähigkeit.

In der ersten Kindheit der Gesellschaften gibt es Genies, jedoch keine Talente. Es kann Intelligenz geben, allerdings keine *Talente* im eigentlichen Sinne.

Es gibt Intelligenzen: das Publikum der großen Autoren und der Talente, diejenigen, welche die Genies in jenem verstehen, was ihnen wesentlich ist.

* * *

Das Genie ist eine repräsentative Anormalität der sozialen Strömungen – insbesondere eine solche Anormalität, die das Individuum dazu führt, in sich Charakteristiken von bestimmten sozialen Strömungen zu intensivieren, sie nachzuleben. Wie die sozialen Strömungen Handlungen sind, so ist das Genie eine Handlung. (Daher gibt es in einem soziologischen Sinne keine »ignorierten« Genies, also im Sinne von nicht realisierten.) Was das Genie ist, das ist Denken, Bewußtsein. Die Genies sind das *soziale Bewußtsein,* das soziale Gehirn.

Von den Politikern zu den Dichtern – Repräsentativität.

Das Genie ist ein Schöpfer, also *fixierend,* Übermittler von (...).

1 Die wichtigste Sache im Leben einer Gesellschaft ist die Erzeugung von genialen Menschen, von Schöpfern.
2 Der geniale Mensch ist ein anormales, morbides Erzeugnis.
3 Daher ist die Eugenik eine abwegige »Wissenschaft«. Indem sie versucht, gesunde Menschen zu erschaffen, handelt sie gegen die Gesellschaft, da sie die Wurzeln der Genies angreift, die also ihre eigentlichen *schöpferischen, zivilisierten* Wurzeln sind.

* * *

Es ist durch die zentrale, antreibende und bahnbrechende Handlung der Genies, durch die kompetente Menschen ihren Platz einnehmen. Es gibt keinen anderen Weg. (…)

Wie erscheinen die genialen Menschen?

Die Handlung des Staates ist nicht *schöpferisch* wie in der deutschen Strömung, noch einfach (…) wie in der englischen, sondern *freilegend.*

Wir können keinen genialen Menschen erschaffen. Da ein genialer Mensch ein menschliches Wesen ist, ist der Wahnsinn nur irgendeine soziale Umformung, die biologische Auswirkungen bekommt.

* * *

Wenn der geniale Mensch der Definition und der Natur gemäß eine Abweichung von der Norm ist, warum sollte er dann jenes manifestieren, was man die »Eigenschaften der Rasse« nennt, oder des Volkes, dem er angehört? »Ein genialer Mensch«, sagte Goethe, »gehört seiner Zeit nur durch seine Mängel an.« Seiner Zeit: warum nicht auch seines Landes? Oder nur seines Landes in jener Zeit?

Die Hypothese, nach der es verschiedene Fälle mit verschiedenen Typen des genialen Menschen gibt.

(1) Die Höheren stellen sich dem Typus der inferioren Rasse entgegen; (2) die Mittelmäßigen entsprechen ihm; (3) die Niederen entfernen sich, ohne sich entgegenzustellen.

(1) Hugo, (2) Molière, (3) Verlaine.

* * *

Was ist ein genialer Mensch? Er ist ein dem Milieu Unangepaßter. Jedoch ist er ein Unangepaßter, der erschafft, das bedeutet, er bringt das Milieu dazu, sich ihm anzupassen. Nun kann niemand das Milieu dazu zwingen, sich ihm *schnell* anzupassen, es sei denn, es handele sich um einen Handlungsmenschen. Der Mensch des Denkens kann an sich selbst nur ein zukünftiges Milieu anpassen. – Allerdings hat, wenn wir den Handlungsmenschen ausschließen, der geniale Mensch nie etwas ernsthaft zu verlieren.

* * *

Die einzige Moral ist die des Soldaten: blind einem Prinzip folgen, das man ohne Überprüfung als höher anerkennt.

Die höheren moralischen Manifestationen sind ignorant in ihrem Ursprung. Die brennende Suche des Genies nach der Unsterblichkeit ist keine Suche mit dem tiefen und beständigen Glauben, man müsse unsterblich sein. Seine Handlung ist absurd, aber sie dient.

Die Moral ist eine Disziplin, die wie alle Disziplinen nicht nach ihrem Ursprung fragt.

Die Schöpfer sozialer Antriebe sind Schöpfer der Unvernunft.

* * *

Das Diktum Popes »Geringe Kenntnis ist ein gefährlich Ding«[10] hat keine bessere Anwendung als auf geniale Menschen, es ist das Bewußtsein, das sie von ihrem Genie haben. Es ist gut – auch wenn es selten oder unmöglich ist –, wenn ein genialer Mensch kein Bewußtsein von seinem Genie hat; wenn er es denn aber hat, sollte er es auch vollständig haben, er sollte wissen, wo dieses Genie endet, welches seine Grenzen sind – dies ist vielleicht schon seltener.

* * *

Was für ein genialer Mensch ist jemand, auf dem nicht das Bewußtsein einer Mission lastet?

* * *

Mein Gefühl sagt mir, daß Entschiedenheit (im Fall des genialen Menschen) tiefer in der Natur steht als Denken.

* * *

Die Natur des Genies.

1 Verwechslung des Genies mit dem Ästheten, Psychopathologie.
2 Erschaffung (Hervorbringung).

In einem großen Genie bestehen auf einer hohen Stufe drei Qualitäten.

Erschaffung – absolut
– relativ (Umwandlung)

Der *erschaffende* Teil im Genie ist der Teil des Wahnsinns (Carlyle, Blake).

* * *

Das Genie und das Talent innerhalb einer Gesellschaft.

Die Genies (in hoher Anzahl) werden allgemein in den Perioden sozialer Unruhe und Umgestaltung geboren. Man könnte behaupten, jene Unruhe habe auf die Eltern einen Effekt, der eine Abweichung in der Vererbung hervorruft, wie eben jenes undefinierbar krankhafte Element, ohne das ein Genie nicht existieren kann.

Die Auswirkung der sozialen Stimulierung auf das Talent (gut) und auf das Genie (gewöhnlich nichtig, manchmal gut, manchmal schlecht – Hugo, Goethe, Wells).

Als talentiert bezeichne ich einen Menschen von höherer Intelligenz, der ein eigenständiges Werk hervorbringen kann. Mit diesem letzten Satz unterscheide ich ihn von einem einfach nur intelligenten Menschen, jedoch nur für die Absichten des Verstehens, der Meditation oder der Unterhaltung.

Genie und Talent, wie ich sie hier verstehe, sind keine ungleichen Abstufungen nur einer Sache – der Intelligenz –, sondern qualitativ unterschiedliche Dinge. Ein talentierter Mensch kann intellektuell wertvoller sein als ein genialer Mensch.

In der Literatur: Genie – Poesie; Talent – Prosa.

Das Genie ist nicht zu unterdrücken, obwohl die Umstände ihm das Werk einschränken oder begrenzen können; und so hat der Dichter, der hätte ein ganzes Epos schreiben können, nur einige Oden und einige Sonette geschrieben, oder ein unvollständiges Epos, und wahrscheinlich bewundernswert in seinen *disjecta membra.*

Das Talent bemüht sich gewöhnlich um das, was man allgemein ein »engagiertes Werk« nennt. Und daraus, wie es nicht zu unterdrücken ist, folgt, daß sich das Talent selbst bei ungünstigen Umständen nicht einschränkt; man enthält sich, wenn man sich nicht vermindert oder abschwächt.

Genie – Inspiration; Talent – Meditation.

Im Genie haben die sozialen Stimulierungen nur in wenigen Fällen eine Auswirkung, wesentlich mehr Auswirkungen haben die zufälligen Stimulierungen, was von einer unerwiderten Liebe bis zum einfachen Sachverhalt des Betrunkenseins reichen kann.

Im Fall des literarischen Genies neigt die Umgebung dazu, es eher zur Publikation als zur Produktion zu stimulieren.

Ein ausgedehntes Gedicht, wenn es denn etwas taugt, ist ein Werk gleichzeitig der Inspiration und der Meditation, des Genies und des Talents.

* * *

Genie und Talent

Es gibt im Genie ein Element des Gleichgewichts und ein Element des Ungleichgewichts, eins der Normalität (was von normalen Menschen verstanden werden kann oder könnte) und eins der Anormalität (da normale Menschen nicht das vollbringen können, was vom Genie vollbracht wird).

Eine Befruchtung in Perioden, in denen sich beide Elternteile (oder nur eins von beiden) in einer beständig nervösen Anspannung befinden, tendiert dazu, dem Produkt, dem Kind ein Element der

Anormalität beizufügen, selbst wenn beide Eltern an sich normal sind – und wenn sie es tatsächlich sind, wird das Produkt dazu tendieren, eine merkwürdige Mischung aus Normal und Anormal zu sein, ein normaler Mensch, der zu Anormalität abgedrängt wurde.

* * *

1 Das Genie ist anormal, daher also krankhaft (biologisch gesehen). Anormalität als perfekte Gesundheit? Nein; da der historische Mittelwert sich um die perfekte Gesundheit bewegt, und er bewegt sich nicht ums Genie.
2 Das Genie erzeugt sozial annehmbare Resultate. Daher: Das Genie ist eine mentale Anormalität, welches sozial gesunde Resultate erschafft.
3 Wenn es sozial gesunde Resultate erschafft, dann nur, da es nicht anormal *ist,* es muß auch normal sein. (Anormal im Ausdruck?)
4 Das Genie ist eine psychisch anormale Konstitution, ausgeglichen durch eine große Entwicklung, jedoch normal in den intellektuellen und darstellerischen Fähigkeiten.

* * *

Soziologie

Der ökonomische Fortschritt ist nicht förderlich im künstlerischen Schaffen, sondern nur im Schaffen auf einem niederen Niveau, also beim Talent und nicht beim Genie. Man kann dahin gehend argumentieren, daß dieser Fortschritt ein Kulturelement begründet, an dem sich zukünftige Genies bedienen werden. Aber dies kommt auf dasselbe heraus. Denn entweder ist diese Kultur originell, also daher *genial,* und das Problem bleibt das gleiche; oder sie ist es nicht, und das zukünftige Genie wird ein wahrhaft geniales Werk vollbringen müssen, um ihr Originalität zu entlocken.

Das Erscheinen von genialen Menschen in den Künsten, in den Wissenschaften und in der Literatur gehorcht den komplexesten und tiefsten Gesetzen.

Es ist möglich, daß ökonomische Phänomene die Erschaffung von Genies beeinflussen können, jedoch dies in einem anderen Sinn. Es werden solche psychischen Veränderungen in den Gesellschaften – durch Gesetze, die wir hier ergründen wollen – hervorgerufen, daß aus ihnen heraus Genies geboren werden. Aber hier ist der ökonomische Fortschritt schon eigentlich nicht mehr ökonomisch, sondern psychologisch (oder Erzeugnis des psychologischen Fortschritts) (und daher vielleicht in seinem wahrhaft psychologischen Wesen).

* * *

Soziologie, Literatur.

Die klassisch genannte französische Literatur hat als ästhetisches Kriterium das *Kriterium der Gesellschaft* angenommen. Was nicht in einem Saal gesagt werden kann oder gesagt werden sollte, das kann und sollte auch nicht in einem Theater gesagt werden. (Erinnerung an den Einfluß der Affektiertheit der Sprache in den Sälen der Zeit.)

Das Genie erscheint in der Reaktion gegen das Milieu. Jedoch wird das Genie aus diesem Milieu heraus geboren. Daher agiert es auf fatale Weise bezüglich einiger Teile dieses Milieus – jene, aus denen es hervorgegangen ist, die es erschaffen haben. Diese, da sie demselben Milieu angehören, agieren bezüglich anderer, und so dringt der sogenannte geniale Mensch in seine Gesellschaft ein.

Es ist auch eine Reaktion gegen das Milieu, da das Genie ausgesprochen individuell ist; da eben originell sein bedeutet, »bereits« ein Erzeugnis zu sein, also dem entgegengestellt, was bereits erschaffen ist.

Das Genie ist innovativ; um jedoch innovativ sein zu können, darf es *nur einen* Schritt dem voraus sein, was vom Milieu bereits hervorgebracht wurde. Für größere Dinge würde ihm jene *unbewußte* Hilfe der Umwelt fehlen, welche *den Ausdruck möglich macht.* (Seiner Epoche voraus kann nur das geisteskranke Genie sein. Charles Stuart[11])

Das Genie ist um so größer, je sicherer es zwei Faktoren ausgleicht: Repräsentativität und Originalität. (Was auch immer von ihm vollbracht werden sollte, es besteht immer die Möglichkeit – das sollte hier angemerkt sein –, daß es keine große Auswirkung auf das Milieu hat. Allein die Tatsache einer hohen Repräsentativität muß nicht unbedingt dazu führen, daß sich die Handlung im Milieu zwischen anderen gleichwertig repräsentativen Dingen abhebt; und in diesem Falle kann eine hohe Originalität entweder nicht richtig verstanden werden, oder sie geht unter, da man zu stark auf die Repräsentativität des Genies achtet. Dies ist der Fall bei Shakespeare, wer auch immer er gewesen sein mag.)

Und Fälle wie der Shelleys? Vergleicht man ihn mit dem Byrons, so war Shelley zu weit voraus. Er war weniger ausgeglichen als Byron; das ist die Wahrheit. Wie verhält es sich jedoch mit dem Fall Keats, der ausgeglichener war als jene beiden?

Genies

* Das Genie der künstlerischen oder philosophischen Handlung – Umgestaltung des Psychismus der Aristokraten.
* Genies der politischen oder religiösen Handlung – Umgestaltung des Psychismus der mittleren Klasse.
* Genies der militärischen (religiösen?) Handlung – Umgestaltung des Psychismus der unteren Klassen.

Die persönliche Absicht im Werk eines genialen Menschen – der Ruhm im Werk des Künstlers, die Herrschaft und das Prestige im Werk des Politikers.

Wie ergibt sich das Eindringen künstlerischer und philosophischer Ideen in eine Gesellschaft? Zuerst wirken sie auf Eliten. Aus diesen Eliten stammen Politiker, die das Volk beherrschen und es auf die eine oder andere Weise mit diesen Ideen beeinflussen.

Der Fall der Republikaner in Portugal und der Fall der Staatsverfassung in Deutschland sind dafür hervorragende Beispiele.

* * *

Komplexität? Jedermann ist komplex. Der geniale Mensch ist weit davon entfernt, hyperkomplex zu sein, er ist nur jemand, der seiner Komplexität Einfachheit aufsetzt, der innerhalb seiner Komplexität *klar sieht,* der innerhalb ihrer nicht zerrinnt. Deutlich formuliert, ist eine nicht geniale Kreatur eigentlich komplexer als ein genialer Mensch; sie ist derartig komplex, daß sie auf ihre Komplexität *komplex sieht,* daß sie innerhalb ihrer selbst nichts sieht; so komplex ist sie!

Der Verrückte ist weit davon entfernt, dem genialen Menschen ähnlich zu sein, der Verrückte ist dem vernünftigen Menschen ähnlich. Der Verrückte ist hyperkomplex – er ist ein vernünftiger Mensch, ein bis zum Maximum genommener normaler Mensch. Daher steht es in der Möglichkeit einer jeden normalen Kreatur, verrückt zu werden – je nach dem Niveau der Ängste und Schmerzen, die es auszuhalten gilt; es steht jedoch nicht in der Möglichkeit eines normalen Menschen, genial zu werden. Dafür gibt es keine Aussicht. Es gibt keine Art und Weise, die dies erlauben würde.

Das Werk eines Genies ist ein einfaches Werk, immer; je höhere Komplexität es in dieser Einfachheit gibt, desto besser. Damit es einfach bleibt, ist es die Vereinfachung, die größer sein muß. Demgemäß kann es scheinen, daß sich das Genie sowohl in der Einfachheit als auch in der Komplexität befinden kann. Das extrem Einfache kann zwar genial werden; das extrem Komplexe jedoch nicht. Die einfachste Sache, die es gibt, ist die Einheit – und dies ist die erste Anforderung an ein Werk.

Der geniale Mensch ist einfach nur der Schöpfer einer neuen Einfachheit. Man mag es annehmen: Es ist so. Das Erschaffen von Komplexitäten steht in der mentalen Kraft von irgendeinem Individuum (ausgestattet mit einem Stückchen Gehirn). Jedoch ist die Hervorbringung von Einfachheiten kompliziert. Jeder von uns kann mit einer kleinen Kraftanstrengung eine Reihe komplexer Sätze hervorbringen, durch unsinnige, durch dunkle, durch (...) – originelle Sätze. Man mag allerdings sehen, ob irgendein Individuum zwei oder drei *einfache* Sätze zustande bringt, die auch *originell* sind, also nicht unbedingt nur ein *Guten Tag,* was schon eine abgelebte Sache ist. Die geringste Kraftanstrengung jenseits des Normalen ergibt sofort eine Albernheit – also die Komplexität, da es absurd ist.

Der geniale Mensch ist eine einfache, kindliche Kreatur. Er ist es auf drei Arten. Er ist ein Individuum, das die Dinge in ihrer absoluten Einfachheit sieht. Er sitzt in seinem Zimmer und sieht beispielsweise auf die Türklinke. Wo andere Leute nur eine Türklinke sehen, sieht er ein Mysterium. Schließlich ist es tatsächlich auch etwas befremdlich, daß Türklinken existieren, da es allgemein absonderlich ist, daß überhaupt Dinge existieren, daß das Universum mit all diesen Dingen existiert. Die Klinke an einer Tür ist eine entsetzliche Sache, wenn wir sie genau betrachten, wenn wir sie mit aller Einfachheit, mit der Arglosigkeit der Seele ins Auge fassen.

Komplex ist ein Mensch, der die Türklinke einfach nur als Türklinke versteht. Ein Mensch, der über die Befremdlichkeit nachdenkt, daß es da jemanden gegeben hat, der darauf kam, eine Tür und eine Klinke hervorzubringen, dieser Mensch befindet sich schon auf einem guten Weg – er hat dieses Erstaunen angesichts der einfachen Dinge, welches bereits die Basis für das Genie ist. Er bemerkt, daß die Türklinke *ein Ding* ist, ein abstraktes und weißes Wesen, eine Sache, die mit dem Mysterium des Raumes angefüllt ist, mit dem Mysterium der Zeit, mit dem Mysterium des Gewichts, mit dem Mysterium (...).

Eine Türklinke ist so mysteriös wie das Vorhandensein von Menschen – Seelen –, von sprechenden Stimmen und Zivilisationen, die geboren werden, die erblühen und die untergehen. Die Klinke einer Tür ist Gott von allen Seiten in seinem Hier-Sein. Sie ist eine Offenbarung. Dies gilt aber sicher nur für den, der auf die Dinge in einer einfachen Art sieht. Und dieser einfache Blick auf die Dinge ist – ich sagte es bereits – das erste Charakteristikum des Genies. Wie ich nun dieses Beispiel ausführlich dargelegt habe, könnte mich der Glaube überkommen, ich sei ein Genie. Ich finde mich damit ohne größeren Einwand ab!

Die Türklinke starrt auf mich mit dem Blick eines Mysteriums, das sie nicht hat.

Die zweite Charakteristik des genialen Menschen ist auch eine Einfachheit. Die erste Charakteristik war der einfache Blick auf die Dinge; die zweite besteht darin, die Dinge einfach auszudrücken. Dies scheint eine Verteidigung der Einfachheit und der Klarheit des Stiles zu sein. Selbstverständlich ist es aber das genaue Gegenteil. Wenn das, was man sagen will, sehr komplex ist, dann ist der komplexe Ausdruck der einfache Ausdruck. Wenn mein Seelenzustand komplex und konfus ist, und wenn ich ihn dann aber so darstelle, daß die anderen denken, er wäre einfach – dann bin ich komplex, da ich somit im Ausdruck nicht nur falsch liege (was eine Komplexität ist), sondern auch absurd (was eine Kunst ist) und konfus klinge, schließlich sage ich nicht das, was ich sagen sollte (was auch eine Kunst ist).

Die dritte Charakteristik eines genialen Menschen ist es, die Dinge einfach zu erschaffen. Hieraus entstammt die fundamentale Qualität eines wahrhaften Kunstwerks – die Einheit. Die Ilias ist großartig, da sie außergewöhnlich *einheitlich* ist, das bedeutet also einfach.

* * *

Geniale Einfachheit.

Napoleon – in Europa klar zu sehen – *alles, wie es war.*

Ein großer Staatsmann ist jener, der die Nation als *Einheit* sieht, was sie auch wirklich ist (und nicht als die Ansammlung vieler Menschen).

* * *

Das Genie *fühlt* noch vor den anderen Menschen die *Ausrichtung* einer Gesellschaft. Es ist somit das erste Anzeichen der Entwicklung in dieser Richtung, und es richtet als erstes seine Aufmerksamkeit *in diese Richtung.* Aber was bedeutet dies bezüglich eines Bacon mit seinen reaktionären politischen Theorien? Welche Beziehung kann man hierin zu dem Aufkommen Cromwells knüpfen? Dieser Punkt ist nicht der *geniale Punkt* im Werk Bacons. Diese Theorien hatten auch schon andere. Das Genie steckt in seiner Philosophie als solcher, und dort (in den politischen Theorien) nur in der kritischen Haltung.

* * *

Genie

Das Genie ist eine Sensibilität, die noch vor anderen *die Ausrichtung einer sozialen Entwicklung* fühlt. Seine Manifestationen zeigen der Gesellschaft deutlich den Weg an, dem sie zu folgen hat. Die obskuren sozialen Instinkte werden deutlich, wenn man auf diese Manifestationen achtet.

* * *

Genie

Ein großes Werk ist ein Werk, in dem viel *enthalten* ist, das zur selben Zeit auf hohem Niveau künstlerisch ist, auf hohem Niveau menschlich, auf hohem Niveau symbolisch.

Hier kommt noch das Problem des Bewußtseins hinzu, das der Künstler von dem hat, was er vollbringt. Hatte zum Beispiel Cervantes das Bewußtsein des Symbols – Don Quixote?

Das ist nicht wichtig. Von Bedeutung ist die Konzipierung des Werkes auf eine Art, die das Symbolische schon *eingeschlossen hat.* Es gab den *bewußt-künstlerischen Willen* des Werkes, und wie der bewußt-künstlerische Wille das Symbol schon enthält, wurde es symbolisch, ob es der Künstler nun so wollte oder nicht.

* * *

Vor der romantischen Bewegung hatten die literarischen Genies die relative Genugtuung, kein genaues Bewußtsein von ihrer sozialen Bedeutung haben zu müssen, was sie also ebenso direkt wie genetisch innerhalb der Gesellschaft repräsentierten. Die romantische Bewegung, das romantische Elend, ist nicht mehr als das Bewußtsein des imaginativen Menschen der sozialen Nichtanpassung, und nicht nur des imaginativen Menschen, sondern auch aller anderen Menschen, bei denen die innersozialen Aktivitäten nicht die typischen oder charakteristischen sind. Die Romantik wurde innerhalb einer Periode geboren, in der sich die auf nutzlose Weise charakteristischsten Aktivitäten des sozialen Lebens bis zu einem Punkt entwickelt hatten, an dem sie fast alle anderen aufsaugten, wenn sie diese nicht sogar schon gänzlich aufgesaugt hatten. In einer Periode wie dieser konnte ein an die sozialen Dinge Unangepaßter leichter das Bewußtsein seiner Unangepaßtheit gewinnen. Der für immer typische Fall Rousseaus bringt die absolute Wahrheit dieser Beobachtung ans Licht.

Der schöpferische Geist, von welcher Art er auch sein mag, fühlt sich in den sozialen Dingen fremd oder nicht heimisch – und hauptsächlich in der großen Anzahl von ihnen, die außerhalb seiner Kompetenz liegen. Eine kurze psychologische Analyse des Falls erklärt ausreichend, warum das so ist.

Die schöpferischen Fähigkeiten – sei die Schöpfung nun eine literarische oder eine andere – beanspruchen für sich den gesamten Geist. Hält man sich an den üblichen Prozeß, nach dem die Spezialisierung in einer Sache den Spezialisierten unfähig in allen anderen Dingen macht, so beinhaltet die eigentliche Tatsache, vom Temperament her ein konstruktiver Schöpfer zu sein, bereits eine Nichtanpassung. Sie beinhaltet sogar eine mehrfache Nichtanpassung. Da sich der geniale Mensch in mehr als einem Sinn spezialisiert. Zunächst spezialisiert er sich aus der ursprünglichen Tatsache der schöpferischen Hervorbringung heraus; das bedeutet, in der Aufteilung der sozialen Arbeit seiner Klasse gehört er zu den Schöpfern der Zivilisation. Danach spezialisiert er sich in der speziellen Kategorie, der er sich durch sein Temperament hingibt – das politische oder künstlerische Leben (oder ein anderes), und innerhalb von diesem das literarische. Schließlich spezialisiert er sich insofern, wie sich seine Handlung wesentlich von der gewöhnlichen sozialen Handlung irgendeines anderen Menschen unterscheidet; wenn er also ein soziales (politisches, militärisches, industrielles) Genie ist, so ist seine Aktivität die Synthese von allen anderen; (...)

Es ist selbstverständlich, daß in dem letzten Fall der Künstler am weitesten von der Realität absteht, dessen Tätigkeit im technischen Sinne extrasozial ist, da sie keine direkte Handlung in bezug auf andere beinhaltet.

Wie wir bereits erwähnt haben, beinhaltet diese dreifache Spezialisierung eine dreifache Unfähigkeit hinsichtlich aller anderen Gebiete. Der geniale Mensch ist, in dem Verhältnis, wie er wirksam ein Schöpfer ist, unfähig zu irgendeiner anderen sozialen Tätigkeit, die keine Schöpfung beinhaltet. So sollte es sein, zumindest um zu beweisen, daß er ein kompetenter Schöpfer ist.

Der geniale Mensch, in dem Verhältnis, wie er kompetent innerhalb seines eigenen Gebietes ist, ist auf allen anderen Gebieten inkompetent. Er ist es auf einem höheren Niveau als alle anderen Menschen, da er Sklave seiner eigenen Tätigkeit bis an einen Punkt ist, an den kein einfacher Arbeiter gelangt. Es wäre viel mehr als nur verblüffend, und auch bedauerlich, wenn der Dichter zeichnen und der Tischler Blumen pflegen könnte. Diese letzte Spezialisierung umfaßt nichts anderes als die Fähigkeiten, die auch irgendeine andere berufliche Ausrichtung erfordert; die andere umfaßt Qualitäten des Gefühls, der Emotion, der Meditation, die in anderen beruflichen Aktivitäten nicht vorkommen und die auch nicht vorkommen dürfen, damit die vollkommene Ausführung nicht gefährdet wird.

In dem Verhältnis, wie der geniale Mensch kompetent geboren wird für seinen schöpferischen Auftrag, ist er auch unangepaßt hinsichtlich einer großen Anzahl von Dingen im sozialen Leben.

Beispiele:

Nehmen wir bestimmte Fälle, die diesen Sachverhalt darstellen. Einer dieser Fälle ist Oscar Wilde. Zur selben Zeit, da er Literat war, widmete sich dieser Mann der Konversationskultur und all den komplexen Nichtigkeiten, die ein einfaches Zusammenleben einschließt. In dem Verhältnis, wie er diese letzte Übung der Intelligenz vervollständigte, verlor er auf fatale Weise seine Kompetenzen in der anderen Übung. So geschah es – und wenn es von Anfang an in seinem literarischen Leben geschah, dann deswegen, weil bei ihm die Zweiseitigkeit von Anfang an gegeben war, weil sie schon zum eigentlichen Temperament gehörte. Was war das Ergebnis? Es bestand darin, daß sich sein Werk durch die außergewöhnliche Mangelhaftigkeit jener Qualitäten hervorhebt, die eine professionelle Konzentration verlangen – Qualitäten der Konstruktion, der Meditation, der Entwicklung. Kohärent, wenn sie in einem Zug niedergeschrieben wurden, nicht kohärent, wenn sie es nicht wurden, sie leiden insgesamt an einer offenkundig strukturellen Mangelhaftigkeit. Und wenn es nicht noch schlimmer ist, dann nur durch die klassische Bildung des Autoren, die es verhinderte, daß die Zerstörung noch weiter vorangetrieben wurde.

Analoge Fälle, auch wenn sie sich in einigen Dingen etwas anders verhalten, sind jene von Männern wie Goethe oder Bacon, die neben der literarischen Aktivität noch irgendeine andere Aktivität im praktischen Leben ausführten. Derselbe Effekt einer fehlenden Begrenzung und der Zerstreuung zerrüttet das Werk. (...)

* * *

Der geniale Mensch ist ein auf der linken Hand Initiierter. Shakespeare. Er ist ein Initiierter, der seine Initiation zwar fühlt, von ihr aber nichts *weiß*.

Die Initiation ist die Erlaubnis zur Konversation mit den Engeln. Manche hören, andere sehen und hören. Die ersten stehen auf der linken Seite, die anderen auf der rechten.

Das Wesen der okkulten Doktrin besteht darin, daß es keine Kommunikation mit Gott gibt. (Pasqually zu St. Martin)[12] Das Wesen des Mystizismus besteht darin, nach dieser Kommunikation zu streben, die Anbindung an die Vielfalt zu brechen.

(1) Das Wissen vom und die Konversation mit dem Schutzengel, (2) das Wissen von anderen Engeln, (3) der Weg zu Gott.

* * *

Der Kontakt mit dem Okkulten kann ebenso verdunkeln, wie er erhellen kann.

(Das Genie und der Verrückte.) (Der Optimismus, den die Okkulten nicht anraten.)

Das materielle Kriterium der Initiation. Man kann von Geburt an initiiert sein, oder man wird initiiert. Das Genie – das große und wahrhafte Genie – ist eine organische und transzendente Initiation.

(Die Ideenassoziation und die analoge Intelligenz.)

Er hat Gott nicht für die Welt geschaffen, sondern es ist nur für die Welt, daß er geschaffen hat.

Der Schritt des Evangeliums über jene, die Eunuchen (Initiierte) seit dem Mutterleibe sind, bestätigt, daß es die *Initiation* des Schicksals geben kann, daß man *initiiert geboren* werden kann und unbewußt, oder zumindest fast, eine okkulte Bestimmung erfüllt.

Das Genie – oder *gewisses* Genie – ebenso wie die Initiation.

(Die Vorbereitung im Leben auf ein anderes.)

* * *

Gemäß der Vorschrift des höchsten Götterrates geben die Götter, wir ergreifen es jedoch nicht. Das Genie ist eine Heiligkeit. Die Wahrheit ist, daß wir das sein werden, zu dem wir geboren wurden; es ist eine Lüge, daß wir zu dem gelangen, was wir nicht sind. Der Mensch kann ein Gott sein, es ist ihm jedoch nur auf völlig menschliche Weise möglich. Shakespeare steht über allen Heiligen.

Nimm die Welt an, wie sie dir gegeben ist – das ist die Vorschrift des höchsten Götterrates, also die des Olymps. Und die Vorschrift der Brüderlichkeit vervollständigt sie: Sei, was du mit dir allein bist. Strebe nichts an, beziehe dich auf nichts: Sei!

Eine lebendigere Imagination als die aller anderen Menschen, ein strengerer Geist als der aller anderen Menschen, eine höhere Poesie, ein stärkerer Wille – darin besteht die wahrhafte Erfüllung. Wozu die Götter anrufen, wenn wir uns nicht in uns selbst vollenden können? »Was nützt es einem Menschen, die ganze Welt – auch wenn es die Welt der Abgründe sei – für sich zu gewinnen, wenn er dabei seine Seele verliert?«, das bedeutet also die Entfaltung seiner eigenen menschlichen Persönlichkeit.

Der Mystizismus, das Jenseitstum, dies alles kann nur den Sinn haben, den tieferen Sinn, künstlerisch und vorübergehend genutzt zu werden. Selbst die uns lenkenden Götter verleugnen wir, da wir nicht sie sind. Und indem wir sie verleugnen, indem wir vollständig wir selbst werden, gleichen wir uns den Göttern an, denn jeder einzelne von ihnen ist vollständig er selbst.

Die Vorschrift der Brüderlichkeit ist diese: Jeder Mensch ist nur er allein; welchem Weg er auch folgen mag, er hat ihn in sich selbst zu suchen. Er kann keinem Orden angehören, noch irgend etwas anderem, von welcher Art auch immer. Die Vorschrift der Rosenkreuzer ist diese: Freiheit, Gleichheit, Brüderlichkeit. Aber es verhält sich nicht so, wie es von den Mystikern oder Nicht-Mystikern angenommen wird, die etwas annehmen, ohne es zu verstehen. Freiheit bedeutet, sich nichts und niemandem unterzuordnen, nicht dem eigenen Ideal, nicht der eigenen Persönlichkeit, nicht dem Gesetz Thelema[13], das uns unsere Freiheit ebenso wie unsere Einschränkung gibt. Gleichheit bedeutet, daß jeder, wenn er diese Freiheit denn besitzt, dem anderen gleich ist, solange dieser er selbst ist. Brüderlichkeit folgt daraus: Niemand kann sich einem anderen entgegensetzen, solange dieser ist, was er ist, denn man ist Bruder von jemandem, der nur das ist, was er selbst ist.

* * *

Es drängt, eine organisierte Anormalität im sozialen Körper zu begründen, damit ein Fortschritt hervortritt, das bedeutet, geniale Menschen – und geniale Menschen sind organisierte Anormalitäten.

* * *

Ich bin immer mehr von der Mittelmäßigkeit und Provinzialität der Seele unserer genialen Menschen überzeugt. So gewaltig sie auch sein mögen, betrachtet man sie auf ihre eigenen Füße gestellt, dann sind sie minderwertig, dümmlich, von einer kleinlichen und weibischen Niedertracht gezeichnet, dann haben sie eine Seele, die ihre Ideen vergiftet, auch wenn sie noch so reich oder klar gezeichnet sein mögen.

Sie tragen ihr Genie herum wie eine Last, für die sie nicht geschaffen sind. Sie vermitteln den schmerzhaften Eindruck, sie seien die Dienstjungen ihres eigenen Talents.

* * *

Der starke Künstler tötet in sich selbst nicht nur Liebe und Mitleid ab, sondern auch den Keim des Mitleids und der Liebe. Seine große Liebe zur Menschheit übersteigend, wird er inhuman – die Liebe, die ihn zur Erschaffung von Kunst beflügelt.

Genie ist der größte Fluch, mit dem Gott einen Menschen segnen kann. Diesem muß er sich unterwerfen ohne geringstes Stöhnen und Winseln, mit dem größtmöglichen Bewußtsein seiner göttlichen Traurigkeit.

* * *

Nur die großen Genies haben künstlerische Verpflichtungen.

Da die großen Genies auf höchster Stufe individuell sind, sind sie in einem notwendigen und organischen Ausgleich auch menschlich, also universalistisch. Wie sie jedoch auf höchster Stufe individuell und universalistisch sind, also in doppelter Weise dem nationalen Milieu entgegengesetzt, müssen sie auch – sie fühlen es fest entschlossen und instinktiv (so meine ich zumindest) – auf höchster Stufe national sein.

Daher sind die großen Genies von der Veranlagung her antinational und von der Überzeugung her patriotisch. Diese Tatsache erkennen wir deutlich an den Beispielen, gleichzeitig ähnlich und entgegengesetzt, von Shakespeare und Milton in England. Als Männer entgegengesetzt – Shakespeare ist vehement feminin und unbeständig; Milton ist auf elegante Weise maskulin und ernsthaft –, sind sie beide auch dem normalen englischen Typus entgegengesetzt, der beispielsweise hervorragend von Ben Jonson[14] repräsentiert wird, einem Mann mit einem recht geringfügigen Genie, das in seiner Sensibilität weder feminin oder unbeständig ist, noch über Ernsthaftigkeit verfügt.

* * *

Unauffällig zu leben, wenn man ohne Zwang nicht auf nützliche Weise leben kann, das ist etwas für beengte Charaktere. Der einfach nur werktätige Arbeiter lebt auf nützliche Weise, er lebt jedoch eingeschränkt. Die ihre Kinder erziehende und wegweisende Mutter lebt auf nützliche Weise, sie lebt jedoch eingeschränkt. Der Verschwender, der das väterliche Geld vergeudet, lebt auf nützliche Weise, da sein Nutzen in den sozialen Resultaten und nicht in den individuellen Prozessen besteht, er lebt aber auch eingeschränkt. Der Schriftsteller, der zur Unterhaltung anderer kleine und geistlose Geschichten schreibt; der Dichter, der zur Verzückung anderer belanglose Gedichte fabriziert; der einfach nur malende Zeichner; der anspruchslose Komponist, der Musik zusammenbastelt – sie alle leben im gewissen Sinne in einer nutzvollen Weise, sie leben jedoch alle eingeschränkt.

Wenn allerdings der höhere Mensch auf einer höheren Ebene nützlich sein will, dann wird er sehr wahrscheinlich auch gefährlich werden. Was versteht man darunter: auf höherer Ebene nützlich sein? Die Verbreitung von Ideen, die Erziehung der Seelen, die Umwandlung von Mentalitäten. Er versucht es: Entweder es gelingt ihm, oder es ihm gelingt nicht. Gelingt es ihm nicht, dann arbeitet er nicht auf nützliche Weise – da, wenn einem nichts gelingt, man auch nichts vollbringt. Wenn es ihm gelingt, ist er dann nützlich gewesen? Die Verbreitung von Ideen bedeutet für gewöhnlich eine Desorientierung. Die Erziehung von Seelen bedeutet für gewöhnlich, sie von ihrem wahren Weg abzubringen. Die Umwandlung von Mentalitäten bedeutet für gewöhnlich, ihnen die Ruhe und die Fröhlichkeit zu entziehen, da man sie der Ungewißheit und dem Abgrund entgegentreibt. In dem Verhältnis also, in dem der höhere Mensch auf einer höheren Ebene handeln will, steht er auch immer in der Gefahr, nicht nutzvoll zu handeln. Es wäre interessant, eine Studie, die sich wahrscheinlich zu einem weitläufigen Buch ausdehnen wird, über die Schädlichkeit des Genies zu schreiben.

* * *

Die schreckliche Klarheit im Sehen, die es in jener großen Schlaflosigkeit gibt, welche man Genie nennt.

Die große Schlaflosigkeit des Genies. (Álvaro de Campos?)

* * *

Das Genie

Das Leben besteht im Gleichgewicht zweier Kräfte, der Integration und der Desintegration, dem Anabolismus und dem Katabolismus der Physiologen. Die Aufhebung der Desintegrationskraft (unmöglich in der organischen Materie) wäre das Nicht-Leben (und daher ist es in der organischen Materie unmöglich); die Aufhebung der Integrationskraft ist der Tod.

Wie der Geist eine lebende Sache ist (und die verbunden mit einer anderen lebenden Sache existiert, welche das Gehirn und das Nervensystem ist, und schließlich der Körper), so operieren im Geist, wie in jeglichem Leben, die Kräfte der Integration und der Desintegration. Und die Aufhebung der Desintegration bedeutet, ebenso wie im Körper, die Nichtexistenz des Geistes; und die Aufhebung der Integration nennen wir Wahnsinn.

Je höher ein Organismus auf der Stufe der Evolution steht, um so komplexer ist dieser Organismus; und je komplexer, um so schwieriger ist er zu integrieren, um so gedeihlicher sind die Kräfte der Desintegration, die ihm innewohnen. Ebenso verhält es sich mit dem

Geist, je weiter er ausgebildet ist, um so komplexer sind die ihm innewohnenden Kräfte der Desintegration. Nur durch eine Vergiftung, durch ein gewaltsames Trauma können Tiere »verrückt werden« – das bedeutet also, nur durch eine anormale Desintegration. Darüber hinaus kann man sie nicht mit dem Wahnsinn in Verbindung bringen; die Desintegration ihres Geistes ist einfach, die Integration vollzieht sich ohne Kraftaufwand.

Worin bestehen die Integrationskräfte in einem physischen Organismus? In einem leichten und schnellen Widerstand gegenüber jeglichem äußeren, um seine Desintegration bemühten Einfluß; eine leichte und schnelle Hemmung eines jeden inneren, um seine Desintegration bemühten Einflusses (wie also das Stillen von Hunger oder Durst etc.); und in der leichten und schnellen Koordination seiner Organe im Sinne der Verteidigung des Organismus, damit sie also, um es so zu sagen, nicht unabhängige Wege einschlagen, die ihm selbst auf stärkste Weise schädlich wären.

Ebenso verhält es sich mit den Integrationskräften des Geistes: der leichte und schnelle Widerstand gegenüber jeglichem äußeren Einfluß, der um seine Desintegration bemüht ist; die Hemmung seiner anormalen Impulse; und die Koordination seiner Ideen zu einer Einheit. Die beiden letzten Punkte sind klar; der erste ist es nicht. Wie widersteht der Geist einem äußeren Einfluß, der ihn beeinträchtigen will? (Die Unterscheidung zwischen dem Subjektiven und dem Objektiven.) (Eine Lösung suchen.)

* * *

Genie.

Ergibt sich in einem Individuum die Entwicklung der mentalen Integrationsfähigkeiten, ohne daß dabei auch eine parallele Entwicklung der mentalen Desintegrationsfähigkeiten vonstatten geht, dann kann man dieses Individuum einen talentierten Menschen nennen. Gibt es jedoch keine über das Normale hinausgehende Entwicklung der Desintegrationsqualitäten, dann wird die höchste Entwicklung der Integrationsqualitäten auch nicht dazu angehalten, in voller

Kraftentfaltung zu operieren; es gibt die volle Kraft, sie operiert aber langsamer, als sie könnte.

Wenn nun allerdings neben dieser großen Entwicklung der Integrationsqualitäten auch eine gleich große Entwicklung der Desintegrationsqualitäten – also eine Psychoneurose – besteht, dann werden die Integrationsqualitäten dazu übergehen, schnell und tief zu funktionieren, um nicht von anderen weggerissen zu werden. Durch ein hypergesundes Gleichgewicht eines moribunden Phänomens ergibt sich eine Hyperharmonie des Geistes. Diese Hyperharmonie nennen wir Genie.

Bedeutet dies, daß es nicht auch talentierte Menschen mit einer Psychoneurose gibt? Nein. Aber es gibt zwei Arten, in denen die Psychoneurose neben einem Exzeß der Integrationsfähigkeiten existiert.

Eine Untersuchung historischer Epochen zeigt uns, daß Genies in höherer Häufigkeit in Epochen der sozialen Desintegration auftauchen. Auf den ersten Blick würde man sagen, daß die Wirrnis sie hervorruft. Es scheint jedoch nicht ganz so zu sein; vielmehr ruft sie die Tendenz hervor, der Wirrnis zu widerstehen, welche aber für sich selbst nicht anders betont werden kann als in der zu widerstehenden Wirrnis.

* * *

In der Kunst ist alles erlaubt, sofern es überlegen ist. Einem gewöhnlichen Menschen ist es nicht gestattet, antipatriotisch zu sein, da er keine über seiner Spezies angesiedelte Mentalität besitzt, und womit er auch nicht über der unmittelbaren Spezies steht, welche seine Nation ausmacht. Dem Genie ist es erlaubt. Nun ergibt es sich ironischerweise, daß die großen Genies für gewöhnlich mit den normalen Gefühlen übereinstimmen: Shakespeare war intensiv, oder sogar exzessiv patriotisch.

Ein antipatriotisches Genie ist nicht unbedingt ein gewöhnliches, aber doch ein annehmbares Phänomen. Ein antipatriotischer Arbeiter ist einfach nur ein Stück Vieh. Ein Genie (...).

Ein Massenmensch kann keine Meinung haben, da die Meinung dem Individuum zusteht, und sobald ein Mensch organisch einer Familie zugehört, einer Klasse, irgendeiner Sache, die ein unmittelbares und lebendiges Milieu darstellt, ist er schon kein Individuum mehr, sondern nur noch irgendeine Zelle. Nur die Nation, die ein abstraktes Milieu ist, da sie der Vergangenheit und der Zukunft angehört, wird nicht die individuelle Seele verstören.

Das Problem des Schutzes der Künstler, oder irgendein ähnliches Problem, existiert nicht in bezug auf den genialen Menschen, dessen mentales Leben eine besondere Sache ist, die für gewöhnlich in seiner Epoche unverstanden bleibt, oder zumindest genau in jener, in der er Genie ist.

Die Künstler müssen sich verteidigen und schützen, wie auch die Schriftsteller, die von ihrer Feder zu leben haben, wobei diese jedoch keine Genies sind. Der geniale Mensch wird hervorgerufen aus einem komplexen Ensemble von Umständen, was bei Erbanlagen beginnt, über das Milieu reicht und bei kleinsten Schicksalsepisoden aufhört.

* * *

Goethe

Das Genie ist ein intuitiver Mensch, der sich der Intelligenz bedient, um seine Intuitionen auszudrücken. Das Werk eines Genies – sei es nun ein Gedicht oder eine Schlacht – ist die Umwandlung einer überintellektuellen Operation gemäß der Intelligenz. Im Gegensatz zum Talent, dessen natürlicher Ausdruck die Wissenschaft ist und das vom Einzelnen zum Allgemeinen geht, steht das Genie, dessen natürlicher Ausdruck die Kunst ist und das vom Allgemeinen zum Einzelnen geht. Das Gedicht eines Genies ist eine zentrale Intuition, die deutlich, deutlich oder obskur (je nach dem Talent, welches das Genie begleitet), in den dazugehörigen intellektuellen Umstellungen gelöst ist. Eine große Schlacht ist eine strategische Intuition, die deutlich mit mehr oder weniger Wissenschaft, je nach dem Talent des Strategen, in den dazugehörigen taktischen Umstellungen gelöst ist.

Das Genie ist eine Alchemie. Der alchimistische Prozeß ist vierfach: (1) Fäulnis, (2) Weißfärbung, (3) Rotfärbung, (4) Sublimation. Zuerst läßt man die Gefühle verfaulen; nachdem sie tot sind, werden sie weiß gefärbt mit der Erinnerung; danach werden sie rot gefärbt mit der Imagination; und schließlich werden sie durch den Ausdruck sublimiert.

* * *

Gelegentlich ist ein Moment genial, unabhängig vom Menschen. Es gibt Sätze, die von Genies gesagt wurden, oder andere, die nicht von Genies gesagt wurden, oder wiederum andere, die von jemandem gesagt wurden, von denen man nichts weiß, Sätze also, die eine Größe oder eine Intuition haben, die nicht einmal in jenen Genies steckt, von denen diese Sätze angeblich gesagt wurden.

Langsam das Zufällige katalogisieren.

* * *

Die erste und extrem plumpe Vorstellung, die man vom Genie hat, ist jene, bei der das Genie mit der Berühmtheit identifiziert wird. Dann, kaum weniger plump, kommt die Vorstellung, oder vielmehr die Vorstellungen, nach dem das Genie sich entweder auf Literatur bezieht, oder auf Politik, oder eine andere Art eines speziellen Genies; eine häufige Vorstellung in dieser Art ist die, daß das Genie speziell literarisch oder künstlerisch ist.

Das Genie – alle diese Unterscheidungen beiseite gelassen – ist ein Schöpfer; darin unterscheidet man es für gewöhnlich vom Talent, das, bezüglich derselben Theorie, einfach nur größere Fähigkeiten zur Anpassung und zum Verständnis hat.

Was ist dann aber ein mittelklassiger Dichter?

Die Frage wird zu dieser: Sind Genie und Talent zwei Dinge, bei denen eins *über* dem anderen steht, oder bei dem eins *neben* dem anderen steht?

* * *

Was uns in der Gegenwart bezüglich eines Genies sofort einfällt, kann man als alles mögliche darstellen, nur nicht als Genie – als Talent oder höhere Intelligenz, je nachdem, wie unser kritischer Dialekt beschaffen ist. Die Begabung, die uns verzaubert, die Brillanz, die uns schmeichelt – nichts von diesem, wenn sie als Genie dargestellt werden, ist wirklich Genie. Je mehr wir denken, es wäre ein Genie, desto weniger ist es dies tatsächlich.

Es ist erstaunlich, über die große Anzahl von Genies nachzudenken, über die menschlichen Wunderkinder, die niedergebrannt kurz hinter ihrem Zeitalter liegen, entlang der langen Straße der Geschichte. Burkes Satz »Wer hat nun Bolingbroke gelesen?«[15] ist näher am vermeintlichen Genie als am mutmaßlichen »Ungläubigen«. Der Ungläubige muß nicht gelesen werden, denn er kann gelesen werden, und das bei seinen Nachfolgern und seiner intellektuellen Nachkommenschaft.

* * *

Müßten wir uns um ein typisches Charakteristikum bemühen, durch welches sich unsere Epoche auszeichnet, so wären wir keine simplen Fremdlinge gegenüber der Wahrheit, wenn wir behaupteten, dieses Charakteristikum sei die Unfähigkeit zur Größe. Niemals gab es in der Welt, so glauben wir zumindest, eine verächtlichere und mittelmäßigere Epoche. Wir sind unfähig zu einem tiefgehenden Denken, zu einem intensiven Gefühl, zu einer höheren Tätigkeit. Wir sind die Handwerker und die Provinzler unserer selbst. Man könnte den Zustand der Seelen und der Welt nicht besser beschreiben, als wenn wir ihm den Namen der Provinzialisierung Europas geben würden.

Auch wenn das nicht unbedingt genau die Meinung ist, die wir von uns selbst haben, nichts steht dieser Wahrheit im Wege; es ist nicht einmal eine abstruse oder unverständliche Tatsache, daß niemand der beste Schiedsrichter seines eigenen Verdienstes ist. Sollten wir jedoch einen Schiedsspruch von uns geben, dann verwechseln wir Quantität mit Qualität, Einzigartigkeit mit Überlegenheit, Aktivität mit Aktion.

Aus dem Sachverhalt, daß die Erweiterung der Bildung und die beständige Agitation der intellektuellen Probleme, sagen wir einmal, zehn talentierte Menschen hervorbringt, wo es in früheren Zeiten nur einen gab, leiten wir unsere Überlegenheit ab. Wo es früher allerdings fünf Genies gab, gibt es heute kein einziges mehr. Da nun jedoch zehn Talente noch kein Genie ausmachen, ist eine Epoche mit vielen Talenten bei weitem nicht so viel wert wie eine Epoche mit nur einem Genie.

* * *

Was sind die vielen Vereinfachungen des Lebens und die Bequemlichkeiten des Daseins, welche die moderne Menschheit durch das Voranschreiten der Wissenschaft gewann, denn anderes als die künstliche Erschaffung einer auf tölpelhafte Weise angenehmen Umwelt? So müßten wir a priori denken; die Tatsachen beweisen, daß wir richtig denken. Das die moderne Gesellschaft bezeichnende Charakteristikum ist das geringe Niveau mentaler Überlegenheit in allen Manifestationen. Heutzutage gibt es mehr intelligente Menschen, als es noch vor fünfzig Jahren gab; jedoch gibt es weniger überlegene Intelligenzen. Mit sicherer Intuition und begleitet von unzähligen Beispielen gab ein englischer Historiker dem letzten Kapitel seines Werkes *Das moderne England* den passenden Titel *Die Verfinsterung des Genies.*[16] Und es war in England, wo sich erstmals die Auswirkungen jener Zivilisation bemerkbar machten, auf die ich mich beziehe.

Die Liebe zur materiellen Zivilisation und ihr Komplementär (die Neigung zur menschlichen Glückseligkeit, einer zivilisatorisch unnützen Sache) charakterisieren ausgezeichnet eine Epoche der Dekadenz. Für uns ist heute jener berühmte Ausspruch Bacons unverständlich: In ihrer Jugend sind die Staaten durch ihre Waffen groß, in ihrer Mannhaftigkeit durch ihre Künste und ihre Wissenschaften, in ihrem Alter durch ihren Wohlstand und durch ihr Geschäft!

Und die Männer der Antike und der Renaissance hatten vom sozialen Leben einen wesentlich klareren Begriff als wir, denn da das Leben damals einfacher war, konnten sie mit Leichtigkeit die essentiellen Bewegungen in ihm beobachten, ohne daß sie dabei von der Komplexität nebensächlicher und unbedeutender Phänomene beeinträchtigt wurden, von einer Komplexität, die heute die Sicherheit und die Klarheit des Blicks verunstaltet. Dies sieht man auch daran, daß es eigentlich nur zwei wahrhaft bemerkenswerte Bücher auf dem Gebiet der politischen Soziologie gibt: Die *Politik* des Aristoteles, der Bürger Athens war, und *Der Fürst* von Macchiavelli, der Bürger von Florenz war.

* * *

Das Genie

Man kann die Theorie verteidigen, nach der das Genie hauptsächlich ein Erzeugnis von Übergangsepochen ist. In Übergangsepochen gibt es eine Vermischung aus Dekadenzelementen und Erneuerungselementen; und tatsächlich scheint das Genie diese beiden Elemente in seiner innersten Zusammensetzung aufzuzeigen. In ihm gibt es das Element der Abweichung, der Verrücktheit – welches von schon so vielen mit dieser Materie Vertrauten bemerkt wurde – und das Element der Klarheit, der höheren Helligkeit, welches eben jenes ist, das wir alle bemerken, da sich in ihm das Genie bestätigt.

Verschiedene Länder, wie beispielsweise das antike Athen, das sich scheinbar dauernd in einem Übergang befand, neigen zur beständigen Hervorbringung genialer Menschen.

Die Ordnung, das soziale Gleichmaß, die selbstverständlich an sich gut sind, sind nicht gut zur Hervorbringung genialer Menschen; dies eröffnet uns die Türen zu einem beunruhigenden Problem, denn schließlich sind es die genialen Menschen, die von irgendeiner Epoche oder von allen Epochen übrig bleiben, und sie sind es, die durch die direkten oder indirekten Effekte der Wissenschaft, durch die direkten Effekte der Kunst oder selbst durch die sozialen Effekte jeglicher anderen Art die Zivilisation erschaffen und jenes möglich machen, was im sozialen Leben superanimalisch ist.

* * *

Die These wurde vor einigen Zeiten als eine höhere Wahrheit vom Biologen Haeckel[17] hervorgebracht. Zwischen einem Affen und einem normalen Menschen, so sagte er, gibt es einen geringeren Unterschied als zwischen einem normalen Menschen und einem genialen Menschen.

Zwischen einem geistigen Arbeiter, oder wie man sie sonst nennt, und einem körperlichen Arbeiter gibt es weder eine Übereinstimmung noch eine Ähnlichkeit: Es gibt einen profunden, einen radikalen Gegensatz. Sicher gibt es zwischen einem Affen und einem Arbeiter weniger Unterschied als zwischen einem Arbeiter und einem wirklich kultivierten Menschen.

Das Volk ist nicht erziehbar, da es eben das Volk ist. Wenn es möglich wäre, es in eine Gruppe von Individuen umzuwandeln, dann wäre es erziehbar, wenn es jedoch erzogen wäre, wäre es schon nicht mehr das Volk.

Der Haß auf die Wissenschaften, auf die Naturgesetze ist eben jenes, was die Mentalität des Volkes charakterisiert. Das Volk will das Wunder, nur dies kann von ihm verstanden werden. Ob es nun von unseren heiligen Jungfrauen aus Lourdes oder Fatima vollbracht wird, oder ob es von Lenin vollbracht wird – der Unterschied besteht nur darin. Das Volk ist auf tiefste Weise, radikal, unverbesserlich reaktionär. Der Liberalismus ist ein aristokratischer Begriff, daher also völlig der Demokratie entgegengesetzt.

Behalten wir dies im Gedächtnis. Eliminieren wir die rein äußerlichen Unterschiede, wie den zwischen Schwarz und Weiß. Die wahre Unterscheidung ist von einer anderen Art. Es ist die zwischen Leuten und Individuen.

Ich akzeptiere einen Menschen aus dem Volk als einen Bruder in Gott, als einen Bruder in Christo, aber nicht als einen Bruder in der Natur. Innerhalb der Religion sind wir alle gleich, jedoch gegenüber der Natur und der Wissenschaft gibt es zwischen uns nicht die geringste Form irgendeiner Gleichheit. Dort, wo man sich um Gleichheit innerhalb der von Natur aus unterschiedlichen Sachen bemüht, dort gibt es Mystik, dort gibt es Religion; was es dort jedoch nicht gibt, das ist Wissenschaft.

Alle Religionen teilen sich mehr oder weniger sichtbar in zwei Dinge auf: der äußere Kult und die äußere Doktrin, und das, was durch die Einweihung gegeben wird, sei sie nun individuell und mystisch oder rituell und magisch. Nun ist die Kultur eine Einweihung. Und sie ist es, da sie das Wesen einer Einweihung hat – sie ist ein anderes Leben.

* * *

Shakespeare

Der Held, der Heilige und das Genie haben dies gemeinsam – unabhängig von vielen anderen Dingen, die sie gemeinsam haben –, daß sie sich selbst gegenüber unwichtig sind, denn als Held oder als Heiliger oder als Genie stehen sie alle über sich selbst als Mensch. Je größer der Held, um so stärker verachtet er das Leben oder die Freude, die er fühlt, ein zufällig durch die Geburt erschaffenes Selbst zu sein. Je nobler der Heilige ist, um so größer ist seine Geringschätzung gegenüber der schattenhaften Substanz des schmerzhaft vorübergehenden Seins, zu dem ihn die Geburt zufällig gemacht hat. Je höher das Genie steht, um so indifferenter ist es bezüglich der Zufälle des Ausdrucks, gegenüber dem Applaus etc., denn all dies, das sollte angemerkt werden, ist nichts anderes als Krankheit und Schwäche der Seele.

* * *

[Von der Degeneration]

Entartung, Degeneration.[18]

Die drei Zustände. Es gibt drei Zustände der Degeneration, von denen der erste eigentlich Entartung genannt werden sollte. Nehmen wir zum Beispiel den sexuellen Instinkt. Der erste Zustand ist seine Reizbarkeit (Verlaine, Whitman, Rabelais, moderne Gesellschaften), seine Tendenz, überall dort auszubrechen, wo er nicht benötigt wird. (Einen Menschen in diesem Zustand nenne ich einen Degenerierenden.) Im zweiten Zustand ist die eigentliche Degeneration (des Degenerierten) jenes, worin die Reizbarkeit auf sich selbst zurückgreift (überprüfen, ob dies durch das Bewußtsein, Gewissen geschieht, oder nicht) und in diesem Fall gemeinsam mit einer Bemühung um Keuschheit, um Reinheit besteht, und damit des Autors Sensibilität ins Unglück stürzt, in einen inneren Krieg: Depression, Zirkularität (...).

Der dritte Zustand ist jener, wo die Depression allein zurückbleibt (wo der Wunsch ausgeschalten ist, ein Zustand, der *oft* von Impotenz und Sterilität begleitet wird) (zwei Formen davon sind Asexualität – die Grobheit als niedere Form – und die Keuschheit als höhere Form). (Dieser dritte Zustand ist eigentlich schon Wahnsinn.)

* * *

Die Psychologie des »Messianismus«

Der geniale Mensch fühlt in sich selbst die wundervollen Kräfte der Schöpfung, der Imagination und des Verständnisses, die ihn größer machen als andere Menschen; und er bemerkt, wie diese Kräfte nicht unmittelbar seinem Willen unterliegen. Durch pures Wollen kann er für sich selbst nicht das hervorbringen, was er Inspiration nennt. Wie er aber nun diese wundervollen Ideen hat, dieses Verständnis, das mehr einschließt als Empfindung, diese wundervollen Vorstellungen hinter den Worten, wie es nun *er* ist, der sie (diese eigenen Ideen) besitzt, und nicht die anderen Menschen, da sie eben keine allgemeinen Besitztümer sind, so kommt er auf den Gedanken, daß sie ihm von jemandem eingegeben wurden, daß sie Eingebungen sind, *Inspirationen.* Und wie es andererseits nur *er* ist und kein anderer Mensch, also ein Genie, ein Mensch wie er, so bildet er sich ohne Probleme die Idee, er sei auserwählt worden, um in sich selbst diese hochtrabenden Modalitäten einer spirituellen Existenz aufrechterhalten zu können.

Aber die *Erwählung,* von welcher der geniale Mensch überzeugt ist, ist der Akt einer bewußten Kraft, ein auf ein Ziel ausgerichtetes kraftvolles Handeln; deshalb also, wenn der geniale Mensch *auserwählt* worden ist, dann daher, da er etwas zu erfüllen hat. (Bemerke, daß die höchste Idee einer Auswahl in jenem steckt, dessen Fähigkeiten direkter auf einen Zweck ausgerichtet sind, Philanthropen, Mystiker etc., Geister, die von der Natur her leidenschaftlich der Menschheit ergeben und *auserwählt* sind.) (Folglich also der höhere Sinn für die Gottheit, die ein genialer Mensch haben kann.)

* * *

Es gibt eine gute Erklärung für die Vortäuschung des Wahnsinns und für das Verlangen nach Wahnsinn und für das (wie es einige Leute vorgeben) »Sich selbst als wahnsinnig zu bezeichnen, ohne es zu sein«.

Im ersten Fall (durch klinische Beobachtung, vergleiche Nordau) ist es bewiesen, daß ein solcher Wunsch die Charakteristik eines morbiden Gehirns ist. Aber wie läßt sich diese Psychologie begründen? Sehr einfach:

Die Charakteristik von Entarteten besteht in ihrer Zuneigung, in der Anziehungskraft, die sie gegenüber anderen Entarteten spüren. Nun zeugt diese Anziehungskraft (ungeachtet ihrer direkten Ursache) selbst von ihrer Degeneration, es ist also die reine Anziehungskraft gegenüber Degeneration und Wahnsinn. Eine andere Form dieser Degeneration besteht in der Vorspiegelung des Wahnsinns, im Wunsch, es zu sein oder wahnsinnig zu erscheinen. Dies ist einfach zu verstehen und eindeutig.

Der normale Mensch fühlt gegenüber dem Wahnsinnigen keine Anziehungskraft, keinen Wunsch, wahnsinnig zu sein; er fühlt ein Erschrecken nur beim Gedanken, so zu erscheinen (Epileptiker fühlen sich vielleicht in gewisser Hinsicht beschämt, aber dies ist schon wieder ein anderer Fall).

(Bewußtsein, spiegelt die Materie wenig wider.)

Wie steht es nun um die Psychologie der Anziehungskraft, die von Entarteten gegenüber der allgemeinen Degeneration gefühlt wird, und für alle, die wie er entartet und wahnsinnig sind? Um dies zu verstehen, müssen wir zunächst die Soziabilität und die soziale Anziehung des normalen Menschen in Betracht ziehen.

Der normale Mensch hat zwei (hauptsächliche) Fähigkeiten bezüglich der Anziehung: den Geselligkeitstrieb und die Sexualität. (Liegen die Fundamente, die Ursprünge der ersten in der Verteidigung? In der Familie?)

* * *

Die Empfindung der Anziehungskraft von einem Entarteten gegenüber einem anderen Entarteten hat dieselbe Bedingung wie das Gefühl eines Entarteten für den Schmerz eines anderen, und folglich für den universellen Schmerz (psychologisch beginnt dies immer mit dem Leiden gegenüber einem Blinden, einem Tauben, also gegenüber den unfähigen, krankhaften Wesen. In fast allen Fällen sieht man, daß der Entartete, wie auch immer er gut sein mag, nur schwerlich irgendeine *Liebe* gegenüber dem normalen Menschen spürt, ausgenommen, dieser würde ins Elend und in Kümmernis stürzen, was ihn zu einem Unfähigen macht und zu einem Menschen, der von seiner Mitwelt ausgestoßen wird. Von hier rührt das Mitleid gegenüber den Armen, gegenüber den Schwachen, gegenüber jenen, auf denen Machthaber und Herrscher herumtrampeln, für die Sklaven der Priester und Könige. Bei diesen, Priestern und Königen, gibt es selten Gefühl und Brüderlichkeit).

Der Entartete beweint tatsächlich in anderen seinen eigenen Kummer.

(Machen nicht alle Menschen dasselbe? Wie entsteht das normale Gefühl für Mitleid? Existiert denn wirklich ein solches normales Gefühl für Mitleid?) Gesellschaftsfähigkeit ist die erste Charakteristik des normalen Menschen in bezug auf andere. Dies ist das Ergebnis seines Wunsches nach Erweiterung, der abwechselnd durch das Gefühl der Lebensfreude hervorgerufen wird, der seinen Ursprung im Atmen des Organismus hat – der in wissenschaftlicher Sicht durch die Zellen hervorgerufen wird.

Verbunden mit der Gesellschaftsfähigkeit ist die Begabung, mit der Menge mitzufühlen (siehe Le Bon *La Psychologie des Foules*[19]), das bedeutet, gemeinsame Gefühle mit anderen Menschen haben zu können. Aus psychologischer Sicht steht diesem das Gefühl für Humor sehr nahe – (und gesunder Menschenverstand) der Sinn für Lächerlichkeit, um das Anormale auszuschließen, ein Instinkt des Nichtmitleids –. Aber der normale Mensch ist nichtsdestoweniger immer egoistisch; er hat einen höheren Egoismus, einen kollektiven Egoismus, in der Menge, in der Gesellschaft.

* * *

Theorie der Degeneration.

So wie bei den altruistischen und egoistischen Tendenzen Christi, beide in hypertrophischer Form anzutreffen, oder bei Napoleons abwechselnder Courage und Furcht – so ist die Charakteristik der Degeneration (oder der Krankhaftigkeit) ein doppeltes Ungleichgewicht, die wirkliche Form des Ungleichgewichts von zwei Seiten der

Anlagen, die im normalen Leben ausgeglichen sind, so wie in diesem Fall die egoistische und die altruistische Anlage.

(Welche stellt die Degeneration dar, welche die Krankhaftigkeit?)

* * *

In mentalen Affekten ist zu bemerken: die Verwirrung des Gefühls für die Beziehung mit dem äußeren Universum. Diese zeigt sich in zwei Formen: (1) eine Art inneres Leben und daher die Nichtanpassung an das materielle Leben – Keuschheit, (...) (Christus, Shelley); (2) eine falsche Beziehung zur äußeren Welt, abhängig einer falschen Idee von ihr: So wie die eines Wahnsinnigen, dessen Projekte unmöglich, undurchführbar sind.

* * *

Die psychopathische Bedeutsamkeit eines nicht vorhandenen Gefühls für Humor. Poe hat nie gelacht, Shelley tat es und war daher menschlicher. Der Fall Christi, der sehr wahrscheinlich auch nie gelacht hat. Es gibt eine Art der Beziehung zwischen Lachen und Sexualität, das Nichtvorhandensein der Sexualität ist normalerweise verbunden mit dem Nichtvorhandensein des Gefühls für Humor. (Das ist nur eine Vermutung. Auf jeden Fall ist das Nichtvorhandensein des Lachens psychopathisch.) Pope hat nie gelacht. Swift hat nie gelacht. Poe läßt am Ende seines Lebens den Humor vermissen.

* * *

Romantische Dichter bemühen sich nur um die Nachzeichnung der ausdrücklichen Form des Wunsches, der Gegenwart zu entfliehen. Dies rührt von einer fehlenden Anpassung gegenüber der Umwelt her.

Die fehlende Anpassung. Er (der geniale Mensch) ist von einer merkwürdigen Schüchternheit gezeichnet, von einem unerklärlichen Widerwillen, von grotesken Ängsten, von einem außergewöhnlichen Kummer vis-à-vis dem materiellen Universum. Geschäft, Gesellschaft, Sport, (...) all dies erschreckt den Degenerierten.

Dies alles ist ein Resultat seiner tiefen Traurigkeit. Jede Freude ist eine Ausdehnung. Jede Nichtausdehnung ist Trauer.

Lyrische und elegische Dichter. Lyrische Dichter sind persönlicher (also normal); elegische sind unpersönlicher, also anormal. Der lyrische Dichter veräußert seine Gefühle gegenüber seinen Brüdern. (Der elegische verallgemeinert sie.) Elegisch-lyrische Dichtung ist jene, in welcher der Dichter (so wie im Adonais[20]) bemüht ist, seine traurigen Gefühle anderen in einer halblyrischen Art mitzuteilen.

Der normale Mensch genießt seine Beziehung zur Welt, zu anderen Menschen; er ist sozial, gesund, sexuell, praktisch, von Gemeinschaftssinn angefüllt, konventionell etc.

Im Gegenteil dazu ist der Degenerierte zur selben Zeit antisozial oder auf morbide Weise sozial. Er ist begehrlich nach Keuschheit und auf morbide Weise sexuell. (Wie Christus ist er asexuell und daher kinderlieb.) Er ist kriminell und reuig; egoistisch und wohlwollend.

Vgl. die enge Beziehung zwischen gegensätzlichen Dingen:
z. B. Liebe und Haß (Sadismus)
Gewalt und Mitleid (untersuchen – ich selbst)
Haß gegenüber dem Menschen und Liebe zur Menschheit
(ich selbst, Rousseau)
(»der misanthropische Liebhaber der Menschheit«)

Er vermischt Liebe und Haß in einem Gefühl; er ist daher ein Sadist. Wie Rousseau ist er ein *»misanthropischer Liebhaber der Menschheit«* (ich selbst). Wie im Buddhismus verbindet er Kunst mit dem Unvereinbaren; wie im Symbolismus den reinen Ton mit den Worten (?). Oder das Subjekt und die Subjektivität in der Sexualität, und das ist ein *Masochist. (Päderasten?)* Oder Sex (als ein tiefer Lebensinstinkt) mit toten Körpern, und das ist *Nekrophilie.* Mystizismus mit Rebellion (Aberglaube), und das ist Verlaine, Baudelaire, Rollinat[21] etc. Oder die höchste Bemühung des Denkens mit der Unfähigkeit zum Denken (aufmerksam und befriedigend): Das ist ein Mystiker, ein Wahnsinniger des Zweifels. Oder, pervertiert in den Sinnen, hat er beispielsweise Genuß am Verzehr von Unrat, oder wenn schon nicht Genuss, dann doch eine *Erregung,* einen anhaltenden Schmerz danach. Ist das alles die Konsequenz von Bewußtsein und Unbewußtsein? Dies ist das Bewußtsein des Bösen als Böses, des Schlechten als Schlechtes. (Perversität »les plaisirs *pervers*«.) Ich meine, ein schlechter und ungesunder *Unbewußter* schaut auf einen *gesunden* Bewußten. Oder sind beide ungesund? Oder gibt es einige (wie E. A. Poe und ich selbst), die ein gesundes Bewußtsein haben, fähig zur Aufmerksamkeit und zum Willen?

* * *

Kritik an Nordaus Verständnis von der Entartung.
Nordau hätte nach dem allgemeinen Charakter von *allen* Arten der Entartung suchen und sie als mentale Stigmata darstellen sollen.

Beispielsweise im Fall von Tolstoi: Nordau erklärt Tolstois Gutmütigkeit als ein mentales Stigma der Entartung. Dies trifft jedoch nicht für alle Fälle der Entartung zu. Um es deutlich auszudrücken, sie gehört eher zu Tolstois Charakter, zu seiner Individualität.

* * *

Umwandlung der Degeneration.
(– Syphilis in Skrofulose –)
(im Vater) (im Sohn)

Der Sohn erbt nie exakt und rein dieselbe Krankheit oder Neigung des Vaters. Diese Neigung ist verändert. (Fälle)

Darüber hinaus, sind die degenerativen Stigmata individuell geerbt (und in diesem Fall ist es ausreichend, die Degeneration festzulegen), oder ist ein allgemeiner Zustand geerbt, zu dem sie alle zusammen gehören? (Wenn sie individuell geerbt sind, welche Veränderungen ergeben sich dann innerhalb der Sexualität?)

Am wahrscheinlichsten: Sie sind nicht einzeln geerbt, sondern in einem allgemeinen Zustand. Deshalb sollten alle in ihm enthalten sein. Allerdings besteht neben diesem noch der individuelle Charakter des Individuums; oder etwa nicht?

* * *

Verschiedenes.
Trunkenheit und Alkohol sind Anregungen, die bezüglich des erkrankten Nervensystems von Degenerierten in Betracht gezogen werden sollten, die kein normales Vergnügen in normalen Dingen spüren. Sie suchen das Wohlgefallen in *starken* Erregungen, wobei jedoch *starke* Erregungen Schmerz erzeugen: daher also das Fühlen von angenehmem Schmerz, so wie der des Alkoholtrinkens (als eine Charakteristik von Degenerierten).

Umwandlungen in der Erblichkeit.

Der Grund für den Ausdruck des angenehmen Schmerzes kann hier gesehen werden, in einem Fall wie diesen. Der Schmerz besteht darin, daß (...) stark und daher schmerzvoll ist, so auch das Wohlgefallen, welches zwangsläufig in der Befriedigung eines Impulses besteht, angenommen, die Befriedigung *ist* der Schmerz selbst. Kann nun behauptet werden, der Trinker sucht den Schmerz, wenn er trinken will? Nein; er sucht das Wohlgefallen, da alles, um was er sich bemüht, die Befriedigung eines Impulses ist; das ist die Charakteristik der Degeneration, von dem (...), daß die *natürliche* Befriedigung eines Impulses die des Schmerzes sein sollte. Dies spricht deutlich von der Krankhaftigkeit eines solchen Impulses.

* * *

Zwei Faktoren von Shelleys Charakter[22]: Kindlichkeit und die allgemeine Natürlichkeit, allgemeine Abstraktheit des Charakters. Der Metaphysiker, nicht der Psychologe; wärmer in seiner allgemeinen Liebe zu Menschen als in seinen Neigungen.

Frage: Ist Kindlichkeit identisch mit Abstraktheit?

Schande und Künstlichkeiten.

E. A. Poes Theorie, nach der ein Gedicht immer kurz zu sein habe, wurde von seiner Unfähigkeit veranlaßt, lange Gedichte zu schreiben (...) und diese Unfähigkeit war psychopathisch.

Baudelaire sagte, Moral habe nichts mit Kunst zu tun, und dies aus dem einfachen Grund, daß Baudelaire nichts mit Moral zu tun hat, da seine Neigungen immoralisch sind.

Poes Perversität, nicht nur eine einfache Fähigkeit des Geistes.

* * *

Anmerkung zu den degenerierten »Ästheten« und »Dekadenten«, die das Schöne an der Güte fühlen, nicht aber die Güte an der Güte.

* * *

Es gibt zwei Arten der Sinneseindrücke: Sinneseindrücke der äußeren Welt und kienästhetische Sinneseindrücke, also Sinneseindrücke des Lebens, die obskur sind und tatsächlich Semi-Sinneseindrücke, die, wenn ich es auf diese Art und Weise sage, Sinneseindrücke sind, welche ein Ding wertvoll, teilbar machen.

Da nun für die Erhaltung des Lebens die Kenntnis des Nicht-Ichs am notwendigsten ist, also notwendiger als die Kenntnis des Ichs, so herrschen im normalen Menschen die Sinneseindrücke der Umgebung vor – sie sind vielmehr die einzig wahren Sinneseindrücke. Im Kind, im Minderjährigen bedeutet das Ich nichts, das Nicht-Ich ist alles. Das minderjährige Kind *entdeckt* seinen Körper für sich selbst als einen Teil des Nicht-Ichs.

Es ist so klein in sich selbst, daß es innerhalb seiner Kindheit nicht einmal relativ spät ist, wenn es lernt, »ich« und »mein« zu sagen. Es ruft sich selbst beim eigenen Namen, bei genau dem Namen, den es von anderen ausgesprochen hört.

Diese Tatsachen sind allgemein bekannt, es handelt sich um Elementarwissen von Psychologiestudenten, sie sollten hier jedoch für ein weitreichendes Verständnis des gesamten Arguments genannt werden.

Wie ich bereits sagte, die Sinneseindrücke des Nicht-Ichs herrschen notwendigerweise über die inneren Sinneseindrücke, und dies ist der erste Grund, warum Wahrnehmungen, Aufmerksamkeit und Bewußtsein in einer Vielfalt hervorgerufen werden. Da sich nun die äußere Welt beständig verändert, verändert sich auch beständig die organische Welt, wobei diese sich jedoch in einem anderen Sinn verändert. Die kleine, wahrhaftig dort existierende Vielfalt ruft jene obskur vagen und kienästhetischen Sinneseindrücke hervor, von denen ich gesprochen hatte. Was es an Veränderung gibt, ist jenes, was die Sinneseindrücke hervorruft.

Wenn sich, wie im Gefängnis, die äußere Welt nicht verändern würde, wäre das Gefängnis für den Internierten weniger melancholisch, weniger verrückt.

Nun gibt es allerdings einen Fall, bei dem die inneren Sinneseindrücke vorherrschen und der notwendigerweise dann vorkommt, wenn etwas geschieht, das nicht dem normalen Wechselspiel der Zellen entspricht, wenn es also *eine Krankheit gibt;* und diese Vorherrschaft, oder etwas deutlicher, diese Aufdringlichkeit (weit über dem »seuil de la conscience« stehend) eines organischen Sinneseindrucks wird *Schmerz* genannt.

Die Wahrnehmung des organischen Leidens (ich sollte es so sagen, um es direkt der Schmerzhaftigkeit der Sinneseindrücke von außen entgegensetzen zu können, insofern alle Sinneseindrücke drei Seiten haben: eine intellektuelle, eine gefühlsmäßige, eine willentliche) hat zur Absicht, dem Organismus eine Krankheit anzukündigen, eine Gefahr, also Aufmerksamkeit auf etwas zu rufen, das bekämpft werden muß.

Aber nun betrachten wir den Fall eines Kindes, das von kranken und (...) Eltern stammt.

Das Spermatozon und die Eizelle vereinigen ihre Krankheiten in der befruchteten Stammzelle (...). Das spätere Kind wird schon krank geboren; es ist zum Schmerz verurteilt.

Schon vom Beginn seines Lebens (ich *vermute* sogar bereits ab seiner Existenz innerhalb des Uterus) hat dieses Kind (...), es gewöhnt sich an die Krankheit; daher mündet die eigentlich existierende Sinneswahrnehmung des Schmerzes in eine anhaltende und morbide Unaufmerksamkeit. Da diese Krankheit jedoch andauert, muß sie irgendwie offenbar sein. Indem sie nicht mehr wahrgenommen wird, verschwindet sie nicht; im Gegenteil, sie wird schlimmer; der Patient redet nicht bewußt von seiner Krankheit. Verhält es sich aber nun dergestalt, (...) von was redet er in einer bewußten Form? Solange die Krankheit in deutlicher Weise nicht seine zweite Natur ist, sondern seine einzige, hat er ein Bewußtsein von ihr als ob sie seiner eigenen Persönlichkeit angehören würde, und sie wird daher auch nicht als krankhaft wahrgenommen. Dies ergibt sich aus dem Grund, da die psychische Natur der Krankheit *Schmerz* ist; *sein* Schmerz ist jedoch das Anzeichen einer anderen Krankheit, die er vielleicht nur zufällig hat.

Wie nun der normale Mensch nur eine vage Wahrnehmung vom Leben hat (Gewohnheit und Gleichmäßigkeit rufen dies hervor), so hat der Mensch mit einem krankhaften System auch nur eine vage Wahrnehmung vom Leben (die Gewohnheit hat auch diese vage werden lassen), *sein* Empfinden ist jedoch die vage Wahrnehmung von Unbequemlichkeit, von Lustlosigkeit, vom Überdruss.

Dies hat uns dazu geführt, nicht mehr die wahre Natur der Degeneration zu sehen.

Morel[23] irrt sich: Die Hauptcharakteristik der Degeneration ist nicht *emotional,* sondern *Traurigkeit,* die wesentlich charakteristischer ist.

* * *

Essay zur Degeneration (Anmerkungen)

These: Degeneration ist prinzipiell nicht durch Emotionalität ausgedrückt, sondern *durch Traurigkeit.*

Zwei Formen der Traurigkeit:
Impulsiv: Kriminalität.
Reflexiv: eigentliche Traurigkeit, Pessimismus.

Kriminelle sind traurig, selbstverständlich in einer gewissen Art; es ist aber trotzdem *eine Traurigkeit,* die sie besitzen. Aber was ist Traurigkeit? Vgl. Geistesabwesenheit in Beziehung zu Morbidität etc.

Wie verhält es sich mit Aufmerksamkeit und Willen?

Aber wie verbindet sich Unsensibilität mit Traurigkeit? Gemäß Nordau wären die Unsensibilität des Kriminellen gegenüber Schmerz, Goethes moralische Unsensibilität (bezüglich des Herzogs von Weimar), die von Fontenelle (bezüglich des toten Freundes) keine Stigmata einer moralischen Degeneration, solange sie, und speziell die letzte, *nicht* der Emotionalität entspringen.

Apathie auch als eine Art der Traurigkeit (?)
Unglücklichsein ist möglicherweise der bessere Name.
Einige der sogenannten Stigmata sind erklärend, insbesondere die Revolte gegen das Existierende (ohne Verstand und nicht bedacht).

1 Intellektuelle Freude.
2 Gefühlsmäßige (um es so zu sagen) Freude.
3 Willentliche Freude.

3 Die Freude der Aktion, der Bewegung, oder was sonst noch.

1 Die Freude der Überlegung – ausschließlich unbewußt. Es ist einfach nur die Freude am Verständnis, am Begreifen. Die Traurigkeit der Überlegung ist wahrscheinlich (?) die *folie du doute,* das bedeutet das Bemühen um Verständnis von Dingen, die an sich unbekannt sind, die Überlegung des Zweifels, schmerzhaft in ihren Ergebnissen, da es hier nie die Freude des Verständnisses geben kann (was in ihrer eigenen Natur begründet liegt).

Traurigkeit, Unglücklichsein auf zwei Arten: (1) durch die Änderung der Funktion, (2) durch Behinderung. Daher (2) ist der Idiot intellektuell unglücklich und deshalb von der intellektuellen Freude ausgeschlossen.

* * *

Freude. Wenn wir traurig sind, können wir keine Energie in unsere Arbeit legen, unsere Willenskraft ist leblos und verbraucht. Diese Tatsache als Degeneration genommen, als das Fehlen des Willens und der Energie bei den Degenerierten, entsprechend der Traurigkeit (so gemäß der Theorie).

* * *

Zwischen dem Willen und der Hartnäckigkeit besteht dieselbe Differenz, die auch zwischen der *Überzeugung* und der *Obsession* besteht. Die eine ist intellektuell, die andere ist gefühlsmäßig.

* * *

Sadismus und Mörder *aus Leidenschaft*. Der Fall des Schulmeisters (?), zitiert bei Nordau. Ziehe auch in Betracht die dazugehörigen Überlegungen bezüglich des Zustands der beschiedenen Freude des leidenschaftlichen Mörders vor dem Koitus.

* * *

Faulheit als eine Form der Degeneration; der faule Mensch ist traurig, zumindest trauriger als der handelnde Mensch.

Degeneration durch Lustlosigkeit. Sexuelle Degeneration durch Lustlosigkeit; diejenige von jenem, der keine Lust am normalen Koitus hat und neue Formen erfindet, neue Positionen. Das Erscheinen des Unglücklichseins; durch das Erscheinen vom Überdruss. So kommen wir zu dem Schluß, daß die Degeneration eine *Depression* ist, die in der Form von Faulheit, Lustlosigkeit, Schmerzhaftigkeit, Apathie etc. auftritt.

Das Schwingen von einem inneren Pendel in seinen Extremen.

* * *

Das Genie ist wie der Athlet, der durch ein herkömmliches und irrationales Gymnastiksystem trainiert wurde, mit ausgeprägten Brustmuskeln, mit einem übergroßen Bizeps, der die Streckung hindert etc. Das Genie ist auf gestörte oder vielmehr krankhafte Weise kräftig. Dies sowohl in der physischen als auch in der mentalen Welt.

Im Verlauf oder durch die Schwerfälligkeit der Übungen gerät das Herz oder das Gehirn mehr oder weniger in Gefahr. Beim Genie ist das *zentrale* psychische Leben sehr oft angegriffen, die Gefühle für Freundschaft, für (...), für Sex; der Gemeinsinn, (...).

* * *

Dichtung als eine Form der Degeneration.
Der Grund, der aufzeigt, daß Dichtung genau jenes aktive Schaffen im Menschen ist, an dem man am besten die Nähe zwischen dem Sublimen und dem Lächerlichen sieht, ist zweideutig: (1) Dichtung ist die (...) Manifestation des menschlichen Geistes; (2) der Prozeß des dichterischen Schaffens ist eindeutig ein anormaler.

Ms. Brownings Zeile:

Die *Stille* meines Herzens ist voll der *Klänge.*[24]

Zeigt uns nun das Sublime ebenso wie das Lächerliche.

* * *

Simulierend.
Nehmen wir an, daß ich, nachdem ich die Charakteristika der Degeneration studiert habe, zu denen auch die *Echolalie* gehört, also die

Wiederholung von Tönen (...), daß ich also zur Verblüffung der wissenschaftlichen Kritik folgende Verse niederschreiben würde:

Ich bin traurig heute, heute, denn es ist
Denn es ist für einen anderen Menschen der Tag
Der Tag der Liebe und der Freude für einen anderen Menschen.

Vielleicht bin ich ein völlig normaler Mensch und schreibe diese Verse zum Spaß (Vielleicht bin ich es aber nicht?). Kann ich nicht in derselben Art vorgeben, verrückt zu sein und Müll zu schreiben, dabei aber ein völlig normaler Mensch sein?

Siehe, was der Psychiater zu einer andauernden Mystifikation sagt.

* * *

Moderne Degeneration.
Der Grund für den modernen Verfall des religiösen Gefühls in allen Klassen besteht *nicht,* wie es einige unbedarfte Sentimentalisten glauben mögen, in einer Zunahme der intellektuellen Aktivität oder etwas Ähnlichem in dieser Art; dies betrifft sicher eine kleine Mehrheit, zu der jedoch nicht die große Masse von Ungläubigen gehört. Nein, der Verfall des religiösen Gefühls in einer modernen Gesellschaft ist schlicht und einfach nur eine Form ihrer Degeneration, es ist eine der Manifestationen einer *fundamentalen Unfähigkeit, den Geist auf ernsthafte Dinge zu richten.* Ich respektiere den Menschen, der durch Lern- und Denktätigkeit auf eine ehrliche und bewußte Weise den christlichen oder irgendeinen anderen Glauben verliert; ich ehre ihn, da er mit von der Zeit hervorgerufenen Ideen bricht, mit verwurzelten Arten des Denkens und des Fühlens. Ich bewundere oder (...) jedoch nicht den typischen Atheisten, dessen Unglauben seinen Ursprung in seiner *Unfähigkeit hat, an ernsthafte Dinge zu denken.* Hier gibt es nur rein degenerative Gründe für den Verfall des religiösen Gefühls.

Wir wissen sehr genau, wie uns jeder Tom, Jack oder Harry

Gründe für den Unglauben geben kann, und wir wissen auch sehr gut, daß diese Gründe, anstatt dem Unglauben im Geiste von jenem T. J. oder H. voranzugehen, ihm folgen und in Wirklichkeit nur der Natur einer Entschuldigung entsprechen.

Die moderne Krankheit ist das *Dilettantentum,* und Atheismus oder Unglauben sind dessen flagranteste Formen. Dilettantentum ist im wesentlichen eine Unfähigkeit, für längere Zeit den Geist auf etwas zu richten, auf etwas Ernsthaftes oder etwas Gewichtiges, die Oberflächlichkeit gegen (...) und die einfache Imagination gegen (...) einzutauschen.

Wenn es keine Elemente gibt, eine Frage zu entscheiden; wo es keine gibt, folgt das Individuum seiner Neigung, so wie es hier der Fall ist. So ist beispielsweise die Existenz Gottes ein Problem, das eine große metaphysische Fähigkeit zum Verständnis, zur Analyse etc. einfordert. Die christliche Religion fordert ein großes Bibelstudium etc. ein.

* * *

Moderne Degeneration

Dilettantentum

Dilettantentum ist intellektualisierter Schwachsinn oder höherer Schwachsinn. Das bedeutet: Die Quantität des Denkens, die eines talentierten Mannes würdig ist, und die Qualität, die eines Schwachsinnigen würdig ist. Der Charakter eines Schwachsinnigen: keinerlei moralischer Sinn, der Charakter eines »Wetterhahnes«; Gerissenheit.

Degeneration in der *Kunst;* Degeneration in der *Literatur* (Ibsen, Maeterlinck etc.)

Ein Mädchen spricht in ihrer »Phantasie« darüber, wie erfreulich es ist, nackt herumzulaufen, oder fast, und sie erklärt, darin ein Vergnügen zu fühlen.

Mir kam kürzlich die Idee, daß eines Tages die Malerei durch die Fotografie ersetzt werden könnte, die Bildhauerei durch die gröbere Kunst des Abgusses, was jedoch nicht ohne weiteres auf die Musik zutrifft und *niemals* auf die Dichtung. Ist das nicht eine gute Probe für den Wert der Kunst: die größere oder geringere Möglichkeit, sie einer mechanischen anzunähern?

* * *

Die Degeneration des künstlerischen Gefühls wurde von Nordau falsch verstanden.

Eine Sache ist die völlige Degeneration der Person, eine andere die Degeneration des künstlerischen Gefühls. (Anthero[25], Maeterlink.)

* * *

Die Degeneration ist die Rückkehr zu einem (vorhergehenden) Zustand der Indifferenzierung mit den Charakteristiken der schon differenzierten.

* * *

Degeneration und Handlung

Die Degeneration ist eine Nichtanpassung bezüglich der Handlung, da sie eine *Anstrengung* ist. (Siehe Nordau zur Müdigkeit); und wenn es denn eine Handlung gibt, dann ist sie getrübt.

* * *

Wichtig!

Die psychische Degeneration ist die Rückkehr von primitiven *Tendenzen* eines Gehirns, dessen *Kultur* und *Umwelt* nicht primitiv sind. Hier also haben wir den Begriff der Degeneration.

Die in einem modernen Gehirn auftauchende Wildheit eines Primitiven wird als Ergebnis eine Perversität und (...) hervorrufen, die völlig unterschiedlich von jenen sind, welche von der physischen, psychischen und *inneren* Umwelt (also der eigentlichen Seelenverfassung) des Wilden hervorgerufen werden würde.

Die zuletzt aufgetauchten Fähigkeiten – eben jene, welche die aktuelle Umwelt bewirkte und die zur Anpassung an diese dienlich sind – verfallen, und das Individuum kann sich nur noch an eine Umwelt anpassen, die der unseren zuvor war. Von daher gibt es nicht nur ein Erscheinen der Fähigkeiten von Vorfahren (und somit von primitiveren), sondern auch ein Mißverhältnis gegenüber der Umwelt.

* * *

In den gegenwärtigen Gesellschaften ist der Krieg eine Krankheit, oder wenn man es so sagen will, ein Anfall des Wahnsinns. Es ist die plötzliche Rückkehr (sagen wir es so) zu jenem, was in früheren Epochen ein *Zustand* war.

* * *

Die Krankheit ist so charakteristisch, so grundsätzlich wie das Wohlbefinden.

Es wäre notwendig, die Funktion der Krankheit, ihre Rolle im Organismus zu ermitteln.

Dazu hätte man zunächst festzustellen, welche die pathologischen Einflüsse sind, das bedeutet, welches die normalen Zustände sind, die sich mit einem Charakter der Degeneration oder selbst der Psychosen darstellen.

Diese Analyse ist insbesondere nützlich, da sie uns eine exakte Vorstellung der Degeneration gibt.

Geben wir ein Beispiel: Der Aberglaube ist ein fester Bestandteil des Charakters eines Wilden. Dieser Aberglaube (*morbid* in unserem eigenen Fall???) ist abhängig von einem anderen Sachverhalt – dem niederen intellektuellen Zustand des Wilden. Oder dieser Aberglaube bewirkt Handlungen, die wir als morbid betrachten.

Der Wilde, der Primitive charakterisiert sich auf folgende Weise: auf dem intellektuellen Gebiet – das Vorherrschen der Beobachtung über der Überlegung; auf dem gefühlsmäßigen Gebiet – das Vorherrschen der Leidenschaft über der Emotion; auf dem willentlichen Gebiet – das Vorherrschen des Wunsches über dem Willen.

In ihrem Voranschreiten erreicht die Menschheit (annähernd) ein Gleichgewicht, welches jenes zwischen Beobachtung und Überlegung (Gemeinsinn) ist; das zwischen Leidenschaft und Emotion; das zwischen Wunsch und bewußtem Willen. Das ist die zivilisierte Periode.

Wenn in dieser Periode ein Mensch erscheint, bei dem die Imagination die Überlegung dominiert (dann ist er verrückt), bei dem die Leidenschaft die Emotion dominiert (dann ist er kriminell) oder bei dem der Wunsch den Willen dominiert (dann ist er degeneriert). Der Kriminelle ist im allgemeinen auch ein *Degenerierter,* zwar nicht notwendigerweise, aber jedoch in dem Sinn, wie hier dieses Wort benutzt wird.

Es kann freilich auch das Gegenteil geben – die Vorherrschaft der Überlegung über die Beobachtung, die Vorherrschaft der Emotion über die Leidenschaft, die Vorherrschaft des Willens über den Wunsch (der Mensch der Handlung).

Um die Menschheit unter dem Gesichtspunkt der Degeneration zu studieren, müssen wir ihre Einteilung in die drei folgenden Perioden beachten:

1 die Periode der Vor-Gleichgewichts

2 die Periode des Gleichgewichts

3 die Periode des Ungleichgewichts (die mit jener des Vor-Gleichgewichts verbunden ist und diesem in einem anderen Zyklus folgt)

Das Leben der Menschheit ist eine Unstabilität, ein beständig unstabiles Gleichgewicht.

* * *

Jeglicher anormale Geisteszustand bedeutet eine Regression, einen atavistischen Zustand. Was kann es sonst sein als ein Atavismus, ein regressiver Zustand? Wie könnte es dort einen Fortschritt geben?

Epilepsie ist eine unmittelbare Regression zu einem vorbewußten Zustand.

Betrachte alle körperlichen Krankheiten und siehe, ob sie nicht auch zu dieser Kategorie gehören, und finde heraus, *in welcher Art dies geschieht,* die wirklichen Arten der Regressionsprozesse.

* * *

Genie und Degeneration

Obwohl das Genie genannte Phänomen einer direkten Definition schwer zugänglich ist, kann es gelöst werden, sobald man es auf eine differenziale Art löst, wenn man es also genau als dieses betrachtet und nicht als etwas anderes.

Was der Betrachtende sofort beim Phänomen Genie wahrnimmt, ist eine *Anormalität.* Tatsächlich ist der Ursprung des Genies anormal.

Dann ist das Genie eine von *sozialem* Handeln begleitete Anormalität, also mit Effekten, die sozial akzeptiert werden, als ob sie normal wären – Bewunderung, Anhängerschaft etc.

Weiterhin, und verbunden damit, ist das Genie ein Phänomen des *Gleichgewichts.* Hierüber sollten wir uns richtig verstehen. Nehmen wir eine Art des Genies – das künstlerische Genie, das Emotionen zum Ausdruck bringt. Wenn es Emotionen *übermitteln* kann, ist es auf gewisse Weise genial. Viel hängt vom Umfang und Charakter des Publikums ab, dem es sie übermittelt; ein Publikum kann jedoch nicht von einem *Verrückten* im eigentlichen Sinne eingenommen werden. Es muß seine Emotionen, so verrückt sie auch sein mögen, für ein Publikum zugänglich machen, so mit-verrückt es selbst auch sein mag – das heißt, es muß in einer gewissen Weise die eigene Verrücktheit sozial gestalten.

Um ein Genie zu definieren, genügt es nicht, wenn wir uns darauf beschränken, in ihm eine Anormalität und ein Gleichgewicht festzustellen – es genügt nicht einmal die Anormalität und die Soziabilität.

Um nun, so verrückt es auch sein mag, sozial akzeptiert zu werden, ist es notwendig, daß es auf zur Akzeptanz Befähigte trifft, also auf Geister, deren (angenommene) Verrücktheit es selbst besser als irgend jemand anderes synthetisiert. Und in diesem Fall bekommt seine Verrücktheit ein spezielles Charakteristikum – die *Repräsentativität.*

Wenn es nun aber keine Akzeptanz *in der Gegenwart* gibt? Entweder sind nicht alle Gegebenheiten erfüllt, womit es auch kein Genie gibt; oder es wird eine zukünftige Akzeptanz geben, und in diesem Fall handelt es sich um ein Genie, das für *noch vage* Tendenzen repräsentativ ist. (Schließlich gibt es keine Fälle von Genies, die über Jahrhunderte verborgen bleiben. Ein Jahrhundert ist das Maximum bis zu seiner Entdeckung – und ein Jahrhundert ist genau die Zeit, die eine noch rein skizzierte Bewegung braucht, um zu einer kohärenten und wirklichen Bewegung zu werden.)

Wenn ein Genie keine Bewegungen oder gewisse Tendenzen repräsentiert, wird es keinerlei Anerkennung erfahren.

Da nun die dreifache Natur des Genies festgestellt ist, unterwerfen wir dieses Phänomen sofort drei Aspekten unserer Kritik.

Indem es gewisse Bewegungen und Tendenzen repräsentiert, ist das Genie ein *soziologisches* Phänomen.

Bezüglich der Anormalität (die Repräsentation einer Bewegung bedeutet, sich von ihr abzuheben, innerhalb ihrer selbst isoliert zu bleiben und daher anormal zu sein) ist das Phänomen ein psychologisches (also psychologisch anormales) Phänomen.

Bezüglich der Repräsentation von solchen Tendenzen in der einen oder anderen Art (wahrscheinlich administrativ, oder praktisch), gehört das Genie jener *Kunst* an, auf die es seine Spezialisierung gerichtet hat. (Auf die Sozialpolitik, wenn es Politik ist, auf die Ästhetik, wenn es Literatur ist.)

* * *

Für den Psychologen – (...) ist das Genie einfach nur eine Verrücktheit; für den Kritiker ist es ein Genie, für den Soziologen ist es nur ein Kriterium und eine Repräsentativität.

Theorie des Genies

Das Genie ist eine Degeneration, bei der es aus einer spontanen biologischen Reaktion heraus eine Hemmung der degenerativen Phänomene gab.

* * *

[Genie und Wahnsinn]

Heute wissen wir, daß Genie Wahnsinn ist, eine Art Delirium, das in seiner extremsten Form nichts anderes ist als eine ausgeprägt reflektierende Megalomanie.

* * *

Wenn ich bedenke, wie wirklich und wie wahrhaftig die Dinge des eigenen Wahnsinns für den Wahnsinnigen sind, dann kann ich eigentlich nur mit dem Wesen der Aussage des Protagoras übereinstimmen: daß der Mensch das Maß aller Dinge ist.

* * *

Das Problem der Beziehung zwischen Genie und Wahnsinn ist eines der interessantesten, das der Wissenschaft und dem analytischen Denken vorgesetzt werden kann. Der praktische Nutzen, den man aus der Lösung des Problems heraus gewinnen könnte, ist in seiner direkten Form gering; der theoretische Nutzen ist in seiner direkten Form eingeschränkt; da aber alle rational denkbaren Probleme, wie auch immer ihre Natur beschaffen sein mag, in Beziehung und in einem Verhältnis zu anderen Problemen stehen – und diese wieder mit anderen –, bis die wichtigen anhand von denen gefunden werden, die nicht wichtig sind, gibt es immer irgend etwas, das damit zusammenhängend gelöst wird.

Nichtsdestoweniger hat die Frage, auf die ich mich beziehe, gemäß ihrer Lösung zwei Seiten oder zwei Nutzen: einen in der literarischen Kritik, den anderen in der Psychologie, zumindest in der morbiden Psychologie.

Ich fühle in mir weder die Strenge noch die Kraft des Bewußtseins, welche nötig wären, die gesamte Geschichte des Problems in einer kleinen Aufzeichnung zusammenzufassen; die allgemeinen Linien sind bekannt, oder sollten es zumindest sein. Wie auch immer, irgend etwas sollte gesagt werden. Erst seit Moreau de Tours[26] (...) etc.

Der Gebrauch in der Psychologie wird nicht mehr als der gewöhnliche sein; es wird ein gelöstes Problem geben, und mehr nicht; nur in der Psychologie gibt es einen direkten Bezug. In der literarischen Kritik ist das Interesse größer.

Die gegenwärtige literarische Kritik beruht auf keinem Fundament, ausgenommen auf der Kultur und dem Gefühl des Kritikers. Sein Gefühl wird für das ästhetische (...) eines kultivierten Menschen angesehen; seine Kultur beruht auf einer Intuition, oder viel eher noch auf einem Verständnis der allgemeinen Prinzipien der Kunst. Das und nicht viel mehr.

Kritiker bemühen sich in der Regel um die Entscheidung, ob ein Ding gut ist oder nicht, ohne eine andere Grundlage als eine vage Intuition zu haben, also unbeständige Annahmen, in denen das Persönliche so viel zählt, als ob es universell wäre. Kein Kritiker läßt sich zu einer Überlegung herab oder zur Befragung seiner selbst: Warum?

Dies ist schlecht, aber es kommt noch schlimmer.

Es kommt noch schlimmer, da es nicht unmittelbar in der Kritik des Werkes liegt, daß die Frage nach der Beziehung zwischen Genie und Wahnsinn einen Einfluß hat, sondern in der Kritik des Autors, in der Beziehung zu seinem Werk. In dieser Beziehung ist die gegenwärtige Kritik (speziell in England) voll von spiritualistischen Ideen und tiefsitzenden Vorstellungen, von (...) Vorurteilen, und von (...) Heuchelei. Dies alles ist verwurzelt in Werken von 300 Jahren.

Es ist die Frage nach dem Genie und nach dem Wahnsinn, der

wir nachgehen. Zunächst sollten wir erforschen, was der fundamentale Charakter aller Krankheiten und Gebrechlichkeiten ist; selbstverständlich haben wir aber zuvor noch zu studieren, was die Normalität ist.

* * *

Kein Mensch ist normal oder perfekt – hierüber gibt es keinen Zweifel. Ein normaler Mensch wäre ein Mensch, der von keiner Krankheit befallen werden könnte. Für jegliche Krankheit (wie ich es gezeigt habe) ist eine Prädisposition notwendig, die Prädisposition des Organismus für die Krankheit. Der Grad der Prädisposition ist der Grad der Anormalität. (Siehe dazu Féré: *Fam. Nev.* S. 103 zu den Wirkungen der Neurasthenie bei »normalen« Personen, bei mentaler Beanspruchung etc.)[27] Jegliche Krankheit setzt eine Prädisposition für dieselbe voraus, so wie jede wirkliche Sache ihre eigene Möglichkeit voraussetzt, solange sie eben wirklich ist.

* * *

Was ist denn nun – so habe ich fragen gehört – ein normaler Dichter? Die Antwort ist einfach: Ein normaler Dichter ist Nonsens. Allein nur die Tatsache, ein Dichter zu sein, schließt Normalität schon aus. Kein normaler Mensch, kein *gewöhnlicher* Mensch ist ein Dichter. Was bedeutet dann aber Normalität, geistige Gesundheit im Dichter; es zu sein, aber in einer vergleichbaren Normalität oder geistigen Gesundheit?

* * *

Die Problematik des Halbwahnsinns wurde zuerst von Trélat in (...) untersucht, der diesem Thema sein Buch *La Folie Lucide*[28] gewidmet hat – und was auch die Bezeichnung ist, die er diesem Phänomen gegeben hat. Später wurde es auch von anderen studiert, und das jüngste Buch diesbezüglich ist Prof. Grassets *Demifous et Demiresponsable*[29];

der Begriff Halbwahnsinniger (demifou) geht auf diesen Wissenschaftler zurück.

Für manche mag dieser Begriff vielleicht etwas fremdartig klingen, was allerdings nur für die zutrifft, die jener falschen Auffassung erlegen sind, nach der es sich bei der Gesundheit und der Krankheit um zwei durch eine Grenze (um es so zu sagen) voneinander getrennte Dinge handelt. Die Wissenschaft hat diese Art des Mißverständnisses von medizinischen – wie auch allen anderen – Phänomenen verworfen. In der Welt gibt es nichts anderes als Abstufungen – es gibt keine Trennungen, keine Aufteilungen innerhalb der Aktivitäten. Es gibt keinen Geisteszustand, bezüglich dessen wir erklären könnten: Auf dieser Seite gibt es Gesundheit, auf dieser Seite geistige Krankheit. So ist es nicht, vielmehr gibt es Abstufungen zwischen diesen Zuständen, und diese Abstufungen sind selbst durch Abstufungen unterteilt.

Wenn es sich so verhält – und wie es ohne Zweifel ist –, daß es Abstufungen in der Linie gibt, die von der sogenannten Gesundheit zur sogenannten geistigen Krankheit führt, so muß es innerhalb derselben unlogischen Notwendigkeit auch so etwas geben, was man Halbwahnsinn nennen könnte. Selbstverständlich gibt es keine Art des Verständnisses, wo Halbwahnsinn beginnt, wo er endet, worin er sich von Besonderheiten des Charakters unterscheidet, die das etwas ausdehnen, was von uns als Normalität bezeichnet wird, und wie jenes erfaßt werden kann, worin er sich von der völligen geistigen Krankheit unterscheidet.

Daran sehen wir, daß Halbwahnsinn kein korrekterer Begriff ist als *Gesundheit* oder *geistige Krankheit*. Aber da nun alles aus Abstufungen besteht, ist der Besitz eines dritten Ausdrucks vorteilhaft, um Geisteszustände zu bezeichnen, die scheinbar (und eigentlich auch tatsächlich) die Charakteristiken der Gesundheit und der geistigen Krankheit aufweisen, ohne daß sie jedoch das eine oder andere auch wirklich sind.

Das Werk Trélats und die unter diesem stehenden, einschließlich des Werkes von Prof. Grasset, haben einen empirischen Anstrich. Sie beschreiben Formen des Halbwahnsinns, und nicht mehr; sie versuchen nicht, die wesentliche Bedeutung des Halbungleichgewichts des Geistes zu klassifizieren oder zu ergreifen, insofern ebendieses bemessen werden kann. Selbstredend werden auch *wir* uns nicht darum bemühen; wir haben weder die ausreichende Kenntnis, noch sind wir von dem Anliegen gezeichnet. Wir werden uns nicht darin limitieren, die holprigen Definitionen zu übersetzen, die diese Autoren vom Halbwahnsinn gegeben haben (als eine Tatsache ist der Begriff an sich nicht schwer zu verstehen); anstatt zu definieren, werden wir eine Synthese versuchen, um mehr oder weniger eine exakte Idee von den allgemeinen Charakteristiken des Halbwahnsinns zu geben.

Mit einer Schwierigkeit sind wir gleich von Beginn an konfrontiert: es handelt sich um die Tatsache, daß es viele Arten von Halbwahnsinnigen gibt, daß der Halbwahnsinn viele Formen annehmen kann.

* * *

Genie existiert vielleicht auch in einem allgemeinen Intellekt, wenn Genie in einer anormalen (...) Verknüpfung von Ideen besteht. Darin ist das Genie dem Wahnsinn gleich, ausgenommen jedoch, daß Wahnsinn den Intellekt einnimmt und Genie nicht. Genie kann eventuell ein partieller Wahnsinn genannt werden. Es gibt keinen partiellen Wahnsinn im Sinne von Esquirol[30], wohl aber ein solches partielles Genie.

Genie verhält sich zum Wahnsinn wie die Manie des Zweifels zum Verfolgungswahn.

* * *

Die andauernde Gehirntätigkeit entfremdet den Geist von sozialen und affektiven Gefühlen. Der Wahnsinnige und das Genie.

Gemeinsame Charakteristiken des Wahnsinnigen und des Genies.

1 Beständige Aktivität des Gehirns.

2 Defizit bei affektiven und sozialen Gefühlen.

3 Außergewöhnliche Abfolge von Ideen.
4 (...)
5 (...)

* * *

Genie.
Entweder ist intellektuelle Überlegenheit für sich selbst vererbt, oder sie ist es nicht. Wenn sie für sich selbst erblich ist, dann ist Genie entweder natürlich, oder es ist ein graduelles Ansteigen des Intellekts und somit ein gradueller Verfall in der Familie. Aber wiederum auch nicht; wir sehen das Genie plötzlich erscheinen und die Idiotie, oder die Beinahe-Idiotie, entspringt dem Genie in einer fremden Art.

* * *

Wie Kurzsichtigkeit für kontemplative Menschen vorteilhaft ist.

Genie und Neurose. Eine angebotene Erklärung.

* * *

Die Theorien von Lombroso[31] und Moreau de Tours zum Genie. Auch die Theorie Grassets dazu.

Überprüfe die Theorie Grassets – nach der Genie und Neurose (die sich oft in derselben Person zusammenfinden) dieselbe Basis haben: ein extrem nervöses Temperament – nicht als eine Krankheit, sondern als Temperament. Genie und Neurose sind Ergebnisse von diesem Temperament.

Das scheint die Tatsache zu beweisen, daß viele – aber nachweisbar nicht alle – genialen Menschen neurotisch sind.

Grasset sagt, daß geniales Denken *ne gène pas la fonction normale.*[32] Aber so ist es.

Der Allgemeinsinn ist beispielsweise die adaptive Aktivität des Intellekts. Sollte die Aktivität größer sein, dann ist diese adaptive Fähigkeit verringert, da jegliche Adaption ein *bestimmtes Niveau* der funktionellen Aktivität benötigt – nicht mehr nicht weniger (alle *inadaptées* sind mehr oder weniger cleverer als der normale Mensch, als der Durchschnitt).

* * *

Das Genie ist eine Neurose.

Wie der neurotische Vater und die Mutter oder sonstwer (*ein* neurotisches Familienmitglied) einen neurotischen Sohn erzeugen, so erzeugen sie sicher auch ein Genie.

Das Genie als eine Art des Nervenleidens.

* * *

Alle Schriftsteller, die über ihre Epilepsie schreiben, bekräftigen, daß Gereiztheit die vorherrschende Charakteristik ihrer mentalen Verfassung, ihres Charakters ist. Die Unterscheidung von der Hysterie ist einfach, da in dieser Neurose der mentale Zustand hauptsächlich, fundamental durch *Bewegung* charakterisiert ist.

Délire ambitieux – was ist das? Hysterisch-epileptisches Delirium.

* * *

Hysterie spaltet die Persönlichkeit in zwei Hälften; eine hysterische Neurasthenie intensiviert diese Spaltung und bringt sie zu Bewußtsein.

Nach den hysterischen Dichtern kommen die hysterisch-neurasthenischen; nach den enthusiastischen (...) kommen die morbid analytischen; nach V. Hugo kommt Baudelaire.

* * *

»Die poetische Inspiration ist ein ausgeglichenes Delirium.« (Aber immer *ein Delirium*) – Alexander Search.

* * *

Sollte die psychische Hysterie die Basis für die poetische Inspiration sein, so haben jene, die in Versform Obszönitäten und Blödsinn schreiben, eine unvollständige psychische Hysterisierung.

* * *

Genie und Wahnsinn

Grasset folgend gibt es

1 mental
2 psychisch
3 sensorisch-motorisch

Der Verrückte ist gestört in (1)
Der Halbverrückte ist gestört in (2)

Es handelt sich um eine hellsichtige und fruchtbringende Unterscheidung, da man durch sie nicht nur den Wahnsinn allgemein versteht, sondern auch die »folie lucide« von Trélat, und hauptsächlich auch die Natur des Genies.

Der geniale Mensch ist ein Halbverrückter; diese brauchbare und exakte Definition macht dies evident.

Der geniale Mensch ist aber nicht notwendigerweise ein *chronischer* Halbverrückter. Er kann es nicht sein. Er kann bis zum Wahnsinn reichen; bis zur Normalität allerdings nicht. Dies sollte man berücksichtigen.

Die soziale Dekadenz ist eine soziale Krise der Halbverrücktheit.

* * *

Nietzsche war ein Verrückter. Wie Christus.

Welche ist die Funktion der Verrückten – oder der Halbverrückten in den sozialen Umwälzungen?

Die Menschheit ist eine Halbverrücktheit, die von vollständig Verrückten gelebt wird.

Die Umwandlung der »Werte«, wie Nietzsche sagen würde.

* * *

Die kriminellen Genies
Napoleon.
Die Ambition: der Egoismus
Der höhere Kriminelle.

* * *

Genie und Wahnsinn.
(Moreau de Tours) (Et. Rabaud[33])

Das Genie geht aus dem Vorhandensein (der Vererbung geschuldet) von höheren Qualitäten hervor, die verbunden sind mit dem Vorhandensein (auch der Vererbung geschuldet) einer mentalen Fehlleitung, einer Neurose, oder gar einer Psychose. Es ist das Resultat einer Konvergenz, eines Zusammentreffens von einer morbiden Erbschaft und einer Erbschaft von höheren Qualitäten innerhalb eines Individuums.

Das Genie manifestiert sich besonders deutlich, wenn die Neurose von einer Art ist, bei der *sie mit höheren Qualitäten konvergiert,* das bedeutet, wenn die Neurose den Geist *in dieselbe Richtung wie die höheren Qualitäten* treibt. Und genau deswegen treffen wir die große motorische Psychoneurose, die Epilepsie, in den Menschen der Handlung an, und hauptsächlich der militärischen Handlung, welche die maximale Handlung ist.

Der epileptische Impuls begünstigt:

a die Handlung, da die Epilepsie wesentlich eine *motorische* Neurose ist;
b die Arbeit des Unbewußten, da es die Psychoneurose ist, welche die kompletteste Nutzung des Bewußtseins hervorruft;
c die antisozialsten Formen des Genies, da die Neurose wesentlich das Mitgefühl annulliert und den Geist härtet.

* * *

Zwei Anmerkungen gibt es bezüglich der Degeneration zu machen, wenn sie wertend auf Literaten angewendet werden soll. Zunächst muß festgehalten werden, daß es im normalen Menschen keine wirkliche Degeneration gibt, oder daß es in ihm nur eine leichte Degeneration gibt; die wirkliche Degeneration oder die verschärfte Degeneration gibt es nur in einem genialen oder talentierten Menschen, in einem Menschen, den man intellektuell höherwertig nennen kann. Eine gewisse Portion der Religiosität, die in einem normalen Menschen nicht als krankhaft erklärt werden kann, muß deutlich als anormal in einem Individuum angesehen werden, das klar über der Allgemeinheit steht und konsequent unabhängig von Überzeugungen ist.

Die zweite Anmerkung besteht darin, daß es sich bei der allgemeinen Degeneration um eine Sache handelt, bei der speziellen Degeneration um eine andere. Diese Unterscheidung scheint etwas sophistisch zu sein – sie muß jedoch vorgenommen werden, und die Fakten zwingen uns auch dazu. Stellen wir gelegentlich zwei Dichter nebeneinander, dann bemerken wir, daß bei dem, bei dem eine höhere Anzahl von allgemeinen Anzeichen – physischen oder moralischen – der Degeneration auftreten, das *Werk* wiederum eine geringere Anzahl aufzeigt. Vergleichen wir Anthero und Whitman. Obwohl beide persönlich gezeichnet sind, ist die Degeneration bei Anthero wesentlich höher als bei Whitman; das Werk Antheros nähert sich nur in Grenzen an das außergewöhnliche *Delirium* an – aber *reines Delirium* –, welches das Werk von Whitman ist. (...)

Eine merkwürdige Tatsache in den Werken der Degenerierten, die am meisten die Degeneration in den Schriften durchschauen lassen, ist die gelegentliche Antithese zwischen der scheinbar mentalen Gesundheit des Menschen und dem Delirium seines Werkes; und dort, wo es keine mentale Gesundheit (wie bei Whitman) gibt, insgesamt zwischen dem *Charakter* des Menschen und seines Werkes.

Die psychiatrische Kritik sollte niemals vergessen, daß sie psychiatrische und keine ästhetische Kritik ist – (???) – (schlecht; das habe ich schon widerlegt).

Das Delirium in der Kunst. – Studieren wir dies.

Was ist der Wahnsinn, das Delirium? Begreifen wir erst, was sie wirklich sind, dann können wir auch verstehen, was der Wahnsinn und das Delirium *in* der Kunst ausmachen.

Das allgemeine Charakteristikum des Wahnsinns, der Wahnsinne ist offensichtlich: Es handelt sich um die Übertreibung einer Fähigkeit, eine Übertreibung, welche die normale Funktion dieser Fähigkeit verhindert.

Dies bezieht sich sowohl auf die physischen Manifestationen *(die nervlichen Unzulänglichkeiten)* als auch auf die mentalen Manifestationen. Der Epileptiker ist von allen Kranken derjenige, der sich am *stärksten bewegt;* aber diese Übertreibung behindert jede andere Art der normalen Bewegung.

Daher ist das poetische Delirium die Übersteigerung oder Übertreibung von einigen *Teilen* der Dichtung in dem Sinne, daß die normale Funktion dieser *Teile* verhindert wird.

So ist es evident, daß die Übertreibung des Rhythmus' bis zu einem Punkt, an dem es schon keinen Rhythmus mehr gibt, einen Beweis für die künstlerische Degeneration abgibt. Das Nebeneinanderlegen oder die Konjugierung gewisser Töne in einem Vers mit irgendeiner zweitrangigen Absicht, wodurch sich dann ein Fehlen des

Rhythmus' ergibt, beschreiben einen leichten Fall des Deliriums in der Dichtung.

* * *

Was war die Romantik, deren prinzipielles Charakteristikum poetisch gesehen in der Ersetzung des Genies durch das große Talent bestand, anderes als eine Hysterisierung?

Die Neurasthenie ist gewöhnlich moralisch (und bewußt), die Hysterie moralisch und amoralisch (und halbbewußt) und die Epilepsie amoralisch (und unbewußt). (...)

Bei den Künstlern die Kombination aus Moralität und Amoralität anmerken – was wahrlich *erregend, hysterisch* ist.

Die großen Neurosen haben etwas gemeinsam und etwas Höherwertiges hinsichtlich der kleineren Neurosen; so das Genie in bezug auf das einfache künstlerische Talent.

Was nicht bedeutet, daß man nicht eine einfache Neurose haben kann.

Die intellektuellen Künstler sind im allgemeinen extrem moralisch: Anthero (Ausnahme: Goethe). Die mit der Ernsthaftigkeit der Neurasthenie kombinierte Erregbarkeit der Neurasthenie produziert dies.

* * *

Die in der Regel am schwersten auf der Seele liegenden depressiven Gefühle, und hauptsächlich wenn es in ihnen ein Element der Exaltation gibt, sind jene, die dem künstlerischen Interesse am nächsten kommen, da die durch die Lektüre gefühlte Beängstigung die ihr eigene Erschütterung hervorruft, ohne die physische Depression, von der ihre persönliche Wirklichkeit begleitet wird.

* * *

Intuition, Wahnsinn und Genie.

Das sehe ich bei Edgar Poe – hier sieht man die wahnsinnig werdende Seele, wie sie kämpft angesichts der Unmöglichkeit, das Okkulte zu sozialisieren.

* * *

Analysiere das Genie und den Wahnsinn: Beides sind Manifestationen *der Emotionen.* – Nur ist das Genie die soziale Manifestation der Emotionen, und der Wahnsinn ist deren individueller (und nur individueller) Ausdruck.

* * *

Bemerkenswerte Menschen sind keine genialen Menschen.

Bemerkenswerte Menschen sind:

1 Veränderer.

2 Umwandler.

3 Schaffende.

Nur die an dritter Stelle Genannten kann man als geniale Menschen bezeichnen.

* * *

Genie und Wahnsinn.

Klassifikation:

I *Genies der Intelligenz:*

1 des Verständnisses: Kritiker.

2 der Imagination:

3 der Verknüpfung: Philosophen.

II *Genies der Emotion:*

Unterscheidung des Genies anhand der angewandten *Handlungsart:*

1 *Die Handlung ist unmittelbar sozial,* sie wird also auf dem Feld der äußeren Aktivität durchgeführt.

a militärisch.
b politisch.
c religiös.

2 Die Handlung ist *indirekt sozial* durch die Anwendung der Elemente.

3 (...)

Genies der Intelligenz:

a Wissenschaftler
b Philosophen
c Künstler

Genies des Willens:

a Forscher, Seefahrer.
b Propheten, Propagandisten, Religiöse.
c (...)

Genies der Intelligenz und des Willens:

a Militärische Genies, Ingenieure ...
b Staatsmänner.
c (...)

A. *Umwandler der Weltanschauung:*

a Künstler.
b Philosophen und wissenschaftliche Philosophen.
c Propheten und religiöse Evangelisten.

B. *Umwandler der politischen Weltanschauung:*

a Menschen der Handlung – Forscher, Seefahrer, große Männer der Vereinigung, militärische Genies.

b Staatsmänner.

c Imperatoren.

C. *Umwandler der Materie:*

a Anwender der Wissenschaft. Männer der Wissenschaft.

b (...)

* * *

Genie und Wahnsinn.

Analyse des genialen Phänomens.

Das Genie beinhaltet drei Ideen: (1) Überlegenheit, (2) Originalität, (3) Aktivität.

1 Die reine Originalität ohne Überlegenheit führt zum Wahnsinn.

2 Die Überlegenheit ohne Originalität ergibt Talent, oder ausgedehnte Intelligenz; aber dies ergibt kein Genie.

3 Die Höherwertigkeit oder die Originalität ohne Aktivität, also ohne Manifestation, sind absolut steril. Das Genie, selbst das des größten Träumers unter den Künstlern, muß verwirklicht werden, um Genie sein zu können; in uns allen stecken zwar große Dinge, wir haben allerdings nicht alle die Macht, diese großen Dinge zu veräußerlichen. Wir alle haben tiefe, subtile und anmutige Emotionen; wenige von uns sind lyrische Dichter. Viele haben ein vernünftiges Verständnis für Motive und Charaktere; wenige sind Dramatiker oder psychologische Romanciers.

(Das Genie ist wesentlich *Schöpfung,* aber dieses Wort teilt sich in die drei Teile auf, die wir am Anfang als Charakteristiken des Genies dargelegt haben.)

Die Neurose kann irgendeine der drei Charakteristiken des Genies hervorrufen; Fälle, in denen die Neurose (1) Überlegenheit, (2) Originalität, (3) Aktivität hervorruft. Es gibt aber keine Fälle *(außer die der deklarierten, temperamentellen Genialität),* bei denen die Neurose *die drei Charakteristiken zusammen* hervorruft.

Nun gibt es aber ohne diese drei Charakteristiken zusammen kein Genie.

Wie die Neurose *Überlegenheit* hervorruft:

1 schon überlegene Qualitäten stimulierend,

2 die latente Aktivität von eingeschlafenen Qualitäten erweckend,

3 nicht sonderlich starke Qualitäten im Individuum zeitweise übertreibend.

Wie sie *Originalität* hervorruft:

1 *Überlegenheit* hervorrufend, die als solche eine Originalität darstellt, eine Anormalität,

2 eine ideative Fehlleitung hervorrufend,

3 (...)

Wird das Wort *Aktivität* zur Bezeichnung einer der Charakteristiken des Genies benutzt, dann bedeutet dies nicht eine *intensive Arbeit,* sondern vielmehr die *Manifestationen der Qualitäten.* Sie ist nicht das Gegenteil der Trägheit oder der Inaktivität, sondern einfach nur der Nicht-Manifestation.

* * *

Genie und Wahnsinn.

Die Phänomenologie des Genies.

Die fehlende Anpassung an die Umwelt als ein Grundelement des genialen Menschen. (Aber gibt es eine fehlende Anpassung des *Menschen der Aktion?*) (Gibt es in diesem Fall nicht vielmehr die *exzessive Anpassung?*)

Die Charakteristiken des Genies.

Individuelle

a Überlegenheit

b Originalität

c Aktivität

Soziale

a Fehlende Anpassung an die Umwelt

b Handlung über die Umwelt

c Repräsentativer Charakter

Biologische

* * *

Genie und Wahnsinn.

Das Genie trifft auf den Wahnsinn, wenn die intellektuelle Erregung (um es so zu sagen) in eine allgemeine Erregung übergeht.

Der Wahnsinn erhebt sich gelegentlich im Genie, da die allgemeine Erregung sich gelegentlich in der Intelligenz konzentriert.

Was das Genie charakterisiert, ist die Fähigkeit zur Koordination. Dies fehlt beim Wahnsinn (radikal).

Es muß eine Fähigkeit oder mehrere Fähigkeiten geben, die koordinieren; wenn also die Erregung des Wahnsinns diese Fähigkeit oder Fähigkeiten ergreift, wird sich eine plötzlich erwachte Koordinationsmacht ergeben, ein vorübergehendes Genie also. Aber dies kommt selten vor, da die Koordination ein Temperament mit gewissen Hemmungen erfordert, und dies kommt beim Wahnsinnigen nicht vor.

* * *

Das Problem der wirklichen oder möglichen Beziehungen zwischen dem Genie und dem Wahnsinn stammt als intuitives Phänomen aus der Antike, und als bewußtes oder wissenschaftliches Phänomen aus der Mitte des 19. Jahrhunderts. Bei den Römern gab es ein Sprichwort oder einen Satz, demgemäß es keine große Schöpferkraft geben könne ohne eine gewisse Portion Wahnsinn – *nullum magnum ingenium sine mixtura dementiae*[34]. Der Abschnitt des Horaz bezüglich der Dichter – *irritabile genus vatum*[35] – ist wahrscheinlich, wenn auch vage, ein Reflex auf diese weitläufige Meinung.

Dazu fällt uns das berühmte Distichon bei Dryden ein, das fast sicher aus dieser lateinischen Regel hervorging, wobei es in der Anwendung aber etwas abgeschwächt wurde:

»Great wits are sure to madness near allied,
And thin partitions do their bounds divide;«

(Die großen Geister sind sicher eng mit dem Wahnsinn verbunden, / Und nur schmale Schnitte trennen ihre Grenzen).[36] Hier werden das Genie und der Wahnsinn nicht als identisch oder ineinandergreifend angesehen, sondern nur als sich annähernd.

Diese Vorstellung jedoch, wie es klar der Satz des Horaz zeigt, scheint eher aus einem anormalen Enthusiasmus, welcher die künstlerische Inspiration begleitet (wie auch andere, beispielsweise in diesen Zeiten die kriegerische), hervorzugehen als aus einer wenn auch intuitiv erdachten Theorie der Beziehungen zwischen dem Phänomen Genie und dem Phänomen Wahnsinn, wobei dies verstanden wird als eine Vermischung im Genie und nicht einfach als eine zufällige Frucht jener Erregung, die es in ihm gibt.

Die bewußte – wissenschaftliche oder pseudowissenschaftliche – Periode dieser These begann mit Moreau de Tours, und hauptsächlich mit seinem berühmten Satz: »Das Genie ist eine Neurose.« Dies geschah in (...). Seitdem haben verschiedene Psychiater oder Laien, die sich als solche ausgeben, sich des Problems angenommen, und die Geschichte der Theorien hinsichtlich des Falles reichen von der »Insanity of Genius« Nisbets[37] – der sich vornahm aufzuzeigen, daß die Genies entweder von der *mixtura dementiae* des Sprichworts gezeichnet sind oder, wenn sie diese offensichtlich nicht haben, zumindest aus Familien hervorgehen, in denen Psychosen und Psychoneurosen häufig vorkommen – bis hin zum berühmten und extrem schlecht geschriebenen »Genialen Menschen« Lombrosos – wo der überstürzte Italiener versucht, alle Phänomene des Genies in einem engen und vagen Grundbegriff zu verriegeln, den er psychische oder manische Epilepsie nennt. Die früher berühmte und immer lesenswerte »Entartung« Max Nordaus gehört nur episodenhaft in dieses hier aufgezeigte Schema. Dort wird nicht versucht aufzuzeigen, das eigentliche Genie sei verrückt oder halbverrückt, sondern nur, daß gewisse Männer, die von der Ignoranz und der Dummheit ihrer Zeit als Genies erachtet wurden, als Person und in ihren Werken in der einen oder anderen Form von den sogenannten Anzeichen der Degeneration oder der Symptome des Wahnsinns gezeichnet waren. Dieses Werk, wenn es auch mit einem gewissen Ton des Anhängers dem Herrn Lombroso gewidmet ist, stimmt nicht mit dessen These überein, im gewissen Sinne widersetzt es sich sogar, und selbst der allgemeinen These, von der seine eigene abgeleitet ist.

Der Fall wurde ausgedehnt debattiert, wobei es aber dazu keinerlei Theorie gibt, die von Psychiatern oder Laien stammte und die, um nicht gleich von objektiven Lehren der Wissenschaft zu sprechen, zumindest eine subjektive Kohärenz der einfachen Vernunft aufweisen würde. Und aus meiner Sicht besteht einer der prinzipiellen Gründe, wenn nicht sogar der prinzipielle Grund für diese Unbestimmtheit darin, daß bei der Behandlung des Problems bisher niemand damit begonnen hat, mit irgendeinem Erfolg seine Grundlage zu erklären. Diese Grundlage besteht in der Definition des Genies. Damit möchte ich nicht sagen, daß bisher noch niemand eine solche Definition gegeben hat, oder es zumindest versuchte. Ich behaupte nur, daß sich bisher keine dieser Definitionen als befriedigend offenbart hat, womit sich auch keine Lehrmeinung hat herausbilden können, die auf einer solchen basiert hätte.

Die größte Vorsicht einer jeden Definition sollte darauf gerichtet sein, es zu vermeiden, mit nur einem Begriff zwei unterschiedliche Dinge zu erfassen. Einem Begriff sollte ein genauer Sinn zugestanden werden, und nur dieser eine Sinn dient zur Definition. Selbst etymologisch bedeutet dieses Wort keine andere Sache. Eine Sache zu definieren bedeutet, sie als *definitiv* zu belassen, und im Gegenteil als indefinitiv.

Eine aufmerksame Untersuchung der Fragestellung zeigt in meinem analytischen Verständnis, daß zur Bezeichnung »Genie« drei unterschiedliche Arten der mentalen Überlegenheit gehören.

* * *

Genie und Wahnsinn.

Die Handlung ist eines der Merkmale des Genies. Ein reizvoller Gedanke, der keinen Satz findet, durch den er sich selbst ausdrücken könnte, ist im eigentlichen Sinne kein künstlerischer oder literarischer Gedanke: Es handelt sich einfach nur um einen Gedanken einer bewußten Person. Es gibt drei Abstufungen: (1) die normale Person, die ein wenig darüber reflektiert, was sie denkt und fühlt, und von der vielleicht tatsächlich gesagt werden könnte, sie habe ein bewußtes Leben in einem präreflexiven Stadium; (2) das passiv künstlerische Temperament, welches seine Sinneswahrnehmungen und Gedanken zum Bewußtsein bringt und welches ein Gefühl nur daher genießen kann, da es ein Gefühl ist (unabhängig vom Genußcharakter des Gefühls als solchem) und welches Angst, Haß und Schmerz haben kann, da es sich um Objekte seines Bewußtseins handelt; (3) der Künstler, der all diese psychischen Elemente anhand des Bewußtseins zu einem expressiven Bewußtsein bringt.

Es gibt keine ruhmlosen stummen Miltons in irgendeinem ländlichen Dorf. Stumme Miltons sind eine Absurdität; selbst ruhmlose Miltons sind es. Von einem schweigenden Dichter zu sprechen (wie beispielsweise Wordsworth von seinem Bruder John sprach) ist so vernünftig, wie von einem stummen Sänger zu sprechen. Die Fähigkeit zum Abfassen von Poesie ist im wesentlichen Handlung, das bedeutet wahrhaftes Schreiben von Poesie und nicht nur Fühlen von ihr, wie auch die Fähigkeit zum Singen im wesentlichen die Stimmbegabung einschließt, und die Fähigkeit zum Sprechen den Ausdruck von silbischen Tönen.

Jedermann hat poetische Momente und Gefühle, die ebenso »poetisch« sind wie die der größten Dichter; aber nirgends gibt es ein Publikum für irgendeine Art der Kunst, auch gibt es kein, nicht einmal ein teilweises, Verständnis für Künstler.

Wenn die *Pensées* alles wären, was wir von Pascal hätten, würden wir ihn dann als Genie ansehen? Ja, für dieses fragmentarische Denken ist es einleuchtend und gewiß. Wir würden ihn als ein fragmentarisches Genie ansehen, und das ist alles.

Der Mensch der Handlung ist ein Genie, insofern seine Handlung, wenn sie einmalig ist, auch Erfolg hat, da Erfolg das genaue Verständnis für soziale Kräfte voraussetzt. Deswegen ist Bismarck ein größeres Genie als Napoleon; Männer wie Napoleon sind Romantiker der Aktion; sie entsprechen den Figuren, die Shelley und Hugo in den literarischen Sphären sind, Männer, deren Handlung ihren Einfluß durch Brillanz und nicht diszipliniertes Streben gewinnt. Sie hatten alle Erfolg, selbstverständlich, und Napoleon hat seine Handlung der Nachwelt mitgegeben, wie es auch Bismarck vollbrachte; nur ist keiner von ihnen ein Genie gewesen. Einfache Berühmtheit bedeutet kein Genie; (die Brandstiftung im Tempel der Diana) hat in keiner Weise das soziale Leben beeinflußt. Diese Männer sind *nomen et praeterea nihil,* ein Widerhall im Satz des Dichters.[38]

Sie hatten alle Erfolg gehabt, aber ihr Erfolg war von einer anderen Art. Die einfache Tatsache des persönlichen Ruins eines Mannes ist kein auszeichnendes Element. Es ist die Festigkeit des Grundsatzes, die über das Genie eines Mannes entscheidet.

Das moderne Deutschland ist das Produkt der bismarckschen Politik und ihrer Formung. Das moderne Frankreich ist nicht – ausgenommen in einem gewissen Sinne – das Produkt des Genies Napoleons.

Das Kriterium eines aktiven Erfolges besteht darin, daß der Staatsmann einen bestimmten Typ der Politik formt – das bedeutet, er erschafft einen nationalen Geisteszustand und ist als solches auch der Schöpfer einer Reaktion gegen ihn, wobei er in der Aktion gegen ihn auch der Handlung beiwohnt, die er erschaffen hat.

Das Ruhm genannte Phänomen ist eine notwendige Beigabe

zum Genie; wobei es aber nicht notwendig ist, daß dieser Ruhm in der dem Genie eigenen Zeit auftaucht. Es wird vielleicht berühmt nach dessen Tod, und mitunter auch lange Zeit danach, wobei dies, um es offen zu sagen, ein sehr rares Phänomen ist. Das völlig von seiner Zeit mißverstandene Genie ist ein Märchen für die Imagination des Volkes. Blake hatte einen Zirkel von Bewunderern und Kennern; und sein Beispiel ist ein extremes (?).

Ruhm hängt vom repräsentativen Charakter des Genies ab, und unmittelbarer oder später Ruhm von dem Teil der sozialen Kräfte, die das Genie repräsentiert. In jeder geschichtlichen Periode gibt es drei Schichten von sozialen Kräften: (1) Die Kräfte, die in den Reihen des kommerziellen und politischen Lebens aufgehen; (2) Die Kräfte, die (...).

In allen Zeiten waren in einer bestimmten Gesellschaft folgende drei Kräftegruppen am Werk:

1 die Kräfte, die von der Nation als Nation ausgehen;
2 die Kräfte, die von der Nation als Nation in einer bestimmten Zivilisationsperiode ausgehen; vgl. die Kräfte, die nicht das nationale Leben charakterisieren, sondern das zivilisatorische Leben, das internationale Zeitalter, dem eine Nation angehört, die Periode, in der sie gerade lebt;
3 die Kräfte, die von der Nation als Gesellschaft ausgehen, also die ewigen Kräfte, welche dahin tendieren, eine Gesellschaft zu erhalten und sich ihrer Auflösung entgegenzustellen; die Kräfte also, welche, indem sie beständig von den beiden anderen Kräftetypen aufgelöst werden, dahin tendieren, diese auflösende Tendenz beständig zu integrieren.

Die Definition von diesem dritten Kräftetypus besagt nicht, daß er irgendwie abstrakt wäre, damit er mit diesen Elementen arbeiten kann, mit dem Brennstoff, der ihm von den anderen Kräften gegeben wird. In einem Zeitalter großer Handelsaktivitäten, das aufgrund ausgeprägter Individualisierungstendenzen der Auflösung ausgesetzt ist, führen die Kräfte, die innerhalb dieser Handelsaktivitäten

Zusammenhalt herstellen, gleichzeitig, soweit sie dies auch wirklich tun, zu einem exzessiven Individualismus, in die Richtung einer besseren Organisation des Handels, eines besseren Ausgleichs der Interessen, sie richten sich also auf sehr individualistische Zielsetzungen, die sie eigentlich fundamental und instinktiv bekämpfen. Dies ist ein Beispiel, oder besser, ein Teil von ihm.

In bezug auf diese Reihe von Fakten sollten wir betrachten, welches die Arbeit des Genies ist, indem wir unterschiedliche Genietypen zur Hand ziehen und mit dem Mann der Aktion beginnen.

Ein genialer Mann, der die weiter oben zuerst beschriebenen Kräfte *repräsentiert,* erscheint normalerweise mit dem Charakter eines konservativen Politikers. Ein Mann von derselben Art Genie, aber bezogen auf den zweiten Typ, erscheint als ein fortschrittlicher Mann, als einer, der sein Land an die es umgebenden Zivilisationsaktivitäten angliedert; ein solcher ist, um in unserer Gegenwart zu bleiben, Venizelos[39] in Griechenland, der nichts anderes tat, als sein Land in die allgemeine Zivilisation unserer Zeit einzugliedern, hinter welcher dieses Land lange zurückhing. Der geniale Mann des dritten Typus ist im allgemeinen anhand der Terminologie konservativ oder progressiv schwer zu definieren, oder anhand solcher Unterscheidungen, die sich auf Vergangenheit oder Zukunft berufen. Er richtet seine Aktivität auf die Vervollkommnung seiner Nation als Gesellschaft, als eine organisierte Körperschaft von Menschen, und für gewöhnlich erscheint er als konservativ, und für gewöhnlich erscheint er als radikal (...). Gelegentlich ist er ein strikter Mann der Tat, da nur dieser Weg ihn zur Erfüllung seines Vorhabens führt. Bismarck ist ein solcher Typus. Napoleon ist es nicht (?).

Nehmen wir nun den Typ Genie von der anderen Seite dieser Aufzählung und untersuchen wir ihn unter demselben Licht. Betrachten wir den Dichter bezüglich dieser sozialen Kräfte.

Der das nationale Leben repräsentierende Dichter ist im allgemeinen charakterisiert durch einen mehr oder weniger einfachen Stil, soweit er instinktiv für ein größeres Publikum schreibt. Er folgt der Tradition, und dies kann die kultivierte oder die populäre Tradition sein; er folgt eventuell dem Volkslied und seinem Geist oder den klassischen Traditionen und ihrem Charakter. Er schreibt in bekannten Formen, und sowohl das Populäre als auch das Klassische (da es der Tradition entspricht) sind bekannte Formen. Diese Art von Dichter ist üblicherweise die niedrigste, auch wenn er in diesen Dingen recht groß sein mag. Eine bestimmende Charakteristik gliedert diesen Dichtertyp in diesen Werktyp ein: die Unfähigkeit, ein geordnetes Ganzes zu erschaffen, ausgedehnte Werke also. Dies gehört einem anderen Typus an.

Ist der den Neigungen seines Zeitalters folgende Dichter in seinem Stil im allgemeinen nichttraditionell und antipopulär? Die Romantiker sind ein augenscheinlicher Fall, mitunter sogar recht bedeutend, für die Sympathie gegenüber der Demokratie und anderen scheinbar populären Dingen. (Es ist eine Tatsache, daß die Demokratie nicht populär ist.)

Der dritte Dichtertypus repräsentiert die ewigen Kräfte, die zum Zusammenhalt der Gesellschaft beitragen. Er ist weder ein typischer Gefolgsmann der Tradition noch deren Verächter. Die großartigsten Typen von diesen Dichtern in der englischen Dichtung sind Shakespeare und, noch besser, Milton, der in sich das Potential trägt, ein noch größerer Dichter als Shakespeare zu sein, da er eine größere Breite an intellektueller Entschlossenheit aufweist und ein weiter ausgeprägtes Bewußtsein seiner Mission, um nicht von seiner höheren künstlerischen Redlichkeit und seinem Selbstbewußtsein zu sprechen.

Die Geradlinigkeit des Gefühls, die formelle Perfektion und die (...) sind kennzeichnend für den ersten Dichtertyp.

Die Komplexität des Gefühls, die (...) beschreiben den zweiten Typ.

Tiefes Denken, die Intuition des Charakters und die perfekte Konstruktion des Werkes als ein organisiertes Ganzes heben den dritten Dichtertyp hervor. Goethe, Shakespeare und Milton sind dafür die prägnantesten Beispiele, indem jeder von ihnen in der größten Bedeutung mit den verschiedenen Charakteristiken übereinstimmt, die in dieser Argumentationslinie als typisch hervorgehoben wurden.

* * *

Der Mensch ist wie jedes andere Tier ein Produkt der Vererbung und des Milieus. Die Vererbung manifestiert sich in zwei Arten: als eigentliche Vererbung, durch die ein Tier sich seinen Eltern oder Vorfahren anpaßt; und durch das, was man Variation nennt, wodurch es von ihnen verschieden ist.

Das Milieu seinerseits wirkt auf der individuellen Resultante in zwei Formen: Es gibt das Milieu, welches die Eltern und Vorfahren betrifft und das sich in einer gewissen Art und auf einer unterschiedlichen Stufe auf den Menschen überträgt anhand der Erblichkeit und der heimischen Erziehung; und es gibt das direkt soziale Milieu.

Je höher die Zivilisation steht, um so größer ist die Variation. Das bedeutet, je weiter entwickelt eine Zivilisation und je verfeinerter das menschliche Tier ist, je mehr sich ein Individuum von seinen Eltern und Vorfahren unterscheidet, um so mehr unterscheiden sich die Individuen auch untereinander. Und bezogen auf die Annahme eines geringeren Einflusses der direkten Vererbung und eines geringeren Widerstandes des Tieres gegenüber den Einflüssen des Milieus, wird der Einfluß des Milieus auf es selbst um so größer sein. Je höher die Zivilisation steht, um so wandelbarer ist das Individuum, um so untergeordneter unter die äußeren Einflüsse, die seiner Geburt folgen.

Es handelt sich um die vernünftigen Prinzipien, die übrigens intuitiv wären, wenn sie nicht vernünftig sein würden.

Der geniale Mensch repräsentiert eine extreme Variation, ebenso wie sein Bruder, der Verrückte. Die intimen Beziehungen zwischen Genie und Wahnsinn interessieren wenig. Wichtig ist nur, daß beide menschlichen Typen extreme Variationen repräsentieren.

Das Genie unterscheidet sich von einem Verrückten dadurch, daß es beim Verrückten einen Verlust des Kontakts mit der Umwelt gibt. Sowohl der Verrückte als auch das Genie sind Unangepaßte, aber während der Verrückte völlig unangepaßt ist, ist das Genie nur unangepaßt gegenüber seinem unmittelbaren Milieu. Mit mehr Deutlichkeit: Der Verrückte lebt exklusiv nur in sich selbst; das Genie lebt in sich selbst und in einem menschlichen und nicht nationalen Milieu. Sie sind gleich hinsichtlich der fehlenden Anpassung an die unmittelbare menschliche Umwelt; sie sind ungleich hinsichtlich der fehlenden Anpassung an sich selbst. Das Genie abstrahiert instinktiv vom Zufälligen und Zeitlichen, und ergreift das Abstrakte und rein Menschliche. Der Verrückte abstrahiert von allem.

Es ist überflüssig, sich zu fragen, ob sich die genialen Menschen dem Zufälligen oder dem Ewigen widmen sollen. Das Genie beinhaltet die Hingabe zum ewig Menschlichen unter Vernachlässigung des Unmittelbaren. »Der geniale Mensch«, sagte Goethe, »gehört seiner Zeit nur durch seine Mängel an.« Das bedeutet, durch die Einschränkungen seines Genies. Mit anderen Worten: Der geniale Mensch gehört seiner Zeit nur in dem Verhältnis an, in dem er kein genialer Mensch ist.

Soziologische Beobachter wie beispielsweise Durkheim kamen zu dem Schluß, daß der Individualismus die Substanz der modernen Zivilisation ist. Das ist sicher so, es ist aber falsch, denn der Individualismus ist die Substanz der gesamten Zivilisation. Dies wurde, wenn auch nur beiläufig, hervorragend von Mahaffy[40] in seinen Bezügen auf die griechische Zivilisation festgehalten.

* * *

Die Philosophie ist die bis zum Wahnsinn getriebene intellektuelle Hellsichtigkeit.

* * *

Es gibt das Genie, oder das Anzeichen eines Genies, immer dann, wenn eine Neuropsychose auf eine gewisse Weise mit einem zuvor noch gut funktionierenden Gehirn zusammenexistiert.

Psychologisch betrachtet, ist das Genie ein Zusammentreffen einer Neuropsychose mit einem zuvor noch gut funktionierenden Gehirn.

Die Neuropsychose ruft das Genie nicht hervor, sie alimentiert es.

Das Genie ist die zusammenlaufende Koexistenz einer Neuropsychose und einer höheren Intelligenz. Es ist das Ergebnis eines Zusammentreffens von einer psychisch *geringeren* Anormalität mit einer psychisch höheren Normalität in ein und demselben Individuum.

Die Neuropsychose, durch welche die psychische Verfassung unangepaßt arbeitet, superalimentiert (vergiftet) die höhere Intelligenz.

* * *

Genie und Wahnsinn.
Welches sind die Phänomene, die wir in der Fragestellung zu Genie und Wahnsinn zu betrachten haben? Es sind die folgenden:

1 Das Genie ist angesichts des Normalen der Menschheit eine mentale Überlegenheit.

2 Die geniale Mentalität beinhaltet eine Überlegenheit und gleichzeitig, und genau deswegen, eine Abweichung von der menschlichen Normalität.

3 Unabhängig davon, eine offensichtliche Höherwertigkeit und eine klare Anormalität (nicht normal) zu sein, ist das Genie eben dies nicht nur quantitativ, sondern auch qualitativ. Die geniale Mentalität beinhaltet *die Schöpfung* als ein Resultat, und die schöpferische Macht ergibt sich nicht nur aus der Überlegenheit und Anormalität, sondern auch daher, daß sich die *Qualität* von allen anderen mentalen Arbeiten unterscheidet.

4 In den genialen Menschen erscheinen sehr regelmäßig morbide Elemente; das können die üblicherweise deutlichen Neurosen oder Psychosen sein; oder Symptome einer mentalen Krankheit, und innerhalb von diesen gibt es Fälle, bei denen sie mit der genialen Tätigkeit *verbunden* sind, und Fälle, bei denen sie miteinander existieren, ohne dabei ineinander einzugreifen – im gegenwärtigen Fall muß auch die schwerwiegende morbide Erbschaft hinzugerechnet werden, die man mit derselben Regelmäßigkeit in den Familien der genialen Menschen antrifft.

A Das Genie ist keine bekannte Psychose und geht auch nicht aus einer solchen hervor, selbst wenn sie mit dieser gemeinsam existieren kann. Es ist selbstverständlich, daß die psychische Desorganisation, die von jeder beliebigen Form des Wahnsinns hervorgerufen wird, nicht nur keine geniale Schöpfung auslösen kann, sondern noch nicht einmal die notwendigen Voraussetzungen für eine geordnete und sozial annehmbare Schöpfung erfüllt.

B Bezüglich der Psychoneurosen ist der Fall komplizierter.

a Das Genie ist eine Neurose.

b Das Genie ergibt die Neurose als Resultat.

c Beide gehören zu einer fundamentalen Anormalität.

Das Genie ist gleichzeitig ein Zustand der Anormalität und ein Zustand des Ausgleichs.

Die Symptome des Genies: (a) die intellektuelle Überlegenheit; (b) die Unfähigkeit, sich an ein Milieu anzupassen; (c) eine exzessive Sensibilität; (d) eine sehr komplette und intelligente Handlung des Unterbewußtseins; (...)

Gibt es eine Psychose oder Neurose, in denen sich diese Symptome verbinden? Die gibt es: Es ist die Hysterie. (Richer[41])

Die Hystero-Neurasthenie der Genies der Intelligenz;
die reine Hysterie der Genies der Emotion;
die Hystero-Epilepsie der Genies des Willens.

Kann sich die Hysterie an andere Neurosen angliedern? Ja. Kann sie gemeinsam mit jeder beliebigen bekannten Psychose existieren? Nein: und genau dann, wenn es eine bekannte Psychose gibt, gibt es kein Genie, oder zumindest geht es zurück.

Sollte das Genie nun nicht etwa nur eine gemeinsame Existenz verschiedener überlegener psychischer Qualitäten (quantitativ den normalen überlegen) mit irgendeiner Neurose oder Psychose sein? An sich würde die Existenz dieser höheren Qualitäten im Fall der Intelligenz beispielsweise nur einen »überlegen intelligenten« Menschen ergeben. Gemeinsam mit der Neurose ergibt sich der Fall *überlegen + Abweichung,* was dann auch die wahrhafte Formel für das Genie wäre.

Aber gibt es auch Fälle, in denen die gemeinsame Existenz mit der Neurose oder Psychose solche höheren Qualitäten gefährden kann?

Die differentiale Diagnostik des Genies (Höherwertigkeit + Neurose) und der einfach nur unbedeutend gemeinsamen Existenz der mentalen Höherwertigkeit und der Psychose oder Neurose (Ergibt sich dies?).

Da das Genie nicht das Produkt einer speziellen Diathese ist, ist es von seinem Wesen her auch nicht übertragbar; jedoch kann es gelegentlich zur Übertragung der beiden es zusammensetzenden Elemente kommen, der mentalen Überlegenheit und der Neurose.

Die für jede Art der mentalen Anomalie gemeinsamen Charakteristiken sind:

1 die fehlende Anpassung an das Milieu.

2 die affektive Abweichung.

3 (...)

Diese Charakteristiken existieren in jeder Form des Genies; aber so wie sie auch eine Abweichung sind, sind sie gleichzeitig eine Verstärkung des Normalen *in ihm.*

Das Genie ist daher wesentlich eine Dualität.

Somit sind die verschiedenen Neurosen erklärt, die nicht auf eine reduzierbar sind, oder auf einen Typ der Neurose, der bei den Fällen der Genies anzutreffen wäre. Wenn in den Fällen des aktiven Genies – Herrscher, Propheten etc. – das epileptische Syndrom vorherrscht, dann daher, da es selbstredend jenes ist, das am stärksten die Handlung stimuliert. Wenn uns bei den Genies der Emotion häufiger die Hysterie erscheint, dann daher, da es die Psychoneurose ist, die am stärksten die Sensibilität stimuliert.

Fälle, in denen eine bestimmte Psychose absolut notwendig ist, um bestimmte geniale Wirkungen zu erzielen. Die Hysterie ist wesentlich für Dramatiker; die, um es so zu sagen, *fleischliche* Integration in verschiedene Persönlichkeiten – jedoch bekanntermaßen hysterisch und gewöhnlich in den Erfahrungen vermeintlicher Hypnotismen hysterischer Subjekte – ist die Grundlage für die sogenannte »dramatische Intuition«.

Die Behauptung Nisbets ist völlig falsch, nach der das Genie um so größer wäre, je größer die Neurose ist. Es ist nicht auf den hohen Gipfeln der Genialität, wo wir den Wahnsinn antreffen; im Gegenteil, nur auf den untersten Niveaus der menschlichen Innovativität. Ein Dante, ein Milton, ein Goethe, ein Victor Hugo sind nicht unbedingt offensichtlich in ihren Nerven aufgerieben; sie sind es in einer geduldigen Untersuchung. Bei den Genies der zweiten oder dritten Kategorie – bei Poe, bei Nerval, bei Shelley, bei Byron – finden wir eine Neurose oder einen Wahnsinn, die sich augenscheinlich manifestieren.

Charakteristiken des Genies (auf allen Gebieten).

1 Originalität und Intervention.
2 Koordination. Konstruktion.
3 (…)

Die Epilepsie befördert diejenigen Menschen, die zur Handlung geneigt sind, die Hysterie diejenigen, die zur Emotion geneigt sind, die neurasthenischen Zustände diejenigen, die zum Denken geneigt sind. Die für das neurasthenische Syndrom charakteristische Introspektion ist an sich ein dem Denken gegebenes Element.

Man könnte sagen, die Willenlosigkeit würde den Epileptiker charakterisieren. Aber die stark zur Handlung geneigte Kreatur, wenn sie parallel dazu auch noch epileptisch ist, spürt weniger die depressive Seite als die kompulsive Seite der Epilepsie.

Als ich erstmalig dieses Problem studierte, hatte ich noch die Vorstellung gehabt, nur hysterische oder neurasthenische Künstler könnten über eine literarische Ideenbildung verfügen. Aber zwei eindeutige Beispiele großer epileptischer Schriftsteller – Flaubert und Dostojewski – brachten mich hinsichtlich dieser Angelegenheit zur Vernunft.

Das Genie ist, um es so zu sagen, ein »zufälliges« Zusammentreffen der Überlegenheit von motorischen Fähigkeiten mit der neurotischen oder psychotischen Abweichung, und dieses Zusammentreffen ergibt sich auf eine solche Weise, daß der morbide Teil des Geistes nicht die Aktivität des überlegenen Teils beeinträchtigt – sondern vielmehr noch stimuliert.

Das Talent ist wesentlich *Koordination*. Das Genie ist *Erfindung* und *Koordination*. Gewisse Genies, bei denen die Koordination nur gering ist, grenzen an den Wahnsinn, an die allgemeine Abweichung des Geistes.

Drei Stufen der Überlegenheit:

1 die Überlegenheit *der Fähigkeit.*
2 die Überlegenheit *der Koordination.*
3 die Überlegenheit *der Erfindung.*

* * *

Hysterisch.

a Unbeständigkeit der Gefühle.
b Exzeß der Subjektivität.
c Geist der Irritation.

Epileptisch.

Intellektuell kann er nicht von einem normalen Menschen abweichen.

* * *

Man hat einmal zu Sá-Carneiro[42] gesagt: »Sie sind ein gesunder Verrückter.« Und das ist genau der Satz, der nicht nur wörtlich auf ihn paßt, sondern auf jeden genialen Menschen.

* * *

Nachdem ich gesehen habe, mit welcher Hellsichtigkeit und logischen Kohärenz einige Verrückte vor sich selbst und anderen ihre verschrobenen Ideen rechtfertigen konnten, habe ich für immer die sichere Überzeugtheit von der Hellsichtigkeit meiner eigenen Hellsichtigkeit verloren.

* * *

Der Wahnsinn ist weit davon entfernt, eine Anormalität zu sein, er ist vielmehr die normale menschliche Verfassung. Wenn er nicht sehr groß ist und wenn kein Bewußtsein von ihm besteht, dann handelt es sich um einen normalen Menschen. Wenn kein Bewußtsein von ihm besteht und wenn er groß ist, dann handelt es sich um einen Verrückten. Wenn Bewußtsein von ihm besteht und wenn er klein ist, dann handelt es sich um einen Enttäuschten. Wenn Bewußtsein von ihm besteht und wenn er groß ist, dann handelt es sich um ein Genie.

* * *

Notizbücher

[Notizbuch Z]

(1907)

Degeneration unterscheidet sich von (körperlicher) Krankheit und (geistigem) Wahnsinn. Krankheit und Wahnsinn sind absolute Gegensätze. Degeneration ist zur selben Zeit und in einer komplexen Form ein Rückfall und ein Gegensatz.

Was bedeutet der Prozeß der Evolution in der Natur? Er ist (wie es Spencer festgelegt hat) eine Integration mit Differenzierung.

Krankheit ist Differenzierung ohne einhergehende Integration. Degeneration ist ein Rückfall, vgl. die rückwärtsgerichtete Integration und die gegenseitige Auflösung.

Führt Evolution (Spencer) zur definitiven und kohärenten Heterogenität, Rückfall zur definitiven und kohärenten Homogenität, Auflösung zur unbestimmten und inkohärenten Heterogenität, Degeneration zur unbestimmten und inkohärenten Homogenität?

Kritisierung von Spencers Ausgangspunkt.

Das Wesen der Evolution und der Degeneration.

* * *

Genie und Wahnsinn.

Ihre gemeinsamen Charakteristiken: es gibt eine Erweiterung des Bewußtseins.

Ziehe beispielsweise die Dinge in Betracht, die bei einem ganz alltäglichen Spaziergang auf der Straße eine Gefahr bedeuten könnten. Sie sind zahllos. Du rutschst aus und fällst hin. Irgend jemand kommt aus der Tür.

Vielleicht fällt irgend etwas auf dich drauf.

Vielleicht lädt gerade in irgendeinem zur Straße angrenzenden Zimmer ein Mann sein Gewehr, um dann möglichst viele Passanten niederzuschießen.

All diese Dinge sind möglich. Wir sind verloren ohne wirkliche Gefahr, unser Leben ist in jedem Moment ein Wunder im Vergleich zu dem gerade vergangenen Moment.

Wenn ich mir darüber nun bewußt werde, es mir selbst also wirklich vorführe (...), dann sollte ich verrückt werden. Ist das mein Wahnsinn? Aberglaube, nicht mehr.

Der fundamentale Charakter des Wahnsinns ist die morbide Veränderung des Bewußtseins der äußeren Beziehungen (Delirium), der Beziehungen zwischen Außen und Innen (Anomalie des Gefühls), der Beziehung zwischen Innen und Außen (Krankheiten des Willens).

Solange das Bewußtsein nicht zugänglich ist für ein Mehr oder ein Weniger, ist es eindeutig, daß es eine Veränderung in der Wahrnehmungsfähigkeit von etc., etc., etc. gibt.

Wenn Genie hauptsächlich das Überwiegen des Gehirns ist und somit auch das Überwiegen des Nervensystems, dann ist das Genie als extrem nervös geboren (vgl. die Theorie von Grasset) und zur selben Zeit fähig und gezwungen zu einem Werk, das nach und nach seine nervliche Konstitution zerrüttet. Dies sehen wir daran, daß genau jenes, wodurch das Genie existiert – die extreme Nervosität des Temperaments –, auch jenes ist, wodurch das Genie gequält wird, indem es gegen sich selbst reagiert. Es ist der Krieg der Nerven und des Gehirns, oder vielmehr der Nerven und der Nerven.

Da gibt es jedoch noch mehr. Damit verbunden gibt es das Genie für sich selbst – nicht in seinen Konditionen –, sondern in seiner mentalen Überlegenheit. Mit der mentalen Überlegenheit kommt das Bewußtsein ihrer einher; das Genie reagiert hier gegenüber sich selbst. Denn was macht die Natur des Genies aus; sie ist Erregbarkeit, Exaltierung, Hypersensibilität und Hyperbewußtsein, und herausgehobene Fähigkeiten im Bewußtsein ihrer eigenen Überlegenheit; das Resultat ist offensichtlich. Wenn Größe Bewußtsein von der Größe erlangt, produziert dies oft eine latente Megalomanie.

Passen wir auf, um nun keinen Fehler zu machen. Megalomanie ist in bestimmten Grenzen im Genie gerechtfertigt. Sollte ein gewöhnlicher Mann von sich denken, eine Genie zu sein, dann kann es sich um Megalomanie handeln; denkt jedoch ein wahres Genie von sich selbst, ein Genie zu sein, dann verhält es sich nicht so. Es ist also von den Arten der Megalomanie, von denen ich spreche.

Da gibt es jedoch noch mehr. Obgleich die Selbstkenntnis eines genialen Mannes nicht als falsch entworfen werden kann (...). Die Megalomanie des gewöhnlichen Intellekts ist falsch, sie ist ungerechtfertigt. Das Genie ist eine reale *Megalomanie.* Auch wenn das Genie in den meisten Fällen andere psychische Anomalien aufzeigt, folgt es der gewöhnlichen, falschen *Megalomanie;* zum Beispiel Verfolgungswahn, egozentrische Bosheit und so weiter.

Genie ist die Krankheit der Persönlichkeit – eine »Verzweifelung des Selbst«. (Baudelaire – aber nicht angewandt auf das Genie.) Wahre Megalomanie ist falsches Genie.

* * *

Kreative Imagination

Imagination ist der Name, den man der Geisteskraft gibt, die Bilder erzeugt, welche nicht einer äußeren Erregung entsprechen.

Die heraufbeschwörende Imagination ist der Name, den man der Geisteskraft gibt, die einen mit Bildern umgibt, welche *in ihrem erdachten* Zustand das Ergebnis einer äußeren Erregung sind.

Die kreative Imagination ist der Name, den man der Geisteskraft gibt, die Bilder erzeugt, welche, *wenn sie im Geist auftauchen,* niemals durch die Sinne gegeben wurden.

Gesetze der kreativen Imagination.

Die kreative Imagination muß vom Selbst ausgehen. Ich kann keinen Ärger, keine Liebe, kein Mitleid in ihren höchsten Formen beschreiben, wenn ich sie nicht, wie auch immer, in einer schwachen

Manifestation gefühlt habe. Durch mein kleines und flüchtiges Gefühl für Mitleid kann ich Christus verstehen. Mein vorübergehendes Gefühl für Macht läßt mich Napoleon verstehen. Durch mein (...) kann ich in ihren Charakter sehen.

Ein Mann von außergewöhnlicher Vorstellungskraft bezüglich von Charakteren muß ausnehmend große Fähigkeiten zum Nachvollzug von Geistesbefindlichkeiten haben, also eine Hysterie des Temperaments. Shakespeare.

* * *

Die Arten des Genies

2	*Hysterisch*	(...)
3	*Hysterisch/neurasthenisch*	Shakespeare
1	*Neurasthenisch*	(...)
4	*Neuro-epileptisch*	(...)
5	*Epileptisch*	Napoleon, Caesar
6	*Hysterisch/epileptisch*	Edgar Poe, Flaubert
7	Allgemeine Psychopathie	(...)

Genies der Ambition (Willen)	Napoleon
Genies des Gefühls	Christus
Genies des Denkens	(...)

1	*Denk*e*n*	Philosophen, Denker, Wissenschaftler
2	*Denken/Fühlen*	Dichter
3	Fühlen	Mystiker
4	Denken/Wille	Staatsmänner etc.
5	Wille	Eroberer etc., Forscher, Entdecker (Materialismus)
6	Wille/Fühlen	Religiöse Reformer, Propheten (Materialismus, Pantheismus)

Wo Wille ist, ist auch Handlung, wo Gefühl ist, ist auch (...).

Formen des Egoismus

Fehlende Sozialität.
Verzweifelung des Selbst.

In all diesen Dingen haben wir die Subjektivität, die Objektivität und die Beziehung zwischen Subjekt und Objekt zu betrachten.

* * *

Gemeinsame Charakteristiken der Neurasthenie, der Hysterie, der Epilepsie: Ausgebranntsein (épuisement), organische Depression.

Hysterie ist die Krankheit der Hemmung, bei der die Hemmung geschwächt ist. Ausgebranntsein (épuisement) zeigt sich selbst durch Ausgebranntsein (épuisement) der Gehirnfunktion.

Neurasthenie (hier gibt es zuviel Hemmung).

Epilepsie ist ein geistiges Stadium, das durch die Abwesenheit der Hemmung gekennzeichnet ist. Die über-gehemmte Tendenz: das ist die Abwesenheit. Über-gehemmte Sensibilität macht erotische Träume wirklich, schön und so weiter.

Das Fehlen der Herzlichkeit (...).

Hysteriker sind nicht herzlich, weder Neurastheniker noch Epileptiker.

Herzlichkeit: die Ausbreitung von Individualität.

Die Eigenschaft, welche einem Charakter eine menschliche Note, Herzlichkeit oder sozialen Charme verleiht, ist die *Soziabilität,* die beständige Bereitschaft, in einer Gruppe zu leben. Die Formen und Arten der Soziabilität sind folgende: Geselligkeit, Freundlichkeit, Konventionalität (das letzte Wort meint die Subordination des individuellen Intellekts unter einen kollektiven, Unterordnung unter Gebräuche und Institutionen).

Hierin gelangen wir wahrscheinlich zur wichtigsten Eigenschaft der Anormalität: die Unmöglichkeit, in einer Gruppe zu leben.

Nun ist aber die Unmöglichkeit des Gruppenlebens kein Atavismus, in allen Generationen war geselliges Leben möglich. Vielleicht wurde gesagt, die Degeneration wäre die Tendenz zum Gruppenleben, *was aber nicht auf gegenwärtige Gruppen zutrifft* – was ein Atavismus wäre.

* * *

Was gibt es im Genie an Größe? Nachdem wir die Degeneration im Genie gesehen haben, fragen wir, was in ihm nicht Degeneration ist? Doch zunächst zu dem, was die Größe ist.

Das Genie ist von Natur aus unbewußt / PASSIM.

In besseren Worten, was ist die Natur der Größe?

Das Genie kann es im Denken, im Fühlen oder im Willen geben, groß ist es in einem von ihnen (oder in deren Überschneidungen), das Genie ist nicht auf den Intellekt limitiert etc.

Genie ist darüber hinaus auch ein allgemeiner Zustand.

Genie ist dann noch eine Erregung (eine spezielle Erregung).

Genie ist dann noch eine Erweiterung des Bewußtseins. Ist es das? Vgl. Goethe, Napoleon.

Genie ist dann noch eine Erregung des Bewußtseins.

Was ist in diesem Sinne das Wesen des Wahnsinns: die Erregung des Bewußtseins.

Was ist in diesem Sinne das Wesen des Tierseins: die Erregung (...).

* * *

Essay zur Vergeistigung.

Um es so zu sagen, alle Prozesse der Evolution sind die der Vergeistigung. Vergeistigte Liebe wird zur »reinen Liebe«, wie es in einem gebräuchlichen Ausdruck heißt.

Vergeistigung: reine Hemmung.

Stufen der Fähigkeiten: Fähigkeiten des Impulses (einfache Fähigkeiten); Fähigkeiten des Aufschubs (sekundäre Fähigkeiten); Fähigkeiten der Hemmung (oder der Kontrolle).

* * *

Pantheismus ist die Philosophie der Künstler, das bedeutet, daß der den Pantheismus hervorrufende Geisteszustand auch ein schwebendes Gefühl für die Schönheit hervorruft.

(Es gibt kein Argument, nach dem Spinoza kein *Dichter* gewesen wäre: Er war ein Philosoph.)

Pantheismus ist optimistisch und das Gefühl für die Schönheit erfreuend; die Charakteristik ist dieselbe. Pantheismus ist die *impulsive* Philosophie der Dichter. (...) Cowper[43] war ein Pantheist: Er hat es jedoch nie geäußert oder gezeigt, mit der Ausnahme, daß er sich als Liebhaber des Schönen darstellte.

Aufgrund seines tiefen Sinns für die Dinge sehen wir den Pantheismus als mit dem Idealismus vereinigt an – und pathologisch gesprochen mit der Manie des Zweifels und ähnlichen neurasthenischen Zuständen – und aufgrund seines Optimismus mit dem Materialismus – also teilhabend am vermengten, epileptoiden Charakter.

Für den Pantheisten und den Idealisten haben die Objekte eine tiefe Bedeutung; für beide verraten sie den Geist, für den einen als Schleier oder (...), für den anderen als Manifestationen.

Als Akenside[44] das Verwunderliche mit in die Schönheit einbezog, irrt er sich nicht.

Die Wahrnehmung des Schönen beinhaltet die Selbstbefragung darüber, was das Objekt meint, was es bedeutet? Mit dem Gefühl für die Schönheit sind Verwunderung und Erstaunen verbunden.

Akenside liegt richtig: Das Seltsame ist auch eine Sache, die zur Verwunderung führt.

Mehr oder weniger:

Neurasthenie	Idealismus
Neuro-Epilepsie	Pantheismus
Hysterie	Dualismus
Hystero-Neurasthenie	Spiritualismus
Hystero-Epilepsie	Sensualismus
Epilepsie	Materialismus

Shakespeare ist ein großer Hystero-Neurastheniker.

* * *

Sobald es eine Epilepsia larvata gibt, gibt es auch eine Hysteria larvata und eine Neurasthenia larvata.

Hysterie, Neurasthenie, Epilepsie in ihrem offenen Zustand sind Krankheiten teilweise des Geistes (Gehirn) und teilweise des Körpers; in ihrem schleichenden Zustand werden sie zu mentalen Krankheiten. »L'état mental hystérique, neurasthénique, épileptique« (als französische Begriffe) ist der larvenähnliche Zustand der Hysterie, der Neurasthenie, der Epilepsie.

Larvenähnliche Neurosen sind Neurosen, die zur Gestalt kommen. Es sind *vergeistigte* Krankheiten.

In einem gewissen Sinne sind es wirkliche Krankheiten – zumindest sind es geistige Krankheiten, wobei die veräußerten Zustände nervliche Krankheiten sind.

Es bleibt nur noch übrig, diese mentalen Krankheiten – welche mentale Formen von Neurosen sind – mit wirklichen, oder vielmehr wirklich genannten, mentalen Affekten in Verbindung zu setzen, wie beispielsweise der Manie, der Melancholie, der mentalen Verwirrung.

* * *

Um zu wissen, was normal ist, sollten wir zunächst beginnen, uns zu fragen, was denn eigentlich anormal ist, und zu diesem Zweck, zur Erfassung des *eigentlichen Wesens,* sollten wir uns der Beobachtung zuwenden.

Mit den Worten der Physiker und der Chemiker gesprochen, gibt es keine Anormalität. Die Idee der Anormalität beginnt mit der Idee des Lebens, der lebenden Materie. Dies ist die erste Sache, die wir festzuhalten haben.

Danach sollten wir feststellen, daß es mit einer höheren Komplexität in der Natur der lebenden Materie oder des beseelten Seins proportional zu einer höheren Anormalität kommt. Anormalität wächst mit der Komplexität: Das ist die zweite Sache, die wir zu bemerken haben.

Die dritte Feststellung besteht in der Annahme, nach der Anormalität mit der Differenzierung wächst.

Der Nutzen dieser Betrachtungen wird später deutlich. Wir belassen es mit dieser Festlegung: Anormalität ist das Produkt der Komplexität.

Wir fahren nun fort, diese Dinge mit einer erweiterten Aufmerksamkeit zu betrachten.

An erster Stelle sehen wir, daß keine Anormalität in »reiner« und in »lebendiger« Materie existiert; und der einzig wahrhafte und sichere Grund dafür ist die Tatsache, nach der die reine Materie keine Umgebung (ausgenommen in einem metaphysischen Sinn) hat, und die lebendige Materie hat die reine Materie als Umgebung. Daraus erkennen wir die Verbindung zwischen den Begriffen der Umgebung und der Anormalität.

Und sofort sehen wir, was von vielen nicht klar gesehen wurde, wenn es denn überhaupt schon einmal klar gesehen wurde, daß wir bezüglich des Anormalen (verstanden als krank) nicht nur, wie es gewöhnlich geschieht, das isolierte Objekt betrachten dürfen, sondern vielmehr das Objekt und seine Beziehungen zu seiner Umgebung.

Anormalität ist daher das Produkt der Beziehungen zwischen einem Organismus und der Umwelt.

Betrachtet man das Objekt allein für sich selbst, gibt es nur eine kleine Möglichkeit, oder wenn überhaupt eine, das Normale zu verstehen. Was Objekte betrifft, so kann man sie in Gruppen einteilen; es ist alles nur eine Frage der Abstufung. Wir können nicht sagen, dies sei normal und dies sei anormal, wie wir auch nicht den qualitativen Unterschied zwischen zwei Zahlen (in einer Zahlenreihe) herstellen können.

Die einfache Betrachtung des Objektes (organisch etc.) ist selbstverständlich nicht ausreichend, um zu einem Verständnis der Normalität zu gelangen. Wir müssen die Beziehungen des Objekts zu seiner Umwelt untersuchen.

Und sobald die Anormalität in den komplexesten Organismen sichtbar ist, wird es deutlich, daß wir auch die Bezugnahmen der einzelnen Elemente innerhalb des Organismus betrachten müssen.

Wie wir gesehen haben, ist reine Materie perfekt und nicht empfänglich für Anormalität. Die Zelle ist empfänglich für sehr geringe (...); sie ist nicht perfekt, aber es kann auch nicht grundsätzlich gesagt werden, sie wäre wirklich anormal (gibt es denn keine *erkrankten* Zellen?). Eine wahre Möglichkeit für Anormalität gibt es in komplexen Objekten und in ihrer Beziehung zur Umwelt. Nun haben wir die notwendigen Voraussetzungen, um die Frage zwischen Normalität und Anormalität zu lösen, oder wir können zumindest ihre Lösung versuchen.

* * *

Das Verhältnis zwischen Anormalität und Normalität kann vielleicht in der folgenden Art dargestellt oder symbolisiert werden. Nehmen wir die Zahlenreihe ∞ – 0 – ∞ und nehmen wir an, in dieser Zahlenreihe wäre der Punkt (der sogenannten) *Null* das Normale, welches eigentlich nicht existiert (obwohl wir ja versuchen herauszufinden, was das Normale ist).

∞ ... die Zahlen -5, -4, -3, -2, -1, *0*, 1, 2, 3, 4, 5, die Zahlen bis ∞

Nein (da es bezüglich des Normalen kein Oberhalb und kein Unterhalb gibt).

Ja: Anormal ist entweder subnormal oder supernormal. *Nein,* es gibt kein *supernormal* oder *subnormal;* was es gibt, ist *anormal.* Innerhalb der Normalität gibt es kein *hoch* oder *niedrig,* aber es gibt ein *jenseits* von ihr.

Wie beziehen sich die verschiedenen Elemente des Organismus zueinander, und wie bezieht sich die Umwelt auf den Organismus für sich? Dies ist nun die Frage.

Den letzten Punkt nehmen wir zuerst, was einfacher ist. Jegliche Handlung des Objekts bezüglich der Umwelt muß sich selbst seinen Variationen anpassen, mit ihnen variieren: Ansonsten steht der Organismus nicht mehr – was den Tod bedeuten würde – in einer Verbindung mit der Umwelt. Nun ist der Tod die höchste Anormalität – wenn sie aufs Leben bezogen wird; der anormalste Punkt des Lebens ist sein Ende, sein Finale. Daraus folgt, daß Anormalität bezüglich ihrer ersten Charakteristik einer fehlenden oder einer schlechten Anpassung an die Umwelt entspricht.

Organismus und Umwelt sind wie zwei Wagenräder an derselben Achse.

Was bedeutet nun aber die Anpassung an die Umwelt? Ist es die »Anpassung von inneren an äußere Beziehungen«? (wie Spencer das *Leben* definiert), also die Anpassung der inneren an die äußere Veränderung (oder der inneren Veränderung an den äußeren Wechsel)?

Oder man macht aus dem Organismus selbst ein Abbild, eine Kopie in ihrer eigenen Art, der Umwelt; wenn also die Umwelt für einen schnellen Wechsel steht, dann steht auch der Organismus dafür.

Über die letzte Definition sollte nachgedacht werden. (Wegen ihrer Klarheit, wenn sie in der Soziologie angewandt wird – die Anpassung von individuellen Ideen an den Gemeinsinn.)

In der reinen Materie ist keine Anormalität möglich, da es in ihr keine mögliche Differenz gibt zwischen der Kopie und dem Original, solange es in ihr nichts anderes als das Original gibt.

* * *

Die mit den Träumen verbundene Imagination.

In den Träumen gibt es eine Abwesenheit, ein Verdrängen der Aufmerksamkeit gegenüber der äußeren Welt.

Auf konsequente Weise sollte – und so ist es auch – die deutlichste Charakteristik von hysterischen Zuständen, von Traumzuständen etc. eine Abwesenheit der Aufmerksamkeit und des Willens sein – wobei die Abwesenheit der Aufmerksamkeit am vernehmlichsten ist.

Imagination.

Das Wesen des Lebens ist die Handlung, und wenn der Wille gehemmt ist, treten Impulse auf.

* * *

Die Frau ist zumindest körperlich weniger empfindlich als der Mann (hat das die Wissenschaft bewiesen?); die Frau neigt eher zur Hysterie – daher ihre Immoralität, denn Immoralität ist die Bedingung für Hysterie.

Gibt es keine »neurasthenia larvata«? Was ist die äußere Manifestation der Hysterie? Eine vitale Depression. Eine mentale Depression ist entweder groß oder (...).

* * *

Neurasthenie und die Charakteristik des Genies, was mit ihnen verbunden ist, sind die Co-Funktionen.

Was sind aber nun Co-Funktionen?

In jeder handelnden Sache bemerken wir (wenn wir sie selbst und ihren Vollzug analysieren) drei Dinge: den Grund, die Mittel und den Effekt.

Das Genie und die Neurasthenie sind beides Funktionen der Nerven.

Genie ist *hyper-* und Neurasthenie ist *para-*. (Siehe den Satz von Grasset.)

Die Funktion kann keine andere sein als sie selbst.

Der Zustand der Hypererregung ist kein normaler Zustand, er ist ein *para*-Zustand.

Die Absicht der Furcht ist es, etwas vom Organismus abzuschütteln, sich von der Gefahr zu befreien; in den ausgeprägten Zuständen paralysiert die Furcht; das bedeutet, sie neutralisiert ihre ursprüngliche Funktion. Gewöhnlich sagt man, zuviel Wohlbefinden ist schmerzhaft; zuviel Freude erdrückt uns mit Ehrfurcht. Daher sehen wir, daß *Hypererregung* auch *Paraerregung* ist. Wie ist das zu verstehen? Jedes Gefühl hat eine Absicht – wie beispielsweise die Furcht das Bewahren des Organismus vor der Gefahr. Was ist nun das Wesen einer Sache, die eine Absicht in Beziehung zu dieser Absicht hat?

Eine Absicht ist eine Anpassung.

* * *

Hysterie ist das Nervenstadium, welches im allgemeinen durch eine Belastung eines überaktiven Lebens hervorgerufen wird, und Neurasthenie durch die Belastung eines überaktiven Denkens. Epilepsie ist sehr oft die Konsequenz der Erschöpfung von rein egoistischen Gefühlen; es gibt viele Fälle der Epilepsie, die von einem Schrecken ausgelöst werden.

Die Menschheit neigt eher zur Hysterie als zu einer anderen Art der Nervenkrankheit; dies stimmt, wenn man sich verdeutlicht, daß die Menschheit viel mehr fühlt als denkt oder will.

Das gesamte Ziel der Evolution (des Nervensystems) war die Herausbildung des Gehirns.

Zerebralisierung: Dies ist für alles das Schlüsselwort.

Der sogenannte epileptische, hysterische, neurasthenische Geisteszustand ist die zerebrale Reflektion bezüglich einer respektiven Nervenkrankheit. Nun hat aber die Nervenreflektion im Gehirn immer zwei Seiten: eine ist bezogen auf das Gehirn als Geistesorgan, das andere ist bezogen auf das Gehirn als den Gipfelpunkt des Nervensystems, als ein Organ des Körpers.

In dem einen Fall ist das Gehirn jenes, was die Eindrücke der Nerven erhält, im anderen Fall ist es jenes, was die Ideen erzeugt.

In den Nerven gibt es nur ihr eigenes *Wesen;* im Gehirn gibt es drei, da ist zunächst die Qualität, dann gibt es, um es so zu sagen, die Quantität, und schließlich gibt es noch die Ausdehnung (des Denkens). Die Qualität – geistige Gesundheit oder Morbidität – des Denkens hängt vom Zustand der *Nervenzellen* ab, das bedeutet, vom endgültigen Zustand der Nervenzellen. Die Quantität und die Ausdehnung gehören im eigentlichen Sinne zum Gehirn; das eine ist die Fähigkeit zum tiefen, das andere zum weiten Denken.

Nun werden wir mehr oder weniger die Beziehung zwischen Genie und Neurose sehen. Das Genie hängt von der Fähigkeit zur Tiefe des Denkens ab; die Qualität des Gehirns bezieht sich einzig auf die Klarheit des Denkens.

Denken besagt hier mentale Aktivität; ich beziehe mich also nicht auf Beharrlichkeit, denn mentale Aktivität hat es das gesamte Leben lang zu geben.

Qualität	–	Klarheit
Quantität	–	Kraft
Ausdehnung	–	Verständnis

Da es die Vorstellung gibt, nach der das Leben eine Zusammenstellung (unvergleichbar mit seinen Elementen) von chemischen Komponenten ist, ist die Gesellschaft die Zusammenstellung (unvergleichbar mit ihren Elementen) von Individuen – es wird versucht, die zoologische Ungleichheit von diesen durch eine soziale Gleichheit zu kompensieren (Gefühl für Gerechtigkeit). (Roberty: »Nietzsche«.)[45]

Bezüglich Nietzsche sollten wir vielleicht festhalten, daß das größte Genie *klar* ist; je näher sich das Genie am Wahnsinn befindet, um so weniger klar ist es.

Klarheit, Intensität (oder Tiefe), Ausdehnung – dies sind die drei Charakteristiken des Geistes. Die Intensität des Geistes ohne Klarheit und ohne Ausdehnung (oder Verständnis) ist Wahnsinn. Intensität und Ausdehnung mit oder ohne Klarheit sind Inspiration. Ausdehnung und Klarheit (oder Intensität und Klarheit?) sind Talent. Klarheit für sich allein ist Normalität, also Klarheit, Schwäche und Beschränktheit des Denkens. Klarheit hängt vom Zustand der Nervenzellen ab. Wenn die Klarheit geschwächt ist, wächst die Intensität. *Vernunft:* Klarheit ist eine Hemmung, Intensität ist eine fehlende Hemmung, ihr Wesen ist Ausdehnung (achte hierauf!) – also

Wahnsinn. Wenn also Genies intensiv sind, sind sie auch wahnsinnig. Zuviel Inspiration nimmt die Klarheit; die großen Inspirierten sind wahnsinnig.

(...)

Es gibt keinen Exzeß an Klarheit, da es auch keinen Exzeß an Gesundheit gibt. Gesundheit und Krankheit, sie sind eine Sache und gleichzeitig zwei gegeneinandergesetzte Dinge. Die Selbstbeobachtung als ein deutliches Zeichen der Melancholie ist kein Exzeß an Klarheit – Klarheit wurde nicht in diesem Sinn gebraucht; hier gibt es nur einen Exzeß an Intensität oder Ausdehnung – deutlich ein Phänomen der *mentalen Autoskopie.* Wahrhafte mentale Klarheit in ihrem höheren Stadium ist mit der Ausdehnung verbundene Klarheit: Überlegung. (Bewußte Überlegung, wohlgemerkt.)

Die große poetische Kraft der Beobachtung meint nicht notwendigerweise die Klarheit des Geistes. V. Hugo war *intensiv,* aber weit von der Klarheit entfernt, er war kein *penseur.*

Normale Klarheit, geringe Intensität, geringe Ausdehnung:
Normalität.
Normale Klarheit, große Intensität, große Ausdehnung:
Inspiration.
Normale Klarheit, geringe Intensität, große Ausdehnung:
Denker.
Normale Klarheit, große Intensität, geringe Ausdehnung:
(...).
Geschwächte Klarheit, geringe Intensität, geringe Ausdehnung:
Idiotie.
Geschwächte Klarheit, große Intensität, große Ausdehnung:
Inspiration.
Geschwächte Klarheit, geringe Intensität, große Ausdehnung:
(...).
Geschwächte Klarheit, große Intensität, geringe Ausdehnung:
Wahnsinn.

Was entspricht hier dem Bewußtsein? Der Selbstkenntnis beispielsweise?

Was ist die genaue Bedeutung der Worte »Intensität« und »Ausdehnung«?

Klarheit kommt vom Zustand der Nervenzellen.
Intensität kommt von der Qualität des Geistes.
Ausdehnung kommt von der Kraft des Gehirns.

Klarheit und Ausdehnung: Überlegung.
Klarheit und Intensität: (Kritik?)
Ausdehnung und Intensität: Inspiration.

* * *

Zwischen einer starken Abneigung gegenüber der Handlung und der starken Zuneigung zu ihr gibt es nur das Intervall des Nichts, eine zu natürliche Verbindung. Der Nachweis ist sehr einfach.

Starke Abneigung gegenüber einer Handlung ist selbstverständlich, damit sie eben auch wirklich und stark sein kann, von einer starken mentalen Vorstellung von der Handlung begleitet. Die starke mentale Vorstellung von einer Handlung ergibt sich auf natürliche Weise, und auf natürliche (normale) Weise folgt eine starke Anregung zur Handlung. Damit ist der Fall bewiesen.

In der Hysterie ist das Schwanken das Ergebnis einer (...) hinsichtlich einer *starken mentalen Vorstellung,* also besonders jenem hysterischen Geist eigen, der alles in die Träume verlegt.

Der hysterische Zustand des Geistes ist hauptsächlich charakterisiert anhand einer Überaktivität des Gehirns, durch intensive Vorstellungen. Damit wird es immer deutlicher, daß Hysterie für die Inspiration benötigt wird. Hysterie ist die Grundlage der Inspiration.

* * *

Mit siebzehn Jahren war ich Anarchist, und ich weiß sehr gut, was die freie Liebe in ihrer essentiellen Theorie bedeutet; wenn wir es denn wollen, können wir heute eine Frau lieben und morgen eine andere. Wenn man will, kann man auch eine Frau das ganze Leben lang lieben, ähnlich wie in der Ehe.

Der Anarchismus als Theorie ist ein krankhafter Impuls und unterliegt nicht der Kontrolle des bewußten Willens und der Überlegung. Im allgemeinen ist der intellektuelle Zustand eines höheren Degenerierten (Anführer) und eines niederen Degenerierten (Geführter) die Intellektualisierung des Impulses und der Obsession. Die anarchistischen Theorien sind ein gutes, sogar das beste Beispiel dafür. Sie beinhalten alle die Unterdrückung der Macht, die Eliminierung der Ehe, zum Beispiel (...). Sowohl die eine als auch die andere Sache sind das genaue Gegenteil der Wissenschaft; nur die Idioten und die Degenerierten können etwas anderes darüber denken. Die Absicht der Evolution ist nichts anderes als die Durchsetzung der Ordnung, ihre Stärkung. Die Ehe ist das Mittel, durch welches die Natur ihre Selektion in der reinsten Form betreibt. Aber man sagte mir, die Ehe würde diesem gegenwärtig nicht entsprechen; sie gibt es gegenwärtig nur im Hinblick auf Geld und auf eine Position. Man argumentiert in dieser Form aber nicht gegen die Ehe, sondern gegen deren aktuelle Form, gegen die Unzulänglichkeiten, welche eine *degenerierte Gesellschaft* (achte auf diesen Sachverhalt) ihr momentan aufdrängt. Ihr stimmt mir zu; wir kommen überein.

(...) *Die Ehe ist die beständige und treue Liebe eines Mannes gegenüber seiner Frau;* sie ist nicht mehr als dies. Wenn ein Mann sich an eine Frau bindet ohne irgendeine Zeremonie, wenn er also mit ihr in einer freien Beziehung (wie man heute sagt) lebt, dann ist er prinzipiell auch verheiratet.

Antwortet mir also, stimmt ihr mit meiner Theorie überein! Erlaubt mir jedoch die Antwort, daß ich nicht weiß, wie. Ihr seid also gegen die Heirat an sich, oder gegen das *Zeremonielle,* das (...) der Ehe, und wenn ihr euch nur an die letzte Sache haltet, warum sagt ihr es dann nicht?

In Wahrheit ist eure »freie Liebe« keine Sache, von der ihr eine festumrissene Idee hättet. Sie ist ein reiner Impuls, der sich in eine halbbewußte Idee wandelt und von dem ihr glaubt, er wäre ganz natürlich von der Vernunft hervorgerufen, von eurer Verstandeskraft. Als psychologisches Phänomen genügt dies, um eure Theorie verstehen zu können: Es handelt sich um einen degenerierten Impuls.

Habt ihr eine klare Idee? Was also bedeutet der Ausdruck »freie Liebe«? Von zwei möglichen Dingen ist nur eine in Betracht zu ziehen: die »freie Liebe« bedeutet, heute die eine Frau zu lieben, morgen eine andere, übermorgen wieder eine andere, und immer so weiter; oder auf eine andere Weise bedeutet die »freie Liebe« die lebenslange Bindung an eine Frau ohne irgendeine äußerliche Zeremonie, ohne den Übergang vom Fräulein zur Frau, ohne Standesamt, ohne Fest, und so weiter. Im zweiten Fall greift ihr die Unvollständigkeiten der Ehe an.

Aber letztlich – so sagt ihr mir – gibt es noch eine Sache zugunsten eurer Theorie. Denn wenn es eine nicht zeremonielle, eine nicht äußere Ehe gibt, wenn also Mann oder Frau sich aus freien Stücken trennen können, dann behauptet ihr dieselbe Sache wie wir. Allerdings auch nicht ganz, denn es gibt noch eine Sache anzufügen.

Gegenwärtig ist die konventionelle Ehe eine Form der Selektion und eine Garantie der Anerkennung. Die moderne Gesellschaft läßt nun zwar die Ehe sicher zu, sie respektiert sie allerdings nicht unbedingt; in der Tat bedeutet dieser Sachverhalt die Degeneration und die Dekadenz eben dieser Gesellschaft. Es wäre schrecklich, wenn die Argumentation gegen eine Sache mit der Argumentation gegen die Auswirkungen dieser Sache gleichgesetzt wird. Wenn ich euch beispielsweise nachweise, daß die katholische Religion schlecht ist, dann beziehe ich mich nicht unbedingt gleich auf die Inquisition als deren schwärzeste Auswirkung.

Jedoch könnte man antworten, daß jenes, was Schlechtes hervorruft, an sich nicht unbedingt gut sein muß. (...)

Das ist sicher wahr: Es gibt jedoch einen großen Einwand: Es ist nicht nur die Ehe, sondern auch ihre Absicht, die zur Degeneration führt. Dies ist ein allgemeines Gesetz der Evolution.

Es sollte untersucht werden, ob die Ehe, mit all ihrer Möglichkeit zum Schlechten hin, unter dem Zustand der freien Liebe steht. Innerhalb der freien Liebe kann man offenkundig nicht degenerieren oder amoralisch werden.

Die Antwort darauf ist ein tödlicher Angriff auf die gesamte Theorie.

Da nun die Perfektion in dieser Welt unmöglich ist, ist der einzige Zustand, an dem man nicht weiter degenerieren kann (...), *die Degeneration an sich.* Die freie Liebe bewegt sich im Bereich der reinen Degeneration.

(Die Degeneration ist ein aktueller Zustand; die reine Liebe ist ein reiner Atavismus. Verhält es sich so?)

Es gibt keinen Anarchisten ohne Krankheit oder Unbewußtheit.

(...)

* * *

Ist die Degeneration nicht eine Entwicklung, die von einer Änderung der Funktion begleitet wird: Es gibt also einen Rechtsstaat, und ich revoltiere gegen Gesetz und Ordnung – ich bin degeneriert. Wie?

Indem ich in meiner Zeit lebe, bin ich atavistisch. Wenn ich jedoch so leben würde, wäre ich nicht zum Leben in der Lage. Die Gesellschaft befürwortet die Hochzeit, wenn man aber keinen Respekt ihr gegenüber hat: Entartung. Verlangen. Entartung: das Weiterbestehen eines überholten Zustandes innerhalb eines aktuellen. Ein Mann mit einem *Schwanz* wie ein Affe. Der Evolutionszustand erlaubt keinen Schwanz; das Weiterbestehen der Struktur jenseits der Funktion (?). Entwicklung der Funktion, Rückgang der Struktur.

* * *

Würde man nun sagen: »Nichts existiert«, was wäre damit gemeint? Dieses: daß »es nichts Seiendes gibt«, solange das Wort »existieren« meint, das »ist seiend«, was existiert, da es eben seiend ist, und nichts anderes damit existieren kann. Wir sollten uns daran erinnern, daß wir in absoluten Begriffen sprechen und daß wir in dieser Diskussion über Materie und Geist sprechen. Aber wenn das Seiende nur das existierende Ding ist, dann meint der Ausdruck, daß nichts mit dem Seienden identisch ist.

Um jedoch diesen Ausdruck verwenden zu können, müssen beide Begriffe existieren; wenn nun das, was man das »Nichts« nannte, wirklich existiert, dann ist es, ipso facto, das Seiende; sollte es nicht existieren, dann ist die Behauptung verfehlt.

Nun gibt es aber das Nichts, also enthält das Nichts das Sein.

Die grundsätzliche Widersprüchlichkeit besteht darin: »Sein oder Sein«.

* * *

Es gibt eine Beziehung zwischen der Imagination, dem Delirium (aller Arten), Träumen etc., etc.

Die *Geschichte* ist ein reiner Traum.

Nichts anderes verkörpert die (oder ist analog zur) Imagination, oder vielmehr die Inspiration, besser als ein Fieberdelirium.

Genie ist auf eine recht gute Weise vergleichbar mit dem Fieber: Erregung und Depression zur selben Zeit, fundamentale Morbidität.

Genie ist ein andauerndes mentales Fieber.

Das menschliche (...) ist das Pendel in der Schwingung: so wie es auf die eine Seite schwingt, so schwingt es auch auf die andere Seite. Es gibt eine normale Schwingung, welche die Wechselhaftigkeit des normalen Charakters ist. Darüber hinaus, je höher das Pendel auf der einen Seite schwingt, um so höher schwingt es auch auf der anderen.

Auf der einen Seite gibt es das Bewußtsein, auf der anderen Seite das Unbewußtsein.

Die Umwelt kann eventuell als eine Art Uhr gesehen werden, an der sich ein schwingendes Pendel befindet. Dieses Pendel ist der Organismus in Funktion. Überschreitet die Schwingung dieses angenommenen Pendels eine gewisse Grenze, ist die Funktionstüchtigkeit (sagen wir es so) behindert. Es ist die fehlende Übereinstimmung zwischen dem Organismus und der Umwelt. Normalität bedeutet die richtige Zeitangabe der Uhr. Die Umwelt ist die Zeit; die Uhr ist (...), das Pendel ist die Aktivität des Organismus.

Was ist nun das Gesetz des Ausgleichs?

Die Anpassung ist nicht vollständig. Beispielsweise ist es kaum möglich, daß ein junger Mann völlig gleich gekleidet ist wie ein anderer, wobei beide aber doch mit der Mode gehen können; sie sind also an die Umwelt angepaßt. Nehmen wir an, für jedermann wären Zylinderhüte Mode; diese gibt es dann in allen Größen, große, kleine, und einige von etwas seltsamerer Gestalt gehen schon über in eine andere Art von Hut, wobei sie immer noch in Mode sind, solange sie *aufrechte Hüte* repräsentieren. In dem Moment, in dem sie eine gewisse Grenze überschreiten, werden sie schon nicht mehr als *aufrechte Hüte* erkannt, und der Träger des Hutes bewegt sich schon nicht mehr innerhalb der Mode, er ist seiner Umwelt gegenüber unangepaßt: Das Beispiel ist lächerlich, aber es ist gut.

Die Eigenheit der Normalität ist auch wunderbar repräsentiert in der Zehneraufteilung in einer Zahlenreihe.

$$\frac{0 \ldots 1, 2}{10} \quad \frac{\ldots \infty}{20}$$

Nehmen wir an, die Normalität wird von allen Zahlen in der Zehnerperiode von *11 bis 20* repräsentiert. Die Zahl 21, die näher an der 20 ist als die 11, ist anormal, während die Zahl 11 normal ist, da die 11 unter die Idee 11–20 zu rechnen ist, nicht aber die Zahl 21.

* * *

Trotz dieser Überlegungen, die angestellt werden müssen, um die Probleme bezüglich des Genies zu verstehen, ist die Sache nicht sehr schwierig.

1 Das Genie ist ein *hyper*-Zustand des Gehirns. Darin ist es ähnlich dem Wahnsinn und dem Verbrechen (solange sie exaltiert sind).

2 Sollte das Genie so sein, ist es ein *para*-Zustand des Gehirns. Es ist leicht zu zeigen, wie beide Zustände recht logisch zusammenpassen. Alles das, was zu klein und zu viel ist in einer Fähigkeit, gefährdet deren Anpassung an die Umwelt; was nun aber unangepaßt ist, ist anormal, ist morbid, ist *para-*. Daher die Verbindung zwischen *hyper-* und *para-*.

In der Zahlenreihe von 11 bis 20 sind die 10 und die 21 unangepaßt.

Alle Überaktivität (ebenso wie alle Unteraktivität) beeinträchtigt die Normalität der Funktion; alle Anormalität der Fähigkeit schließt fehlende Anpassung ein.

* * *

Der metaphysische Intellekt ist morbid, zunächst da er unnütz ist und alle Dinge in der Welt ihren Nutzen haben sollten. Das Universum ist voll mit Zweckbestimmungen. Niemand verkennt oder bestreitet das (ausgenommen der Blödmänner). Was hinterfragt werden kann, ist die Finalität des Universums *als ein Ganzes,* eben als Universum, und nicht als eine Vielfalt von Handlungen und Dingen.

Alle Qualitäten (mentale oder physische) streben zu einem bestimmten Zweck hin, welcher auch in möglicher Reichweite stehen sollte. Sexualität strebt nach Fortpflanzung, Kampffähigkeit nach der Erhaltung des Lebens. Und so weiter.

Der metaphysische Sinn ist eine Krankheit der Überlegung, oder vielmehr deren Degeneration. Jegliche Krankheit beruht (wie ich es schon irgendwo gezeigt habe) auf der Veränderung der Funktion; *alle Degeneration ist eine disparate Veränderung der Struktur und der Funktion.*

* * *

1 Das Bewußtsein der äußeren Dinge (reine Wahrnehmung).
2 Das Bewußtsein der äußeren Dinge und vom Selbst.
3 Das Bewußtsein von der Beziehung zwischen dem Selbst und den äußeren Dingen.
4 Das Selbstbewußtsein, das sich der äußeren Dinge bewußt ist.

1 Alle Bewußtseinsformen, das Bewußtsein der Zelle (nervliches Bewußtsein) bis hin zu dem des Kindes.

2 Das des Kindes, wenn es langsam über sich selbst bewußt wird, aber noch nicht völlig zum Selbstbewußtsein gelangt ist; das Kind spricht von sich selbst noch als Baby, in der dritten Person. (Bewußtsein, das innerhalb eines zentralisierten Nervensystems geboren wurde.) (Gehört dies nicht zum ersten Punkt? Nein, es ist die Verbindung zwischen dem ersten und dem zweiten Punkt.)

3 Das eigentliche Selbstbewußtsein; das eines normalen Jugendlichen (Junge, Jugendlicher, Mann) = »Ich«.

4 Bewußtsein eines Denkers (Vor-Bewußtsein oder frontales Bewußtsein).

1 Die Wahrnehmung der äußeren Dinge.

2 Dann die Wahrnehmung des Selbst als eine äußere Sache. Die Wahrnehmung des *Unterschieds* zwischen einem Teil der Erfahrung (Selbst) und einem anderen (Nicht-Selbst).

3 Die Wahrnehmung der *Beziehung* zwischen etc.

Die Entwicklung des Bewußtseins schließt daher die Entwicklung des Intellekts ein. Intellekt beginnt mit dem Verstehen des Unterschieds (die angeborene Fähigkeit zum Vergleich), dann das Verstehen der *Beziehung,* und danach weitere Schritte.

(Bemerke: Die Vorstellung vom Grund kommt vom Willen zur Handlung. *Frage.* Nur? Nicht auch von der Beobachtung der beständigen Dinge in dieser Welt? Selbst ein rudimentäres Bewußtsein könnte damit verbunden sein.)

Die Entwicklung des Gefühls und des Willens folgt demselben Weg.

1 Das Bewußtsein vom Selbst als eine äußere Sache.

1a Das Bewußtsein vom Selbst als eine äußere Sache in einer speziellen Art (das Kleinkind).

2 Das Bewußtsein vom Selbst als eine Sache, die sich von äußeren Dingen unterscheidet.

2a (...)

3 Das Bewußtsein vom Selbst als eine Sache, die sich äußerer Dinge bewußt ist.

* * *

Das Unbewußte und die Poesie.

(Vergleiche in diesem Zusammenhang die Vorstellungen primitiver Rassen, die noch vom Mystizismus gezeichnet sind.)

Selbstverständlich gibt es drei Stufen innerhalb des Mystizismus: (1) die unbewußte Stufe (die des primitiven Menschen); (2) die halbbewußte Stufe (die von einigen Dichtern und religiösen Leuten mit einem geringen Verstand); (3) die von großen Dichtern und Philosophen (zum Beispiel Idealisten – Kant). (Gibt es noch eine vierte Stufe, ein durchdachter Mystizismus?)

Darauf beziehe ich mich in meinen Anmerkungen zum *Bewußtsein* und dessen Abstufungen.

* * *

[Notizbuch T]

(August bis September 1907)

Der Prozeß der menschlichen Degeneration.

Das Wesen der menschlichen Degeneration ist die Zurückbildung einer Fähigkeit *in ihrem erweiterten* Zustand.

Nun beispielsweise die Form der Degeneration der Päderastie. Wollen wir diese untersuchen anhand eines hier häufig benutzten Umkehrarguments: nach welchem die maskuline Form perfekter und besser für die Liebe geeignet ist. Nehmen wir nun ohne Kritik und Nachfrage an, die maskuline Form wäre perfekter.

Es besteht kein Zweifel daran, wie zunächst festgehalten werden sollte, daß der Ursprung des asketischen Gefühls von einer sexuellen Art ist, so wie man den Ursprung des Wohlwollens in der Freundschaft und im sozialen Sinn findet. Der jungfräuliche Puritaner nimmt auf reine Weise die Schönheit wahr, ferner das animalische Wesen der Frau. Das Ziel besteht offensichtlich hierin: die Anregung zum Geschlechtsverkehr, der für sich den folgenden Zweck hat: die (...) von Kindern und die Erhaltung der Rasse. Dies ist leicht zu verstehen.

Durch den Prozeß der Desintegration (ein allgemeiner Prozeß in der Evolution) wurde die Qualität Schönheit von der Qualität Sex abgekoppelt und wurde zu einem eigenständigen Instinkt, der jedoch, und das sollte wiederholt und angemerkt werden, von der Qualität *Sex* abgekoppelt wurde. So kann man behaupten, daß Sex den einen Weg geht, Schönheit den anderen. Schönheit bleibt jedoch weiterhin entscheidend für die sexuelle Attraktivität und hat zum

Ziel die (...) der Kopulation, und somit als endgültiges Ziel die Erhaltung der Rasse. Dies ist so, wahrhaftig. Ein neues Element kam hinzu, und sofort begreift man es in dieser Hinsicht als eine Erweiterung von diesem.

Wenn nun also im (...) ein Mann sagen würde, die höhere männliche Perfektion führe ihn zum Sexualverkehr mit dem *Menschen* (wenn denn ein solcher Ausdruck angewandt werden könnte), dann gibt er eine Erklärung von sich, die einen reinen Wahnsinn bedeutet. Man kann sie leicht widerlegen.

Wird eingestanden, daß *in den Augen der reinen Schönheit* die physische Schönheit des Mannes höher steht als eben die Schönheit der Frauen; wird dies nun eingestanden, wird dieses Eingeständnis erlaubt (was ganz gut geschehen kann, ohne daß dabei jemandem Schaden zugefügt wird), dann frage ich, was folgt daraus? Nichts, außer der Tatsache für sich selbst. Es geschieht vor dem Auge für die reine Schönheit, nicht vor dem Auge für den Sex. Sex und Schönheit müssen, wie ich es bereits gesagt hatte, voneinander getrennt werden. Aber dann stellt sie nicht länger eine reine Anregung bezüglich des Sexualverkehrs dar. Sollte es sich um ein Abzielen auf Sexualverkehr handeln, dann ist es offensichtlich, daß Sexualverkehr auf Anregung ausgerichtet ist, er hat für sich selbst ein Ziel, das eindeutig in der Erhaltung der Spezies beruht, in der Erhaltung der Rasse.

Eine Sache hat entweder die eine Ausrichtung – einige direkt, andere indirekt –, oder sie hat eine andere Ausrichtung; und wenn sie eine andere Ausrichtung hat, dann hat diese wiederum eine weitere Ausrichtung, bis die ultimative Ausrichtung aller kosmischen Dinge erreicht ist: die Anpassung an die Umwelt und die Erhaltung der Rasse. Eventuell gibt es noch eine andere Ausrichtung nach dieser, jedoch sind wir dazu verurteilt, diese nie erkennen zu können; sie ist metaphysisch und daher unerkennbar und unbekannt. Das ist normal so.

Wäre es nicht vielmehr besser, alle Dinge hätten eine Ausrichtung: Die Entwicklung der Rasse – aber was ist die Rasse? Und die Ausrichtung?

Schönheit ist und wird immer die Anregung zum sexuellen Verkehr sein, der auf die Befruchtung der Frau ausgerichtet ist; das kann nie enden. Jedoch unabhängig davon ist die Schönheit eine Sache für sich selbst, also unabhängig von der Sexualität.

Daher führt das Argument, nach welchem die physikalische Schönheit des Mannes über jener der Frau stehe, zu nichts anderem als zur Behauptung, die physikalische Schönheit des Mannes wäre höher als die der Frau, oder die Anfertigung einer Statue eines Mannes würde, solange sie perfekt wird, einen größeren Gefallen bereiten als die einer Frau. Die Statue des Mannes würde beispielsweise ein größeres sexuelles Gefühl erzeugen als die der Frau: Dies war jedoch nie gemeint, und es ist degeneriert, verdorben und unsinnig. Der Moment des sexuellen Standpunkts wurde nun in die Betrachtung der Schönheit eingeführt, das *Kriterium* der reinen Schönheit wurde beiseite gelassen; und nachdem es beiseite gelassen wurde und *nachdem es nur dieses Kriterium ist, nach welchem der Mann in der Schönheit über der Frau steht,* kann der Mann auch nicht mehr als überlegen betrachtet werden. Nachdem die Schönheit der Sexualität untergeordnet wurde und als Anregung für sexuelle Gefühle betrachtet wurde, ist sie zwar keine künstliche Schönheit mehr, Schönheit wurde dann aber zum Sinn für eine Ausrichtung, und diese Ausrichtung ist, wie ich bereits sagte, der Sexualverkehr mit dem anderen Geschlecht, und die ultimative Ausrichtung ist die Erhaltung der menschlichen Rasse. Zu welchem Zweck wurde diesbezüglich die Schönheit benutzt? Zu keinem.

Päderasten begehen nicht nur ein Verbrechen gegen den Sex, sondern auch ein Verbrechen gegen die Schönheit, da Sex kein (...) dieser Art erlaubt, da Schönheit kein fremdes Gefühl erlaubt als das von sich selbst, keine andere Sinnesempfindung als die, die angemessen ist.

Versteht der Mann die Schönheit einfach nur als sexuell, dann schreitet er zurück; wendet er sie auf ein dafür nicht geeignetes Objekt an, dann schreitet er nicht nur zurück, sondern weicht auch gänzlich ab.

Einen solchen Prozeß gibt es in diesem Fall. Laßt uns nun daraus das Wesen der Degeneration erfassen. Vielleicht sollte ich andere

Beispiele geben. (Angst vor harmlosen Objekten. Von der einfachen Idee der Angst; die Idee des Mysteriums ist involviert etc.) (Féré.)

Es wurde einmal hervorgehoben, daß dieser Prozeß kein Atavismus ist; er ist keine Rückkehr zu vergangenen Zeitaltern und deren Gefühlen (Féré). Dennoch ist er eine Art Regression, eine Art physisches Unverständnis des Ideals oder einer hochstehenden Schönheit. *So wie der Prozeß der Evolution ein Prozeß der Vergeistigung ist, so ist derjenige der Degeneration ein Prozeß der Degradation des Geistigen.*

Der Prozeß der Evolution, ich wiederhole es, ist der Prozeß der Vergeistigung.

Liebe erwächst reiner und in einer idealeren Form, ohne zu lieben; dafür kann es die Liebe nicht in ihrer materiellen Form geben. Etc.

Andererseits ist die Degeneration nicht ein einfacher Rückfall, sie ist eine *Umkehrung* eines *Prozesses.* Es ist nicht derselbe Prozeß in der umgekehrten Form; es ist ein *Gegenprozeß.*

Wollen wir zuerst den normalen Prozeß untersuchen – *die Evolution.* Die Evolution ist ein Prozeß, bei dem die Dinge einer Veränderung unterworfen sind.

Durch die Evolution lösen sich Dinge auf, wie vor allem Schönheit und Sexualität. Durch Atavismus werden Dinge erneut zusammengeführt: Liebe und Sexualität kommen zurück zur Sexualität.

Die Fähigkeiten haben wir zu unterscheiden in die, die für sich selbst selektiv sind, und in die, die der Selektion unterliegen.

Zu den ersten gehören beispielsweise Kampffähigkeit, Liebesfähigkeit, Lebendigkeit.

Zu den dritten *ästhetischer Sinn, religiöser Sinn, moralischer Sinn,* welche die anderen in eine eliminierende Handlung versetzen.

Durch den ästhetischen Sinn versetzen das Tier (und der Mensch) die Liebesfähigkeit in eine selektive Handlung.

Was geschieht, wenn die ersteren von den letzteren getrennt sind? Was ist der Wert des moralischen Sinnes etc. im Menschen?

Die Sache für sich selbst.

(Die ideale Interpretation der materiellen Dinge?) (Kunst.)

(In der Religion ist der fundamentale Teil der moralische und nicht der metaphysische.)

(Das Wesen der Beziehung zwischen Entartung und Normalität. Vielleicht: Das Gesetz des Gegensatzes.)

Betrachtung der Krankheit. Was ist die Krankheit? – Die Funktion, die Aktivität der Zelle ist *eine:* Krankheit und Gesundheit sind relative Begriffe, in Wahrheit gibt es keine solche Sache wie die Gesundheit – solange Gesundheit gleich Perfektion bedeuten sollte –, sondern es gibt nur Abstufungen in der Krankheit. Daran sollte man sich *wesentlich* erinnern, bezüglich der Zellen. In bezug auf den Organismus haben Gesundheit und Krankheit jedoch eine andere Bedeutung.

Der Unterschied zwischen Gesundheit und Krankheit ist Anpassung oder Nichtanpassung.

Die Grundlage der Welt ist das Böse und die Unvollkommenheit.

An der Oberfläche gibt es auch Gut-Böse. Aber hierin gibt es einen Unterschied.

Die Päderastie betrachtet:

Angenommen, wir halten eine schöne Landschaft für schöner als eine Frau, als eine schöne Frau; ein Mann wird sich deswegen keine sexuellen Beziehungen mit einer Landschaft wünschen.

Dieses Beispiel zeigt uns hervorragend die Absurdität, von der die Päderastie eine Form ist.

* * *

Degeneration, anhand der Algebra ausgedrückt:

$$a^2 - b^2 \qquad\qquad a^2 \quad b^2$$

$$a^2 \quad b^2$$

* * *

Die vollkommene menschliche Gesundheit und gesunde Geistesstärke ist einfach nur ein Ideal – das man vielleicht durch eine gerade Linie ausdrückt, die nicht existiert, als eine *gezogene* gerade Linie tut sie es nicht. Es gibt nur gebogene Linien: So groß wie in der gebogenen Linie nun die *Konvexität* ist, so groß ist auch die *Konkavität*. Dies gibt uns in einer hervorragenden Art auch den Bezug zur Begeisterung und zur Depression im Genie. Beides sind Aspekte ein und derselben Sache.

In einer allgemeinen Art gibt es einen Ausgleich in der Natur. Selbst Idiotie, selbst ein in einem ungesunden Körper angesiedeltes Denken hat, als eine allgemeine Paralyse, noch den Ausgleich des Unbewußten. Das ist keine Entschuldigung des Übels. Das Übel bleibt das gleiche. Ausgleich für sich selbst ist schlecht. Idiotie ist vollkommen schlecht, es ist ein Sein, das seiner moralischen Rechte beraubt ist.

* * *

Ein Fall vom Wesen der Degeneration wird gezeigt durch die Überprüfungen einer degenerativen Wahrnehmung, die unter dem Namen »audition colorée« bekannt ist.

In den niedrigen Stadien der tierischen Entwicklung ist Sehen und Hören schon geformt, aber in *einem* Sinn. Daher ist der obengenannte Fall kein *Atavismus*.

In dem Entwicklungsstadium, das als menschliches bekannt ist, ist es unmöglich, daß es irgendeine atavistische Integration der Sinne geben sollte. Aber das degenerierte Phänomen der »audition colorée« tritt auf: Unterschiedliche Sinne – wahrhaftig unterschiedlich – vermischen oder überschneiden sich.

Vom selben Wesen ist die Päderastie, bei der zwei auseinandergefallene Gefühle – Schönheit und Sexualität – (die ursprünglich nur eins sind) durcheinandergebracht werden oder künstlich, um es so zu sagen, wiedervereinigt sind.

Die einfachste Hypothese – die überall abgelehnt wird, aber an die man doch eher glaubt, als daß man sie weglegt – ist jene, in der die Degeneration und Atavismus miteinander identifiziert werden. Diese Hypothese wird nur – wenn denn überhaupt – unterstützt von denjenigen, die sich auf die rein psychische Degeneration konzentrieren, wie also die der Kriminellen, der »moralischen Idealisten« etc., deren wilder, aggressiver Instinkt uns wie selbstverständlich dahin führt, sie eventuell mit dem Menschen vergangener Zeitalter vergleichen zu müssen.

Eine andere Hypothese ist jene, nach der ein Degenerierter *heterochronisch* ist. Dies können wir als eine etwas empirische, sehr oberflächliche Definition verstehen. *(J. de Lacerda)*[46]

Was ist aber nun das Wesen der Degeneration? *Die Tendenz zur Reintegration einer Funktion ohne die ergänzende Tendenz zur Reintegration der Struktur.*

(Wie weit und wie legitim trennt diese Definition die Struktur von der Funktion?)

Atavismus ist die Tendenz zur Reintegration *von Struktur und von Funktion.*

(Ist die Krankheit eine deutliche Trennung von Struktur und Funktion?)

Im Fall der »audition colorée« bleibt das Sehvermögen das Sehvermögen, das Hören bleibt das Hören, also die *Struktur der Funktion* des Sehvermögens, die *Struktur der Funktion* des Hörens bleibt dieselbe: wohl aber nicht *die Funktion von diesen Funktionen.*

Diese Tendenz zur Integration der Funktionen passiert selbstverständlich in jedem der Sinne nur in einem Sinn: Farbsinn und Musiksinn. Es ist eine integrierende Tendenz.

Sind nun Farbsinn und Tonsinn Modalitäten des Sehvermögens und des Hörens, dann sollten wir nachfragen: Ist die Degeneration nicht die Integration von zwei (oder mehr) Modalitäten, von zwei Sinnen, die sich selbst integrieren?

(...)

* * *

Gegensatz

Wir kommen nun zum fundamentalen Gesetz der Psychologie – das Gegensatzgesetz. Es ist sicher, daß der Gegensatz innerhalb der Psychologie immer als wichtig eingeschätzt wurde.

Zunächst, was ist der Gegensatz? Was ist damit gemeint? Wie weit reicht er? Was ist sein Wesen? Wir müssen ausführlich sein. In der Wissenschaft müssen die Dinge Bedeutung haben, und das Gesagte muß einen Sinn machen.

Gegensatz, Antagonismus, Opposition – dies sind in der Natur fundamentale Dinge.

Was ist nun die Bedeutung, und was ist das Wesen des Gegensatzes? Wie also ist der Gegensatz definiert?

Zunächst können wir sofort zwei Dinge sehen, die bei einem Gegensatz wesentlich sind: Homogenität und *Opposition*. Wir können keine Katze mit der Idee der Schönheit vergleichen, und auch nicht die Liebe mit einem Pilz, um die ersten absurden Beispiele zu nennen, die mir hier in den Sinn kommen. Wir können die Katze mit einem Haus vergleichen, wenn wir sie auf die Idee der *Ausdehnung,* auf die Idee des *ausgefüllten Raumes* beziehen, also auf das, was sie gemeinsam haben. Wir können die Katze und den Hund vergleichen, da sie beide mit dem Begriff (oder in der *Idee,* wie es Plato sagte) Tier zusammengefaßt werden können, oder in diesem Fall konkret mit dem Begriff Säugetier. Wir können die eine Katze mit der anderen Katze vergleichen, da sie beide zur Spezies Katze gehören. Dies war bereits von Anfang an klar. Homogenität ist die Basis für den Gegensatz. Um zwei oder mehr Dingen miteinander in einen Gegensatz zu setzen, ist es notwendig, daß man sie innerhalb derselben Spezies ansetzen kann.

Nehmen wir eine Zahlenreihe an und nehmen wir an, daß jede beliebige Zahl einer anderen Zahl entgegengesetzt werden kann, da sie schließlich eine Sache gemeinsam haben – es sind alles Zahlen. Die Zahl 1, oder die Zahl 235, um irgendeine zu nehmen, kann der Null oder der Unendlichkeit entgegengesetzt werden; das mag wahr sein, aber nicht als 1 oder als 235, sondern als *Zahlen;* der Null, der Unendlichkeit und den Zahlen ist gemeinsam, daß sie unter die Idee der Zahl fallen.

Wollen wir nun den Gegensatz zwischen dem Psychischen und dem Physiologischen untersuchen. Ist es ein Gegensatz, eine Opposition oder eine Ungleichheit? Was wir in bezug auf das Physische und das Psychologische bestätigen können, ist folgendes: Parallelismus und Heterogenität.

Wie verhält es sich mit dem fundamentalen Gegensatz zwischen Wohlgefallen und Schmerz? Homogenität ist in beiden, es sind Sinneswahrnehmungen.

Die Natur ist wunderbar porträtiert in folgendem Bogen:

These: Konvexität
Antithese: Konkavität
Synthese: Bogen,

in welchem die Konkavität der *Gegensatz* zur Konvexität ist, und beide sind darin *Notwendigkeiten,* im Bogen ist jede einzelne Seite dieselbe Sache. Es war genau dieses Beispiel, das Modell des Bogens – daran sollte erinnert werden –, das Fechner benutzt hat, um die physiologische und psychische Seite des Lebens zu illustrieren. Es wurde uns von ihm suggeriert – sicher.[47]

* * *

Gegensatz

Nehmen wir einen Fall. Eine furchtsame Person und eine stürmische. Zunächst scheinen beide nichts gemeinsam zu haben, sie scheinen das völlige Gegenteil zu sein, gänzlich unähnlich.

Beschäftigen wir uns jedoch eingehender mit dieser Materie, dann entdecken wir, daß sich beide zunächst auf dasselbe Gefühl berufen, auf das der Angst; die eine Person hat es im Überfluß, die andere hat an diesem Gefühl einen Mangel. (Damit es eine völlige Opposition, einen Gegensatz geben kann, muß es eine wesentliche Analogie geben. Schwarz und Weiß – *Farbe.*)

Danach bemerken wir, daß beide von einem Impuls abhängen, sie sind impulsiv. Sowohl Angst als auch Unverfrorenheit sind ein Impuls, eine unreflektierte Handlung.

Worin liegt aber nun der Unterschied? Er liegt darin: Angenommen, beide Personen stehen im Bezug zur *Angst,* und angenommen, in beiden gibt es Impulse, dann ist es in der einen der Impuls der *Exaltation,* und in der anderen ist es der Impuls der *Depression.* Es sollte festgehalten werden, daß die erste Person die ängstliche ist, die zweite die unverfrorene.

Um nun zu den Beziehungen zwischen diesen beiden Personen zu gelangen, müssen wir zu den Beziehungen zwischen Exaltation und Depression gelangen. Es wäre daher selbstverständlich, zunächst die Exaltation und die Depression für sich allein zu untersuchen, was keine Introspektion – in einem psychologischen oder metaphysischen Sinn – bedeutet, sondern ich meine als allgemeiner Zustand des Organismus und nicht als Zustand eines speziellen Gefühls.

Was ist dann die Beziehung im Organismus zwischen seiner allgemeinen Exaltation und seiner allgemeinen Depression?

Es ist vorerst ein generelles Wissen, daß im *normalen* Mann dem Zustand der Exaltation immer der Zustand der Depression folgt. (Die Oszillation des Pendels von einer Seite zur anderen.)

Beispielsweise hat Cotard (Dic. Sc. Médicales art. Folie)[48] gezeigt, daß es zwar einfach ist, den Unterschied zwischen einem flauen Verrückten und einem latenten Melancholiker zu sehen, es ist jedoch schon nicht mehr so leicht ist, wenn sich beide Zustände in ihrem Extrem befinden, also den Unterschied zu finden zwischen einem ekstatischen Wahnsinnigen und einem völligen Melancholiker; beide zeigen nur äußerlich eine Gemeinsamkeit: Der eine hat den höchsten

Himmel der Freude erreicht und der andere die tiefste Hölle des Schmerzes.

Es gibt einen offenbaren Fall der Beziehung zwischen der Depression und der Exaltation – den des Selbstmordes. Im Selbstmord erzeugt und trifft die äußerste Depression auf die äußerste Exaltation, denn keine Handlung verrät eine höhere Exaltation durch die Unterdrückung des Selbstbewußtseins, und keine Handlung verrät mehr Furchtsamkeit oder eine höhere Abwesenheit der Angst als der Selbstmord. Es handelt sich um einen Akt, der eine enorme Courage verlangt und allgemein von Melancholikern, Schwächlingen und Feiglingen begangen wird.

(Umgekehrt oder in gegenteiligen Zuständen, wie beispielsweise bei der extremen Freude in einer Liebesbeziehung, ist die Exaltation andauernd ermüdend, eine andauernde Schmerzhaftigkeit, fast wie eine Depression, da sie für einen Moment den Willen, die Aufmerksamkeit und die richtige Reflexion aufhebt.)

* * *

[Notizbuch J]

(November 1907 bis Januar 1908)

Die Degeneration ist der Gegensatzprozeß zur Evolution.

Die Evolution ist in einem etwas weiter gefaßten Sinn eine Desintegration mit Entwicklung.

Die Degeneration ist Desintegration mit Rückfall – das Wesen des reinen Rückfalls ist die Integration (also Atavismus plus Desintegration).

Die Evolution tendiert zur Neutralisation, zur Vereinigung. Wir könnten es die »L'évolution unificatrice« nennen, wenn wir uns denn nicht vor einem Pleonasmus in acht zu nehmen hätten.

Die Degeneration tendiert zur Auflösung, zur Entzweiung.

Je höher das Tier steht, um so höher ist die *Aufmerksamkeit* und konsequenterweise das *Bewußtsein*.

Je größer die Degeneration ist, um so größer ist die fehlende Aufmerksamkeit, das Wandern des Geistes, die mentale Auflösung.

* * *

Eine sozialistische Abhandlung (Fortführung der Satire).

Die Stunde ist unsere!

Die gegenwärtige Gesellschaft – jene, die sich mit diesem speziellen Namen bezeichnet, exklusiv für »die Gesellschaft« – ist eine Mischung von Lumpen, Zuhältern und Prostituierten. Alles in dieser

Gesellschaft ist degeneriert und korrumpiert, die seelische Verdorbenheit ist abscheulicher als die übelste körperliche Verdorbenheit der greulichsten Halunken.

Die Stunde ist unser! Diese Gesellschaft stirbt; diese Menschen degenerieren (...), sie sind moribund. Was moribund ist, wird sterben. Diese Gesellschaft wird sterben. Eine andere Gesellschaft wird sie ersetzen, eine andere Ordnung der Dinge wird kommen. Diese Gesellschaft soll unsere sein, diese Ordnung der Dinge soll Teil von uns sein!

Die Stunde ist unser! Man muß handeln, man muß kämpfen, ab heute, ab diesem Moment. Wer zu kämpfen weiß, der kämpft für sich selbst und für die, die nicht kämpfen können. Auf in den Kampf! Halten wir unsere Herzen rein, unsere Seelen stark, unsere Körper unbefleckt (...), in einer anderer Form werden wir nicht siegen, und selbst wenn wir siegen, wird unser Sieg nicht der von starken Arbeitern über die Zuhälter sein, sondern vielmehr der einer Quadrille über eine andere, einer Gruppe Großstadtganoven über eine andere.

Die Stunde ist unser! Kämpfen wir! Aber ohne Blut, ohne (...), ohne Haß. Töten wir nicht, greifen wir nicht diese Degenerierten ohne Herzen an; stoßen wir sie beiseite und folgen wir unserem Weg. Seien unsere Hände rein wie unsere Herzen; seien unsere Herzen rein wie unsere Hände!

Ich sage nicht: Soldaten, ab in den Krieg! Ich sage: Menschen, auf in den Frieden! Der Krieg gehört der Zeit der Tyrannen an, es handelt sich um Menschen, die den Frieden lieben. Nicht um Niederträchtige – diese lieben den Krieg zwischen den anderen.

Ich sage euch aber auch nicht, seid passiv oder gebt auf; im Gegenteil, jeder einzelne von euch sollte ein Prinzip des Denkens haben, eine Liebe des Herzens, die Handlung eines Mannes.

Ich stehe hier mit euch, ein Mann der Einheit!

* * *

Meine Gedanken sind in manchen Momenten von einer Art, daß ich mich selbst dem Wahnsinn nahe fühle. Was deren Tiefe bedeutet, ich weiß es nicht, und ich habe auch nicht einmal die Courage, es wissen zu wollen. Wenn ich darüber nachdenke, werde ich wahnsinnig. Mich verängstigt es bereits, wenn ich allein schon über die Möglichkeit ihrer Analyse nachdenke. Sie sind von einer solchen Art. Ein intellektuelles Schwindelgefühl...

* * *

Ein Mann, der durch ein Mitgefühl unentschieden ist, ob er seine Vorfahren für ein freies Leben verlassen sollte, wird diese töten, damit er sich entscheiden kann.

* * *

Das psychologische Fundament eines metaphysischen Systems

Der Dualismus erwächst aus einer unverfälschten, deutlichen Wahrnehmung des Gegensatzes zwischen dem Psychischen und dem Physischen. Es geht nicht nur um die Metaphysik, sondern auch um die Ethik des Dualismus – zum Beispiel den Wert des Lebens.

Die Hysterie bewegt sich ihrem Wesen nach zwischen zwei Zuständen, sie ist also ihrem Wesen nach dualistisch.

Es gibt eine psychisch überdeutliche Darstellung der Persönlichkeit, woraus sich die Idee der Kleinheit, der Unbeweglichkeit, der Nutzlosigkeit ergibt, die verachtenswerte Natur des Körpers – Keuschheit, Enthaltung, Abgeschiedenheit, Selbstkasteiung.

Metaphysisch gesehen ergibt sich die Vorstellung einer tiefen Trennung zwischen dem Körper und der Seele, begleitet von einer enormen Super-Exaltation der Seele, woraus sich (...).

Der Freie Wille ist die Universalität der Seele.

Christus hatte dies alles, und in einer so großen Form, daß es ihn zu einer völligen Exaltation der Persönlichkeit führte.

Die Vorausschau von Ereignissen, Wundern – all dies sind Formen der »Veräußerung der Persönlichkeit«.

Aber die Veräußerung der Persönlichkeit ist typisch hysterisch.

(...)

* * *

Der Idealismus, so wie bei Plato, ist mit einem Geisteszustand verbunden, der intensiv das Schöne verehrt. Das Gegenteil davon ist der Dualismus, bei dem die Verehrung der Natur allgemein recht gering ist. (Aber wie läßt sich dies vereinbaren mit der Aussage von Search, nach der poetische Intelligenz hysterisch und konsequent dualistisch ist?)

Pantheismus ist die (...) der metaphysischen Systeme.

Pantheismus hat dieselbe Quelle wie der Idealismus.

* * *

Der Freie Wille ist eine in den Dualismus eingefaßte Theorie, die (als philosophische Doktrin) aus der Sicht erwächst, wie schnell der Geist von Krankheit zum Guten übergeht, wie dieser Wechsel...

Nun ist dieser schnelle Wechsel charakteristisch für die Hysterie. Eine andere Sache zum Beweis, daß der Dualismus mit der Hysterie verbunden ist.

Für den Dualisten hat die Welt keinen Wert als ein nichtgeistiges Sein. Für den Idealisten hat sie einen Wert, sie ist die Manifestation der Einheit. Die Manifestation: eine Sache, die mehr meint, als sie ist – hierin besteht die Manie des Zweifels.

Es ist die Vergeistigung des Materiellen, um es so zu sagen.

* * *

Freier Wille

Ein äußeres Ding bewirkt nur eine Tendenz: Die Handlung ist einfach. Es kommt eine Gefahr, es gibt keinen Grund zum Verbleiben, und nehmen wir an, es gibt nicht einmal ein Ehrgefühl oder gar

Selbstachtung; das Gefühl der Angst wird hervorgerufen, allein nur dieses Gefühl, und ich fliehe. So einfach ist die Handlung.

Aber nehmen wir nun einmal an, neben meinem Angstgefühl gibt es auch ein Gefühl von der Lächerlichkeit meiner Angst – dann wird der Fall schon komplexer. Ich werde entweder fliehen (wie es mir mein Angstgefühl vorschreibt), oder ich verbleibe (wie es mir das Gefühl der Lächerlichkeit vorschreibt). Das gesamte Problem besteht in diesem Sachverhalt: Sollten diese Motive *für sich selbst wählen,* um es so zu sagen, besteht dann in ihrer Beziehung zueinander eine quantitative Kraft, durch welche die eine von der anderen beherrscht wird? Oder gibt es auf der anderen Seite eine Sache, die noch über ihnen steht, der Wille also, zwischen beiden zu *wählen* (im wahren Sinne von diesem Wort)? Hierin, so wiederhole ich, besteht die Fragestellung! Dieser Wille kann nicht wählen in Hinsicht auf Sex ..., und daher wählt der Wille in Hinsicht auf sich selbst, und daher existiert er nicht.

Wir sollten nochmals von vorn beginnen. Zunächst nehmen wir also einen einfachen Fall. Der, nach dem nur das Gefühl der Angst auftaucht, und *kein anderes.* Vielleicht ist es aber doch besser, dieses Beispiel zu belassen und ein anderes zu nehmen, an dem alles wesentlich deutlicher wird. Nehmen wir an, es ist das Gefühl für Sex, das von einer äußeren Erregung hervorgerufen wird, also nur jenes Gefühl, welches recht leicht aufkommt. Die Handlung, die der Wille hervorrufen wird, ist unweigerlich ein Impuls sexueller Art, der Impuls der Kopulation.

Aber nehmen wir an, der Mann, in dem sich dieser Impuls ergibt, ist gerade in diesem Moment *épuisé,* was also dann? Was hält ihn von der sexuellen Handlung ab? Überlegungen zu seiner Gesundheit? Vielleicht hat er aber keine dieser Überlegungen. Schüchternheit, fehlende Lust, Ehre etc., etc.? Nehmen wir an, bei ihm gibt es nichts von diesem. Die Antwort ist daher eindeutig: Das Gefühl an sich, indem es übersättigt ist, reagiert und tötet sich selbst ab, um es so zu sagen. Hier haben wir ein Gefühl, das sich selbst überprüft. Hier betrachten wir eine Dualität, die nicht sichtbar war. Wie können wir dies bezeichnen?

Sehen wir vorerst, ob dies allgemein gilt. Betrachten wir die Tiere als unterhalb des Menschen stehend. So ist es. Bei den Tieren ist der Fall sehr einfach. Das Tier befriedigt seinen sexuellen Instinkt (nach Möglichkeit), wenn es also erforderlich ist, und dann beruhigt es sich auch schon. Der Instinkt und die sexuelle Erregung sind im Tier proportional zur sexuellen Kraft. Manche Tiere sind sexuell erwachsener, andere sind es weniger, und sie alle sind sexuell erregbar im direkten Verhältnis zu ihrer Kraft. Keinem Tier kann das ereignen wie im Fall der jungen (...), die nach dem Besuch bei ihrem Bruder sieben Mal masturbierte und kurz nach diesem Exzeß gestorben ist. Daher müssen wir erst einmal fragen – warum? Warum sind die Ungleichheit und die fehlende Proportion zwischen Wunsch und Kraft nur beim Menschen anzutreffen? Die Versuchung, der Freie Wille etc., dies betrachte ich nicht als Antworten. In jedem Fall wollen wir diese Materie analysieren. Selbstverständlich bemerken wir, daß der Mensch normalerweise dem Tier gleich ist.

Von den bisher angestellten Überlegungen wird der Leser entnehmen, daß üblicherweise ein Gefühl für sich selbst, wenn es zugespitzt wird, auch über seine eigene Kontrolle verfügt. Welche Erklärung gibt es für dieses Phänomen?

In der alten theologischen Sichtweise werden zwei Arten der »Freiheiten« erwogen: die der (...) zur Liebe und zum Haß; und die der (...) zur Nicht-Liebe und zum Nicht-Haß. Es ist die zweite Art, die hier eingeschlossen ist. Haben wir die Freiheit zur Liebe und zur Nicht-Liebe?

Wollen wir es betrachten. Manifestiert der Wüstling, der seine sexuellen Impulse hinter seine normalen Kräfte zurücksteckt, die Krankheit der *andauernden Selbstkontrolle?* Nein, die Krankheit der *andauernden* Selbstkontrolle hätte ihn unfähig gemacht (...). Er ist dann das Subjekt einer fehlenden Kontrolle in *diesem* Gefühl (das der Sexualität) für sich *allein.* Wollen wir dies so annehmen (daß er vielleicht auch in anderen die Kontrolle besitzt). Wenn jedes Gefühl zum Exzeß gebracht wird, ist es dann masturbiert?

Aber, wird man nun fragen, solange in der Keuschheit die dem Gefühl inhärente Kontrolle weder die der Angst der Lächerlichkeit, noch der Ehre, noch des Verlustes des Gesundheit etc. ist, sondern nur eine einfache Kontrolle und nicht mehr, in welchem Hinblick gibt es dann keine Kontrolle?

* * *

Wenn sie ein metaphysisches Konzept annehmen, sind sowohl der Spiritualismus als auch der Materialismus gewöhnliche Formen des allgemeinen Denkens; wie wir gesehen haben, ist die eine Form mit der Hysterie verbunden und die andere mit epileptoiden Krankheiten der Nerven. Und es ist eine Tatsache, daß nur in den modernen Gesellschaften jene andere Krankheit, die Neurasthenie, üblich ist; im allgemeinen und überall sind die gewöhnlichsten Nervenkrankheiten die Hysterie und die Epilepsie.

Materialismus ist ein Unbewußtsein im Denken, eine Hypokrankheit.

* * *

Die Geistesstörung des Jesus

Diese Aufzeichnungen sollen nicht mehr sein als eine erklärende Kritik zum erstaunlichen Buch über die Geisteskrankheit Jesu, geschrieben von Dr. Binet Sanglé.[49] Sie sind ein erläuternder Kommentar und eine Überlegung, dies ist das Ziel – und nicht mehr.

Wir glauben, das englische Publikum ist noch relativ wenig vertraut mit der modernen psychiatrischen Darstellung – und hauptsächlich mit ihrer Anwendung auf die Psychologie von Kriminellen – von genialen Menschen und Wahnsinnigen.

* * *

Wir sind immer davon ausgegangen, daß der schrecklichste Feind der christlichen Religion die medizinische Psychologie sein wird – wenn sie erst einmal zu ihrer vollen Größe erwachsen ist.

* * *

Der Mensch ist ein hysterisches Tier. Wir müssen feststellen, daß der Mensch als Tier bezüglich des Denkens (also höheres Verständnis), des Fühlens (...) und des Willens (...) für Eindrücke wesentlich empfänglicher als andere Tiere ist – unter »für Eindrücke empfänglich« meinen wir erregbar, reizbar.

Tiere unterscheiden sich untereinander weniger als der eine Mensch von einem anderen Menschen; und in der Tat, es gibt enorme Unterschiede zwischen den Menschen.

Was wir Normalität nennen, um was sich hier alles bewegt und was nicht einmal im Tier existiert, existiert noch viel weniger im Menschen. Was wir als den normalen Menschen bezeichnen, ist jener, der sich einem gewissen hyperrealen Typus nähert – nicht einem idealen Typus, sondern einem Typus des perfekten Menschen, der im Einklang mit der Natur steht und bei dem alle Fähigkeiten vollkommen ausgeglichen sind.

Die gewöhnlichste Erfahrung des Lebens, welche wir Intuition nennen, lehrt uns, daß es innerhalb der Normalität im Menschen keine Abstufungen gibt, sondern nur Abstufungen innerhalb der Anormalität; sie lehrt uns also, daß die Normalität nur eine geringere Anormalität ist.

All diese Dinge sind vergleichsweise banal.

Der Mensch ist ein mit Anormalität angefülltes Tier.

Nirgends ist diese *Anormalität* (wie wir es genannt haben) deutlicher als im psychischen Leben. Der ständige Wechsel, das Pendeln (...) ist auffallend groß in den Fällen, die von der Psychologie studiert werden.

Nun bedeutet aber eine Seite der »Anormalität« gleich: *»empfänglich« für äußere Einflüsse.* Je *anormaler* der Körper ist, um so empfänglicher ist er für Krankheiten.

Ähnlich verhält es sich mit dem Geist, je mehr er pendelt (...). Jede Krankheit benötigt eine bestimmte Verfassung, eine sie möglich machende Kondition des Körpers. Hier gibt es keinen Zweifel.

(...)

Wie nun der Geist »anormaler« ist als der Körper, neigt der Geist mehr zur Anomalie, oder nein, *er neigt mehr zur Krankheit.*

Wir verstehen nun den Grund, warum Wahnsinnige und anormale Leute so einfach große Menschenmassen dominieren können.

(...)

* * *

Kein Mensch ist in einem absoluten Sinne »normal«. Es gibt keine Trennlinie zwischen dem Normalen und dem Anormalen oder zwischen Krankheit und Gesundheit. Die Ausdrücke sind relativ, und unsere Interpretationen, wie wir von ihnen Gebrauch machen, sind sehr weit gefaßt und selbstverständlich viel eher intuitiv als exakt. Einer positiven Definition am nächsten kommen wir nur durch die

Beobachtung, daß die Menschen körperlich und geistig genau in dem Verhältnis anormal sind, wie sie Anfälligkeiten für Krankheiten zeigen, wie sich in ihnen die Gesundheit genannte organische Aktivität leicht in eine organische Aktivität wandeln kann, die man Krankheit nennt.

Zum Beispiel gibt es keinen Menschen, der nicht um den Verstand gebracht werden könnte. Es ist nur die Frage der höheren oder geringeren Anstrengung, dies zu tun, oder die der ungewöhnlichen Methoden, die man zur Erregung des Wahnsinns aufzubringen hat. Es gibt keinen Menschen, der nicht – auf dem einen oder anderen Weg – bis in den Wahnsinn gepeinigt werden könnte.

Wir müssen nun auf die Überlegung zur Psychologie der Ignoranz eingehen.

Der ignorante Mensch ist im allgemeinen emotional und in einem gewissen Sinn imaginativ – äußerst emotional und imaginativ.

* * *

Seit einiger Zeit, und hauptsächlich seit Lombroso seinen *Genialen Menschen* publiziert hat und Max Nordau seine *Entartung* – bewundernswert in (...), aber noch bewundernswerter in dem von ihm ausgelösten Impuls – hat sich eine Überzeugung ergeben (eine noch nicht ganz klar ausgedrückte Überzeugung), nach der die Wichtigkeit von mentalen Nervenkrankheiten in der Geschichte immer enorm gewesen ist. Es handelt sich um eine Tatsache, daß die Geschichte der Menschheit, also teilweise die Biographie von großen Männern und teilweise (was mitunter etwas beiseite gelassen wurde) die Beziehung zwischen großartigen Handlungen und großen Dekadenzen, nichts anderes ist als die Geschichte der verschiedensten Neurosen, Neuropathien. Die Geschichte der Literatur scheint eine Geschichte der Dekadenz zu sein. (Einzelne Aufzählung – Nordau.)

Die Französische Revolution ist eine gesellschaftliche Neuropathie, bei der es an keiner Form der Degeneration – vom Genie bis zum Kriminellen – fehlt. Napoleon war nicht geistig gesund.

Die Geschichte ist nichts anderes als die Chronik der Abfolge von neurotischen (...) – persönlich und gemeinschaftlich –, also die von großen Männern und die von Nationen. Nicht die uninteressanteste Studie wäre die zur Verbreitung oder Propagierung von Neurosen – zum Einfluß von großen Wahnsinnigen auf Menschen und Nationen, zur öffentlichen Verwurzelung einer persönlichen Neuropathie.

Die Geschichte ist in dieser Form einleuchtend. Damit etwas groß sein kann, damit es wichtig sein kann – persönlich oder gemeinschaftlich –, muß es ungewöhnlich sein, es kann nicht normal sein.

Nun ist die Geschichte nicht unbedingt die Chronik der Großartigkeit, sondern der Anormalität. Nero war nicht groß, er war anormal.

Das Unnatürliche ist auch natürlich; es sei denn, es existiere nicht. Alles Existierende ist natürlich, da es existiert – hier wird kein weiterer Beweis benötigt. Der Elternmord ist unnatürlich, aber er ist in seiner Unnatürlichkeit anormal. Er ist jedoch gänzlich natürlich für das Temperament, das ihn begeht, sonst würde es ihn auch nicht begehen.

* * *

Es ist eine Tatsache, daß Dr. Binet-Sanglé einen hervorragenden Fall des Wahnsinns in den vier Evangelien gefunden hat; im Wunsch, daß man diese für wahr hält und sie Authentizität für jeden christlichen Glaubensanhänger gewinnen. Aber – wie zunächst nachgefragt werden sollte –, haben sich für ihn nicht die vier Evangelien anhand ihrer *biologischen Wahrheit* als wahr erwiesen? Ist es für ihn nicht sicher, daß die drei synoptischen Evangelien und das Johannesevangelium wahrhaftig sind, da sie sich eben gegenseitig in einem psychiatrischen Sinne bestätigen? Dr. Binet-Sanglé sagt selbst, die Evangelisten seien erfunden, sie hätten Neurologen gewesen sein müssen, um einen solchen Fall des Wahnsinns mit all seinen Symptomen erfinden zu können. Scheint das nicht korrekt zu sein? Ist es nicht klar, daß auch eine andere Art des Beweises von der Authentizität der Evangelien zugelassen werden sollte – der »biologische Beweis«, wie es Prof. Binet-Sanglé nennt – hinsichtlich der Tatsache, daß es dort einen *lebendigen,* einen *vollständigen* Fall des Wahnsinns gibt? Ist das so selbstverständlich?

Nein; es ist nur selbstverständlich für den, der nicht mit der wahren Natur der Fragestellung vertraut ist.

Zunächst: Wenn es bewiesen werden sollte, daß der eine oder andere Abschnitt vom einen oder anderen Evangelium nicht authentisch sein sollte, wird ihn kein Professor der Psychiatrie nur durch die Überzeugungskraft der »psychiatrischen Notwendigkeit« wieder authentisch machen können. Man kann bestätigen, was sich bestätigen läßt – wenn etwas nicht authentisch ist, dann bleibt es so.

Die einzige Veränderung, welche die Überlegung einer solchen Passage darstellt, besteht darin, daß wir eventuell länger benötigen, die fehlende Authentizität dieses Abschnitts einzugestehen, oder daß wir zumindest die »psychiatrische Notwendigkeit« als eine Unterstützung für das Argument der Echtheit auf die Waage legen.

Das ist es und nicht mehr.

Aber das ist noch nicht alles, das ist nichts anderes als eine vorläufige Überlegung. Wir kommen zur wichtigsten Frage. Jesus ist gemäß Dr. Binet-Sanglé – selbst die Diagnose bemüht er darum – ein »geistig Degenerierter«. Nun erlauben uns aber die modernen Theorien der Medizin nicht, eine *mentale* Degeneration anzunehmen ohne die dazugehörige *körperliche* Degeneration. Wie auch immer, ob die Degeneration nun geistig oder körperlich ist, sie ist bekannt unter dem, was als körperliche oder geistige Stigmata bezeichnet wird. »Stigmata« bedeuteten ungefähr dasselbe wie Symptome, was aber nur auf die Degeneration angewandt wird. Nun ist die Liste der körperlichen und geistigen Stigmata der Degeneration innerhalb der modernen psychiatrischen Wissenschaft jedoch schon so lang, daß jedermann, der mit ihr vertraut ist, überall eine Degeneration feststellen wird. Das ist kein Spaß und keine kriminelle Aussage – es gibt hier keinen Raum für Späße oder Verbrechen. Es ist vollkommen wahr. Es gibt nicht nur keine deutliche Grenze in der Anzahl – selbst bei den bis heute bekannten Zahlen – der körperlichen oder geistigen

Stigmata der Degeneration, selbst die objektive Idee des Degenerierten und die Beschreibung von einem solchen – und noch mehr geistig als körperlich Degenerierten – in irgendeinem medizinischen Werk ist ausgesprochen vage. Wir sprechen von der »objektiven Idee«, da alle Psychiater und viele andere Leute zwar mehr oder weniger die Intuition davon haben, was ein – körperlich und geistig – Degenerierter sein könnte, aber keine adäquate Beschreibung oder irgendeine Schilderung, die ausreichend wäre, sich einem solchen Typus wirklich zu nähern. Die von Gilbert Ballet[50] gegebene Darstellung (von Dr. Binet-Sanglé zitiert und folglich, bezogen auf seine Kenntnisse, eine sehr gute, wenn nicht sogar die beste Darstellung) ist auffällig vage und unvollständig! Selbst das Wort »degeneriert« wurde in einem psychiatrischen Sinne noch nie richtig definiert. Unvollständigkeiten oder schwache Bekräftigungen sollten wir jedoch nicht für das oder für einen Teil von dem halten, was man als eine Definition bezeichnet.

Das großartigste (...) eines körperlichen Stigmas ist Prof. Lombroso, dieser eminente und unberechenbare Mann der Wissenschaften, voll der wunderbarsten Intuitionen und absurdesten Verallgemeinerungen (...) und auf so verwirrte Weise außerordentlich. Die moderne Wissenschaft schuldet ihm viel, als Impuls und als Hilfe, aber dies läßt uns nicht vergessen, daß seine Methode (...).

Was Lombroso bezüglich der körperlichen Stigmata getan hat, hatte Nordau für die geistigen getan. Die entsetzliche Anzahl der Neurotiker, der Wahnsinnigen, die unter Nordau aufgekommen sind (...).

* * *

Die Bedeutung von diesem Halb-Exkurs liegt darin, daß der Typus des geistig Degenerierten bisher nur sehr vage festgelegt wurde, daß die geistigen Stigmata überquellen, daß es daher nicht schwierig ist, irgendeine Kreatur zu degenerieren, indem irgendein äußeres Merkmal von ihr zur Hilfe genommen wird, also dort, wo mit Sicherheit das eine oder andere Stigma gefunden werden kann. Nun enthalten auch Erzählungen übernatürliche Ereignisse, die *allesamt erfunden* und in der Regel mit Fakten angehäuft sind, welche sie selbst hervorragend in die Fänge eines Psychiaters führen.

Greifen wir also einen der Evangeliensprüche heraus, mit der Absicht, die Reden Christi als geistig verwirrt erscheinen zu lassen:

»Ich bin Gottes Sohn, und Gott ist groß.« Etc.

Die Ableitung davon wäre »Megalomanie«. Aber tatsächlich gibt es davon nichts; es handelt sich nur um eine Erfindung, um einen Einwurf.

Auf übernatürliche Dinge hinweisende Worte können häufig, wenn nicht sogar immer, hervorgebracht werden, um auf einige Arten des Deliriums einzugehen – wobei sie vielleicht nicht mehr sind als einfache Erfindungen.

Wir sind völlig davon überzeugt, daß, wenn sich irgend jemand hinsetzen und rein aus seiner Imagination heraus das Evangelium von irgendeinem Christus niederschreiben würde, daß dann die (...) der Psychiatrie beweiskräftig behaupten könnte, es handele sich hierbei um einen Wahnsinnigen.

Was kann man daraus ableiten? Zunächst kann man davon ausgehen, daß alle Ausdrücke, die zur Darstellung übernatürlicher Dinge oder Berufungen erfunden wurden, einem *Delirium ähneln*. Diese Ableitung ist zu eindeutig. Der Glaube eines Menschen an eine übernatürliche Berufung ist der Beweis für seine Geisteskrankheit.

Das kann jedoch bestritten werden. Wir haben kein Recht – so würde man vielleicht behaupten –, eine *Offenbarung* zu verleugnen, nur da diese der Geisteskrankheit ähnelt. Erscheint irgendeine ideale Darstellung einer Offenbarung als Supernaturalismus auf natürliche Weise wie eine Geisteskrankheit, dann ist die Ableitung einfach nur die, nach der beide anormal sind – nichts anderes ist hier legitim. Sollte nämlich die Offenbarung existieren, sollte es einen Supernaturalismus geben, dann müßten sie jeweils ihr eigener Beweis sein.

Für jemanden, der beispielsweise eine Art Evangelium *erfindet* (was die reinste Hypothese ist), wäre es völlig selbstverständlich:

1 den uneingeschränkten Charakter des Lehrers aufzuzeigen, indem er eine Unterscheidung trifft zwischen ihm selbst und seiner

Familie – so würde er beispielsweise seine Mutter als »Frau« bezeichnen.

2 (...)

Sollten wir diese Geisteskrankheit bewiesen haben, dann werden uns Glaubensanhänger eventuell fragen, ob beispielsweise die Auferstehung auch in die Phänomene des Deliriums mit eingeschlossen werden müßte.

Wir wissen absolut nicht, ob es irgendeine Antwort auf das Buch von Dr. Binet-Sanglé gab. Wir wissen, daß es einige Widersprüche gab, aber wir haben keinen von ihnen – ob nun in einem positiven oder in einem negativen Sinn – gelesen, und in der Tat kennen wir nichts anderes bezüglich des Buches als dessen Ankündigungen. Wir wissen also absolut nicht, ob es etwas Derartiges – eine mögliche apologetische Antwort – gegeben hat. Wir müssen also für uns selbst eine Ableitung treffen. Wir wollen es selbst vernichten.

Wir sollten es in einer absoluten und in einer relativen Weise vernichten – absolut für jeden beliebigen Fall; relativ im konkreten Fall von Jesus.

Alle Evangelien (...) enthalten in unserer Hypothese drei Elemente:

1 Übernatürliche Phänomene – Wunder.

2 Anormale Phänomene – Predigten, unnatürliche Handlungen des Lehrers.

3 Normale Ereignisse aus seinem Leben – wie die aus jedem anderen Leben auch – Reisen etc.

Wir sind nun nicht am Normalen interessiert. Nehmen wir daher zunächst das Anormale. Betrachten wir es zusammen mit dem Übernormalen.

Jeder Wahnsinnige ist anormal – nicht übernormal.

Was ist beispielsweise eine Vision? Diese scheinbar vollkommen übernormale Sache ist unzweifelhaft normal. (...)

Was ist nun die Eigenschaft des Übernormalen? Das Wunder.

Die erste Sache in einem Wunder ist dessen Evidenz (...).

Das Übernormale ist das *kollektiv Anormale,* das *sozial Anormale.*

Der einzige Unterschied zwischen einer Vision und einem Wunder besteht darin, daß die Vision nur zu einer Person kommt, das Wunder aber zu vielen. (...)

Der Mensch des Westens, ein praktischer Träumer.

Du hast die Tempel für Christus erbaut.

Mensch des Westens – 20 Jahrhunderte lang hast du einen Wahnsinnigen angebetet!

* * *

Jesus wird jedoch noch als etwas anderes als anormal betrachtet; er wird auch als *übernormal* betrachtet – da er Wunder und Mirakel vollbringt –, was seine Existenz als Gottessohn und die göttliche Offenbarung in ihm beweisen soll. In den Evangelien verbindet die Erzählung indessen den anormalen mit dem übernormalen Jesus. Der anormale Jesus kann eventuell anhand der psychiatrischen Wissenschaft erklärt und der einen oder anderen Art des Wahnsinns zugeordnet werden. Aber der übernormale – was geschieht mit ihm? Die Wissenschaft kann nichts mit ihm anfangen, und wenn wir selbst die Authentizität der übernormalen Elemente in den Erzählungen der Evangelien verleugnen, dann verkünden wir insgesamt das Verdikt von der fehlenden Authentizität dieser Erzählungen, wir bestreiten die Möglichkeit, daß sie zu wahrhaften Objekten einer wissenschaftlichen und historischen Forschung werden könnten.

* * *

Wenn nun Jesus geistig verwirrt war, was ist dann dessen historische Bedeutung?

Der Wahnsinnige kann nicht erschaffen.

Um es genau zu sagen, dies kann eigentlich niemand.

Wohl aber das Genie.

Der Wahnsinnige erschafft eventuell unharmonische Dinge – Dinge, die praktisch unbrauchbar sind. – Die Religion ist eins von diesen Dingen.

Das Genie ist mehr als ein *gesunder Wahnsinniger,* oder *schlauer Wahnsinn.*

Aber, wird wahrscheinlich gefragt werden, wie kann ein nichtgenialer Mensch einen solchen Platz in der Geschichte einnehmen? Kann in irgendeinem analogen epochemachenden Fall Wahnsinn entdeckt werden?

* * *

In Wirklichkeit war Jesus nur der richtige Stein des Anstoßes zur richtigen Zeit am richtigen Ort. Die großen Weltbewegungen stehen in keinem Verhältnis zu dem Genie, das sie hervorgerufen hat. Der Einfluß von Voltaire in der Weltgeschichte war wesentlich höher als der von Goethe oder Shakespeare. Was bedeutet jedoch Voltaire an der Seite von Goethe oder Shakespeare?

Napoleon ist kein Genie.
Mohammed.
Buddha.

* * *

1 Jesus war entweder ein Gott oder ein Mensch, oder beides, Gott und Mensch.
2 Wenn er nun ein Mensch war, dann war Jesus ein anormaler Mensch.
3 Wenn er nun ein anormaler Mensch war, dann war er entweder ein Genie oder ein Wahnsinniger oder ein Krimineller.
4 Er war weder ein Genie noch ein Krimineller.
5 Er war daher ein Wahnsinniger.

* * *

Die Idee vom Irrsinn Christi kann, unabhängig davon, daß man sie außerhalb einer wissenschaftlichen Untersuchung nicht erfaßt, auch abgeleitet werden in einer Art, die man als *a priori* klassifiziert.

Indem nun Kritiker – Strauss, Renan etc.[51] – die Unzulänglichkeit *Christi* gerade in seiner Existenz als Gottessohn dargestellt haben, folgt das nachstehende Argument selbstverständlich dieser Darstellung:

Obwohl Christus dort als ein Mensch und nicht mehr als Gottessohn angesehen wird, scheinen nur wenige fehlerfrei die Ableitung erfassen zu können, die sich aus dieser einfachen Tatsache ergibt.

Christus, als Gottessohn, wurde selbstverständlich auch als ein vollkommener Mensch angesehen, als eine souveräne, unvergleichlich gütige und göttliche Existenz. Da er nun aber als ein Mensch angesehen wird, ist es merkwürdig, daß hieraus niemand eine einfache Überlegung ableiten kann: als ein Mensch, als ein menschliches Sein ist er selbstverständlich nie eine völlig gute, eine völlig perfekte Kreatur gewesen.

Mitten in unserem Rationalismus begreifen wir Jesus – anhand eines Atavismus und einer (...) Suggestion – immer noch als einen Menschen, dessen Leben die Vollkommenheit der Güte war. Wiederholen wir es, wir haben noch nicht gesehen, daß diese Vollkommenheit der Güte nur etwas betreffen kann, was höher als der Mensch steht, also einen Gott, einen Gottessohn. Strauss, Renan und all die anderen Bibelkritiker verfallen diesem Irrtum.

Wir waren immer Christen; wir sind immer noch Anbeter Christi. Darauf bin ich gestoßen, da so viele Rationalisten, Atheisten und Freidenker immer noch Momente haben, in denen sie völlig oder fast zu einem Beweis – geistig, oder zumindest unausgesprochen – der Göttlichkeit Christi zurückkehren. Begreift man ihn als einen perfekten Menschen in seiner Güte und seiner Liebe zur Menschheit, dann geht der Geist unbewußt davon aus – und er geht zu Recht davon aus –, daß solche Güte und Vollkommenheit in der Menschenliebe nur die Charakteristik eines Gottes sein kann. Die unbewußte Überlegung von diesen Rationalisten, Atheisten und Freidenkern ist besser als ihre bewußte.

In wenigen Worten: Nachdem die Kritiker festgestellt haben, daß Jesus kein Gott war, daß er ein Mensch war, ergab sich die Unmöglichkeit, die Theorie aufrechtzuerhalten, nach der er jene lebende Vollkommenheit war, an die wir glauben. Auch wenn es nur wenige waren, er muß Fehler begangen haben, er muß Mängel gehabt haben.

Aber die Ableitungen enden nicht an dieser Stelle. Hier gibt es noch mehr.

Betrachtet man Christus nun als einen Menschen und daher als eine zwangsläufig mit Fehlern behaftete Existenz, und begreift man ihn als ein irdisches Wesen, dann nehmen die von ihm dargelegten Theorien, seine Konzeptionen – die in der Tat natürlich erscheinen bezüglich einer Existenz, die nicht von dieser Welt ist, die nichts mit den menschlichen Dingen zu tun hat, bezüglich jenes anderen Seins, das durch seine Gottheit anregt –, wenn sie also als die eines Menschen aufgefaßt werden, dann nehmen sie den manifesten Charakter einer nachhaltigen Anormalität und Extravaganz an.

Es ist inzwischen unmöglich geworden, diese Ideen als etwas anderes als ein Delirium aufzufassen, da sie nicht mit der Menschheit in Einklang gebracht werden können, ausgenommen selbstverständlich innerhalb einiger morbider und pathologischer Geistesverfassungen.

Die völlige Unvereinbarkeit von einem solchen ethischen System mit dem Wesen des Menschen, von dieser flüchtigen Kälte der Moralität mit unserer (...) sozialen Wärme, führte dazu, daß das Verdikt, anhand dessen man Christus für einen Gott hält, als eine nichtmenschliche Chiffre erkannt wurde, daß in seiner Göttlichkeit nun ein anormaler und inhumaner Mensch gesehen wurde.

Ausgehend von der einfachen Annahme, nach der Christus nur ein Mensch und kein Gott ist, haben wir auf einem rein rationalen Weg folgende Schlüsse abzuleiten: Er muß eindeutig anormal gewesen sein, ein sehr anormaler Mann; und weiterhin, wenn dies der Fall ist, sind seine ethischen Vorstellungen anormal, sie sind sogar sehr anormal, und als solche wären sie viel eher ein Fall für eine theoretische Untersuchung, als daß man sie in die Praxis umsetzen sollte.

Mentale Anormalität ist entweder Geisteskrankheit oder das, was Grasset halbe Geisteskrankheit (demifolie) nannte, was Trélat als »hellsichtige Geisteskrankheit« (folie lucide) bezeichnete, womit beide eine Abstufung der mentalen Anormalität meinen, die nicht völlig ein mehr oder weniger normales Leben innerhalb der Menschheit ausschließt.

* * *

Nun hat die Anormalität Jesu in den Evangelien vielleicht noch eine andere Erklärung... (...)

»Den Geist maßregeln etc., das sind«, sagt Dr. Binet-Sanglé, »herkömmliche Ideen bezüglich der Geisteskrankheit.« Unglücklicherweise sind sie auch herkömmlich in mythischen Hervorbringungen, die mit der Absicht einhergehen, die Kraft zu zeigen, die ein Heiland oder ein Wundervollbringer über die Natur besitzt; man kann es sich einfach vorstellen und ausmalen.

(...)

Wenn wir uns vergegenwärtigen, wie einfach es ist, die Stigmata der Degeneration aufzuspüren, und daß eine anormale oder »übermenschliche« Figur auf mythische oder andere Weise versuchen könnte, aufgrund seiner Nichtnormalität als geistig krank zu erscheinen, dann dürfen mehrere Gründe vorgebracht werden, die uns daran hindern, voreilig die gesamte von Dr. Binet-Sanglé begründete Doktrin zu umarmen.

Ein dritter und mit dem ersten Punkt verbundener Umstand sollte hier noch hinzugefügt werden: die Fehler, die ein Mensch, oder ein Wissenschaftler, mit nur *einer* Denkweise begehen kann. In der Tat verfügt Dr. Binet-Sanglé nur über eine Betrachtungsweise: die eines Psychiaters. Das ist gefährlich. Nordau schlüpft gelegentlich in die (...) innerhalb seiner *Entartung,* ein Buch, das geschrieben wurde – hervorragend geschrieben, wie wir eingestehen müssen – im selben Geist wie *La Folie de Jesus,* und auch ausgehend von demselben exklusiven Standpunkt. Die Anmerkungen, die hier von einem anonymen Kritiker gemacht wurden, wären es wert, zitiert zu werden; sie dienen dem Zweck: – (Zitiere.)

* * *

Wir fragen Dr. Binet-Sanglé: Sollte die wirkliche Existenz von König Lear und Hamlet bewiesen sein, und sollten sich die beiden Tragödien Shakespeares letztlich als *historische* Darstellungen erweisen, da man hier, im Licht der exaktesten Psychiatrie, mit dem vollkommenen Fall eines senilen Mannes konfrontiert ist, und andererseits mit der kompletten und einwandfreien Beschreibung eines neurasthenischen Zustands?

(...)

* * *

Geschichte der Diktatur/
Sozialpolitische Fragmente

[Geschichte der Diktatur]

Einleitung:

1 Der Begriff der Gesellschaft; wie sie sich von der Masse und einer Gruppierung unterscheidet.

2 Soziologische Definition: ihre essentielle Unabhängigkeit von der Ökonomie, da ihr politisches Angesicht wesentlich ihr objektives Angesicht ist, und das ökonomische indessen das politische ist.

3 Klassifizierung (der Begriff »politisch« kurz definiert) der Gesellschaften in die »der Kraft«, »der Macht« und in die »der Meinung«.

4 Der Begriff des sozialen Lebens: der von der sozialen Dekadenz abgeleitete Begriff; wie die beiden letzten Formen der Gesellschaft verfallen. Der Krieg als eine soziale Krankheit?

5 Sekundäre Formen der Dekadenz.

Teil I

1 Ursprung der Gesellschaften: das äußere Milieu, das innere Milieu und die Geschichte; die drei Elemente.

2 Methode zur Anwendung der Soziologie: das Studium des Klimas, der Geschichte und der Literatur eines Volkes. Gründe, warum. (a) bezüglich des Klimas; (b) bezüglich der Geschichte; (c) bezüglich der Literatur (1) der essentielle Dualismus im Charakter der Völker, (...).

Kap. 2 Die Anwendung auf Portugal: Das Klima.

Kap. 3 Die Anwendung auf ein inneres Milieu.

Kap. 4 Die Psychologie der Geschichte: Von der Gründung bis zur Größe.

Kap. 5 Die Psychologie der Geschichte: Gründe der Dekadenz. 1.) Die Kirche (Diskussion), Vergleich der drei Stadien.

Kap. 6 Die Psychologie der Geschichte: zweites Stadium der Dekadenz. Der Absolutismus. {Die Kirche (Oligarchie?), Frankreich, England.}

Kap. 7 Die Psychologie der Geschichte: drittes Stadium: Konstitutionalismus. Bildung, erste Periode von 1852 bis 1881.

Kap. 8 Die Psychologie der Geschichte: drittes Stadium: Konstitutionalismus. Zweite Periode von 1881 bis 1889.

Kap. 9 Die Psychologie der Geschichte: drittes Stadium: Konstitutionalismus. Dritte Periode. D. Carlos[52]. Reaktion.

Teil III

Kap. 1 Unmittelbare Vorgänger der Diktatur.

Kap. 2 Franco[53].

Kap. 3 Die Parteien und Franco.

Teil IV

Die Diktatur.

Teil V

Probleme der Zukunft.

* * *

Die Psychologie der Massen:

Sobald ein Individuum sich in einer Masse befindet, geschieht mit ihm folgendes: seine Psyche verdoppelt sich, sie wird zweifach, wobei bei einigen der innere (emotionale) Teil ausgeschalten und nur bei wenigen aufmerksamer wird, während die äußere Psyche, welche die einen mit den anderen vereint, sich entwickelt. So erscheint ein Geisteszustand, der bei niederen Geistern mit einem Somnambulismus vergleichbar ist, und bei den höheren Geistern mit der »onirischen Halluzination« von Régis[54]. (Erklären anhand einer Fußnote.)

Nun deutet diese Verdoppelung des Charakters sofort auf das Wesen der Veränderung hin, die der Zusammenschluß in jedem angeschlossenen Individuum hervorruft. Diese Verdoppelung des Charakters ist das wesentliche und erste Charakteristikum einer bekannten Neurose: die Hysterie. Genau dies ist das definitive Kennzeichen, das Herr Pierre Janet[55] der Hysterie gegeben hat.

* * *

Die »Teilnahmslosigkeit« der Parnassiens – eine »Teilnahmslosigkeit«, wie es Nordau bewiesen hat, die eine Teilnahmslosigkeit bezüglich des Wohlergehens der anderen ist – und die Theorie der Parnassiens von der Superiorität der Kunst und des Künstlers in Hinsicht auf Gut und Böse sind nichts anderes als eine Manifestation der Dekadenz; letztlich ist die Ersetzung des moralischen Gefühls durch das künstlerische Gefühl eindeutig – denn das künstlerische Gefühl ist hauptsächlich (wenn nicht sogar völlig) individuell, und das moralische Gefühl ist sozial, daher also die Ersetzung der sozialen Gefühle durch individuelle Gefühle – das Charakteristikum einer Dekadenz (siehe Nordau – *Entartung*).

* * *

Hinsichtlich der Genies ist die Tatsache ausgesprochen bemerkbar, nach der die Verrücktesten genau jene sind, die sich am wenigsten als sozial erweisen (was eine Wahrheit *de la Palisse* sein kann, schließlich ist der Verrückte asozial, und um so asozialer, je verrückter er ist). Siehe Nietzsche, Swift (...).

Wie (...) recht gut bemerkte, manifestiert sich der Wahnsinn eher durch eine Unordnung der Gefühle als durch eine Unordnung der Ideen. (Nordau: die Unordnung der Ideen bei den Symbolisten etc. Modernisten.)

* * *

Repräsentative Menschen:

Gemäß den drei Sphären des Individuums:

1 Individuum: die vergänglichen Berühmtheiten etc.

2 Bürger. Die Führer des Momentes (in einem historischen Sinn).

3 Über-Bürger: Genies.

Die aus (1) repräsentieren die äußere Sphäre des Charakters.

Die aus (2) repräsentieren die mittlere Sphäre des Charakters (Emotionen).

Die aus (3) repräsentieren die innere Sphare des Charakters (Ideen).

* * *

Die repräsentativen Genies erscheinen eigentlich nie in den intensiven und aktiven Phasen einer Nation; sie erscheinen davor oder danach, wie Shakespeare vor und Milton nach Cromwell erschienen – welcher der erste wahrhaft *epische* Mensch in der englischen Geschichte war. In der Handlung also erlahmt das innere Leben. Die kollektive Handlung ist in ihrer Unbewußtheit epileptoid. Erst wenn das individuelle Nervensystem die Periode der Hysterie erreicht – im Krieg ist es epileptisch –, erscheint das repräsentative Genie. Die großen Menschen der Handlung sind Epileptiker; die großen Menschen der Inspiration sind Hysteriker.

* * *

Analyse des Erscheinens repräsentativer Menschen, speziell in der Literatur. Mechanik dieses Erscheinens. In der Intensität des sozialen Lebens entstehen Phänomene der Unausgeglichenheit, die durch die soziale *Geistesgesundheit* wieder ausgeglichen werden. Der geniale Mensch ist individuell ein Verrückter, sozial gesehen ist er ein Genie. (Oder ist er sozial gesehen ein Verrückter und ästhetisch gesehen ein Genie? Aber sein Erscheinen ist sozial – ist das ästhetische Gefühl sozial?)

(Daher sollte jede Kritik dreifach (...) sein: psychologisch, ästhetisch und sozial. Oder vielmehr anwendbar auf jeden repräsentativen Menschen, angefangen beim General bis hin zum Dichter, das Individuum als Individuum, als Individuum vor der Gesellschaft, als Mitglied der Gesellschaft.)

* * *

So ist der geniale Mensch individuell gesehen (und für den Psychologen) ein Verrückter, rundum ein Anormaler; sein Wert existiert nur für den Ästheten, nicht für den Psychologen. Und für den Soziologen ist er letztlich repräsentativ, und mehr nicht. Das dreifache Wesen des Genies besteht hierin.

* * *

Die Bedingungen für die höchste Manifestation des Genies sind dieselben wie die individuellen, wie die verstandesmäßigen: das Gleichgewicht in der Intensität und der künstlerische Instinkt.

* * *

Zur Erklärung des Erscheinens repräsentativer Menschen werden wir nicht auf die abstrusen Analogien zwischen dem Gehirn im menschlichen Organismus und den Intellektuellen im sozialen Organismus eingehen. Es gibt eine einfache Erklärung, die noch viel einfacher ist.

Der Fortschritt, das Voranschreiten und die Entwicklung einer beliebigen Gesellschaft zeigen sich und bestehen (teilweise) in der wachsenden Differenzierung seiner Elemente, in einer Differenzierung, die sich nicht nur in der Herausbildung neuer Gruppen und neuer Funktionen offenbart, sondern viel eher noch im anwachsenden Unterschied der die Gesellschaft zusammensetzenden Individuen – die Unterschiede in der Intelligenz, im Charakter etc. Wenn es sich derartig verhält, ist es zwingend notwendig, daß es zwischen diesen untereinander so unterschiedlichen Individuen einige gibt, in denen der soziale Lebenssaft in einer solchen Art fließt, durch die sie originelle Werke hervorbringen (...).

Sehen wir nun, welche die besten Umstände für die Hervorbringung von großen (intellektuellen) Genies ist. Wir sahen, daß für die Erzeugung von irgendwelchen genialen Menschen (ob nun intellektuell oder bezüglich der Handlung) ein sozialer Zustand notwendig ist, der eine ausgedehnte Differenzierung zwischen den Individuen erzeugt und, wie in der hier behandelten Angelegenheit, deutliche Fälle des geistigen Ungleichgewichts und des mentalen Wahns. Dies ist für die Hervorbringung großer Genies zwar wesentlich, jedoch noch nicht ausreichend. Es ist noch ein anderes Element notwendig – die soziale Lebendigkeit; die allerdings auch ein Element ist, das für sich allein unfähig ist, große Dinge hervorzurufen, da die soziale Lebendigkeit einer Gesellschaft von Wilden zwar enorm sein kann, sich jedoch die Geringfügigkeit oder die Nichtigkeit hinsichtlich der Differenzierung zwischen den Individuen fatal auf die Erschaffung von genialen Menschen auswirken wird. (Ein primitives Volk mit Lebenskraft denkt auf kollektive Weise zwar in einer originalen Form, es ist jedoch nicht stark bezüglich der Individuen.) (...) Betrachten wir, warum die Kombination der zwei Elemente – das differenzierende und das der Lebendigkeit – wesentlich ist für das Auftauchen von großen Menschen. Die Differenzierung ist ein individuelles Resultat des sozialen Voranschreitens; die Vitalität ist ein sozialer Zustand. Zum besseren Verständnis könnten wir in einer Analogie sagen, daß die Differenzierung vergleichbar ist mit den zwei Geweben in einem Tierkörper, und die Lebendigkeit entspricht einer gesunden Blutzirkulation. Und es ist einleuchtend, daß ein Organismus, auch wenn er noch so differenziert ist – und daher scheinbar ans Leben angepaßt –, nur sehr wenig Wert hat, wenn er eine schwache Zirkulation aufweist. Nehmen wir nun auf der anderen Seite hypothetisch einen fast undifferenzierten Organismus an, der über eine gute Blutzirkulation oder etwas Ähnliches verfügt, dann haben wir zwar sicher einen gesunden Organismus, aber mit Sicherheit einen Organismus, der ansonsten nicht zu großen Dingen fähig ist. Erklären wir den Fall nun näher, dann resultiert das Erscheinen des genialen Menschen aus einem Gleichgewicht zwischen dem individuellen Faktor des differenzierten Individuums und dem sozialen Faktor der Lebendigkeit. Und hier stoßen wir auf die einfache und klare Lösung des scheinbar so komplexen Problems des Genies: Der geniale Mensch ist individuell ein Verrückter, mehr nicht; der Psychiater liegt richtig, wenn er die Identität zwischen Genie und Wahnsinn bekräftigt. Aber der geniale Mensch ist nicht nur ein Verrückter: Er ist ein Verrückter, mit dessen Wahnsinn eine starke Strömung der sozialen Gesundheit koinzidiert; und indem diese sich mit dessen Verrücktheit ausgleicht, ruft sie ein Ergebnis hervor, das für den Wahnsinn notwenig ist, um Originalität zu gewinnen, und für die soziale Lebendigkeit, um Ausgeglichenheit zu finden.

Das ist der Grund, warum moderne Nationen, die an Semigenies und Talentierten so reich sind, schwächlich sind betreffs großer Genies; sicher sind sie sehr reich an Differenzierung, es fehlt ihnen aber die dazugehörende Lebendigkeit, damit die Differenzierung bedeutende Ergebnisse hervorbringen kann. Die Morbidität, die Sensualität, der Wahnsinn, die wir in der heutigen Literatur und Kunst finden, machen das Übergewicht des auflösenden Elements »Differenzierung« über dem integrierenden Element »Vitalität« deutlich – was (wie es Nordau gesehen hat, ohne dabei den Grund zu verstehen) eine Dekadenz anzeigt.

Der beste Zustand für das Auftauchen von großen Genies ist jener, bei dem es einen großen Unterschied zwischen den Individuen eines Landes und der großen Lebendigkeit desselben Landes gibt. Typisch dafür ist das England der elisabethanischen Periode. Auf der einen Seite grassiert die Ignoranz des Volkes (unvermeidbar in dieser Epoche), auf der anderen Seite gibt es eine große Kultur in den höheren Schichten; und in der gesamten Nation eine aufgeweckte Lebendigkeit, die, wenn sie nicht aufgeweckt wäre, sich auch nicht an diese Nation hätte adoptieren können – das bedeutet: Hätte es keine wachsende Lebendigkeit und daher eine immanente Differenzierung gegeben, dann wären keine äußeren Umstände aufgetreten, die diese Differenzierung erschaffen hätten. Was war das Ergebnis? Das Erscheinen von Shakespeare, von Spencer, von Bacon etc.

* * *

Die Größe eines Landes hat sehr wenig mit der Anzahl der Genies zu tun, die von ihm präsentiert werden.

* * *

Das Genie ist um so größer, je mehr und je tiefer es sozial umfassen kann. Daher ist das höchste Genie der dramatische Dichter, der verschiedene Charaktere umfaßt und lebt, der sie in ihrem essentiellen Leben tiefgreifend lebt (was ein einfacher Dramatiker nicht macht).

* * *

John Sterling sagte: der geniale Mensch ist sich nicht darüber bewußt, was im Individuum besonders, sondern was in der Rasse universal ist.

Gilfillan – S. 190. Und siehe Gilfillans eigene Kommentare.[56]

* * *

Fälle, die sich hinsichtlich des Genies ergeben.

1 Das Genie ist ein ausgeprägt höheres Wesen bezüglich derjenigen, die es umgeben. Camões, Milton. (Andere gemeinsame Charakteristik: das *zwangsweise* nationale Wesen – beide Beispiele stammen aus Zivilisationen, die auflebten und zusammenfallen werden.)

* * *

Das Genie ist keine normale Sache. Wenn es nun aber nicht normal ist, dann ist es anormal. Und wenn die Anormalität psychisch ist, dann ist es Wahnsinn. Das Genie, in seinem Sein als Genie, ist Wahnsinn.

* * *

Das Genie ist eine Anormalität. Jegliche Anormalität ist eine Rückbildung. Es ist undenkbar, daß es sich um eine andere Sache handeln sollte.

Die Intelligenz eines Idioten ist zweifellos höher als die einer Seezunge oder eines Frosches. Eine Seezunge oder ein Frosch brauchen jedoch nicht mehr Intelligenz als eine rudimentäre. Die haben sie. Diese reicht ihnen, um sich in ihre Umwelt einzugliedern. Ein Idiot bewegt sich nun aber nicht nur außerhalb der Beziehung zu seinem äußeren Milieu, sondern auch zu seinem inneren Milieu, welches ein unmittelbares Erzeugnis des äußeren ist – obskur in der Seele, inkohärent und inkonsequent im Geist.

* * *

Genie

Was sich in jedem Individuum als persönlich oder individuell zeigt, ist die Emotion; der Wille wie auch die Intelligenz sind *soziale* Sachverhalte. Nun ist das Genie (und wesentlich die Poesie) ein Ausdruck der Emotion in der Form, daß diese sozial verstanden wird; es ist also der *soziale* Ausdruck einer Emotion. Der asoziale Ausdruck ist der Wahnsinn. (Normalerweise werden Emotionen nicht ausgedrückt. Menschen sprechen nicht von ihren Ideen, und wenn sie davon sprechen, dann sprechen sie in einer inkompetenten Weise.) Das Genie ist die Ausgeglichenheit im Ausdruck der Emotion durch das Verständnis *des Sozialen.*

Da es in den primitiven Gesellschaften kein erwähnenswertes emotionales (inneres) Leben gibt, kann es in ihnen auch keine Genies geben. In den dekadenten Gesellschaften am Ende der Zivilisation verengt die Perversion der Emotionen die *evidente* Parenthese des Genies und des Wahnsinns.

Talent besteht in einem Verständnis des Genies.

Die intelligenten Menschen sind das Gehirn eines Volkes (...).

In den dekadenten Gesellschaften nähert sich das Genie entweder

der Vulgarität – und in diesem Fall gibt es in der Gesellschaft einen Rückfall in die Nicht-Differenz zwischen den Individuen, was für die Primitivität charakteristisch ist –; oder das Genie nähert sich dem Wahnsinn, und in diesem Fall haben wir eine Gesellschaft, in der das Individuum das *Soziale* übersteigt, in der es also eine manifeste Desintegration gibt. In beiden Fällen ist die Gesellschaft dekadent.

* * *

Damit ein Organismus zur Fülle des Lebens gelangt, damit sein Leben Normalität erreicht, ist es notwendig, daß die desintegrierende Kraft und die integrierende Kraft Kräfte ein und derselben Kraft sind – daß es sich also um dieselbe Sache handelt. Das normale Leben besteht nun einmal im Altern, im Sterben der Alten; dies ist nichts anderes als dieselbe Kraft, die desintegrierend integriert und integrierend desintegriert – da die eigentliche Dauer eines Organismus sich aus seinem Leben und seinem Tod zusammensetzt.

Daher ist der geniale Mensch, als wahnsinnig angesehen, das Produkt einer sozialen Auflösung, aber als wahnsinnig angesehen, ist er auch das Produkt des sozialen Lebens oder dessen, was es in ihm an Vitalität gibt (wie wir es schon nachgewiesen haben). Dies ergibt sich daher, daß der geniale Mensch ein genialer Mensch ist und nicht einfach nur ein Wahnsinniger.

Rom: Die Kraft, die zu den Eroberungen führte, führte auch zur Zulassung des griechischen Geistes; das, was das soziale Leben intensiviert hat, hat es auch zerstört. Das sind die Bedingungen der normalen Fülle. Daher diese Epoche mit genialen Menschen.

Dieselbe Kraft, die materiellen Reichtum erschafft, sollte auch moralischen Reichtum erschaffen; hier hätten wir einen Ausgleich zwischen dem *Realen* und dem *Idealen* (...).

* * *

Der Spanier ist düster; der Portugiese ist traurig. Das düstere Dasein schließt nicht unbedingt eine intime Lebendigkeit aus; das traurige Dasein schließt diese wesentlich aus.

Selbst die Entrüstung ist im Portugiesen eher eine Emotion als eine Leidenschaft.

* * *

Zwischen dem Sozialismus und dem Despotismus gibt es eine wesentliche Identität. Beide sind Usurpationen der Macht. Der Despotismus ist ein Machtmißbrauch durch *eine* Person, oder, in seiner oligarchischen oder aristokratischen Form, durch *wenige* Personen. Der Sozialismus ist ein Machtmißbrauch durch alle Personen, oder vielmehr durch die Gesamtheit. Der Despotismus ist eine reaktionäre Degeneration des Absolutismus; die Oligarchie ist die Degeneration des Konstitutionalismus oder des aristokratischen Republikanismus; in derselben Form ist der Sozialismus die Degeneration der Demokratie. Hier gibt es keine Analogie; es gibt nur absolute Gleichheit. Alle drei sind in ihrer Art eine Vergewaltigung eines legitimen Herrschersystems, das zu seiner Zeit brauchbar war. So ist selbst der Absolutismus ein legitimes Regierungssystem; und auch wenn er in der heutigen Zeit unangebracht erscheint, bedeutet das nicht, daß er nicht auch seine Möglichkeiten und seine legitime Epoche gehabt hätte. Der Absolutismus ist, wie wir bereits wissen, ein Regime nur eines Regierenden, den die Gesellschaft unbewußt mit dem Regieren des Staates beauftragt – wir haben bereits den Mechanismus von dieser unbewußten Beauftragung studiert. Sobald aber dieses politische System verfällt in der Ersetzung, hinsichtlich des Regierenden, seines Willens durch den allgemeinen Willen, oder, um es soziologischer auszudrücken, sobald dieser Regierende durch eine soziale Degeneration nicht mehr repräsentativ ist, ergibt sich ein Despotismus, der, wenn er erst einmal bis zu einem Punkt der Unerträglichkeit gelangt ist (angenommen, die Nation stirbt nicht schon vorher in ihm), zerstört wird durch den von ihm hervorgerufenen Geist der Revolte.

Der Despotismus benutzte allerdings, um wirksam zu sein, die oligarchisierten oder phantasierten Kräfte des Absolutismus und verwurzelt sich damit; und indem er sich so verwurzelt, erschafft er eine mentale Gewohnheit in einem großen Teil der regierten Gesellschaft, die bezüglich der komplexen, vom Despotismus hervorgerufenen Gefühlen der Hingabe und der (...) vorteilhaft sind. Wenn nun der Despotismus durch eine Revolution zu Fall gebracht wird, ist er noch nicht im eigentlichen Sinne ersetzt, sondern einfach nur angeglichen und assimiliert in einer Form, aus der sich, anstatt daß sich eine Demokratie ergeben würde, ein mittleres System entwickelt, in dem sich diese beiden Elemente zusammenfinden und das man Konstitutionalismus nennt.

Der Konstitutionalismus unterscheidet sich vom Absolutismus darin, daß er, im Gegensatz zu diesem, ein aus *zwei* essentiellen Elementen zusammengesetztes System ist. Der Absolutismus, und insbesondere in seinem despotischen Zustand, ist die Macht von einem Repräsentanten und nicht der allgemeine Wille. Der Konstitutionalismus ist die Macht *zweier* Dinge – der Rest des Absolutismus und das Volk. Daraus ergibt sich eine oligarchische Degeneration, in der die Macht, graduell – da sich eine Opposition erhebt – *despotischer,* das Volk dazu führt, das Regime abzusetzen und selbst die Macht zu ergreifen. Der Konstitutionalismus ist die übelste aller Regimeformen, da er eine Übergangsnatur besitzt und sozial (also angenommen, auf natürliche Weise) eine Anomalie ist; da er wesentlich eine Staatsspaltung bedeutet, also von Beginn an einen degenerierten Staat darstellt.

Indem der Konstitutionalismus eliminiert wird, entsteht die Demokratie, die alle vorhergehenden Regimeformen eliminieren kann, oder auch nicht. Beispielsweise kann sie die Monarchie bewahren, wie sie es in England machte, oder sie wird sie nicht bewahren, wie sie es in Frankreich und Portugal machte. (Darüber hinaus erfordert die Erhaltung der Monarchie einen sozialen Instinkt, den wir erklären werden (die Erhaltung der Kolonien durch ein monarchistisches Gefühl).) Aber wie alles Lebendige altert und alternd degeneriert, und degenerierend stirbt, kehrt die Demokratie, wie auch die vorhergehenden Regime, durch die Dekadenz zu einer Art des Despotismus zurück. Die Dekadenz der Demokratie bringt die Auflösung der Nationalität mit sich. Geben wir uns der Analyse der Phänomene hin, die in diesem Fall noch hinzukommen, oder hinzukommen sollten. (Für den Beobachter gibt es nichts anderes als den Wunsch zur Beobachtung.)

Die gesamte Auflösung eines Regimes führt bis zu einem bestimmten Punkt zur Zerrüttung der Nationalität. Damit es jedoch zur Auflösung von dieser kommt, ist es notwendig, daß es eine Identität zwischen der Nation und diesem Regime gibt, da es in diesem Fall keine rettende Revolution geben kann. Es gibt nur zwei Regime, in denen es eine Identität zwischen dem Regime und dem Volk geben kann: die absolute Monarchie und die Demokratie. Die Nation löst sich unter der absoluten Monarchie auf, wenn das Volk von ihr unterdrückt wird, es also unfähig zur Revolte wird (...): Das ist der Fall des Römischen Reichs. In der Demokratie gibt es, da hier das Volk reagiert, andere Phänomene der Auflösung. Wir werden sehen.

In jeder Dekadenz gibt es eine Spaltung. Im Despotismus gibt es eine Spaltung zwischen dem Befehlenden und dem Gehorchenden. Der Konstitutionalismus ist eine latente Spaltung zwischen Herrschenden und Beherrschten, für die Oligarchie gilt dasselbe. Da in der Demokratie die Macht nun immer mehr in den Händen des Volkes liegt, ist die Spaltung hier von einer etwas anderen Form. Der Fall verhält sich anders, da hier die Befehlenden auch die Gehorchenden sind.

Das Wesen eines gesunden Staates besteht darin, daß die Herrschenden und die Beherrschten sich bezüglich einer Sache im klaren sind: Die ersten müssen es verstehen, anzuordnen, die zweiten müssen gehorchen können. In einem gesunden Land, in dem der Herrschende intuitiv den Willen des Beherrschten ausdrückt, wird einträglich angeordnet; und wie der Beherrschte in der Anordnung seinen eigenen Willen wiedererkennt, wird er auch gehorchen. Daher gibt es in diesem Fall – im Fall eines gesunden Landes – keine *Spaltung* zwischen den Herrschenden und den Beherrschten, sondern einfach nur eine Arbeitsteilung, und es herrscht nur der, der von Natur her zum Herrschen geeignet ist, und es wird nur derjenige beherrscht, der dafür geeignet ist. Mehr noch: Die essentielle Funktion des Regierenden ist die Gesetzgebung und die Administration; wie er dies auf gesunde Weise macht, ist auch der Volkswille gesund; der Herrschende eines gesunden Volkes legt gerechte und gesunde Gesetze fest. Und wie der Regierte diese gesunden und gerechten Gesetze instinktiv anerkennt und indirekt sogar erläßt, wird er sie auch einhalten.

In der Dekadenz eines Regimes gerät der Gesetzgeber in eine *Isolation,* und die Macht innehabend, wird er zunehmend repressiv. Zur selben Zeit wird der Beherrschte entweder übertrieben gehorsam, da er einer schlechten Sache gehorcht – ob nun aus Indifferenz oder durch Schwachheit, was zwei Gründe für eine soziale Degeneration sind –, oder er wird ungehorsam und aufrührerisch (...). Aber, wird man fragen, wie kann eine Demokratie, auch wenn sie schon degeneriert ist, repressive Gesetze erlassen? Wenn das Volk immer mehr regiert, wie kann es dann dazu tendieren, immer schlechtere Gesetze zu erlassen? Es ist die Gesellschaft, die *eint;* sie ist zusammengesetzt – die Arbeitsteilung – aus verschiedenen Elementen, die zwar entgegengesetzt, aber doch voneinander abhängig sind; wie beispielsweise Kapital und Arbeit. Im Fall der Desintegration und wegen dieser Desintegration gerät in diesen entgegengesetzten und voneinander abhängigen Elementen der Faktor Interdependenz zunehmend in Verwirrung, da die Desintegration den Faktor Opposition verschärft. Es bildet sich langsam eine gewisse Feindschaft heraus. Nun muß eines dieser Elemente die höchste Repräsentation im Volk haben. Dieses gewinnt die Macht und erläßt Gesetze, die das andere angreifen. Da sie aber voneinander abhängig sind, werden diese Gesetze die gesamte Gesellschaft beeinträchtigen, und daher auch die, von denen und für die diese Gesetze gedacht waren. Hier gibt es das Beispiel des Kapitals und der Arbeit.

Dies verhält sich wie im Konstitutionalismus. Dort war der Despotismus der einer Minderheit. Hier ist der Despotismus der einer Mehrheit. In beiden Fällen handelt es sich um einen Despotismus. Beide gehören daher zur Dekadenz. Es ist die Desintegration der Gesellschaft, da es die Gesellschaft in einem intensiven Kampf ist. Aber innerhalb des Absolutismus und des Konstitutionalismus gibt es eine Zuflucht – die der Revolution, da es die Mehrheit ist, welche unterdrückt wird. Und da es keinen inneren Appell, eine Zuflucht oder irgendeinen Ausgang gibt, wird nur die soziale Anarchie bis zur völligen Aufweichung der Nationalität anwachsen.

Allerdings gibt es noch andere Gründe für schlechte Gesetze. Nicht alle werden dazu geschaffen, um Minderheiten anzugreifen. Andere versuchen (...) und gehören einer individuellen Aktivität an. Und noch andere (...), im Namen des allgemeinen Staatswohls, zur Freiheit des Individuums. (...)

* * *

Durch dieselbe degenerierte (...) verdorben zeigt sich die feministische Vorstellung. Indem man versucht, das Problem der Situation der Frau in der Gesellschaft zu lösen, löst man es mit einer Lösung, die auf dekadente Weise simplifizierend ist und auf derselben Linie steht wie (...), und nach der auf einer politischen Ebene dem Mann und der Frau Gleichheit zugestanden wird. Man sieht sofort, was hier simplifiziert wurde. Worin hier die soziale Degeneration besteht, wird sofort deutlich, wenn man bemerkt, daß die schlechte soziale Situation Raum gegeben hat, viele Frauen mit dem Lebenskampf zu konfrontieren, was, unter der Annahme einer nicht existierenden Transsexualisierung, eine Asexualisierung mit sich bringt.

Der Feminismus ist eine Bewußtmachung, eine Theoretisierung von diesem degenerativen Hintergrund. Letztlich werden viele Frauen durch die Bedingungen der sozialen Dekadenz asexualisiert, die Theorie bedingt die Asexualisierung von allen.

Die Art, wie sich heutzutage die Fakten des Progresses und die Fakten der Dekadenz vermischen, kreuzen oder gegenseitig beeinflussen, macht es für manchen, der nicht a posteriori durch eine rationale Theorie orientiert ist, schwierig, die eine Sache von der anderen zu unterscheiden. Von weitem scheinen die Algen und der Müll auf den Wellenbergen nichts anderes als Schaum zu sein.

Der Feminismus ist (*wie der Sozialismus etc.*) nicht eine Gleichschaltung, sondern eine Inversion von Vormachtstellungen.

* * *

Ableitungen

Die Faktoren unserer Dekadenz sind:

1 Die Monarchie
2 Die katholische Kirche
3 Die englische (. . .)
4 Der Einfluß Frankreichs
5 Die Oligarchie der Bonzen
6 Der Einfluß der Dekadenz der westlichen Zivilisation

Was es an physiologisch Sozialem noch unter diesen Punkten gibt, wird sich verbessern, wenn diese sechs Punkte aus dem Weg geräumt wurden.

* * *

Der Begriff der Degeneration

Ableitungen:

1 Da man eine Sache nicht begreift (angenommen, bei der Evolution handelt es sich um einen wesentlichen Fakt der Welt), wenn sie sich vom Weg der Evolution entfernt oder diesem voraus ist, geht man davon aus, daß ein Sein auf diesem Weg zurückschreitet. *Insofern ist jede Anomalie irgendwie auch eine Regression.* (Anwenden und alles überlegen.)

2 Aber jede Regression ist zwangsläufig unvollständig, da ein Sein insgesamt nicht zu dem Punkt zurückkehren kann, an dem sich die zurückbildende Möglichkeit oder Funktion befindet. (Demnach gibt es keine Monomanie (. . .).) Das Sein kann nicht aus seiner Umwelt austreten, weder in einer realen Form noch in einer *mentalen* Form, da *jede Regression inkomplett ist.*

3 (...)

4 Aber warum bildet man sich zurück? Die Regression besteht im Symptom, nicht im Wesen; die Regression zeigt, daß das Sein krank ist; jede Krankheit ist eine Regression. Aber *wie* ergibt sich die Regression? Die Regression ist eindeutig symptomatisch, nicht essentiell. Der essentielle Fakt muß ein anderer sein. Jedes Stigma der Degeneration, jedes Anzeichen der Dekadenz, jedes Symptom der Krankheit ist eine Regression: Das wissen wir schon. Aber wie taucht dies alles auf?

Die Antwort hierauf ist die Antwort auf eine Frage: Was ist ursprünglich, was ist essentiell: die Regression oder die fehlende Anpassung an die Umwelt? Adaptiert sich ein Individuum nicht an seine Umwelt, da es regressiv ist, oder umgekehrt, ist es regressiv, da es unangepaßt ist?

Wir wissen bereits, daß die Regression nicht ursprünglich sein kann. Sehen wir nun, ob es die fehlende Anpassung sein kann. Worin besteht die fehlende Anpassung? In der Unterscheidung von anderen Wesen (die durch den Einfluß einer biologischen, psychologischen und sozialen Umwelt hervorgerufen wurden) in einer Art, daß das Individuum (das Sein) sich ihnen gegenüber schwach fühlt, unfähig zum Kampf und zum Leben.

Was ist ein Individuum, ein Mensch beispielsweise? Ein Individuum, ein Mensch beispielsweise, ist das Produkt aus einer einzelnen Zelle, die sich aus der Befruchtung einer Eizelle durch ein Spermatozoon ergeben hat. Was das Individuum sein wird, ist ursprünglich schon in dieser Zelle festgelegt – und es ist essentiell dieses Individuum. Die Biologie beginnt mit der Zelle. Innerhalb der Zelle gibt es eine Sub-Biologie, physisch-chemisch. In einer Zelle gibt es also hauptsächlich dies – *irgendeine Chemie*. Betrachten wir das Problem anhand von diesen Begriffen, dann ist es an sich schon gelöst. Da es evident ist, daß die zelluläre Chemie als das Resultat der Vererbung angesehen werden kann und daß die Vererbung unter dem Einfluß der geographischen Umwelt in einer Art erfolgt, nach der das Individuum normalerweise eine Chemie erbt, die von der geographischen

Umwelt hervorgerufen wird; es gibt also einen bestimmten nationalen Charakter und einen, da keine Zelle der anderen entspricht, individuellen innerhalb dieser *Nationalität.*

Wenn nun allerdings diese National-Zelle eine völlig veränderte Chemie aufweist, ist es einleuchtend, daß es in der Entwicklung derselben eine Abweichung geben wird, die wesentlich höher ist als in allen anderen Individuen, welche in derselben Umwelt und unter identischen Erbschaftsbedingungen geboren wurden.

Wird diese zelluläre Chemie geändert, dann ist es evident, daß das daraus entspringende Individuum etwas haben wird, was eine fehlende Anpassung bedingt. Bemerkt es nun die Notwendigkeit, nach der es sich an irgendein Milieu anpassen muß, wird das essentiell *anormale* Individuum sich für unfähig halten, es vollständig zu machen, woher wiederum Symptome, Stigmata etc. rühren, durch die es sich als unangepaßt offenbart.

Die offensichtlichen Stigmata der Degeneration kommen sofort danach und zeigen, daß das Individuum sich wesentlich von anderen unterscheidet, daß es unangepaßt ist.

Die physischen Stigmata der Degeneration zeigen eine hauptsächliche Unangepaßtheit an; in einer extrem hohen Stufe trifft man sie bei Kriminellen an. Man trifft sie aber auch, wie man sagt, bei gesunden Menschen an.

* * *

[Sozialpolitische Fragmente]

[Die Oligarchie der Tölpel]

Ein erstaunliches Vorwort zum Werk

Die Psychiatrie unterscheidet die Minderwertigkeit des Geistes üblicherweise in drei Arten, die man auch als drei Stufen bezeichnen kann: die Idiotie, in der die Geistesstruktur noch unter einem infantilen Stadium steht, und das Individuum ist noch weniger als ein Kind dazu in der Lage, sich selbst zu beherrschen; die Blödheit, bei der die Seelenbeschaffenheit wie die eines Kindes ist, nur daß sie ein Erwachsener besitzt; und jedwede mentale Debilität, bei der die Funktionalität des Geistes, ohne daß sie deutlich von der eines gewöhnlichen Menschen unterschieden wäre, insgesamt aber doch in allen ihren Modi unterhalb des Normalen steht. Keine dieser Formen der psychischen Minderwertigkeiten, aus denen alle Degenerationen hervorgehen, kann gemildert und noch viel weniger geheilt werden. Eine gewisse Form der Suggestion kann in diesen drei Fällen zwar keine Änderung hervorrufen, sie kann jedoch etwas Hemmung verschaffen. In der Idiotie und in der Blödheit hat der Prozeß der Suggestion aus dem Zwang und der Herrschaft abgeleitet zu sein, da der Idiot und der Blöde nicht für Ideen empfänglich sind und diese ihnen daher nur aufgezwungen werden können; in der mentalen Debilität ist es unmöglich, identische Prozesse anzuwenden wie die, mit denen man gesunde Individuen lehrt oder beeinflußt. Da es sich nun also um Intelligenzschwache handelt, hat die Überzeugung mit Argumenten stattzufinden, die vereinfacht wurden, denen man gelassen die Komplexität entzog und die armselig transparent sind. So gewinnt man in gewisser Weise die Möglichkeit, dem Gehirn des mental Debilen gewisse Wahrnehmungen von der Realität oder der Wissenschaft zu vermitteln.

Die Vereinfachung der Wahrnehmungen, ihre Unvereinbarkeit mit der Realität, der wesentlich emotionale Hintergrund von scheinbar originellen Phasen (oder die zumindest hinsichtlich der Intelligenz originell sein sollten) sind die charakteristischen Gaben der mentalen Debilität. In den Theorien der Radikalen aller Art – Anarchisten, Sozialisten, Kommunisten, extreme Liberale, bezüglich angestrebter Gleichheiten – ist die Gegenwart dieser drei Charakteristiken augenfällig. Sie alle wenden auf die Komplexität der Dinge verschiedene Formen der Interpretation und der Lösung an, die in ihrer Einfachheit visionär werden hinsichtlich einer solch komplexen Materie und die in ihrer Geradlinigkeit absurd werden hinsichtlich einer solch verworrenen Dynamik. Sie alle behelfen sich anhand von Begriffen entweder der Gesellschaft oder der sozialen Fähigkeiten in einer Art, die weit davon entfernt ist, von der Verfeinerung durch die Wissenschaft oder von der Lehre durch die historische Erfahrung auszugehen, so daß die Lektüre der Soziologien von diesen Unglücksmenschen den Eindruck hervorruft, man würde die Irrenanstalt von Byzantinern besuchen, die sich mit sozialer Astrologie scholastisiert haben. Und bei ihnen allen besteht, mit derselben Eindeutigkeit, der Hintergrund der Theorie auf einem unintelligenten Gefühl; auf Krisen der Gerechtigkeit und der Gleichheit bei den Besten, auf einer Aufwallung einer neidvollen und dummen Revolte bei den Mittleren, auf »theoretischen« Überläufen rein krimineller Instinkte beim niedrigsten Abschaum – aber es handelt sich immer um ein emotionelles (...), immer um ein fremdartiges, wenn nicht sogar gegenteiliges Element gegenüber der wahren Natur der Aristokraten.

Diese kurzen Schriften bemühen sich, den weniger Debilen unter diesen Unglücksmenschen auf eine ruhige und einfache Weise die Überzeugung ihrer Unfähigkeit bezüglich des Verständnisses und des Eingriffs zu nehmen. Sie versuchen, ihnen – löffelweise, wie bei schon sehr schwachen Kranken kleine Portionen der Wahrheit und der Wissenschaft – Gott so anzubieten, daß sie ihn verstehen können.

Wenn der Wortlaut einiger dieser Schriften so sein sollte, als ob sie in einer Unterrichtsstunde von einigen Schafsköpfen gelehrt würden, dann ist es aber nur das Leben, das dies einfordert.

Was die Wirkung dieser Schriften betrifft, so sehe ich hier weder etwas voraus, noch halte ich mich lange damit auf, etwas voraussehen zu wollen. Ich leiste meinen Teil als eine menschliche Pflicht und versuche, den von den Göttern Ungesegneten gewisse soziologische Wahrheiten in vier Operationen mit Referenz auf das soziale Leben oder auf die gottesdevote Masse zu lehren.

Ich hielt es für angebracht, diesem klinischen und karikativen Werk einige wenige Worte voranzustellen, die nicht für die sind, für die der Gesamtkörper des Werkes bestimmt ist. Sie sind für die gesunden Menschen des Geistes nicht nur eine Erklärung (...).

* * *

Sklaverei

Die großen Fähigkeiten, deren Fehlen für die Welt ein Unglück bedeuten würde, sind, da es sich um große Fähigkeiten handelt, bei Menschen mit einem klaren und tiefen Bewußtsein von der Realität auffindbar, in denen (...). Shakespeare und Milton liefen nicht Gefahr, sich zu verlieren.

(...)

Die Hindernisse, die Schwierigkeiten sind ein Gefängnis für die Schwachen und eine Schule für die Starken. Das Schicksal erwählt, indem es niederschlägt. Wer niederfällt und jammert, wurde nicht dafür geboren, sich zu erheben.

* * *

Obwohl es eher mental und moralisch als materiell erscheint, muß das Denken auch materiell sein.

Zum ersten Mal in der (...) Geschichte der englischen Nation gibt es keine Genies. Absolute mentale Sterilität. Es gibt genügend

Talent, wobei es an Talent in einer gebildeten Nation nie fehlt, und darüber hinaus noch in einer sowohl gebildeten als auch großen Nation. Momentan gibt es viel mehr Genies in Portugal als in England.

* * *

Die Fragestellung gegen den Hygienismus:

1 Das Argument von G. K. Chesterton *auf Wahrheit und Exaktheit geprüft*. Die Körperpflege als eine perverse und unnatürliche Sache. Die exklusive und vorherrschende Besorgnis bezüglich der Gesundheit ist ein Stigma der psychischen Degeneration.

2 In der Umsetzung des Hygienismus in die Praxis *(also wie er in die Praxis umgesetzt werden sollte)* ergibt sich eine niederschmetternde Vergewaltigung der individuellen Freiheit. Damit bleibt das Problem bestehen: Was ist für eine Gesellschaft wichtiger – das körperliche, physische Wohlergehen ihrer Mitglieder oder ihre völlige Handlungsfreiheit? – Man sollte mir nun nicht kommen mit dem Einwand, die individuelle Freiheit von Kranken und Schwachen sei unnütz (dies wäre eine Art des Einwandes, den die Hygienisten gewöhnlich anbringen – dümmlich und (...)). Wenn man die Hygiene nun nicht genau in dem Ausmaß betreibt, in dem es die Hygienisten wollen, dann bedeutet das noch lange nicht, daß niemand sie betreiben würde.

3 Der hauptsächliche Einwand gegen den Hygienismus besteht in diesem Syllogismus:

a Jegliche soziale Evolution und jeder *morbide* Fortschritt sind das Werk der Genies.

b Genies sind morbide Produkte, Produkte von kranken Familien.

c Daher ergibt sich jeglicher menschliche Fortschritt aus der Handlung von Kranken und (...).

Die Gesundheit ist der Ausgleich für Unproduktive.

Die Krankheit ist in der Menschheit im allgemeinen das wichtigste Charakteristikum. Rousseau sagte es schon – *l'homme est un animal malade*. Das ist völlig korrekt gesagt worden. Heute würde man ihn in einer besseren Form korrigieren: Der Mensch ist ein hysterisches Tier. Er wollte nie weniger sein. Jegliche Überlegenheit innerhalb der Menschheit ist hysterisch, eine Neurose – Neurose der Herrschaft, Neurose des Ausdrucks, Neurose der Bewunderung –, der Krieger, der Dichter, der Apostel. Geniale Verrückte.

Es gibt aber noch mehr: Der Hygienismus schickt sich an, der Natur zu folgen. Dazu wäre es notwendig, herauszufinden, was die Natur eigentlich will; und genau das weiß man nicht.

Shakespeare war kein gesunder Mensch: ein gesunder Mensch kann keinen *König Lear* schreiben. Nicht einmal ein intelligenter Mensch kann das; dieser schreibt gute Artikel und beherrscht Saalgespräche.

Zur Literatur gehört oder gesellt sich jener Teil des Lebens, der bei jedem einzelnen individuell und okkult ist. Daher ist die Ausführung der Kunst anormal, da es der Ausdruck von dem ist, was normalerweise unausgedrückt bleibt.

Das ist nur das Unbrauchbare.

* * *

Eine der Formen der Gesundheit ist die Krankheit. Ein perfekter Mensch, wenn er existieren würde, wäre das anormalste Wesen, das man sich vorstellen kann.

* * *

Der allgemeine Volkssinn spürt vage, daß es in diesen Theorien fälschlicherweise irgendeine inhumane Sache gibt; sie sind in irgendeiner Art gegen die Natur. Aber was der gute Volkssinn ahnt, das ahnt er eben nur; er spürt dies instinktiv und leitet es nicht aus der Analyse ab.

Als Puristen, wie es der Leser weiß, werden diejenigen bezeichnet, die sich beim Schreiben einer Sprache darum bemühen, moderne Formen auszumerzen und (...), diese im Rahmen der Korrektion zu fixieren (...) Daher ist der englische Purist logischerweise ein Individuum, das, wie der Dichter Barnes[57], die britische Sprache reangelsächsizieren möchte und sie insofern auf ein Angelsächsisch des Satzes herabsetzt (...). Logischerweise, sagten wir, bedeutet das Puristsein eben dies; logischerweise, da richtig seine Sprache schreiben nicht (...) bedeutet, noch nennt man es puristisch, sondern vielmehr korrekt. Puristisch ist der bereinigte Ausdruck (und auch wenn er es nicht ist, handelt es sich nicht um ein Verbrechen), selbst wenn er nur leicht bereinigt ist.

Hierin sieht man den Fehler des Puristen, der ganz deutlich in dem zitierten Fall des (...) Dichters Barnes bemerkbar ist – er besteht in der Verkennung dessen, was als die Evolution einer (...) Sprache angesehen wird, und möchte ihr einen Rückschritt in eine (...) Zeit aufzwängen, ohne zu verstehen, daß die Sprachen, wie alle anderen Dinge auch, Manifestationen ihrer Zeit ebenso wie der sozialen Psyche dieser Zeit sind, daß sie sich also entwickeln (...).

Die Abstinenzbewegung *(teetotalism)* ist ein Unsinn von derselben Art wie der linguistische Purismus, der ökonomische Purismus, der politische Purismus, der sexuelle Purismus. Unter dem ökonomischen Purismus verstehen wir (...) den Sozialismus; unter dem politischen Purismus verstehen wir die Anarchie; und unter sexuellem Purismus den Feminismus, den wir aufgezeigt haben. Alle diese Fälle basieren auf einem Unverständnis (grundlegend demselben) der wissenschaftlichen Grundlagen, auf denen die Fakten beruhen, die sie purizieren. So ist der Sozialismus ein degeneratives Unverständnis bezüglich der sozialen Gründe des individuellen Eigentums; der Anarchismus bezüglich der sozialen Grundlagen des Staates; der Feminismus bezüglich der (...). In derselben Art beinhaltet die Abstinenzbewegung *(teetotalism)* ein Unverständnis von dem, was hinsichtlich der (...) die menschliche Natur darstellt.

Ein Soziologe dagegen, solange er gesund ist, erkennt mehr oder weniger den Fehler des Sozialismus, des Anarchismus, des Feminismus. (...)

Der in der Abstinenzbewegung *(teetotalism)* involvierte mentale Prozeß ist grundlegend derselbe wie der (...) im Sozialismus, im Anarchismus und im Feminismus. Es handelt sich um einen degenerativen Prozeß. Er beinhaltet eine psychische Regression, eine Erinnerung, einen primitiven Zustand, in dem es noch keinen Staat gab, kein Eigentum und keinerlei Unterschied (ausgenommen dem physischen und sexuellen) zwischen den beiden Geschlechtern. Es war in dieser Zeit, in der man Wasser trank, da es noch keinen Wein gab. Es handelt sich hierbei um eine analoge Sache wie das Erscheinen von Kiemen oder eines Schwanzes bei Individuen der menschlichen Spezies; es ist eine Erinnerung an längst vergangene (...) Zeiten und daher ein Stigma der Degeneration.

Gibt es nun einen psychischen Niedergang, dann möchte ich glauben, daß es auch eine unbewußte Erinnerung an primitive Stadien der Menschheit gibt. Wenn sich ein Mensch durch die physische Regression an das durch einen Affen oder selbst durch einen Fisch repräsentierte Entwicklungsstadium physisch – um es so zu sagen – *erinnern* kann, dann ist es gewiß nicht verwunderlich, daß es jemanden gibt, der psychisch zu einem Geistesstadium zurückkehrt, das vergleichbar ist mit dem quaternären Leben, einem Leben, das in dieser Zeit logisch und natürlich war.

(Die physische Rückkehr der Kiemen ist degeneriert, da das Wesen dann *ein Mensch mit Kiemen wäre:* als ob es sich um einen Fisch handeln würde.)

Der diese Purismen hervorrufende mentale Prozeß muß jedoch noch einer tiefergehenden Analyse unterzogen werden. Aus zwei Sachen wird dann eine.

Schwache und degenerierte Gehirne, oder Gehirne, die, von Anfang an, in ihrer degenerativen Form an einen primitiven Zustand erinnern, studieren, analysieren und überlegen anhand einer fatalen und unzerstörbar vorgefertigten Idee (wie gebildete Theologen, die sich in der Überzeugung von der Wahrhaftigkeit ihres Glaubens irren und jenes fälschlich interpretieren, was sie studieren, da sie es eben nicht aus ihrem Gesichtsfeld entfernen können); oder sie klammern sich, wenn sie vor die Klärung von schwierigen Problemen gestellt werden wie beispielsweise die Beziehungen zwischen dem Kapital und der Arbeit, zwischen der Natur und der Funktion des Staates, oder Probleme bezüglich der Frauenrechte, und wenn sie durch eine zu schwache Aufmerksamkeit, einen fehlenden Willen, eine mangelhafte Überlegung zur Klärung dieser Probleme unfähig sind, dann klammern sie sich an die einfachste Lösung, die auch die radikalste ist und von der Soziologe nur eine Sache weiß – eben daß sie mit Sicherheit falsch ist. Und man weiß es, da diese Lösung nur in der Beseitigung des Problems besteht. Wie löst der Sozialismus das Problem des Kapitals und der Arbeit? Indem er das Kapital beseitigt. Wie beseitigt der Anarchist das Problem der Funktion des Staates? Indem er den Staat beseitigt. Wie löst der Feminist das Problem der mentalen (...) Unterschiede zwischen Mann und Frau? Indem er erklärt (unabhängig davon, daß er es oft nicht macht), sie würden nicht existieren. Diese Löser verspottete schon Stevenson mit einer sicheren Intuition in einer seiner Fabeln, die sofort nach *Dr. Jekyll und Mr. Hyde* publiziert wurden. Stevenson sagte: (...).

Wenn wir die Gehirne von diesen Degenerierten klassifizieren, dann möchten wir sie nicht wie irgendwelche Verrückte oder (...) behandeln. Es genügt, daß ihnen das Stigma *Purist* zuerteilt wurde. So könnte der Mensch mit den Kiemen insgesamt ein anderes Detail eines normalen und gesunden Körpers darstellen; wobei das Vorhandensein von Kiemen jedoch auf einen Degenerierten hindeutet.

Andere Puristen könnten sagen: Wir laufen alle nackt herum. Und sie könnten beweisen – was einfach wäre –, daß der alte Brauch der Benutzung eines Anzugs Nachteile für die Gesundheit, die Straffheit und die (...) mit sich bringt. Diese (...) fühlen mit Sicherheit viel weniger als wir selbst die Extreme des Sommers und des Winters. Hier ist der Rückschritt zu einem primitiven Stadium noch deutlicher und der Unsinn noch offensichtlicher (...). Allerdings gibt es keinen grundsätzlichen Unterschied zwischen diesem Unsinn und dem der Abstinenzbewegung *(teetotalism)*. Es verhält sich wie mit zwei Fehlern innerhalb der Addition; bei dem einen gibt es nur zwei einfache Posten, bei dem anderen gibt es mehrere Posten; jedermann bemerkt sofort den Fehler, wenn man behauptet 6 + 4 = 9, was aber schon nicht mehr ganz so ist, wenn man 6, 7, 4, 5, 9 und 8 zusammenzählt und dann behauptet, das wäre gleich 38.

Wer weiß, wieviel der Wein schon zur (...) Geselligkeit beigetragen hat? Hält man dies für lächerlich? Negiert man so den Einfluß, der über Jahrhunderte zugestanden wurde, des Anzuges auf das Schamgefühl? Und ist das Schamgefühl nicht ein wichtiges Gefühl?

* * *

Zur eugenistischen Bewegung und dem Irrtum an deren Basis. Sie nehmen an, daß der biologische Fakt gleichzeitig auch ein soziologischer Fakt ist, da nun das gesunde und gute Wesen (Mensch/Tier) auch das beste Ding in der Biologie ist und das gesunde und gute Wesen (Mensch/Tier) auch das beste Ding in der Soziologie ist. Denkt man ein wenig nach, dann beschreiben die Tatsachen, die zu dieser Materie gehören und von denen wir etwas wissen, schon die gesamte Theorie. Sollte es irgendeinen Menschen mit einem sozialen Wert geben, dann ist dieser Mensch ein genialer Mensch. Nun ist aber das Genie nicht nur von einer mehr oder weniger bemerkenswerten Geistesgestörtheit gezeichnet, allein schon die Tatsache des Genies an sich ist eine biologische Anormalität. Damit ein Mensch im Geist original sein kann, muß er im Gehirn anormal sein; damit ein Mensch der Autor einer außergewöhnlichen Sache innerhalb irgendeines Bereichs der menschlichen Aktivität sein kann, muß es bei ihm ein Anzeichen von einer fehlenden Anpassung an die Umwelt geben, welches das erste Zeichen einer biologischen Anormalität ist. Selbst in der Annahme, daß die Versuche, die Natur darüber zu unterrichten, wie sie sich selbst lenkt, zu einigen recht guten Resultaten geführt hat, wird sie immer dahin tendieren – und dies geschieht im exakten Verhältnis zu ihrem eigenen Erfolg –, Elemente einer morbiden Variation zu eliminieren, auf denen aus uns unbekannten Gründen das

Erscheinen von Überlegenheit – bezüglich des Intellekts oder des Willens – basiert.

Eng verbunden mit dieser eugenischen Bewegung ist die etwas weiter ausgreifende Bewegung gegen Alkohol und Tabak, deren speziell unglaubwürdiges Wesen in der Tatsache besteht, daß sie zu einer antiindividualistischen Bewegung geworden ist; und eine sozial legitime Aktion einer einfachen Propaganda gegen »Drogen« ist zu einer Tyrannei gegen ihre Nutzer geworden. Die Doktrinen der Gesundheit haben sich in eine zweite Inquisition gewandelt, die noch weit weniger erfolgreich ist als die erste.

Das revolutionäre Dogma einer glücklichen Nation. Durch dieses wird eine Nation zu einer Art Privatunternehmen degradiert, und jedes Bestreben nach Größe und Einfluß wird als eine Art morbides Wachstum betrachtet. Das Ideal dieser Leute ist die Schweiz, die nichts anderes als ein organisiertes Hotel darstellt – seelenlos, unhöflich und sicher.

* * *

Man könnte sagen, ein neues Produkt der für diese Bedingungen typischen Zivilisation ist das, was wir als ein »Halbgenie« bezeichnen würden. Vor dem 18. Jahrhundert, und unabhängig von dem einen oder anderen Fall, gab es in ihrer natürlichen Abstufung intelligente Menschen, talentierte Menschen und geniale Menschen. Das 19. Jahrhundert erschuf Menschen, die zwar nicht unbedingt Genies waren, aber doch über die Sensibilität eines genialen Menschen verfügten, über eine mit der des genialen Menschen ähnlichen Intelligenz, die aber nicht, wie gesagt, an die Genies heranreichen konnten. In vielen Fällen erleiden sie das Unglücklichsein des Genies, ohne allerdings die Tröstung des Vertrauens auf einen posthumen Ruhm zu erfahren.

Die Symbolismus genannte literarische Periode brachte verschiedene Beispiele von diesem schmerzhaften Phänomen an die Oberfläche – Männer, die an den Bitterkeiten, an den Depressionen, an all den Ängsten leiden, die eine Nichtanpassung an die Umwelt so mit sich bringt und die vom Genie repräsentiert wird, und die alle für das Genie charakteristischen Emotionen fühlen, ebenso wie sie über einen großen Teil ihrer Ideen verfügen, jedoch ohne dabei die Größe zu besitzen, die das Genie auszeichnet. Das tragische Beispiel Amiels steht diesen allen voran.

* * *

[Die Rassenkreuzung und die Soziologie von Mário Saa[58]]

Soweit es uns die aktuellen biologischen Kenntnisse erlauben, irgendwelche Affirmationen anzustellen, scheint es, daß die reinen Rassen gegenüber den gekreuzten Rassen unterlegen sind, solange zumindest die sich miteinander kreuzenden Rassen auf demselben Entwicklungsniveau stehen. Der Grund dafür ist einfach: Alles, was die Variierung fördert, fördert ebendeshalb auch die Vervollkommnung des individuellen Typs. Die Infiltrierung von jüdischem Blut – indem man die Juden als eine Rasse wie jede andere auch betrachtet – kann also zur rassischen Vervollkommnung dienen. Sicher wird dies das Erscheinen von noch mehr Verrückten, von noch mehr Kriminellen, von noch mehr Degenerierten fördern, als wenn es sexuelle Beziehung nur innerhalb der eigenen Rasse geben würde; aber es fördert auch das Erscheinen von noch mehr Genies, von mehr Talent, von mehr aktiver und intellektueller Überlegenheit. Die Variierung geschieht in zwei Richtungen; und es ist auch keine Gesellschaft möglich ohne Kriminelle im Übermaß, ohne Verrückte in Überfülle, ohne Degenerierte in Masse. So bezahlt die Menschheit ihren eigenen Fortschritt. Nur die Mythologen der Gleichheit und der Brüderlichkeit – die Radikalen aller Art – können annehmen, es wäre möglich, gleichzeitig die Zivilisation und die Glückseligkeit aufrechtzuerhalten, den Fortschritt und die menschliche Stabilität. Die Engländer sagen, man kann den Kuchen nicht gleichzeitig essen und behalten.

* * *

Was einen Laien in der Wissenschaft wesentlich auszeichnet, ist die Unbeschwertheit, mit der er universell erklärende Theorien erstellt und anerkennt. Der wahrhafte Wissenschaftler, der in einer geduldigen Beobachtung eine Vielfalt von Tatsachen vor sich hat, gelangt nur schwierig zu einer universell erklärenden Theorie; er begnügt sich mit Versuchen und Annäherungen, er ist ängstlich gegenüber der Widersprüchlichkeit innerhalb der Fakten, er befürchtet die Widersprüchlichkeit von neuen Fakten.

Die Soziologie von Mário Saa ist absolut wunderlich, seine Biologie völlig mythisch. Er formuliert eine rigide und einfache Theorie der Vererbung, wo die Biologen bisher noch nicht eine einzige formulieren konnten. Für ihn stammt das männliche Wesen vom männlichen Wesen ab, das weibliche Wesen vom weiblichen Wesen; und daher ist das eine ein männliches Wesen, und das andere ist ein weibliches Wesen. Der Sohn ist wesentlich der Vater; die Tochter ist wesentlich die Mutter. Und diese wesentlichen Eigenarten und Veranlagungen bezieht er in eine Art der psychischen oder gar physischen Atmosphäre ein, die von einem anderen Vorfahren stammt. Es ist unnötig zu erklären, daß keine Tatsache, welche die Wissenschaft bisher entdeckt hat, diese biologische Phantasie bekräftigen wird; selbst die allgemeine Intuition, die wissenschaftlich keinen Wert hat, widerspricht diesem völlig, da in der interpretierenden Tradition des Volkes der Sohn nach der Mutter kommt und die Tochter nach dem Vater.

* * *

Wenn alle anderen Umstände gleichwertig sind, wird das Produkt der Vermischung von verschiedenen Klassen gegenüber einer anderen Verkreuzung, die innerhalb derselben Klasse stattfindet, höherstehen; das Erzeugnis von unterschiedlichen Rassen (wenn sie sich auf demselben Evolutionsniveau bewegen) wird über dem Produkt von Eltern aus derselben Rasse stehen, und so verhält es sich auch in anderen Dingen. Die biologische Ursache ist einfach zu verstehen:

Alles, was die Variierung fördert, fördert auch die Vervollkommnung; selbst wenn es dabei zur Ungleichheit des menschlichen Typus kommt.

* * *

Ethopathologie

Einführung in das Studium der Ethopathologie

(Kriminologie. Geniologie. Maniologie.)

Ethologie ist die Lehre vom Charakter.

Ethopathologie ist daher die Lehre vom morbiden Charakter – also die Lehre vom antisozialen Kriminellen, vom supersozialen genialen Menschen und vom extrasozialen Verrückten. Dem entsprechen die Kriminologie, die Geniologie und die Maniologie.

Idee des Anormalen.
Klassifikation.

* * *

Die Übertreibung der

Neigung – ist antisozial (Napoleon, ein großer Krimineller)
Sensibilität – extrasozial (der Verrückte)
Intelligenz – supersozial (das Genie)

* * *

Das Studium des Genies sollte beginnen (wie alle psychologische (...)) mit dem Studium der Ideenassoziation – eine wesentliche Tatsache des psychischen Lebens.

Das Genie ist nur eine *normale* Assoziation von anormalen Ideen und Eindrücken.

In der Assoziation von irgendwelchen Dingen gibt es zu bemerken:

1 die Dinge, die sich assoziieren,
2 die Bedingungen, in denen sie sich assoziieren,
3 die Art, wie sie sich assoziieren.

Das Genie ist ein talentierter Wahnsinn. Es handelt sich nicht um die Koexistenz von Talent und Wahnsinn; sondern um die Interexistenz von ihnen.

Das Genie ist das Gleichgewicht im Ungleichgewicht.

* * *

Genies, die unentwirrbar verrückte Genies sind: Carlyle, Nietzsche, Verlaine, António Nobre[59].

Diese Genies erlauben es uns, direkt die Beziehung zwischen Genie und Wahnsinn herauszugreifen.

* * *

Die am weitesten degenerierten – zumindest intellektuell – sind die, die in einer poetischen Form denken, jedoch keine Poeten sind. Siehe Carlyle, Nietzsche.

* * *

Das philosophische Genie ist ebenso inspiriert und unbewußt (...) wie das poetische oder musikalische Genie. Das *Wesen* der inspirierten Ideen ist jedoch anders, da sie, in diesem Falle, essentiell *das Bewußtsein provozieren.*

* * *

Der zwischen Wahnsinn und Genie bestehende Unterschied ist derselbe, den es beispielsweise zwischen den Träumen einer normalen

Person und der Ideenbildung ebendieser Person *im Wachzustand* gibt. Jedermann versteht (mehr oder weniger), daß der Unterschied hier in der Aufhebung oder in der fehlenden Aktivität der geistigen Fähigkeiten der Aufmerksamkeit und der Wahrnehmung besteht, die das Individuum mit der äußeren Welt verbinden. Allerdings versteht nicht jedermann die genaue Beziehung zwischen den Geistesfähigkeiten der Imagination oder der Reproduktion und denen der Beobachtung und der Aufmerksamkeit in den Zuständen des Schlafes und der Wachsamkeit. Man muß festhalten, daß es im Wachzustand keine willentliche und bewußte Unterdrückung der Repräsentationen und Imaginationen gibt, sondern nur eine unbewußte und unwillentliche. Es ist nicht die bewußte und (...) Persönlichkeit, welche die Imagination beherrscht; sie wird nicht eigentlich beherrscht, sondern ausgeglichen durch die aufmerksame und wahrnehmende Persönlichkeit. Bezüglich der Wahrnehmungen gibt es ein beständiges Auftauchen der Repräsentationen (die eigentliche Wahrnehmung ist nichts anderes), wobei diese aber mit den unmittelbaren Wahrnehmungen verbunden sind. Die zentripetale Strömung erzeugt *Bilder...*

Wenn nun, wie im Schlaf, die zentripetale Strömung unterbrochen wird, kann die zentrifugale Strömung einsetzen, die nicht während des Wachzustandes funktioniert, da die erinnerten Repräsentationen wesentlich weniger lebendig sind als die unmittelbaren und äußeren. Das an eine Wahrnehmung gebundene Bild übertrifft sie an Lebendigkeit und ist wie eine *Halluzination* oder eine produzierte Illusion. (Was bei jedem Individuum unterschiedlich ist.) Das automatische, also das nicht hervorgerufene, Funktionieren der *rezeptorischen* Zellen hängt vom Organismus des Individuums ab und, radikal auf uns bezogen, von der *zellulären Chemie.* (Auf uns bezogen, automatisiert die zelluläre Heterochemie die Zellen, indem sie mit der Desintegration des *Nerven*organismus beginnt.)

Auf uns bezogen, besteht der Wahnsinn in folgendem Sachverhalt: Die *zentripetale* Geistesaktivität – die Wahrnehmungen, die Urteile, die Überlegungen – wird unterjocht durch die *zentrifugale* Aktivität – die Erinnerungen, die *Assoziationen,* die Imagination.

Wir stimmen nicht völlig mit dem Schema von Grasset überein. Auf uns bezogen, ist folgendes exakter:

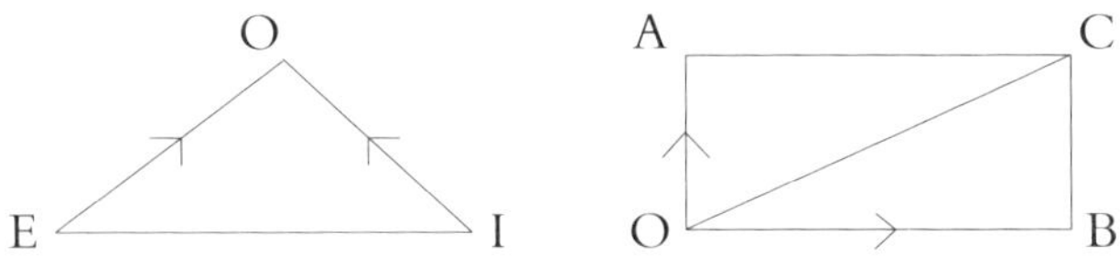

E Außen (Wahrnehmung des Äußeren)
I Innen (Wahrnehmung des Inneren)
O Zentrum der Ideenbildung. Aus der Vereinigung der Wahrnehmungen mit den Bildern wird das *bewußte* Denken geboren. Daher ist die normalste und gesündeste Form der intellektuellen Aktivität die wissenschaftliche Forschung, bei welcher der mentale Prozeß in der Beobachtung besteht (E), und in der späteren Verbindung (O) von Beobachtungen und Kenntnissen (I).

Das bewußte Denken besteht in einer *idealen Beobachtung* der Ideen, Fakten oder Argumente und in deren Gegenüberstellung mit anderen.

Die Evolution des Denkens bedeutet selbstverständlich die Evolution des normalen Denkens. Bezogen auf das Denken des anormalen Genies, besagt dies, daß die Menschheit nicht zur Genialisierung tendiert, sondern zum Talent. Vielleicht wird es mehr Genies geben, da die Vereinigung des Talents, das immer weniger wird, mit dem Wahnsinn sie uns geben kann; wobei aber das Genie *immer* eine *spezielle* Sache sein wird, keine *vorzeitige* Sache, keine *Progeneration,* sondern eine *Abberation,* vollständig eine *Abberation.*

Spontane Aufmerksamkeit = Verständnis
Willentliche Aufmerksamkeit = bewußtes Denken
Unwillentliche Aufmerksamkeit = Wahrnehmung

Der *Versuch,* eine Sache zu verstehen, sich um ein Verständnis zu bemühen, deutet bereits ein bewußtes Denken und nicht nur ein einfaches Verstehen an; es besteht eine gewisse Überlegung und eine gewisse Konzentration. Die »spontane Aufmerksamkeit« ist jedoch weder willentlich noch unwillentlich, sondern gehört zum Wesen von beiden.

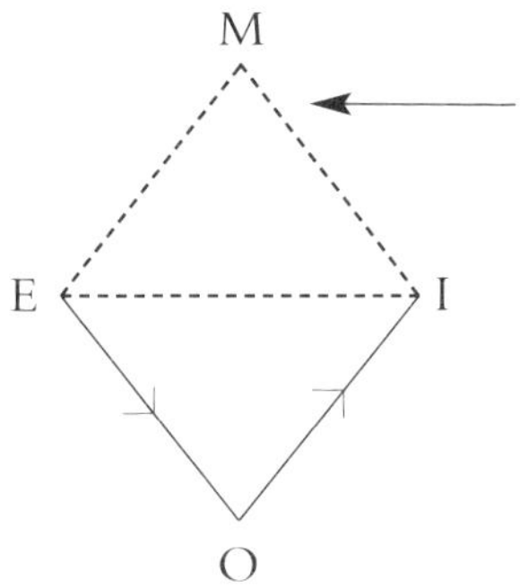

N.
Die zentrifugalen Strömungen sind wesentlich *motorisch,* die zentripetalen wesentlich *sensitiv.*

* * *

Regressive Theorie des Genies:

Das Genie ist ein Überleben verlorener Instinkte *(Symbolismen etc.),* in denen, wenn sie mit vollkommenen, gesunden Neurosen in Berührung kommen, Exaltationen erregt werden, was als Resultat die genialen Hervorbringungen hat.

Mit dem Verbrechen und mit dem Wahnsinn verhält es sich ebenso, sie sind *Degenerationen* – (Worin unterscheiden sie sich?).

Dies ist der historische Aspekt des Genies; der psychiatrische ist ein anderer. Jeglicher *Rückschritt* ist eine Krankheit.

Ob es wohl einen teilweisen Wahnsinn gibt

Makro-

oder nur *Mikro-*

also die unvollständigen Verletzungen der zellulären Chemie?

Die Theorie vom *Progenerierten* ist unverständlich. Welches Phänomen ist dies?

* * *

Genie = verschiedene Neurosen. Diese Neurosen sind Regressionen der Funktion des Gehirns in eine vergangene Periode, wobei die gegenwärtige Struktur beibehalten wird. (Welche *regressive zerebrale Funktionsweise* entspricht nun der Hysterie, der Neurasthenie etc.?)

Die Neurasthenie entspricht eindeutig der zerebralen Schwachheit des Primitiven. Die Epilepsie entspricht dem *Zerfall* (...).

Wie ergibt sich, im obenerwähnten Fall, die Trennung zwischen der Struktur und der dazugehörigen Funktion? Ist es möglich? Vergleich mit physiologischen Fällen (...). Gibt es keine *mikroskopischen* Veränderungen im regressiven Gehirn?

* * *

Jede Neurose hat ihre Art, das Individuum zu intellektualisieren. (Klar, dies kann geschehen, muß aber nicht.)

Die Neurasthenie intellektualisiert durch die *Manie des Zweifels* (oder der Metaphysik).

Die Hysterie durch die Erhöhung, durch die Poetisierung der Gefühle.

Die Epilepsie durch luzide und intensive Visionen.

(Wichtig für die Theorie des Genies.)

* * *

Man muß nicht unbedingt metaphysisch veranlagt sein, um das Mysterium der Existenz fühlen zu können; es genügt, wenn man eine starke Imagination hat, die mit *etwas* Metaphysik vermischt ist.

Es ist unbestreitbar, daß ein Idealist eine schärfere Wahrnehmung vom Mysterium hat als ein Spiritualist oder ein Materialist, oder selbst als ein Pantheist.

* * *

Das poetische Genie. Vergleiche innerhalb der leidenschaftlichen Haltungen die hysterische Periode mit der mentalen Periode der poetischen Inspiration.

* * *

Es gibt Leute, die auf einige Fakten aufmerksam machen, wie beispielsweise darauf, daß die Zeichnungen von Geisteskranken normalerweise entweder klägliche Korrektionen sind oder lächerlich exzentrisch, oder einfach nur geistlos. Und die Autoren, die diese Fakten zitieren, weisen darauf hin, daß die Theorie von degenerierten Genies und der Beziehungen zwischen Kunst und Wahnsinn unhaltbar ist. Eine deutlichere Untersuchung der Umstände weist jedoch auf die wichtige und einzigartige Tatsache hin, die Genies als (...) darstellt.

Genies sind nicht ausgeglichen in dem Sinne, wie der normale Mensch ausgeglichen ist, der ein Individuum ist, in dem es kein Gleichgewicht der Stimmungen gibt, sondern nur der Fähigkeiten (und eine leichte Veränderung der Stimmungen). Genies sind in dem Sinne ausgeglichen, wie sie Wesen sind, in denen sich zwei Strömungen der Degeneration – eine der Exaltation, die andere der Depression – treffen und ausgleichen, wobei es sich aber um nicht mehr als um ein Gleichgewicht zwischen zwei morbiden Qualitäten handelt und das Wesen somit in seiner Gesamtheit ein morbides Sein darstellt.

(Die besten Bedingungen für die Erschaffung von Genies bestehen in einer leichten Anormalität von Vater und Mutter – Anormalität, um den morbiden Impuls von beiden Seiten zu geben; leicht, um diesen beiden morbiden Impulsen einen ausgleichenden Impuls zu geben.) *(Zitiere Fälle.)* Man sollte jedoch festhalten, daß sich dieser Ausgleich nirgends anders ergibt als im zerebralen Bereich – daraus ergibt sich das Genie (...).

In den unmittelbaren Vorfahren muß es zwangsweise ein Element des Gleichgewichts und eines der Unausgeglichenheit geben.

Aber sowohl das Element des Gleichgewichts als auch der Unausgeglichenheit *sind morbid.* Das Gleichgewicht ist *ein morbides Gleichgewicht.*

Das geniale Gleichgewicht ist so morbid, wie es regulär ist; strenggenommen der reguläre Wechsel zwischen den Zuständen der Erregung und der Depression in den dazugehörigen Psychosen.

* * *

Jede Idee erscheint im Humus der Sensibilität. Warum? Da die *Überlegung,* das *Denken* (*nicht die* Idee) keine Impressionen oder Vorstellungen sind, sondern Zellbeziehungen.

* * *

Der eigentliche Begriff der Degeneration ist für Verwechslungen und falsche Einschätzungen anfällig.

Es ist nicht sehr vorteilhaft, ihn für zwei gleiche Geisteszustände anzuwenden, oder für zwei fast unterschiedliche Begriffe – wie für einige Wilde und einige Kriminelle, die zwischen uns existieren können. Es wäre einfacher, einen Begriff zu finden, der beide umfaßt, was den Eindruck seiner psychischen Identität, oder Fastidentität, vermittelt, womit der zweite, der im gegenwärtigen Gesellschaftszustand schon als ein Degenerierter angesehen wird, auch noch zu einer rückschrittlichen Person wird.

Aber dies wird man nicht immer sagen können, da in der sogenannten Degeneration Phänomene und Stigmata erscheinen, die sich nicht im Wilden oder im primitiven Menschen auffinden lassen – wie also (die Beispiele fehlen nicht) Sixdigitalismus, farbiges Gehör, sexuelle Inversion.

* * *

Dieser Tatsache gesellt sich noch eine andere hinzu, welche die Theorie der Degeneration ebenfalls bloßstellt: Der primitive Mensch, der dieselben Charakteristiken wie der zeitgenössische Primitive aufzeigt, in welcher Beziehung steht er zu diesem hinsichtlich des Begriffs der Degeneration?

* * *

In der Wissenschaft des Lebens.

Ein lebendiges Sein ist ein Sein mit

1 Struktur,

2 Funktion,

3 Entwicklung; Veränderung.

Es hat eine *Struktur,* die in einer bestimmten Form *funktioniert,* und da sie funktioniert, muß sie notwendigerweise das Sein vollständiger oder unvollständiger machen, (...) oder eine Dekadenz – (...) was wir unter dem Begriff Veränderung angegeben haben.

Diese in der Biologie so wichtige Vorstellung zeigt uns sofort eine Verbindung in der rationalen Überlegung (...), zwischen Wesen, die als lebendig betrachtet werden, und Wesen, die man als nicht lebendig ansieht. Schließlich ist es, wie es auch schon metaphysisch analysiert wurde, undenkbar, daß irgendein Wesen – ob es nun »lebendig« ist oder nicht – in Zeit und Raum existieren würde, ohne irgendeine Struktur, eine Lebendigkeit, eine Funktion etc. zu haben. Aber nicht nur dies. Gegenüber der reinen rationalen Überlegung ist es undenkbar, daß irgendeine Sache innerhalb der Zeit lebt, ohne daß dieses Leben in der Zeit irgend etwas bedeuten würde – eine *Veränderung* in irgendeiner Art. Was lebt, muß sich verändern. Experimentell kann man dies nicht nachweisen. Es ist jedoch, hinsichtlich der Unvollkommenheit von Zeit und Sein, axiomatisch.

* * *

Struktur
Funktion
Entwicklung

Es ist nicht verwunderlich, daß die Definition des Lebens schwierig ist. Schwierig ist auch die Definition des Tieres, und die der Vernunft ist es auch. Im Versuch, das Tier zu definieren, gab es auch schon das Bestreben, dieses von der Pflanze zu unterscheiden – und dies (...). Wer sich nun darum bemüht, das Leben zu definieren, muß zwangsläufig zwischen »belebt« und »unbelebt« unterscheiden; und diese Unterscheidung kann man unmöglich treffen.

Wie man nicht sagen kann, der Klumpfuß oder der Sixdigitalismus seien Krankheiten des Fußes oder der Hand, sondern physische und zu einer Degeneration gehörende Anomalien, so beruht das, was man früher Monomanie nannte, auf einer unilateralen Manifestation einer allgemeinen Psychose.

* * *

Es gibt eine Art der Erbschaft, die gesund ist, und eine Art, die es nicht ist.

Beispielsweise kann man den musikalischen Sinn auf eine gesunde oder auf eine morbide Weise erben – und in beiden Fällen kann dieser Sinn dieselbe Intensität haben. (...)

* * *

Die Fragestellung Shakespeare–Bacon

William Shakespeare, Pseudonym.

I

Zwischen den vielen anderen literarischen und historischen Problemen innerhalb der zeitgenössischen Kritik hebt sich eine Fragestellung hervor, die man für gewöhnlich unter dem Stichwort »Shakespeare–Bacon« kennt, die jedoch auch weniger tendenziös als das »Problem des Werkes Shakespeares« beschrieben werden könnte. Hierbei handelt es sich nicht, wie bei der Grundfrage nach den problematischen Ursprüngen des Christentums, um die Geschichtlichkeit oder Nichtgeschichtlichkeit einer historischen Person, sondern um die Autonymität oder Pseudonymität einer literarischen Figur. In diesem Fall geht es nicht um die Diskussion über die unbezweifelbare Existenz des Schauspielers William Shakespeare, sondern um die Frage, ob dieser Schauspieler auch ein Autor gewesen ist, und insbesondere Autor jener bemerkenswert imaginativen Schöpfung, die unter seinem Namen bekannt ist. Ist »William Shakespeare« also in einem literarischen Sinne ein Pseudonym? Sollte er teilweise ein Pseudonym gewesen sein, wenn man beispielsweise von der sublim befremdenden Konstruktion auf den Fundamenten einer schwachen und unsicheren Dramatik ausgeht, die man mit shakespearisch adjektivieren könnte? Und im Fall, es handele sich um ein Pseudonym – ob nun gänzlich oder nur teilweise –, wem müßte dann die wesentlich sublime Autorenschaft der Dramen und der Gedichte »Shakespeares« zugeschrieben werden? Die Fragestellung geht in diese Richtung. Und da nun – im Sinne des Fortgangs dieser Skizze – der Philosoph Francis Bacon in rationalen Überlegungen am häufigsten für den Poeten Shakespeare gehalten wurde, ergibt es sich, daß die »Fragestellung Shakespeare–Bacon« zum größten literarischen Problem geworden ist, welches bisher bekannt ist.

II

Die Fragestellung Shakespeare–Bacon ergab sich aus dem unvermeidbaren Zusammentreffen zweier biographischer Untersuchungen – womit ihre Entwicklung eher logisch als chronologisch ist.

Die Erneuerung des Interesses am Werk Shakespeares ergab sich in der Mitte des 18. Jahrhunderts. Nachdem es zu seiner Zeit nur in ausgewählter Form vorgetragen (hierzu siehe man die lobenden Verse von Ben Jonson und von Milton), danach liegengelassen und schließlich fast vergessen wurde, hat erst ab dem Jahre 1741 die Kunst des Schauspielers David Garrick[60] wieder dazu geführt, daß die Dramen Shakespeares erneut zu bemerkenswerten Aufführungen gelangten. Nachdem nun das Interesse am Werk »Shakespeares« in einer radikalen Form wiedererweckt worden war, kam es selbstverständlich andererseits zu einem Interesse an der Persönlichkeit des Autors von diesem Werk. Als nun die Nachforschungen, die sich selbstredend auf das Fundament einer unvermeidlichen und undiskutierten traditionellen Identifikation Shakespeares als Autor und Schauspieler stützten, wieder angeregt waren, gab es befremdliche Ergebnisse – welche sich wahrscheinlich auch von Anfang an so entwickelt hätten, selbst wenn die Gehirne dieser Protokommentatoren mit der Möglichkeit zum Zweifel ausgestattet gewesen wären –, die sich aus einem Vergleich ergeben haben, den man auf plausible Weise anstellt zwischen der Person und dem Charakter eines großen Dichters, eines sehr großen Dichters, und zwischen der sich daraus ergebenden Individualität, in der Annahme, es handele sich bei dieser um die von Shakespeare.

Die Faktoren, die diese Befremdung hervorgerufen haben, sind von verschiedener Art. Einige von ihnen sind von einer Vielfältigkeit, die man folgendermaßen synthetisieren könnte: – Der Autor Shakespeare hat auf sein eigenes Werk keinen Wert gelegt; er hat es von jemanden publizieren lassen, dem gerade danach war; er hat es in die intellektuellen Hände von Schauspielern gelegt; er hat es so hinterlassen, daß es nur verstümmelt und unförmig publiziert werden konnte; er hat es zugelassen, daß unter seinem Namen jedermann das publizieren konnte, was ihm zu publizieren beliebte – er hat also insgesamt sein Werk so behandelt, als ob es für ihn keine Wichtigkeit, keine Größe, keine Wurzeln in der eigenen Seele gehabt hätte, als ob er es als eine Art Medium anhand einer spiritistischen Kommunikation geschrieben hätte, als ob es meilenweit von etwas entfernt gewesen wäre, was für ihn hätte einen Wert repräsentieren können. Daraus ergibt sich die komplexe Reihe von Daten und Editionen und des verstörenden Inhalts der Editionen, die das wichtigste bibliographische Material ausmachen, das man für das Studium der Persönlichkeit von Shakespeare nutzt. Und allein schon dies – diese scheinbare Gleichgültigkeit eines großen Dichters gegenüber seinem großen Werk – ist schwer zu verstehen, es wird aber absolut sphinxisch, wenn man bemerkt, daß Shakespeare in den *Sonetten* in einem extrem entschiedenen Ton von sich selbst und seiner bewußten Überlegenheit spricht, von der Sicherheit bezüglich seiner Unsterblichkeit, vom absoluten und bestimmten Verständnis seiner selbst als der Dichter, der er war.

Der Fall ist jedoch noch komplizierter. Je mehr man vorankommt, um so dunkler wird er. Die biographische Forschung *konnte bisher nichts offenbaren* (was man wohl bedenken sollte!) hinsichtlich des Autors Shakespeare als einer Person, als eines lebendigen Wesens. Im Hinblick auf die literarische Persönlichkeit, also in der Art, wie man sie mit einer bestimmten wirklichen Persönlichkeit identifizieren könnte, stimmen seine Zeitgenossen in einem verwunderlichen Schweigen überein. Die wenigen zeitgenössischen Hinweise auf den Autor Shakespeare helfen nicht, ihn als irgendeine Person identifizieren zu können, und sie sind noch viel weiter davon entfernt, ihn als Schauspieler zu identifizieren (viel eher noch ist das Gegenteil der Fall); und die wenigen zeitgenössischen Hinweise auf den Schauspieler Shakespeare führen bei weitem nicht dazu, ihn als Autor zu identifizieren, und schon gar nicht als Dichter. Im letzten Punkt gibt es allerdings eine Ausnahme. Zwei oder drei Gedichte – obwohl problematisch, so doch typisch – können dem Schauspieler Shakespeare zugeschrieben werden. Aber was für Gedichte! Sie sind in ihrer Banalität und fehlenden Poetik derartig grauenhaft, daß wir sie entweder ablehnen müssen (wofür wir keine plausiblen Gründe finden) und das Problem somit auf die ursprüngliche absolute Unklarheit reduzieren; oder wir nehmen sie an, womit wir jedoch entweder zugestehen würden, der große Dichter Shakespeare habe sich in einer Art Gelegenheitsdichtung noch unter die Mittelmäßigkeit eines gemeinen Epigrammatikers begeben, oder wir würden einräumen, es handele sich tatsächlich um einige üble Kompositionen des Schauspielers Shakespeare, die dann aber nichts mit dem großen Dichter zu tun haben, der diesen Namen benutzte.

Und was die Biographen letztlich als aufhellend am Charakter Shakespeares klarstellen wollten, widerspricht allem, was zu einer ausgeprägten imaginativen Fähigkeit gehört, und dies bis zu einem Punkt, an dem man unweigerlich zu einer Auffassung gelangt, nach der es in dieser Fragestellung irgendeinen Fehler von irgendeiner Art gibt. Dieser besteht in der Feststellung, daß William Shakespeare als Schauspieler offensichtlich als wesentliche Charakterelemente genau jene Züge aufwies, die man als kennzeichnend für einen dümmlichen, geschäftssüchtigen Nutznießer annimmt – absoluter Merkantilismus, Gleichgültigkeit gegenüber allem, was mit Intellektualität zu tun hat, kleinmütige und mißtrauische Gewandtheit in der Nutzbarmachung von Umständen und Menschen ohne eine andere Absicht als einen unsauberen und schnellen Gewinn. Dieser traditionelle Kandidat auf den Posten des größten Dichters der Menschheit erlebte eine Jugendzeit, in der er seine Ausbildung von einem Metzger in einem abgelegenen Provinznest erhielt; er kam nach London (und brachte – oh, welch sublimes Erbe einer Fleischerei – ein Gedicht über Venus und Adonis mit sich, kulturell aromatisiert von Anfang bis Ende, in vielen Punkten an Ovid erinnernd) und lebte zwischen den schlaffen Schauspielermentalitäten seiner Zeit; er hat sein Geld als Schauspieler und mit Gelegenheitsarbeiten zusammengekratzt... und beendete schließlich sein Leben als ein gelassener Kapitalist im heimatlichen Stratford-upon-Avon, indem er weiter seiner poetischen Gewohnheit folgte und sich von jeglicher intellektuellen Geselligkeit fernhielt, indem er für schöne Zinsen Geld verlieh und charakterfest seine blutarmen Schuldner verfolgte für Summen, die mit einigen fünfzigtausend Reis unserer Währung vergleichbar sind. Sein Vater konnte nicht schreiben, und von seinen drei Töchtern konnten zwei auch nicht schreiben. Hieraus sollte man ableiten, daß die beste Art des Analphabetentums (die man durchhalten kann) jene ist, bei der man als Vater den bedeutendsten Dichter der Menschheit hat. – Dies alles zwingt uns zur Übereinstimmung mit den kalten synthetischen Worten eines unparteiischen Kritikers: »Wenn wir nichts wissen, können wir uns alles vorstellen.« Was wir aber tatsächlich wissen, ist für eine Annahme fatal. Dies ermöglicht den tiefsten von allen Einwänden gegen die Identität von Shakespeare als Schauspieler und von Shakespeare als Dichter. Es erklärt vollkommen, wie Whittier[61] schreiben konnte: *Ich weiß nicht, ob Bacon wirklich diese gewaltigen Dramen geschrieben hat; worüber ich mir aber sicher bin, ist die Tatsache, daß sie der Mensch Shakespeare weder geschrieben hatte, noch schreiben konnte,* und John Bright[62] konnte in seinem typisch schneidenden Stil sagen: *Wer daran glaubt, daß Shakespeare aus Stratford den* Hamlet *oder den* Lear *geschrieben haben könnte, ist ein Tölpel.*

Bei den unparteiischsten und vorsichtigsten Beobachtern hat diese Offenbarung bezüglich des Menschen Shakespeare eine schmähliche Empörung verursacht. Nachdem nun am kritischen Horizont eine heftige Befremdung erstrahlte, tauchte einer der typisch empörten Ausrufe des Dichters Coleridge auf: »Was? Verfügen wir denn schon über Wunder zum Spaß? Hat denn Gott Idioten auserwählt, um den Menschen die göttlichen Wahrheiten zu übermitteln?« Und von Emerson bis Walt Whitman, von Bismarck bis Mark Twain entbrannte eine mehr oder weniger instinktive, eine mehr oder weniger skeptische, eine mehr oder weniger das Problem erklärende oder verrückende Revolte; um die Persönlichkeit des Schauspielers William Shakespeare ergab sich ein verschwiegener Zweifel, ein unruhiges Zögern, ihn als identisch mit dem Dichter William Shakespeare anzusehen. Auf vielfältige Weise hat die shakespearische Orthodoxie versucht, eine Tradition zu erschaffen, eine Tradition, der es in diesem Fall völlig an kritischer Unterstützung mangelt. Auf die Häretiker sind in diesem Fall literarische Beleidigungen niedergeprasselt. Aber als ein anderer unparteiischer Kritiker beobachtete der Richter Webb[63] sehr förderlich: »Heute ist nichts mehr heilig… Die Schwierigkeiten, die ein orthodoxer Glaube beinhaltet, provozieren Nachforschung; Nachforschung verursacht Zweifel; und Zweifel wandeln sich in Unglauben.« Und zusammenfassend gesagt, genau so verhält es sich.

Letztlich ist es nur die leere Tradition des reinen Namens, welche die typische Zuschreibung unterstützt. Die ärgste Sache wurde jedoch noch nicht erwähnt. Es ist der kleine heterodoxe Teil, der zur direkten Analyse des shakespearischen Werkes gehört. Worum handelt es sich bei diesem kleinen Teil? Zwei Punkte nur, die selbst als vernünftig eingeschätzt werden können, und ihre Anfechtung als sophistisch und illusorisch. Der erste Punkt ergibt sich aus der Analyse des Gesamtwerkes, und für den gegebenen Fall wird er als evident unterstrichen durch die unanfechtbaren Kompetenzen des obersten Richters Englands, Lord Campbell[64], und durch den nicht weniger rechtsgelehrten Lord Penzance[65]: Es handelt sich um den so beständigen, so sicheren, so komplexen, so mit der Psyche des Dichters völlig übereinstimmenden Gebrauch von *technischen Begriffen der Jurisprudenz* bei Vergleichen, bei Metaphern, bei unbewußten Kleinigkeiten im Satz, es handelt sich um die so vollständige Kenntnis der Gebräuche und Sitten am Gericht, daß schon die Annahme wenn nicht völlig unmöglich, so doch schwierig wird, all diese Dinge könnten einer anderen Sache entnommen worden sein als der tiefschürfenden Bildung eines Anwalts oder Rechtsgelehrten. Lord Penzance spricht von einem »Anwalt, dem die shakespearischen Dramen zugeschrieben werden müßten«. Lord Campbell bekräftigt, es gebe hinsichtlich der shakespearischen Jurisprudenz nichts einzuwenden. Und man beachte – auch wenn man hierfür eigentlich mehr als zwei kompetente Meinungen zu zitieren hätte –, daß selbst absolut Festgläubige an das Verhältnis Shakespeare–Schauspieler–Autor, um hier nur Dr. Furnivall[66] und Richard Grant White[67] zu zitieren, völlig mit der Anerkennung dieser Bildung eines Rechtsgelehrten oder eines Anwalts übereinstimmen. Und man beachte darüber hinaus, daß bei einer höheren Kompetenz des Kritikers auch die Jurisprudenz im »Shakespeare« höher angesetzt wird. Das Resümee liegt hierin: Man erkennt »Shakespeare« nicht nur die höhere Bildung, sondern auch die *Vergeistigung* des Rechtsgelehrten an. In der Tat, wenn in der reinen Liebesdichtung, wenn in der rein dramatischen Dichtung – von beiden Fällen die höhere, wenn man sie denn miteinander vergleichen kann – ein Gelehrter in den Gesetzen durchscheint, wie sollte man dann nicht daraus schließen, daß bei ihm durch ein beharrliches Studium und eine beharrliche Praxis die expressive Denkart mit juristischen Begriffen und Analogien wesensgleich geworden ist?

Es wäre unangebracht, wollte man den anderen Punkt als nicht stichhaltig ansehen, denn letztlich ist die aufgewühlte Verwunderung des unparteiischen Lesers der so wunderbaren Sonette beständig damit konfrontiert. Es handelt sich um die sexuelle Inversion des Dichters. Der mysteriöse Urheber der intensivsten und umfassendsten Liebesdichtung, die je geschrieben wurde, kann alles sein, mit Ausnahme einer Frau, wovon der Dichter Coleridge (im schrecklichen, aber moralischen Moment der geistigen Verwirrung des Kritikers) andere – ihn entschuldigend – überzeugen wollte, nach dem er sich selbst von dem überzeugt hatte, woran er fest glaubte. Es spielt keine Rolle, ob jener »Herr W. H.« auch tatsächlich William Hughes ist (dessen Existenz übrigens in keinem Dokument festgehalten wurde)[68], wie es von anderen, und hauptsächlich von Oscar Wilde[69], behauptet wird, oder ob es sich um ein Individuum handelt, dessen Initialen nichts anderes wären als ein rein literarisches W. H. – der Fall bezieht sich auf das Geschlecht von diesem Individuum.

Jeder dieser Einwände, ob es nun der verwunderliche oder der beschämende ist, zeigt sich als hinderlich betreffs der traditionellen Hypothese. Nichts ist bekannt – was übrigens völlig natürlich ist bei allen Hypothesen, ausgenommen bei einer blinden, welche die Wahrheit wäre –, absolut nichts ist bekannt von einem Shakespeare als Schauspieler und Rechtsgelehrten. Und als Beweis für die Ungewöhnlichkeit dieser Gegenüberstellung von Berufungen und Fähigkeiten – gegen welche es die Logik nicht für schwierig halten wird, ein Gesetz der Anhäufungen anzuzetteln – müssen wir uns als Sklaven eines Gefühls der Absurdität offenbaren, das die einfache Hypothese zurückweist. Was nun, in derselben Art, vom sexuellen Leben Shakespeares bekannt ist – eine fast unschickliche Anekdote und die Tatsache, daß sein erstes Kind nur fünf Monate nach seiner Hochzeit geboren wurde, scheinen etwas erzwungen zu sein –, widerlegt nicht seine Normalität als wahrhafter Mann. Für den traditionellen Kandidaten auf den Poetenrang ist das Mißgeschick nun von einer Art, daß ihm nicht einmal das Schamhafte die Kandidatur gefährden könnte.

III

Unabhängig von jeder Hypothese mit traditionalistischen Bestrebungen, und abgesehen von der Identifikation von Shakespeare-Dichter mit Shakespeare-Schauspieler – nur im letzten Fall handelt es sich um eine sicher etwas unwillig annehmbare Hypothese, die anderen haben brechend versagt, auch wenn ihre Exegese plausibel scheint –, gibt es noch zwei mögliche Dinge: Entweder war »William Shakespeare« ein Autonym, und dann gibt es zwei William Shakespeares, einen Schauspieler und einen Dichter; oder »William Shakespeare« war ein Pseudonym. Etwas weiter gefaßt wird die Hypothese von der Autonymie bekräftigt durch die Tatsache, daß der Nachname Shakespeare in Warwickshire relativ häufig ist und der Vorname William in ganz England mehr als gebräuchlich. Es gab – man scheint es zu wissen – noch einen anderen oder mehrere andere William Shakespeares. Mit dieser Hypothese kommt man jedoch nicht weit, wobei hier aber die Wanderung der Überlegung einen rigorosen Weg einschlägt. Dieser andere William Shakespeare ist *vox et praeterea nihil.* Wenn uns nun alles zur Ungewißheit reicht, nach der es eine Identität zwischen dem Schauspieler und dem Dichter mit demselben Namen gegeben haben sollte, kann uns auch nichts dahin bringen, an irgendeinen anderen William Shakespeare zu glauben, der wahrhaftig und ein Dichter gewesen sein sollte. Von William Shakespeare als Dichter – darauf besteht man – weiß man einzig nur die Bagatelle, nach der es einen Dichter gegeben hatte, der unter diesem Namen schrieb. Und wie man darüber hinaus nichts weiß und wie es selbstverständlich ist, daß zu diesem Namen auch ein Individuum gehören muß, von dem man etwas wissen sollte, verstirbt diese vorübergehende Hypothese an einer logischen Erschöpfung.

Daher sollten wir nur noch betrachten, ob sich diese Unwahrscheinlichkeit auch bezüglich der Annahme ergibt, nach der man beim Dichter und Dramatiker Shakespeare von einem Pseudonym sprechen könnte. Sollte dieser Name ein Pseudonym sein, dann von wem? Von einem durch seine literarisch pseudonyme Persönlichkeit völlig verkannten Menschen? In diesem Fall stagniert die Fragestellung, und es bleibt nichts anderes übrig – wenn man nicht zwischen drei unwahrscheinlichen Hypothesen diejenige mit der scheinbar geringsten Unwahrscheinlichkeit wählen möchte –, als der Kritik den Rücken zu kehren und mit fester Entschlossenheit von »Shakespeare« zu sagen, daß mit diesem Namen nichts ausgesagt wird. Aber einen literarischen und auch jeden anderen Zweifel behandelt man nicht mit der Kraft der Unkenntnis; und obskure Gefühle und Tendenzen flüstern früher oder später der Vernunft hinterlistige Überzeugungen und Vorlieben ein, die etwas anderem als der rationalen Überlegung entspringen. Im übrigen befindet sich aber der rationale Verstand nicht völlig unbewaffnet auf der Suche nach einem Stückchen Wahrheit. Von dem Dichter weiß man einige Sachen. Man weiß, daß er im Recht gelehrt war, man weiß, daß er sexuell invertiert war, und man kann es als wahrscheinlich annehmen, daß er – nimmt man das Genie in Betracht, das er gewesen ist, und die menschliche Erfahrung, die er gezeigt hat – aufgrund seiner Leichtigkeit im Ausdruck und der ihm nicht abzustreitenden Kultur wohl kaum ein Mensch gewesen sein dürfte, dessen wirkliche Persönlichkeit in der Gesellschaft seiner Zeit untergegangen wäre. Es genügt, das Problem anders anzugehen – womit wir glauben, luzide zu sein – und den Blick zwangsläufig auf eine Figur zu richten, die neben »Shakespeare« zu den wichtigsten Persönlichkeiten dieser Epoche gehörte und genau jene drei Qualitäten in sich vereinigt, welche die Analyse und die Nachforschung unbezweifelbar erzwingen. Es handelt sich um den Philosophen und Staatsmann Francis Bacon. Wie bekannt ist, war er Anwalt und Rechtsberater; er war, was zum allgemeinen Wissen gehört, eine der wichtigsten und brillantesten Figuren seiner Gesellschaft; und letztlich war er, worüber man sich deutlich anhand der Lektüre der dokumentierten Bände von Reverent Walter Begley[70] informieren kann, als ein Päderast bekannt.

Dies alles ist ohne jeden Zweifel beachtlich, sehr beachtlich; ist es jedoch auch schlüssig? Sollte denn etwa jener Einwand *(passim)* keinen Wert haben, der von J. M. Robertson[71] erhoben wurde in dem Vorwort zu seiner neuen Edition der philosophischen Werke Bacons, nach dem ein so arbeitsreiches Leben ihm keine Zeit gegeben hatte zur Fertigstellung seines eigenen philosophischen Werks, und sicher noch viel weniger, um hier die Erschaffung von fast vierzig shakespearischen Werken mit einzuschließen? Mit dem Hut in der Hand dürfte man antworten, ein solcher Einwand sei idiotisch. Als er ihn formulierte, litt dieser gebildete und scharfsinnige Rationalist unbezweifelbar an einer vorübergehenden Verblödung, offenbar geschuldet einer politischen Unterredung mit seinem scharlatanesken Mitstreiter Lloyd George. Unsere großzügige Annahme kann viel eher dazu dienen, ihm weitere intellektuelle Fehlgriffe zu entschuldigen, als davon auszugehen, ein mit öffentlichen Arbeiten angehäuftes Leben würde erst ab dem fünfzigsten Lebensjahr beginnen. In der Tat, der Mißgriff dieses Einwands wird hauptsächlich an einem Argument deutlich, das uns das Leben Bacons liefert. Genau hierin ergibt sich die Überschneidung der beiden biographischen Forschungen, die weiter oben referiert wurden. Zwischen den vielen Dingen, die man aus dem Leben des Philosophen kennt und zu denen gemäß glaubwürdiger Zeugen seine intellektuelle Frühreife, seine Arbeitsfähigkeit und seine Schnelle, und selbst seine Unfähigkeit zum Müßiggang zählten, zwischen diesen vielen Dingen gibt es eine unbekannte Sache, die sich bei diesem unermüdlichen und frühreifen Genie, das sich selbst von Natur her als literarisch klassifizierte, ungefähr im Lebensalter zwischen achtzehn und achtunddreißig (zwischen 1579 und 1599) ereignete. Wir kennen Details der vorhergehenden Periode, und wir kennen Details aus der späteren Periode. Man weiß, daß er in dieser Periode Recht studierte, daß er Höfling und Anwalt war und daß er nach einem öffentlichen Posten suchte, der seiner Intelligenz und seiner Familientradition würdig gewesen wäre. Aber mit welcher Arbeit (...).[72]

* * *

Unter der Voraussetzung der Existenz eines geringeren und eines höheren Genies (kleiner oder größer) ist die generelle Einbildung, nach der ein genialer Mensch in der Zukunft notwendigerweise mit seinem Genie und seinem Werk in Verbindung stehen möchte und es daher selbst hochachten wird, einer der Faktoren, die zum Unglauben an Shakespeares Autorschaft der unter seinem Namen angeführten Werken hinlenkten.

Diese Einbildung beruht auf zwei Dingen: Zunächst respektieren wir das Genie eines Menschen aus dem Grund, da wir es selbst nicht besitzen, auch wenn wir über ein eigenes Genie verfügen. Er selbst braucht keine Ehrerbietung ihm gegenüber, da das Genie schließlich ein Teil von ihm ist. Danach, und das ist noch wichtiger, ergibt es sich, daß das Genie Teil des Charakters eines Menschen ist und nicht sein Ganzes. Der Gebrauch des Genies, das Interesse an ihm und dessen Hochachtung ist ein Produkt der Eitelkeit oder des Stolzes, oder der Ernsthaftigkeit, wie sie vielleicht auch ein Mensch ohne Genie hat, und wie sie vielleicht auch ein Genie hat, oder eben nicht. Die bewußte Hochachtung des Genies gegenüber seinem eigenen Werk, dessen sorgfältige Publikation und die Herausgabe für die Nachwelt hängen davon ab, ob es sich dabei um einen Menschen handelt, der über einen ungebeugten Willen, einen festen Vorsatz und eine hohe Selbstachtung verfügt. Es muß sich bei ihm aber nur um einen Gewohnheitssäufer handeln, und schon geht die gesamte Selbstachtung sofort den Bach hinunter.

Die Erfahrung hat uns gezeigt, daß sich der geniale Mensch in seinen persönlichen Charakteristiken und selbst in seinem Genie weiter differenziert hat als jeder andere Mensch. Um zu beweisen, daß Shakespeare ein Interesse an seinem Werk und eine gewisse Sorge hinsichtlich einer späteren Vollständigkeit und Bedeutung gehabt haben muß – eine Annahme, die übrigens anhand von offensichtlichen Fakten, von denen der wichtigste die Art und Weise der Werkpublikation ist, augenscheinlich widerlegt werden kann –, sollten wir zunächst aufzeigen, daß er ein ernsthafter Geist, ein willensstarker, stolzer und an der Öffentlichkeit orientierter Mann gewesen war. Keine bekannte Begebenheit aus seinem Leben, oder was anhand seines Werkes entnommen werden könnte, läßt eine Schlußfolgerung zu, die diese Annahme auch nur entfernt bestätigen würde. Sollte er selbst, oder irgendein Teil von ihm, den Hamlet verkörpert haben, was immer als möglich erachtet wurde, dann ergibt sich in diesem Fall das genaue Gegenteil. Sollte er wie Hamlet gewesen sein, dann war er ein hysterischer Neurastheniker; und die chronische Wankelmütigkeit und die fehlende Ernsthaftigkeit der Hysterie gemischt mit der typisch schwachen Willensstärke der Neurasthenie wird wohl nur schwerlich für eine Art von Menschen dienlich sein, bei dem, wie auch immer sein Genie beschaffen sein sollte, der Skrupel bezüglich der Nachwelt bedeutsam ist. Zweifellos kannte er sein eigenes Genie, er rechnete es jedoch völlig oder vergleichsweise anderen zu. Zweifellos fühlte er, daß er der Nachwelt etwas schuldig war. Sollte er allerdings so wie Hamlet gewesen sein, was von diesem Bühnenwerk suggeriert wird und was keine bekannte Begebenheit aus seinem Leben widerlegt, dann muß er, ausgehend von der sicheren Annahme, daß er oft und intensiv daran gedacht hat, immer weniger dazu in der Lage gewesen sein, je mehr er daran gedacht hat. Er tat es in dem Sinne wie Hamlet, was bedeutet, daß er nichts tat. Und sollte er am Ende seines Lebens so wie Prospero gewesen sein, was auch möglich scheint, dann hätte er sich einem Buddhismus für Schwache hingegeben, dann hätte ihn der fördernde Ansporn der Nachwelt verlassen, er hätte sich dann resigniert dem gemeinen Leben eines gemeinen Mannes ergeben und aus Interesse Geld verliehen, eben aus demselben Grund, wie man ißt und trinkt – letztlich war das der gewöhnliche, natürliche Lauf des Lebens, es war ein Jedermannsleben ohne Ansprüche an den Willen und ohne Konflikte mit abgestorbenen Absichten.

Es ist eine der merkwürdigsten Illusionen, in diesem Fall die dritte, nach der ein genialer Mensch notwendigerweise einen noblen Charakter haben müsse, und je größer das Genie ist, um so größer müsse auch die Noblesse sein. Wir sind hier mit derselben Fragestellung konfrontiert. Es gibt keine zwangsläufige Verbindung zwischen Charakter und Genie. Das Genie suggeriert nicht automatisch Heiligkeit oder Noblesse. Goethe hatte ein umfangreicheres, obgleich nicht größeres, Genie als Shakespeare; er tauchte in einem Zeitalter und in einer Umwelt auf, die wesentlich günstiger waren für die Ruhe des Lebens und für den Genuß der dazugehörigen Annehmlichkeiten, die normalerweise Noblesse und Großzügigkeit hervorrufen, ebenso wie sie gute Manieren erschaffen. Sehen wir von seinem Genie ab, so ist er schon keine sonderlich interessante Person mehr; er unterscheidet sich dann nicht mehr von hundert anderen Ministern oder von einer Million anderen Menschen, er ist in seinem Leben nicht außergewöhnlich nobel oder großzügig oder hochgeistig. Nichts hätte ihn davon abgehalten, aus Interesse Geld zu verleihen, außer die fehlende Notwendigkeit und die »soziale Unmöglichkeit« hinsichtlich seiner Position – was eine Erwägung bedeutet, die nicht weniger »bourgeois« ist als irgend etwas anderes im Leben Shakespeares. Es ist eine ewige Illusion, daß alle Dichter romantische Dichter sein müssen, daß Shelley stellvertretend für alle anderen Dichter stehe, daß ein beständiger Drang ausschließlich nach Schönheit und Liebe für alle Dichter charakteristisch sei. Selbst Keats liebte die Schönheit wahrscheinlich – oder fast sicher – intensiver als Shakespeare, denn Keats war intensiv und ein-seelig, während Shakespeare krampfartig intensiv und mehr-seelig war. Solch ein Mensch fixiert sich auf kein Gefühl, hält sich an keinem Vorhaben fest, hat keine Theorie zu irgendeiner Sache. Er lebt den Tag intensiv, aber nur während ebendieses Tages; er lebt den nächsten Tag intensiv, aber wie der nächste Tag etwas anderes ist, so richtet sich auch die Intensität auf irgend etwas anderes.

Wir kommen zum hauptsächlichen Argument. Dies kann in drei

Punkte zerlegt werden. (1) Da Shakespeare nun eins der größten, wenn nicht sogar das größte literarische oder poetische Genie aller Zeiten war, muß er auch sein eigenes Genie gekannt haben; wie kann die Gleichgültigkeit eines Menschen gegenüber dem eigenen Werk (ausgenommen von zwei Gedichten), gegenüber der Art, wie es publiziert wird, oder, wenn es denn publiziert wird, gegenüber der Möglichkeit, daß man es eventuell mit dem Werk eines anderen Menschen vermischt publiziert, oder wiederum gegenüber der Möglichkeit, daß unter seinem Namen das Werk eines anderen Menschen publiziert wird –, wie kann diese Gleichgültigkeit nun mit einem solchen Genie und mit dem Bewußtsein von ihm in Einklang gebracht werden? (2) Welche Übereinstimmung oder welcher Parallelismus besteht zwischen Shakespeares scheinbar bürgerlichem Leben – banal als Schauspieler, banal als Manager, banal als ein in den Ruhestand versetzter Manager und Schauspieler – und dem großen Genie, das seine Werke offenbaren? (...)

* * *

Die Identität Shakespeares

Es scheint eine grundsätzliche Annahme zu sein – von der dieses Problem ausgeht –, jener Shakespeare aus Stratford habe ein Leben gelebt, das unvereinbar mit dem Leben ist, welches von einem Genie erwartet (von den Erwartenden) wird. Die Kritiker haben einen rührseligen Geist und können sich einen genialen Menschen nicht anders vorstellen als flaumig angefüllt mit überstiegener physikalischer Schönheit, mit perfekter Virilität und Kraft, mit Lauterkeit und Eleganz, mit einem beständig ausgeglichenen Geist, unberührt von allen gemeinen, durchschnittlichen oder einfach nur kleinlichen Ideen oder Impulsen, mit einer skrupulösen Aufmerksamkeit hinsichtlich des Stils und der Würdigkeit des Stils, mit einer perfekten Sorge um die Nachwelt und um die Wirkung des eigenen Werkes auf die Nachwelt. Shakespeare wurde auf den Sockel eines Gottes erhoben; und es ist nicht verwunderlich, daß der Shakespeare aus Stratford in dieser Hinsicht enttäuscht.

Dies ist keine übertriebene Darstellung. Es wurde schon eingewandt, daß der Shakespeare aus Stratford kein sehr umfangreich gebildeter Mann war und somit keine Werke verfassen konnte, die man als ein Ergebnis des Lernens oder der Kultur betrachten wollte. Es wurde eingewandt, daß der Shakespeare aus Stratford nur ein Mann aus der Mittelklasse war und somit keine Werke geschrieben haben konnte, die eine enge Vertrautheit mit dem privaten Leben von Prinzen und Adligen aufweisen; was übrigens kein einziges Werk, nicht einmal eine Art gereimter Debrett's[73] könnte. Es wurde eingewandt, daß der Shakespeare aus Stratford in eine verkommene Rechtsstreiterei involviert war und daher nicht der Autor von Werken gewesen sein kann, die eine außergewöhnliche Kraft des Ausdrucks und eine große Sensibilität der Intuition zeigen.

Von diesem ersten Einwand ausgehend, ist es nur noch ein kleiner Schritt bis zur zwangsläufigen Annahme, der wahre Autor der Bühnenstücke Shakespeares könnte der Sohn von Königin Elisabeth gewesen sein, da es ja wohl eine bekannte Tatsache sei, daß die größten Genies notwendigerweise Prinzen gewesen sein müssen (...). Wir befinden uns hier auf dem Niveau einer minderwertigen Novelle und eines beim Volk beliebten Helden. Wir sind konfrontiert mit einer Mischung eines hochgeistigen Sherlock Holmes mit (...).

Niemand hat sich bisher selbst gefragt: (1) ob es eine typische Mentalität des Genies gibt, (2) ob das Genie nur in einer Form oder in verschiedenen Formen existiert, (3) ob es, angenommen, eine eigentümliche Mentalität wäre für das Genie bezeichnend, mehrere bestimmte geniale Mentalitäten im Verhältnis zu den Typen des Genies gibt, (4) welche Art von Genie wir bei Shakespeare vorfinden, (5) ob sich der geniale Mensch in dem einen oder anderen Typ zeigt und ob er überall auf der Welt die Noblesse der Natur zeigt, die Perfektion der menschlichen Göttlichkeit, die vom Autor der Bühnenstücke Shakespeares eingefordert wurde als ein Tribut für die Unfähigkeit anderer Menschen zu einer kohärenten Überlegung?

* * *

Die Identität Shakespeares

Ein erstes Argument, das die Identität von William Shakespeare aus Stratford und dem Shakespeare der Literatur in Zweifel stellt, bezieht sich auf die fehlende Übereinstimmung ihres Genies, wie es sich also in ihrem Werk zeigt, und in ihrem Leben, soweit dies uns bekannt ist. Coleridges Satz »Ich kann mich nicht mit seinem Leben anhand seiner Verse vertraut machen« ist eine typische und in diesem Zusammenhang oft zitierte Aussage. Die Gründe dafür, daß sich zwischen den Versen und dem Leben eine Disparität finden läßt, wurden bisher sehr unterschiedlich und auf verschiedenen Wegen dargelegt.

Um nun eine Disparität zwischen dem Leben vom Shakespeare aus Stratford und den Versen vom weltbekannten Shakespeare aufzeigen zu können, ist es selbstverständlich notwendig, daß etwas vorausgesetzt und bewiesen wird, was als die Art Leben des Dichters Shakespeare erwartet wird und warum genau dieses Leben und kein anderes von ihm erwartet wird. Selbstverständlich muß es nicht erwähnt werden, daß sich hierüber noch nie jemand geäußert hat.

Das Problem selbst zergliedert sich in drei unterschiedliche Probleme: (1) Was ist ein Genie? (2) Gibt es nur eine Art des Genies oder mehrere? (3) Und wenn es mehrere gibt, zu welcher Art oder zu welchem Typ gehört dann das Genie Shakespeares? (4) Gibt es eine bestimmte Art des Geistes und des Temperaments, die zum Genie als solchem gehören? (5) Gibt es einen bestimmten Typ des Geistes oder des Temperaments, die zu einer bestimmten Art des Genies gehören? (6) Zu welcher Art des Genies gehört Shakespeare?

Ein genauer und rigoroser Logiker würde noch weiter gehen und die Frage stellen: Ist Shakespeare ein Genie? Schließlich kann in einer rationalen Überlegung nichts vorausgesetzt werden. Wie auch immer, dies trifft nicht auf uns zu, und welch eine Art des Genies Shakespeare nun auch gehabt haben mag, es ist sicher, daß er eins hatte. Selbstverständlich ist dieser Satz absurd, wie übrigens auch alle anderen Sätze absurd sind, wenn sie keine logische Basis haben.

* * *

Die nächste wichtige Frage besteht darin, ob Shakespeares Charakter in den Bühnenstücken greifbarer ist in bezug auf spezifische Charaktere oder vielmehr anhand von bestimmten Charaktertypen. Da kein Mensch perfekt ist, gibt es auch keine Vollkommenheit in den Dingen. Shakespeare, so groß seine intellektuelle Nachahmung auch gewesen sein mag, muß nichtsdestotrotz in einigen Dingen besser nachgeahmt haben als in anderen. Wie nun sein Charakter wechselhaft und seine Gemütsstimmungen unbeständig waren, muß es einige Gemütsstimmungen gegeben haben, die bei ihm häufiger anzutreffen waren als andere – einige, die er selten gefühlt hat, andere, die er zahlreicher fühlte. Welches sind nun die Arten und Typen von Mensch, die er mit einer erhöhten intuitiven Sensibilität beschreibt?

Drei: (1) Anormale Geisteszustände, bei denen ihm in der Meinung moderner Psychiater eine überragende Bedeutung zukommt. Die senile Demenz von Lear, die Hysterie von Lady Macbeth, Macbeths epileptoider Charakter, die hysterische Neurasthenie von Hamlet – es handelt sich hier um Studien von einer solch meisterhaften und erstaunlichen Intuition, daß schon nicht mehr nur die einfache Möglichkeit der Nachahmung angenommen werden kann. (...) (2) Die reflektierenden Gemütszustände verschiedener Typen. Die eher monologisierende als flüssige Art des Bühnenstücks bekräftigen dies; aber diese Tendenz ist völlig klar in den Sonetten (dies noch weiter erläutern). (3) Die Charaktere, bei denen eine Schwingung der Gemütsart (humorvoll, cholerisch oder leidenschaftlich) bezeichnend ist – Marcus Antonius, Kleopatra.

Die starken Charaktere, die charaktervollen Männer und Frauen sind die bei ihm am geringsten ausgearbeiteten Porträts. Die Frau bei ihm ist gut, aber nicht außerordentlich.

Die alte Idee, er habe sich im Hamlet selbst beschrieben, ist nicht völlig absurd. Die hysterische Neurasthenie des Hamlet ist offensichtlich; und wir haben bewiesen, daß der Dichter ein hysterischer Neurastheniker war. Aber unabhängig davon ist die ausgearbeitete Analyse, die diesen Charakter untersuchte und die der Grund für die traditionelle Meinung ist, bereits ein Beweis.

* * *

Es gibt drei mögliche Methoden einer psychologischen Analyse; zur Festlegung von:

1 Die Methode der *Grundlage* – Das Werk Shakespeares untersuchen, bis man wesentlich auf die Seele des Mannes trifft, der es hervorgerufen hat... Danach sehen, ob man einen solchen Menschen in dieser Zeit findet.

2 Die Methode der *Besonderheiten* – Im Werk Shakespeares nach gewissen Besonderheiten suchen, die diesem Werk zumindest scheinbar *uncharakteristisch* sind. Zusammenfassen, wie viele Besonderheiten dies sind, und dann in anderen Werken nachsehen, wer dieselben Besonderheiten häufig zeigt. Jeder Leser von Kriminalromanen weiß, daß zwei Menschen selten zwei und noch viel weniger drei Besonderheiten anhäufen werden.

* * *

1 Die Analyse der mentalen Individualität führt zur Schlußfolgerung auf die Grundlage des Charakters – die hysterische Neurasthenie. (Anmerken: Die hysterische Neurasthenie ist immer konstitutionell und angeboren.)

2 Die Analyse des *psychischen Dualismus* führt zu Schlußfolgerungen bezüglich der intellektuellen Konstitution Shakespeares, unter der Voraussetzung, daß nur der intellektuelle Dualismus *im Werk* durchscheinen kann.

3 Die Analyse der sexuellen Individualität führt zu Schlußfolgerungen bezüglich der allgemeinen moralischen Einstellung des Individuums.

* * *

Shakespeare war zweifelsfrei:

1 ein genialer Mensch,

2 ein *großer* genialer Mensch,

3 ein Mensch mit einer gewissen Art des literarischen Genies.

Die ersten beiden Postulate sind heutzutage axiomatisch, und niemand außer einem verspielten Sophisten würde sich bemühen, ihren Inhalt zu widerlegen; selbst Herr Pellissier[74], der zwar ein stichhaltiges, wenn auch nicht völlig durchdachtes Buch gegen Shakespeare geschrieben hat, bestreitet sie nicht und räumt ihm sowohl das allgemeine Genie als auch das poetische Genie ein. Das dritte Postulat ist auch axiomatisch; es ist jedoch abstrakt.

Da nun niemand Shakespeare alle Arten des literarischen Genies zugestehen wird (für den allgemeinen Leser war er nicht mehr als ein Dichter und Dramatiker, und ganz gleich, was bei ihm Wert hat oder relativen Wert, das steckt in diesen beiden), muß es bei ihm zwangsläufig eine bestimmte Art des literarischen Genies geben. Die Festlegung der Art von diesem literarischen Genie – und was daraus folgt – wird die Absicht sein, die den Verlauf unserer Untersuchung bestimmt. (Und sollte irgend jemand Shakespeare ein weiteres Werk zugestehen wollen, außer den Gedichten und Bühnenstücken, die unter seinem Namen bekannt sind, dann wird er immer noch eine Art des literarischen Genies besitzen, selbst wenn diese Art dann eine andere ist.)

Sollte er tatsächlich mehr sein, kann er mit Sicherheit nicht weniger sein.

Daher sollten wir nachfragen: (1) Was für ein Temperament, welche Qualitäten oder Veranlagungen können Shakespeare zugeschrieben werden in dem Sinne, daß er ein genialer Mensch war? (2) Was für ein Temperament, welche Qualitäten oder Veranlagungen können Shakespeare zugeschrieben werden in dem Sinne, daß er ein literarisch genialer Mensch war? (3) Was für ein Temperament, welche Qualitäten oder Veranlagungen können Shakespeare zugeschrieben werden in dem Sinne, daß er ein Mensch mit einer bestimmten Art des literarischen Genies war?

Der erste Punkt beinhaltet die Untersuchung des allgemeinen Wesens des Genies; der zweite Punkt beinhaltet die Untersuchung des speziellen Wesens des literarischen Genies; der dritte Punkt beinhaltet die Untersuchung der Art des literarischen Genies, über das Shakespeare verfügte, und was dessen herausragendes Wesen ausmacht.

In der Annäherung an das Studium des Genies müssen wir uns darüber bewußt werden, daß wir dies nur von einer bestimmten Seite her tun können. Nähern wir uns ihm von der literarischen oder künstlerischen Seite, werden wir eventuell der Versuchung unterliegen, es zunächst als eine »Originalität« zu definieren, was auch immer das heißen mag; und was uns sofort Schwierigkeiten bereiten würde, wenn wir beispielsweise ein militärisches Genie bewerten wollten.

In der Tat ist es für einen Menschen mit einem künstlerischen Genie nicht unbedingt notwendig, völlig mißverstanden zu werden; wird er allerdings richtig bewertet, dann nicht als Genie. Bezeichnen wir als Klugheit einen an seine unmittelbare Zeit angepaßten Intellekt und als Talent einen an sein Zeitalter angepaßten Intellekt, dann können wir sagen, solange dieser Mensch lediglich klug ist, daß er tatsächlich ein Mensch seiner Zeit ist, und insofern er lediglich Talent hat, daß er tatsächlich ein Mensch seines Zeitalters ist. Ein Genie kann jedoch auch ein talentierter Mensch sein oder ein kluger Mensch, oder auch beides, da diese drei Dinge, selbst wenn sie nur sehr selten miteinander vereint sind, sich nicht gegeneinander ausschließen. Und ein genialer Mensch wird in seiner Zeit oder in seinem Zeitalter anerkannt werden, solange es sich auch um einen klugen oder talentierten Menschen handelt. Wenn zu seinem Genie noch eine dieser geringeren intellektuellen Fähigkeiten kommt, wird es wahrscheinlich sogar seine wahre Größe seiner es falsch einschätzenden Zeit auf eine gefälschte Weise aufdrängen, indem es sein Talent oder seine Klugheit fälschlich für nicht genial darstellt.

Es gibt eine halbe Ausnahme: Wenn es sich bei der Entwicklung um die Erschaffung von Kultur handelt – Griechenland. Und wurde selbst dort das Genie, oder das relative Genie, eines großen Menschen richtig beurteilt?

Die Annahme, Shakespeare wäre in seiner Zeit in einer richtigen Form eingeschätzt und als das Genie angesehen worden, das er auch wirklich war, bedeutet nichts anderes als ein Abstreiten seines Genies.

In der Frage: Was ist ein Genie? müssen wir das Problem am Anfang angehen, in seiner umfassenden Allgemeinheit. Wir müssen fragen: Was macht einen gewöhnlichen Mann zu einem Genie wie Shakespeare und Napoleon; wie Michelangelo und (...); wie Mohammed und David Garrick[75]?

Das Problem hat sowohl einen soziologischen als auch einen psychologischen Aspekt.

Der Hauptaspekt des Genies besteht in einer besonders ausgeprägten Begabung in einem Bereich, oder in mehreren (obgleich dies selten ist) Bereichen der sozialen Aktivität.

Das Genie zeigt eine ausgeprägte Begabung in ungewöhnlichen oder neuartigen Bereichen, oder besser, in ungewöhnlichen oder neuartigen Aspekten einer bestimmten Instanz der sozialen Aktivität. Sehr große Begabung und Originalität sind daher die beiden wichtigsten Charakteristiken von jenem, was wir Genie nennen. Beide sind wesentlich. Sehr große Begabung ist für sich selbst genommen jedoch nichts anderes als eine sehr große Begabung. Originalität ohne große Begabung ist keine Originalität, sondern Exzentrizität.

Biologisch gesprochen vereint der geniale Mensch (1) eine höhere Entwicklung einer speziellen oder spezialisierten Gehirnregion, die ihn mit einer sehr großen Begabung ausstattet, und (2) das Temperament oder die Personalität eines bestimmten oder anormalen Typs, das im Zusammenspiel mit dem ersteren Element in die sehr große Begabung eine Neuartigkeit einführt und umgekehrt den spezialisierten Impuls stark werden läßt, wodurch sich dann die ungewöhnliche Personalität gerade in diesem wesentlich manifestiert.

Das erste Element, die hohe Entwicklung einer spezialisierten Gehirnregion, ist verständlich; das zweite ist nicht so verständlich. Ein außergewöhnliches Temperament oder Persönlichkeit bedeuten in einer gesunden biologischen Sprache einfach nur eine anormale oder erkrankte Persönlichkeit. Nun zeigt sich eine geistige Erkrankung in drei Formen: Psychose (allgemein Geisteskrankheit genannt), Neuropsychose – die auch Psychoneurose genannt wird – und die großen disjunktiven Zustände. Die letzten, die immer ungesund sind – und »mental unbeständig« –, betreffen nicht unseren Fall (die anormale Entwicklung von bestimmten Gehirnregionen bei Individuen). Sofern sie tatsächlich innerlich sind, handelt es sich um Wahnsinn. Eigentliche geistige Krankheit – die in einer anderen Manie deutlich eine solche ist, und scheinbar nicht so in einer ebenfalls ernsthaften Paranoia – stimuliert in der Tat das Gehirn (...).

Und ein hochentwickeltes Gehirnzentrum ist selbstverständlich nicht eingeschränkt in seiner Handlung; es handelt nur in einer Richtung.

Beginnender Wahnsinn ist dafür bekannt, ähnliche Phänomene zu erzeugen wie die des Genies oder in bestimmten Fällen des Halbgenies; aber dies nur, da beginnende geistige Krankheit noch nicht das gesamte Gehirn befallen hat und einige Funktionen der Hemmung und der Kontrolle immer noch eine mentale Beziehung zur Umwelt besitzen.

So zeigt sich für den Verstand, daß mentale Anormalität als wesentliches Element des Genies eine solche mentale Anormalität sein muß, die der einer beginnenden Geisteskrankheit ähnelt, wobei diese jedoch permanenter ist als jene; da sie von ihrer Natur her in geistige Erkrankung übergeht. Die mit dieser Definition übereinstimmenden mentalen Krankheiten sind die Psychoneurosen. Von diesen gibt es fünf – die Epilepsie, die Hysterie und die Psychasthenie (welche auch Neurasthenie genannt wird), die Hystero-Epilepsie und die Psychoneurasthenie. Sie werden Psychoneurosen genannt, sofern sie nicht nur die Nerven befallen, sondern das gesamte Gehirn und damit anormale Geisteszustände erzeugen.

Nur drei von diesen Krankheiten zeigen einen physikalischen Ausdruck in »Anfällen«. Dabei handelt es sich um die Epilepsie und die Hysterie, und die Hystero-Epilepsie – oder die »grand hysteria« –, und in den letzten beiden Fällen ebenso wie in der (...) Hysterie sind die Anfälle häufig anhaltend, während dies bei der Hysterie nicht der

Fall ist, da sich das hysterische Temperament *fast* zwangsläufig in Faulheit und Somnambulismus zeigt; in anhaltenden Anfällen nur die im Fortschritt der physikalischen Hysterie.

Die Psychoneurasthenie hat keinen physikalischen Ausdruck, ausgenommen wenn sie versucht, das genaue Gegenteil der Epilepsie oder der Hysterie zu sein – bezüglich der Neurose gibt es eine verminderte Stärke (...); aus diesem Grund trifft sich die Neurose nicht mit der Epilepsie, die ihr exaktes Gegenteil ist, sondern nur mit der Hysterie – und formt so die hysterische Neurasthenie –, solange sowohl die Hysterie als auch die Psychasthenie eine Depression gemeinsam haben, während die Epilepsie keine psychische Depression aufweist, sondern nur eine physische Depression, die auf natürliche Weise einem Anfall folgt.

Die Koexistenz dieser beiden Elemente ist zwar für das Genie wesentlich, sie begründet dies aber noch nicht. So kann ein Mensch hysterisch sein und beispielsweise ein Talent für die Malerei aufzeigen, wobei das Zusammentreffen von diesen beiden Elementen aber noch keinen genialen Maler hervorbringt: Denn das Wirken dieser beiden Elemente kann voneinander getrennt stattfinden, und die Hysterie wird sich auf einem anderen Gebiet zeigen als in der für den Maler bestimmten Fertigkeit. Dieser Mensch ist dann ein talentierter Maler und ein Hysteriker. (...)

Was ist erforderlich? Die zwei Elemente müssen durch ein drittes so miteinander verbunden werden, damit sich die Manifestationen der Psychoneurose teilweise anhand der Begabungen zeigen und diese als eine Neuartigkeit darstellen. Das dritte Element muß aber auch so wirken, daß es diesen Menschen als normal erscheinen läßt und daß die Neurose nicht dazu geführt wird, die Begabung als eine reine Ausgefallenheit erscheinen zu lassen.

(...)

Dieser objektive Intellekt wird die spezielle Begabung zu einer mentalen Sorge erhöhen, er wird also die temperamentell mentale Vorliebe bestimmen; da nun die Psychoneurose für sich selbst temperamentell – also für das Temperament bestimmend – ist, müssen diese beiden Facetten zusammenkommen und sich vereinen – woraus sich das Temperament des Genies ergibt. Es geschieht aber notgedrungen, daß ein objektiver Intellekt von seinem Wesen her durch die rein subjektiven Impulse des Temperaments gehemmt wird; wodurch es die Handlungen der Psychoneurose kontrollieren und deren exzessive Neurose einschränken wird mit dem Ansporn der reinen Begabung und sie so vor einer Aufteilung in Extravaganz und (...) bewahrt.

Selbstverständlich gibt es, wie in allen anderen Dingen, auch beim Genie Abstufungen. Der perfekt geniale Mensch wird ein perfekter Psychoneurotiker mit einem perfekt objektiven Intellekt sein, der an eine hochspezialisierte Begabung bezüglich irgendeiner Sache gebunden ist. Betrachtet man jedoch die vielen Abstufungen in der Psychoneurose, und die vielen Abstufungen (und vielen Arten) in der Objektivität des Intellekts und die vielen Abstufungen in der Spezialisierung des Gehirns – muß man notwendigerweise davon ausgehen, daß von der Natur viele Abstufungen des Genies, des Halbgenies und selbst innerhalb der Früchte des Genies, um es so zu sagen, hervorgerufen werden können.

Die Psychoneurose für sich selbst läßt jeden einzelnen zu einer bestimmten Art der Aktivität neigen. A priori ist es einsichtig, daß der gewalttätig stimulierende Motor der Epilepsie dazu geeignet ist, mental nicht zur Spekulation oder zur (...) zu führen, sondern zur Handlung, wie er körperlich zu einer falschen Kontraktion der Muskelbewegungen führt, was sich im eigentlichen Anfall zeigt. Die Hysterie mit ihrer Tendenz zu Anfällen, zu Somnambulismus, zur mimetischen und mentalen Handlung führt auf natürliche Weise zu allen Künsten. Die Psychasthenie mit ihrer starken Beanspruchung des Geistes in sich selbst und aller Arten des Willens führt auf natürliche Weise zur Spekulation, zur Analyse (...).

Das folgende Argument bestätigt dies alles. Die Kraft der Epilepsie ist groß – jede Handlung ist so eindrücklich wie irgendein (...): Caesar, Clive[76], Napoleon, Wellington, Mohammed (...).

Shakespeare ist nicht nur ein Genie, er ist auch ein *großes* Genie. Da alle begründenden Elemente des Genies bei ihm extrem deutlich sind, und speziell die ersten beiden – spezielle Fähigkeit und Neurose, so daß sein Temperament das eines *großen* Genies ist.

* * *

Es gibt drei Arten des objektiven Intellekts: (1) den beobachtenden, (2) den lernenden, (3) den ausprobierenden. Der erste Typ befreit den Träger von der Subjektivität durch die direkte Angewohnheit der Beobachtung mit den Sinnen, und hier treffen wir den Physiker an, den Biologen, oder allgemein den physischen Wissenschaftler. In einer künstlerischen Sphäre können wir Goethe zu den deutlichsten Beispielen von dieser Art des Temperaments zählen; und durch die fatale Anziehungskraft von solch einem Intellekt fand er seinen Platz in der Geschichte – indem er seinen Beitrag im Studium der Physiologie der Pflanzen und der Tiere leistete –, und in der Physik, wo er einen (etwas weniger bemerkenswerten) Versuch einer Farbtheorie unternommen hat. Der zweite Typ befreit seinen Träger von sich selbst durch das Lernen und durch die Bildung. Die Träger von einem solchen Intellekt sehen die Welt viel eher durch den Ausdruck von anderen als durch ihren eigenen; sie unterliegen auf natürliche Weise anderen Beispielen und leben anhand von Exemplaren.

Milton war ein solcher Typ, und auch (...).

Der dritte Typ trägt seine Inhaber von sich selbst weg durch ein schnelles Interesse am Leben, durch ein rasches Ergreifen aller Aspekte der einzelnen Dinge. Sie sind weder als Beobachter noch als Patient oder als Lernende objektiv. Flink ergreifen sie alles und ziehen aus einem einfachen Ereignis die unmögliche Erfahrung bezüglich aller anderen Typen. Aber dann lassen sie es fallen und gehen weiter. Sie sind gewöhnlich gute Gesprächspartner und ausgesprochen sozial – ausgenommen dem Fall, daß sich ihr Temperament zu dieser Tendenz hin gegenteilig verhält. Sollte es einem solchen Menschen gegeben sein, im Leben aufzugehen, dann geht er ausgesprochen leicht in ihm auf, da er, wenn er materiell ebenso wie geistig anpassungsfähig ist, schnell den Moment erfaßt. Noch mehr als mit den Sinnen beobachtet er diesen mit dem Intellekt selbst.

Wie er bezüglich einer wirklichen Beobachtung ungeduldig ist, so ist er es auch bezüglich der Realität. Ausgestattet mit den entsprechenden Qualitäten, kann er sich leicht in den Beobachter oder in den Theoretiker hineinversetzen – und diese Annahmen und Theorien werden insofern stichhaltig sein, wie bei den Erschaffenden das Assoziationsnetz von Ideen komplex ist (...).

Sie lieben bereitwillig die Erfahrungen, die sie bereitwillig annehmen. Ihre Erinnerung ist irregulär und in ihrer Allgemeinheit wenig beharrlich, obgleich sie von ihr nicht oft irregeführt werden, da sie von ihnen sehr gut erahnt wurde. Sie vergessen, aber sie verwechseln nicht.

Genie, Talent, Fähigkeit.

Von diesen drei Typen des objektiven Intellekts verbindet sich der erste nicht unbedingt leicht mit einer speziellen Neurose, und in der Tat verbindet sie sich nur leicht mit dem Fehlen von einer solchen; bezüglich des zweiten verhält es sich ähnlich. Vielmehr können sie einfacher bei einem psychasthenischen Typ gefunden werden, oder bei einem nervösen Typ, der nicht notwendigerweise neurotisch ist; der dritte verbindet sich ganz im Gegenteil sehr leicht mit der Hysterie und ihrer (...) Psychoneurose, hysterischen Neurasthenie und hysterischen Epilepsie. (...)

* * *

Das Genie bedeutet in einem mit einer speziellen Begabung ausgestatteten Geist die Koexistenz von einer oder mehreren Neurosen, welche von einigen starken mentalen Qualitäten, die sich tendenziell zu ihr oder zu ihnen im Gegensatz befinden, automatisch in ihren morbiden Effekten gänzlich oder teilweise ausbalanciert und neutralisiert werden; wobei diese wiederum selbst automatisch ihre eigenen morbiden Effekte teilweise oder gänzlich ausbalancieren und neutralisieren, da sie sich zueinander im Gegensatz befinden. Die größten Genies sind die, bei denen (unabhängig von ihrer speziellen Begabung) zwei ausbalancierte Psychoneurosen gemeinsam mit einer ausgedehnten allgemeinen Intelligenz, welche für beide eine Superbalance bedeutet, existieren.

Nehmen wir die Fälle von Shakespeare und Goethe. Beide waren von ihrer Begabung her Dichter und Schriftsteller. Beide waren hysterische Neurastheniker (Beweis?), und beide wiesen zwei ausbalancierte Psychoneurosen auf. Bei beiden waren diese balancierten Psychoneurosen durch eine ausgedehnte allgemeine Intelligenz superbalanciert. Der Unterschied zwischen diesen beiden Männern besteht im Wesen dieser ausgedehnten allgemeinen Intelligenz, die beiden gemeinsam war. Bei Goethe war sie wesentlich diskursiv, kritisch, objektiv – wie die Intelligenz eines Wissenschaftlers. Bei Shakespeare war sie wesentlich intuitiv und analog – wie die Intelligenz von Okkultisten oder Mystikern. (Nenne hier einen Okkultisten etc.) Indem sie über eine ausgedehnte allgemeine Intelligenz verfügten, konnten sie diese beiden Neuropsychosen superbalancieren. Aber Goethe, da er objektiver war, balancierte seine Hysterie (bezüglich der Effekte, zu denen sie natürlicherweise gegenteilig neigt) besser als seine Neurasthenie; und Shakespeare, da er intuitiver war, balancierte aus demselben Grund seine Neurasthenie eher als seine Hysterie.

* * *

Das Genie ist wahrscheinlich die Balance von zwei Morbiditäten, die gelegentliche und zufällige geistige Verbindung von verschiedenen Anormalitäten oder Krankheiten in einer Art, in der sie miteinander ausbalanciert werden und in der die morbiden Teile von jeder einzelnen mit automatischen Hemmungen belegt werden.

Dies, und einfach nur dies, meint all die Empfindlichkeit, Individualität, die Subtilität des Genies, allerdings nicht das Genie an sich. Wir fügen diesem eine spezielle Fähigkeit – wie beispielsweise die für Musik, für Malerei oder fürs Schreiben – hinzu und haben dann schon das Genie.

(Die Häufigkeit der hysterischen Neurasthenie – eine ausgleichende und korrigierende Psychoneurose – bei Künstlern und Schriftstellern, die Häufigkeit der hysterischen Epilepsie – dasselbe – beim Menschen der Handlung.)

Das Vorhandensein einer großen *allgemeinen* Intelligenz oder Gescheitheit ist auch eine balancierende oder korrigierende Kraft.

Die scheint zunächst sehr einfach zu sein. Genie bedeutet eine mentale Anormalität. Daher ist das Genie biologisch gesehen eine mentale Krankheit. Aber ist jede Anormalität auch automatisch eine Krankheit? Und ist das Genie wirklich eine mentale Anormalität oder einfach nur eine mentale Seltenheit?

Die Seltenheit verwechselt man gewöhnlich mit der Anormalität, wobei dies aber nicht suggeriert wird. Ein vollkommen, oder fast vollkommen normaler Mensch – körperlich und geistig gesund – ist zwar selten, aber keineswegs anormal, was eine Tatsache ist, die das hier gegebene Beispiel schon voraussetzt – da er eben normal ist.

Auch extreme Schönheit oder extreme Kraft sind sehr selten, wir können sie jedoch nicht im Sinne einer Krankheit als anormal bezeichnen, sondern nur im nachlässig logischen Sinn der einfachen Seltenheit.

Das Gegenargument scheint zu fruchten; die Analyse zeigt jedoch das Gegenteil. Extreme Normalität, um es so zu sagen, ist eine Art Mittelwert zwischen der ungefähren Normalität dessen, was wir normalerweise als den »normalen Menschen« bezeichnen. Nun ist aber das Genie alles mögliche, nur nicht ein Mittelwert der mentalen Norm des Menschen.

* * *

Von den verschiedenen Ideen, die von jener des Genies suggeriert werden, sind einige, wie die der Seltenheit oder der Überlegenheit, von diesem zwar abgeleitet, entsprechen aber nicht seinem Wesen. Seltenheit beschreibt für sich selbst noch nicht das Genie, denn ansonsten könnten wir auch Radium als ein anorganisches Genie bezeichnen. Überlegenheit bezeichnet es noch viel weniger, da eine hohe körperliche Kraft – die überlegen und selten ist – nicht als genial angesehen werden kann. Die wichtigste Idee, die untrennbar mit der des Genies verbunden ist, betrifft die Idee der Leistung, welche jene der Seltenheit und der Überlegenheit für sich selbst noch nicht vermitteln.

Eine seltene Leistung ist wahrscheinlich nur eine reine Exzentrik, da die Exzentrik sowohl eine Leistung als auch eine Besonderheit bedeutet. Eine höhere Leistung ist in diesem Fall nichts anderes als eine Begabung, da wir eine gewöhnliche Begabung nicht mit dem Genie identifizieren wollen. Noch weniger identifizieren wir mit dem Genie die einfache Exzentrik der Begabung, was eine seltene und überlegene Leistung sein kann. Es ist nicht die Leistung an sich, die selten sein muß, vielmehr sollte es die Überlegenheit dieser Leistung sein. Daher bedeutet das Genie eine anormale Überlegenheit der Leistung. In anderen Worten ist das Genie eine anormal überlegene Begabung.

Welche Begabung kann als anormal extrem angesehen werden? Jede Begabung, wie groß auch immer, ist extrem; wie weit man auch geht, dieses Epitheton kann man nicht übersteigen. Um anormal extrem sein zu können, muß die Überlegenheit ein Element enthalten, das sich von der eigentlichen Überlegenheit unterscheidet. Welches Element in der Überlegenheit kann von ihr selbst verschieden sein, ohne ihr gegenüber gänzlich fremd zu wirken? Es gibt nur ein Element, und das ist die Neuheit. Genie ist daher – so könnten wir sagen – die Neuheit einer überlegenen Begabung.

Wir haben also herausgefunden, daß sich das Genie aus drei Elementen zusammensetzt: (1) die Begabung, (2) die Überlegenheit der Begabung, (3) die Neuheit dieser Überlegenheit. Eine einfache Begabung ist keine Begabung. Reine Überlegenheit der Begabung ist nicht mehr als Talent. Nur wenn das eigentliche Wesen und die Essenz der Überlegenheit eine Neuheit sind, können wir vom Genie sprechen und nicht länger von einer Fähigkeit oder einem Talent.

Da wir nun auf diesem Weg zu einer Definition des Genies gekommen sind, sollten wir fragen, welche mentalen Qualitäten das Resultat hervorrufen, das diese Definition ausdrückt.

Die Begabung besteht in einer spezialisierten bemerkenswerten

Entwicklung des Gehirns, oder mit anderen Worten, in einer bemerkenswerten Entwicklung von einigen Gehirnzentren, die kausal mit der technischen Leistung verbunden ist.

Sollte der Beweis des Genies für sich schon der Beweis von gewissen generischen Geistescharakteristiken sein, dann muß Shakespeare, der als Axiom des genialen Menschen angesehen wird, diese Charakteristiken aufweisen. Sollte der Beweis des literarischen Genies für sich schon der Beweis von gewissen – hier selbstverständlich schon spezielleren – Charakteristiken sein, dann muß Shakespeare, der als Axiom des literarischen Genies angesehen wird, diese Charakteristiken aufweisen. Da nun Shakespeare nachgewiesenermaßen einen bestimmten Typ des literarischen Genies verkörpert, und sollte der Beweis von diesem Genie für sich schon der Beweis von einem gewissen Beiwerk subspezieller Charakteristiken sein, dann muß Shakespeare (...).

Die vorrangige Frage in diesem Stadium der Nachforschungen ist also die: (1) Was ist das Genie, (2) sind allen Genies bestimmte mentale Wesenszügen gemeinsam; (3) was ist das literarische Genie, (4) sind allen literarischen Genies bestimmte mentale Wesenszüge gemeinsam? (...)

Denken wir hier weiter, dann haben wir auf diesem Weg noch nichts gefunden, allerdings haben wir schon den Weg gefunden. Die Methode ist bekannt. Es bleibt nur noch übrig zu sehen, was die Anwendung zum Vorschein bringen wird.

Das Genie ist:

1 eine extreme Fähigkeit,
2 eine extrem anormale Fähigkeit,
3 eine balancierte extrem absolute Fähigkeit,
eine extreme Fähigkeit wird temperamentell,
eine extrem balancierte Fähigkeit wird temperamentell.

Das Genie ist eine extrem spezialisierte Entwicklung eines Gehirnzentrums, das zu einer anormalen Aktivität geführt wird durch das Vorhandensein einer Nervenkrankheit, die in ihren Auswirkungen die Tätigkeit des spezialisierten Zentrums unterstützt; und ausbalanciert durch die Ausdehnung von diesem Zentrum zu einem temperamentellen Wert.

* * *

Daß die Begabung temperamentell wird, ist das erste Element des Genies; danach kommt die Entwicklung der Urteilsfähigkeit oder, wie der Phrenologe sagt, des Vergleichs (?) – also des Vorderhirns; danach kommt die Neuropsychose, die dem gesamten Organismus einen Stimulus verleiht.

* * *

Die Begabung wird hier nicht im Sinne einer einfachen Fähigkeit oder einer Fertigkeit verstanden, sondern als ein Anzeichen von Fertigkeit oder Fähigkeit. Dieser Sinn, der dem lateinischen *ingenium* entspricht, sollte aufmerksam betrachtet werden.

Die Begabung ist einfach nur die ausdrückliche Entwicklung eines der motorischen Zentren des Gehirns, welche die Handlungen steuern. Das Zentrum muß ein motorisches Zentrum sein, da es sonst keine Handlungen geben würde. Die ausdrückliche Entwicklung des sogenannten Broca-Zentrums in der dritten Stirnwindung bedeutet die Sprachbegabung, also die Fähigkeit zur Wortbildung; der Wert dieser Begabung hängt von anderen Faktoren ab. Der wortreiche Straßenredner und der große Dichter haben diese Begabung gleichermaßen, und in beiden Fällen handelt es sich um eine wirkliche Begabung und nicht um ein einfaches Talent oder ein simples Geschick.

Die Überlegenheit einer Begabung muß notwendigerweise noch etwas anderes sein als eine extreme Begabung. Der Geist muß auf spezielle Weise fähig sein, diese Begabung zu fördern und deren Leistung zu steigern. Auf welchem Weg kann der Geist diese Begabung fördern? Anhand der Handlung einer kritischen Fähigkeit – der Urteilskraft, die als reine Fähigkeit zur Beurteilung und zum Vergleich von Ähnlichkeiten und Unterschieden selbst abstrakt ist und durch das Vorherrschen der speziellen Fertigkeit, welche die Begabung ausmacht, in diesen Kanal gelenkt wird und durch ihn arbeitet. Der Maler also, sollte er über eine solche starke Urteilskraft verfügen, wird sie in brillanter Weise nicht in anderen Dingen als der Malerei anwenden; in der Malerei wird er es jedoch tun, da der natürliche Trend der Urteilskraft in Richtung der speziellen Fähigkeiten des Menschen oder dessen Begabung geht. Sicher gibt es Menschen, die schlechte Maler sind (sich aber für Maler halten) und die eine Urteilskraft und einen gesunden Sinn in anderen Lebensbereichen zeigen; in diesem Fall gibt es bei ihnen ein Defizit an Begabung, und die Urteilskraft, selbst wenn sie groß sein sollte, kann nicht dem beistehen, was sich nicht selbst beistehen kann. Swinburne war beispielsweise ein großer Rhythmiker und sehr wortgewaltig. Seine Urteilskraft war meisterhaft bezüglich von Rhythmus und Worten, sie war aber auffallend unsicher in praktisch allen Dingen außerhalb von diesem. Seine Gedichte sind im allgemeinen zu lang, sie sind fast alle trostlos leer, ihr Gefühl ist in den meisten Fällen falsch, ihre Psychologie ist irrig. Dies jedoch daher, da Swinburne keine »Begabung« in diesen Arten der Handlung besaß; seine Begabung war verbal und rhythmisch, und seine Urteilskraft, die falsch war, bewegte sich daher nur entlang dieser Richtung und keiner anderen sonst.

(...)

* * *

1 Shakespeare ist ein Dichter, und er ist so groß, daß er auch als dramatischer Dichter taugt; er ist kein Dramatiker und *auch* ein Dichter, wie zum einen Molière, Corneille und selbst Racine, oder zum anderen Bataille[77] und Ibsen.

2 Das Genie, eine mentale Anormalität, ein Wahnsinn – ein ausgeglichener Wahnsinn (psychologisch gesehen). Ein ausgeglichener Wahnsinn kann nur ein Sub-Wahnsinn sein, also eine Neurose. Eine Psychoneurose ist von ihrer Definition her nicht sozialisierbar.

a Die Dichtung ist eine Anormalität. Die maximale Anormalität im Ausgleich. Wenn die Dichtung eine Anormalität ist, ist sie dann nicht auch ein Wahnsinn; ist sie dann nicht eine Neurose; und was für eine Neurose?

b Analysiert ist einfach nur ein *hysterisches* Phänomen. (Da es sich nun so verhält, sollten wir uns nicht damit aufhalten, es zu erforschen. Es genügt, daß man es positiv so festhält.)

3 Sollte die Dichtung nun eine Manifestation der Hysterie sein, dann ist die dramatische Dichtung, als die höchste Stufe der Dichtung, also eine Manifestation des höchsten Hysterismus. Wie sich nun aber die Dichtung wandelt, wie sie sich ändert in eine *dramatische* Dichtung, so ändert sich die Hysterie auch in eine Hysterie, die diese Art der Dichtung hervorruft.

Nun ist aber die hohe Hysterie eine von drei Dingen: (1) ein hysterischer Wahnsinn, also von der Neurose übergehend zur Psychose; (2) eine Hystero-Epilepsie; (3) eine hysterische Neurasthenie (N-Psychasthenie).

Wenn das Genie ein Wahnsinn des Ausgleichs ist, dann kann es sich nur um Punkt (3) handeln, da der hysterische Wahnsinn als reiner Wahnsinn ausgeschlossen bleibt, ebenso wie die Hystero-Epilepsie, die eine Verstärkung der Hysterie ist, insofern es sich um eine reine Neurose der Mentalität handelt.

4 So wie Shakespeare nun ein dramatischer Dichter ist, sehen wir anhand seines Werkes, ob er ein hysterischer Neurastheniker ist.

a Das hysterisch-neurasthenische Temperament.

b Was sich hervorhebt im Werk eines Dichters.

c Untersuchung des Werkes Shakespeares unter diesem Gesichtspunkt. Absolute Koinzidenz.

5 Wir sind aber noch mit einem anderen Problem konfrontiert: Da nun die hysterische Neurasthenie eine komplexe Neurose ist, kann sie in ihrem wahren Wesen sowohl als eine zur Neurasthenie gewordene Hysterie betrachtet werden als auch als eine zur Hysterie gewordene Neurasthenie. Sie hat eine doppelte Form, von außen gesehen also einen doppelten Aspekt. Auf fatale Weise hat sie von einem inneren Gesichtspunkt aus einen doppelten harmonischen Aspekt.

– Es gibt ein komplexes Temperament.

– Wie sich die Neurasthenie in der Hysterie verfeinert, finden wir das Temperament des dichterischen Poeten.

– Aber wie verfeinert sich die Neurasthenie in der Hysterie? Und wie verhält es sich nur in der Hysterie? Und wie nur in der Neurasthenie?

Da ein solcher neurotisch hysterischer Zustand (zunächst noch unbestimmbar) *Dichtung,* also *eine Kunst,* hervorruft, gibt es keinen Grund zur Annahme, ein anderer neurotischer, neurasthenischer etc. Zustand würde aus derselben unbestimmbaren temperamentellen Position keine andere künstlerische oder intellektuelle Spezies hervorrufen.

Die Hysterie ergibt die Dichtung. Und die Neurasthenie?

6a Das unterschiedliche Wesen der Hysterie und der Neurasthenie.

b (...)

* * *

Genie: (Klassifikation)

a Handlung: Militär und Staatsmann.

b Emotion und Handlung: Religion und Politik in Staaten, die von der Meinung regiert werden.

c Emotion: Alle Künste mit Ausnahme der Literatur.

d Emotion und Denken: Literatur.

e Denken: Wissenschaft und Philosophie.

a Epilepsie:

b Hystero-Epilepsie:

c Hysterie:

d Hysterische Neurasthenie:

e Psychasthenie:

* * *

Die Architektur ist beeindruckender als die Dichtung oder die Bildhauerkunst, da sie abstrakter ist.

Die Dichtung kann solche hohen Niveaus erreichen, da sie mit Ideen handelt und dadurch eine kraftvollere, weil sichtbarere Abstraktion innerhalb ihrer Reichweite hat. Die uns am stärksten berührende Dichtung ist entweder eine große rhythmische Dichtung, welche für sich die der Musik zugehörende Abstraktion ergreift; oder die reich bebilderte Dichtung, welche die leidenschaftlich konkreten Vorgefühle der Malerei und der Bildhauerkunst in Abstraktionen umwandelt und sie damit transzendiert; oder die tief reflektierende Dichtung, welche zur Metaphysik neigt und durch eine fremde Abstraktion lebt; oder die gänzlich epische Dichtung, welche in der Konstruktion und der Organisation des entsprechenden Ganzen und seiner Teile abstrakt ist; oder die dramatische Dichtung, insofern sie ihre dargestellten Figuren zu abstrakten Typen des Menschen erhebt – denn wie sollten wir sie, wenn sie keine abstrakten Typen sind, überhaupt als Menschen erkennen?

Die Dichtung ist die höchste Form der Künste, auch wenn sie nicht die am stärksten beeindruckende ist, da sie zur reinen Abstraktion reduziert werden kann – durch die Ideen arbeitet sie mit den konkreten Daten anderer Künste.

Was ist Malerei anderes als Abstraktion? Was macht denn ein Maler anderes, als abstrakte Farben für farbige Dinge zu benutzen und diese als solche anzuerkennen? Was macht ein Bildhauer denn anderes, als die Form für sich selbst zu sehen, sie vom Blut zu befreien, das den Körper wärmt, oder von der Zeit, die ihn altern läßt?

Die Evangelien bewegen uns ohne konkretes Mitleid.

Spezielle Begabung. Ein Mensch ist im allgemeinen nur ein Genie in einer Sache; in anderen ist er entweder normal oder steht ein wenig über dem Normalen, wenn er nicht unterhalb des Normalen steht. Von einem genialen Menschen erwarten wir ganz selbstverständlich eine spezielle Fähigkeit, so daß wir schon erstaunt sind, wenn er auch in anderen – wie weit diese auch vom Genie entfernt sein mögen – und unterschiedlichen Lebensbereichen einige Fertigkeiten aufzeigt. Wir verwundern uns leicht über die offiziellen Posten Goethes, wenn wir davon ausgehen, daß sie auch von einem normal intelligenten Menschen hätten besetzt werden können (...).

Sollte ein Mensch in mehreren Dingen genial sein, dann sind diese im allgemeinen miteinander verwoben. Die gewöhnlichste Verschmelzung von einzelnen Fähigkeiten findet man in: Malerei & Bildhauerei, oder Mathematik & Metaphysik, oder in Strategie & Staatskunst.

Dies geschieht in den üblichen Bereichen der Handlung oder der Emotion oder des Denkens. Kein Mensch war bisher ein großes Genie in zwei unterschiedlichen Sphären. Goethes wissenschaftliche Spekulationen sind interessant; einiges von seinem Genie ist hier eingeflossen, wobei aber niemand, der um seine eigene geistige Gesundheit besorgt ist, diese auf dasselbe Niveau wie den *Faust* (seine literarische Leistung) stellen wird. Es ist selbst sehr selten, daß ein Mensch gleichzeitig ein großartiger Poet ist und eine großartige Prosa schreibt. Die gewöhnlichsten Verschmelzungen des Genies sind: Malerei & Bildhauerei (beide abhängig vom visuellen Sinn), Metaphysik & Mathematik (beide abstrakt), Staatskunst & Strategie (beide basierend auf der Wahrnehmung von Menschengruppen in ihrem psychologischen und organischen Sinn).

Das Wort Genie verbinden wir mit einer gewissen Überlegenheit. Wobei aber die Überlegenheit allein noch nicht das Genie ausmacht. Wir gestehen das Wort Genie nicht einem außergewöhnlich starken Menschen zu, nur aus dem Grund, da eine große physische Stärke in der Tat überlegen ist. Welcher Art der Überlegenheit können wir es dann zugestehen?

Das Genie ist selten, da Überlegenheit selten ist.

Die Überlegenheit der Leistung. Das nennen wir *Begabung.*

Es gibt eine Begabung im Kommandieren, wie die Wellingtons; es gibt eine Begabung in der Organisation, wie die Rathenaus; es gibt eine Begabung in der Prosa, wie die Tacitus'; in der Poesie, wie die Shelleys; in der Malerei, wie die Velázquez' oder Turners.

Das erste Element des Genies ist eine außergewöhnliche Begabung.

Die *Materie* der Leistung kann variieren, die Form der Leistung ist jedoch überlegen, da sie eben genial ist.

Die Begabung Napoleons ist nicht dieselbe wie die eines Milton, wobei aber beide begabt sind.

Der gewöhnliche Geschäftsmann zeigt im allgemeinen eine Begabung in seinem Beruf.

(...) Niemand wird einen erfolgreichen Geschäftsmann als einen genialen Menschen ansehen wollen. Die Welt wäre dann mit genialen Menschen in einer Form überladen, die man sich nicht einmal im Traum ausmalen könnte.

Das selbstsüchtige Wesen des Künstlers steht diesem nicht entgegen. Der große Tennisspieler kann wohl kaum als ein genialer Mann oder als eine geniale Frau angesehen werden; und der Künstler ist nur schwerlich selbstsüchtig – nicht mehr als der geniale Schriftsteller, der für den Profit publiziert –, sondern viel eher bedacht auf die Ausführung.

Das Element ist die *Abstraktion*. Eine große Handlung, angefangen bei der Strategie bis hin zur Industrieorganisation, setzt in ihrer Ausführung ein gewöhnlich schnelles und doch sicheres Verständnis der wesentlichen Tatsachen voraus, eine sittsame Fähigkeit, die konkreten Fakten zu erfassen, was an ihnen einzigartig ist und was ihren Sinn, ihre Universalität ausmacht. Große Emotionen sind mit Sicherheit abstrakt, ob sie nun in der Musik, in der Literatur oder in der Malerei ausgedrückt werden.

Das eigentlich religiöse Genie, ebenso wie das politische Genie auf einer dramatischen Stufe (wo sie von derselben Art sind), handelt ähnlich und hält sich an abstrakte Ideen und Emotionen, die eben anhand ihrer Abstraktion alle Herzen und Köpfe erreichen, was bei rein konkreten Emotionen und politisch definierten Ideen niemals geschehen kann.

In jeder Klasse des Genies – Handlung, Emotion und Denken – ist das Genie, welches wir für das größte halten, auch das abstrakteste. Im Bereich der Handlung ist es der Stratege; nichts stärkt das Genie in der Handlung so wie eine große Schlacht, die flüchtig von einem kontrollierenden Geist gewonnen wurde. Auf dem Gebiet der Emotion ist es der Musiker, da die Musik die abstrakteste aller Künste ist, und es ist fast die Emotion selbst, die zur unkonkreten und unerklärten Stimme wird. Auf dem Gebiet des Denkens ist es der Metaphysiker, der die wirklich abstrakte Wahrheit verkörpert: kein Werk der Wissenschaft, der Entdeckung, der Erfindung kann einen Menschen mehr bewegen als die *Ethica,* die *Kritik der reinen Vernunft,* das Werk Hegels, das von (...), oder Spencers großes wissenschaftliches Schema. Und es sollte bemerkt werden, daß die auf natürliche Weise abstrakteste mentale Tätigkeit – die Mathematik – mit all ihnen verbunden ist. Strategen sind im allgemeinen bemerkenswerte Mathematiker; die Verbindung zwischen der Musik und der Mathematik ist wohl bekannt; über die Verbindung von Metaphysik und Mathematik brauchen wir hier nicht zu reden. Daran sehen wir, daß die Mathematik als die abstrakte Wissenschaft überhaupt – es ist die einzige Wissenschaft, die mit dem Unendlichen und mit der Null arbeitet, was die reinsten Abstraktionen sind – die höchsten Manifestationen des Genies in drei verschiedenen Bereichen der menschlichen Aktivität begleitet.

Er wurde mehr gemocht als wirklich geschätzt.

Er war freundlich, aber nicht großzügig.

Im »Hamlet« gibt es ein Eindringen des »Konflikts zwischen dem Willen und dem Denken« in eine Handlung, die nichts dergleichen zuläßt. Warum dann also dieses Eindringen? Das Subjekt macht es möglich, obschon es nicht natürlich ist.

* * *

Die hysterische Neurasthenie ist eine organische Einpflanzung, um es so zu sagen, der Neurasthenie in die Hysterie. Die Basis des Temperaments ist hysterisch; die Hysterie ist gefärbt von einer aufgepflanzten Neurasthenie. Die psychischen Symptome der *Hysterie* sind – *extremes Schwanken der Stimmung,* Wechsel zwischen Depression und Begeisterung ohne sichtbaren oder hinreichenden Grund; *Simulation und Entpersönlichung,* ob nun in der Form des herkömmlichen Lügens, der praktischen Schauspielerei oder der Autosuggestion von falschen Emotionen, fiktiven Absichten und unnatürlichen Ideen; *Tagträume* in allen Formen, angefangen bei der Liebe zur Künstlichkeit, zur Dekoration und zum Szenarium als Vorzüge gegenüber dem Leben (was die objektive Form ist), bis hin zum Fühlen des Ungesehenen, des Fernen, das weder hier noch dort ist.

Die *Neurasthenie* unterscheidet sich deutlich anhand ihrer psychischen Manifestationen, durch eine trübe Ängstlichkeit, durch eine Tendenz, die Dinge und Fakten außerhalb der Möglichkeiten und der Nützlichkeit anzusiedeln, durch eine von unbedeutenden Gründen hervorgerufene Gereiztheit (...), durch eine Schwäche und eine (...) des Willens, durch die Kraftlosigkeit im Handeln und in der Entscheidung.

Die Psychoneurosen Hysterie und Neurasthenie, ebenso wie die Epilepsie, haben sowohl physische als auch psychische Manifestationen, wobei es jedoch scheint, die Manifestationen bei höherer Körperlichkeit wären weniger mental; und umgekehrt, je mehr sie offensichtlich mental sind, neigen sie weniger dazu, physisch zu sein, ausgenommen selbstverständlich in extremen Fällen, und selbst hierbei gibt es einige, wie beispielsweise in der Hysterie, bei der ein Anfall völlig oder weitgehend vorgetäuscht ist, womit es sich dann wiederum hauptsächlich um eine psychische Tatsache handelt.

Es ist undenkbar, daß ein hysterischer Neurastheniker ein starker oder typisch gesunder Mensch sein sollte. Definitiv kann er kein Mensch mit einer einträglichen Gesundheit der Nerven sein; und dies ist mit Sicherheit einerseits festlegt anhand eines gewissen funktionalen Defizits – wodurch es undenkbar wird, daß eine völlige Gesundheit zusammen mit temperamentell unsteten Nerven existieren kann –, und andererseits ist dieses selbst der Grund für eine mehr oder weniger deutliche funktionale Unordnung des gesamten körperlichen Organismus. Unabhängig davon, daß es undenkbar ist, alle Psychoneurosen hätten zwangsläufig etwas mit einer körperlichen Erbschaft zu tun, muß eine solche morbide Erbschaft auch nicht in anderen Körperprozessen deutlich werden. Das bedeutet nicht, daß der Neuropsychotiker – mit Ausnahme innerhalb seines Nervensystems – das Opfer einer chronisch krankhaften Gesundheit wäre; sondern das bedeutet, daß er kein normal gesunder Mensch sein kann; und mit Sicherheit wird er kein starker Mensch sein, da, lassen wir die Muskelkraft einmal beiseite, welche er neben der Nervenkrankheit auch geerbt haben kann, die andere Form der Kraft, der organische Widerstand, wahrscheinlich nicht existiert.

Die Balance im Ausdruck Shakespeares, die große geistige Gesundheit und Objektivität seiner Lebenseinstellung sind unvereinbar mit der Reizbarkeit und der Selbstbeobachtung, die geboren wurden aus einem Leiden und den Beschwerlichkeiten einer chronisch oder wiederholt krankhaften Gesundheit. Körperliches Leiden oder Bedrängnis bringt den allgemeinen Tenor des Geistes stärker aus dem Gleichgewicht als ein mentales Leiden, ausgenommen in den kritischen Momenten, in denen dieses mentale Leiden – bei einigen Menschen kann es nicht lange anhalten, da es sich eher wiederholt – Qualen und Verzweiflung hervorruft. Daher muß Shakespeare für einen Neurastheniker so gesund wie möglich gewesen sein: (...).

* * *

Das Fundament des lyrischen Genies ist die Hysterie. Je reiner und unverfälschter das lyrische Genie ist, um so klarer ist die Hysterie, wie beispielsweise in den Fällen von Byron und Shelley. Wobei sie hier jedoch körperlich ist, um es so zu sagen; denn letztlich ist sie deutlich.

Beim lyrischen Genie auf einer darüberstehenden Stufe – wenn es mehrere Arten der Emotion umfaßt – wird die Hysterie, um es so zu sagen, mental; entweder da eine starke körperliche Gesundheit, wie bei Victor Hugo, sie unabhängig von der körperlichen Manifestation nach innen lenkt, oder (...).

Beim lyrischen Genie auf der höchsten Stufe – wenn es alle Arten der Emotion erfaßt, so daß sie sich als Personen verkörperlichen und zu einer andauernden Depersonalisierung führen – wird die Hysterie, um es so zu sagen, rein intellektuell; da die körperliche Gesundheit zwar gut ist, die Vitalität jedoch defizient (...).

Die Hysterie nimmt verschiedene mentale Formen an, die jenem Temperament entsprechen, auf das sie trifft. Sollte die Gesundheit allgemein anfällig sein, dann wird die Form der Hysterie sicher körperlich sein; und sollte der Hysteriker ein lyrischer Dichter sein, dann wird er von seinen eigenen Emotionen singen, und oftmals von einer geringen Anzahl der Emotionen. Sollten die Gesundheit gut oder sehr gut, die Konstitution stark und, ausgenommen in der Hysterie, die Nerven im wesentlichen geistig gesund sein, dann wird der Verlauf der Hysterie völlig mental sein; und der lyrische Dichter wird ein solcher sein, der von einer Vielfalt an Emotionen singt, ohne aus sich selbst herauszutreten – da entweder er, wie beispielsweise Goethe, eine Vielfalt von rein persönlichen Emotionen besitzt, oder da er, wie beispielsweise Victor Hugo, beständig unpersönlich und fiktiv ist, wenn auch in einer uniformen und monotonen Art. Sollte schließlich die Konstitution neutral sein, also weder stark noch schwach, wie beispielsweise im Fall eines schwachen, aber nicht ungesunden Menschen, dann geschieht weder die eine Sache noch die andere; im Fall eines lyrischen Dichters wird das Resultat eine Mischung der beiden anderen sein – die Befähigung, in der Imagination die mentalen Zustände der Hysterie zu *leben,* die Kraft also, sie außerhalb von sich selbst in völlig andere Personen hineinzuprojizieren; oder in anderen und genaueren Worten, die psychologische Fertigkeit, die einen Dramatiker, wenn auch nicht unbedingt wesentlich, ausmacht.

(Shakespeare war also (1) vom Wesen her, und hauptsächlich in der Jugend und in frühen Mannesjahren, hysterisch, (2) später und in reifen Mannesjahren war er ein hysterischer Neurastheniker, (3) am Ende seines Lebens war er ein hysterischer Neurastheniker auf einer geringeren Stufe; er war auch von einer gebrechlichen Konstitution und war von einer defizienten Vitalität gezeichnet, wobei er aber nicht ungesund war. Dies haben wir nun also vollständig festgelegt.)

* * *

Literatur und Psychiatrie

»Die Literatur der Dekadenz« –
Anmerkungen zum Buch Max Nordaus

Der deutsche Psychiater irrt sich, wenn er dem Dichter eine Vagheit des Denkens zuschreibt, indem er die in diesem Fall läppische Unterscheidung zwischen einem gesunden und einem morbiden Denken vorbringt – das erste ist ihm gemäß dem wahren und gesunden Dichter eigen, wie beispielsweise Goethe, das zweite gehört zum degenerierten Dichter.

In der Kunst handelt es sich jedoch weder um die Degeneration des Künstlers als Mensch, noch um seine Degeneration, in einem örtlichen Sinne begriffen, als Denker oder als Fühlender. Es handelt sich einzig und allein um seine Degeneration als Künstler. Im tiefen Grund seiner Persönlichkeit und seines Denkens mag er so morbid oder eigenartig sein, wie er will: Ästhetisch hat dies nichts zu bedeuten. Es handelt sich um die Form – die psychische Form –, dieses Denken zu ästhetisieren, und in seiner (...) sieht ihn der Kunstkritiker.

Ein an sich morbides Gefühl kann von einem Künstler auf gesunde Weise aufgegriffen werden; der Mensch wäre dann krank und der Künstler gesund. Die inspirierenden Gefühle beschränken sich nicht auf moralische, natürliche oder (...) Angelegenheiten. Baudelaire ist ein großer Dichter und ein emotional kranker Mensch.

Ein an sich vages und undefiniertes Gefühl kann das inspirierende Thema für ein Gedicht sein, für ein Bild oder für eine Partitur. Ein großer Teil der inspirierenden Gefühle der Künstler ist vage und undefiniert. Die Sehnsucht, der (...), die Todesangst, die (...) des Lebens, die (...) Wahrnehmung des Mysteriums – keines von diesen höchst inspirierenden Themen ist eine deutliche, klare und vollständig zu analysierende Sache. Emotional sind sie jedoch *klar.* Nun ist die Kunst einfach nur die Ersetzung der Intelligenz mit der Emotion (...). Jedoch sollte klar sein, wie der Dichter, der Künstler oder der Komponist sie ergreift, um sie künstlerisch zu interpretieren. Das Erdenken des *Gedichts,* des Bildes oder der Partitur *an sich* kann nicht vage oder undefiniert sein. Hier tritt der Anteil des Künstlers zutage. Die höchste Kunst besteht genau in der Verkonkretisierung des Abstrakten, in der Verdeutlichung des Unbestimmten, in der Erhellung des Dunklen anhand des Symbols, was die wichtigste Idee oder die (...) des inspirierten Kunstwerkes ist.

Auf drei Arten läßt man eine Idee klar erscheinen, so vage und undefiniert sie auch sein mag: das Symbol, die Affirmation und das Bildnis. Das erste ist wesentlich die Methode der visuellen Künste; die zweite ist die Methode der Musik, das dritte die der Dichtung, wobei die Dichtung aber auch alle drei benutzt.

Der gesunde Künstler benutzt irgendeine dieser drei Methoden, er hebt sich durch eine Besonderheit hervor: Er bringt die Idee zur Klarheit, so vage sie auch sein mag.

Der Maler beispielsweise muß zur Symbolisierung von irgendeinem (...) den Gegenstand seines Bildes *luzide* und *sichtbar* machen. Um irgendeine Sache zu symbolisieren, muß der Komponist als Musiker diese Sache *luzide* machen, er muß ihr die repräsentative Form der Emotion geben. Um eine Partitur zu schreiben, muß er ihr in seiner melodischen Inspiration einen *Körper geben* – und einen Körper geben bedeutet eine Festlegung, im gewissen Sinne ein *Luzide*-machen. Und der Dichter muß schließlich, um einen inspirierenden Stoff zu repräsentieren, ihn mental auf ein innerlich lebendiges und gelebtes Bildnis reduzieren, auf irgendeine Sache, die geistig materiell und fühlbar ist. Und folgt er – wie es ihm gegeben ist – der dem Maler oder der dem Musiker eigentümlichen Methode, dann hat er in der Dichtung die Luzidität zu bewahren, welche sie – der Maler und der Musiker – ihren eigenen Kunstwerken zwangsläufig zugestehen, damit sie auch wirklich als Künstler erscheinen und nicht als Geisteskranke oder Idioten.

Wie es Edgar Allen Poe aufzeigte und selbst tat, hat man den Ausdruck der Obskurität von der Obskurität des Ausdrucks zu unterscheiden. Wenn das Obskure an sich luzide dargestellt wird, bleibt es an und für sich immer noch obskur; ein nicht klares Obskures, aber klar obskur. Die Kunst, die dem Obskuren einen luziden Ausdruck gibt, macht dieses noch lange nicht klar – denn das wesentlich Obskure wird nur klar durch eine falsche Interpretation –, sondern zeigt nur klar die Obskurität auf. So finden wir in den Sonetten von Anthero de Quental einen vollendeten poetischen Ausdruck der abstraktesten und obskursten Gegenstände. Er erhellt die Obskurität; auf extrem luzide Weise zeigt er, wie weit die Obskurität eine Obskurität ist, wie obskur diese Obskurität ist. In der höchsten Dichtung gibt er dem Mysterium des Universums den höchsten Ausdruck, aber nicht, indem er dies klarmacht; was er uns klarmacht – in dem Verhältnis, wie seine Dichtung erhaben ist –, ist der Grad, wie mysteriös dieses Mysterium ist. Sollte man von einem Dichter mehr verlangen, dann weiß man nicht, was man von einem Dichter eigentlich verlangen soll.

* * *

Nordau: ein eher scharfsinniger als subtiler Psychologe, weniger komplett als gewissenhaft.

* * *

Der anonyme Kritiker Nordaus[78] verfiel einem gewöhnlichen Fehler und betrachtete das Unbekannte anhand des Bekannten, ein Fehler übrigens, den er auch bei Nordau anmerkt. So erklärt er auf betrübliche Weise, der aktuelle Zustand der französischen Gesellschaft sei einem Fehlen der Religion geschuldet, oder, noch deutlicher, der Dekadenz des Glaubens in eine persönliche Verantwortungslosigkeit, die von der (...) bezüglich der Unsterblichkeit der Seele abhängt. Der Kritiker (...) eine falsche Analogie. Er kennt gut (schließlich ist er Engländer) den Einfluß, den die Religion auf die englischen Sitten ausübt, und da er diesen Einfluß nicht als *lokal,* sondern als allgemein ansieht, verknüpft er den Materialismus des französischen Volkes mit dessen Dekadenz. Allerdings ist es eine Tatsache, daß die Religion bei den Franzosen immer nur sehr wenig Einfluß auf die Sitten ausübte. In ihrer alltäglichen Vorgehensweise unterscheiden sich die wahrhaft Gläubigen in nichts von den wahrhaft Ungläubigen.

* * *

Befragung.
In der Tat gibt es Leute, deren Intelligenz nur so weit reicht, eine solche vorzutäuschen; und sie sind nur insofern nicht dumm, da es ihnen gelingt, nicht als dumm zu erscheinen.

Dieser Kategorie gehört der Befragte Herr Augusto de Castro an, dem wir (da das eben zitierte Phänomen zwar herkömmlich, jedoch selten offensichtlich ist) zugestehen müssen, seine Intelligenz verdiene (...).

Führen wir das Argument, das recht einfach die »Gründe« des Herrn Julio de Mattos[79] widerlegen kann, bis ans Ende, dann wäre es nicht schlecht, ihm noch als ein Postskriptum die Anmerkung hinzuzufügen, daß es nicht genau jenes war, was er eigentlich sagen wollte. Er wollte nicht sagen, unsere Dichtung wäre traurig und niedergeschlagen, sondern sie repräsentiere oder zeige einen Zustand der Niedergeschlagenheit und der Depression. Wer sich darin auskennt, wie sich die Psychiatrie mit der modernen Kunst beschäftigt, und wer einigermaßen über den Scharfsinn eines Psychologen verfügt, wird ohne Schwierigkeiten die Ideenassoziation verstehen, die den Herrn Julio de Mattos dahin führte, eine Dichtung als niedergeschlagen und traurig zu bezeichnen, die offensichtlich alles andere ist als dies.

Herr Julio de Mattos hat Gedichte der neuen portugiesischen Bewegung gelesen, und ich halte fest, wie jedermann sofort festhalten wird (jawohl, es ist genau dies, was man sogleich festhält), daß es sich bei ihr um eine wesentlich *mystische* Dichtung handelt. Der Mystizismus bedeutet aber für diesen Psychiater (aus einem Grund, den wir gleich sehen werden) wiederum einfach nur eine Degeneration: Er bedeutet ein psychisches Stigma der Degeneration, ein spezielles Charakteristikum der Literatur von Degenerierten, eines literarisch Degenerierten. Wie nun die Degeneration (was auch immer sie sein mag – da es schwierig ist und bisher auch unmöglich war, sie völlig zu erklären) mit Sicherheit ein Phänomen einer lebendigen Depression ist, und da die degenerative Spezies (um es so zu sagen), zu der man den Mystizismus (...) rechnen muß, zur Gruppe der *für die Depression* charakteristischen Psychosen oder Neurosen gehört, sah Dr. Julio de Mattos hier einen Mystizismus, und eine für den Psychiater typische Ideenassoziation (zweifellos gestützt auf unbewußte Reminiszenzen an die Erklärungen Nordaus) führte ihn zur *Depression*. Das Aufdecken von dem, was er sagen wollte, und die Widerlegung dieses Arguments (nicht wie er es darlegen wollte, sondern wie er es dargelegt hat) erfordern nicht notwendigerweise ein neues Argument. So wie für Julio de Mattos Mystizismus gleich Depression bedeutet und wir dagegen argumentiert haben, daß man unsere neue Dichtung als depressiv begreift, so lehnen wir es ipso facto auch ab, daß man sie als mystisch begreift (in dem Sinne, wie die Psychiater den Mystizismus verstehen).

Es bleibt eigentlich nur noch zu untersuchen – damit das zwar Gedachte, aber nicht Gesagte hier nicht offenbleibt –, was der Mystizismus ist, ob es nur eine Art des Mystizismus gibt; und angenommen, es würde mehrere geben, ob das wissenschaftliche Anathema mit derselben Vernunft über alle diese Arten gelegt werden kann.

Was das Wesen des Mystizismus betrifft, so können wir eine Definition finden, die sowohl der Psychiater als auch jedes beliebige andere Individuum, wenn es irgendwie über diesen Fall nachdenkt, annehmen können. Der Mystizismus, die mystische Überlegung ist all jenes, was die Erforschung von Gründen und Gesetzen, die Genauigkeit in der Festlegung der Tatsachen übersteigt, es ist das Vage, das Ungenaue. Ich glaube, über diesen Sachverhalt als Definition des Mystizismus kann es keine Zweifel geben.

Wenn ich nichts vom Wesen der Dinge weiß und wenn meine Erkenntnisse anwachsen, wenn es für mich schwieriger wird, sie auf ein

System zu reduzieren und sie zu verknüpfen, sie gemäß meinen Prinzipien zu verstehen, wer sagt mir dann, daß mein *luzides* Verständnis mich nicht trügt?

Solange es in dieser Welt ein Mysterium gibt, wird es auf legitime Weise Mystizismus geben. Krankhaft und (...) wäre dann nur seine Abwesenheit.

Je weiter man in den einzelnen Wissenschaft auch voranschreiten mag, man wird immer an einen Punkt gelangen, an dem man nicht weitergehen will oder an dem man ausruhen wird, denn hier folgt auf das Unerklärte das Unerklärliche – und in jedem Fall, ob man es will oder nicht, folgt auf diesen Punkt, an dem wir müde und eingeschüchtert haltmachen, das Ungewisse.

Für den vollständigen Träumer ist die Natur nur ein Traum, der in einer etwas aufmerksameren Form auch studiert werden kann – der Traum, der ausreichend andauert, um in ihm Regeln und Gesetze finden zu können, die wir vielleicht auch in jedem anderen unserer Träume oder in der Welt unserer intensivsten Träume vorfinden würden, wenn wir genügend Zeit und Befähigungen für diese Schattenwissenschaft hätten. Die Natur ist nicht wirklicher; sie ist lebendiger als die Träume. Die Natur ist der Traum, den alle Seelen gemeinsam träumen.

Die Diskussion eines Konzils, dessen berühmtes Thema sich darum drehte, ob die Frau eine Seele hat oder nicht, sollte man weder verachten, noch sollte man sich darüber entsetzen.

So wie sie in allem passiv ist, fehlt der Frau gemäß der Natur das, was man vom Wesen her Seele nennt. Die Frau ist ein Gefäß, ein Rahmen für Seelen; daher muß sie irgendeine Sache haben, die dem Wesen einer Seele entspricht. Diese Sache entspricht freilich so wenig einer Seele, wie ein Pudding die Form ist, in der er hergestellt wurde. (Schrift über das weibliche Wesen des weisen Jesuitenvaters Lourenço Ennes.)

Der Feminismus als eine sexuelle Perversion.

Eine verärgerte, traurige, weinende Frau … Und da glauben die Leute, daß dieses Wesen, welches in seinem Weinen so seelenvoll ist, auch noch Hosen unter dem Unterrock trägt, und daß es, wenn es sich zufällig in der Menstruation befindet, noch untergezogener ist!

Die uninteressierte Moral, die reine Moral ist ein Mystizismus, sie ist weder natürlich noch normal.

* * *

Julio de Mattos.
In diesem Moment wird es notwendig, eine rationale Untersuchung zum Wesen des Mystizismus anzustellen.

Halten wir also gleich am Anfang die Bedeutung und den Umfang des Begriffes fest. Diese Festlegung ist nicht schwierig und stimmt völlig mit dem überein, von dem der Psychiater glaubt und der Dichter denkt, es sei der Mystizismus.

Das erste Charakteristikum der mystischen Ideenbildung ist das Ungewisse.

* * *

Der Mystizismus ist im wesentlichen, in irgendeiner seiner Formen, ein reflexiver Enthusiasmus, oder ein vorfühlender, vertiefender. Der Widerspruch, den man zwischen den Ideen des Enthusiasmus und der Reflexion bemerkt, charakterisiert hervorragend den Widerspruch, der als das Wesen des Mystizismus gilt.

a Reiner Mystizismus: religiös.
b Reflexiver Mystizismus: poetisch.
c Impulsiver Mystizismus: proselytisch. (Jesus, Mohammed, …)

* * *

Der Mystizismus besitzt drei Formen, je nachdem, wie er sich *völlig* veräußert durch das Denken oder durch das Gefühl oder durch den Willen. Wenn sich der Mystizismus psychisch durch das Gefühl veräußert oder sich verinnert, dann haben wir den reinen und einfachen Mystiker, den Menschen der Ekstase und der Visionen; gehemmt, nicht impulsiv, sein psychisches Leben ist ein Delirium.

Dieser Mystiker hat wenig mit jenem zu, bei dem sich der Mystizismus anhand der Aktion manifestiert. Beim ersten gibt es die temperamentelle Tendenz zur Neurasthenie, beim zweiten gibt es die temperamentelle Tendenz zur Epilepsie (wenn man dies so sagen kann); bei beiden ist die gefühlsmäßige Funktion des Geistes zugespitzt hysterisch.

Zur Analyse – in welchen psychologischen Elementen löst sich der Mystizismus objektiv, also *qua* Manifestation, auf? Wir bemühen uns nicht um seine morbiden Elemente, um seine psychopathologischen Ursprünge; wir wollen einfach nur wissen, welche seine objektiven Charakteristiken sind, womit wir unser Denken langsam mit der Idee anfreunden, daß es uns letztlich um den Mystizismus in der Literatur geht.

In der Analyse – so antworten wir uns selbst – löst sich der Mystizismus in diese drei Elemente auf: Enthusiasmus, Philosophie, Absurdität. Wir werden diese Behauptung beweisen. Der Mystizismus ist die Philosophie, *eine* Philosophie, ein philosophisches System, das zum Gefühl geworden ist, sei es nun bewußt oder unbewußt.

Die gemeinsame Existenz des Enthusiasmus und der Intelligenz vermindert beide darin, woraus sie ihren Nutzen ziehen.

Der Mystiker (ob es sich nun um einen reinen Mystiker, einen Dichter oder einen Menschen der Aktion handelt) ist ein Halbverrückter. Die Inspiration ist ein morbides Phänomen, zumindest stimmt jedermann darin überein, daß es kein normales Phänomen ist, und solange es dies nicht ist, ist es morbid. Manchmal besteht die Schwierigkeit im Verstehen der Dinge einfach nur in der Schwierigkeit, die Worte zu verstehen.

* * *

Wer in nur einem Wort die hauptsächliche Charakteristik der modernen Kunst zusammenfassen wollte, würde sie völlig hinreichend in dem Wort *Traum* finden. Die moderne Kunst ist die Kunst des Traumes.

In der Moderne ergab sich die Unterscheidung zwischen dem Denken und der Handlung, zwischen der Idee der Kraft, dem Ideal, und der eigentlichen Kraft, der Ausführung. Im Mittelalter und in der Renaissance hat ein Träumer wie Heinrich der Seefahrer[80] seinen Traum in die Praxis umgesetzt. Es genügte, mit Nachdruck zu träumen. Die menschliche Welt war klein und einfach. Die gesamte Welt war es bis zum Eintritt in die moderne Epoche. Es gab noch nicht jene Komplexität der Macht, die wir Demokratie nennen, es gab noch nicht die Intensität des Lebens, die wir jener Sache verdanken, die wir Industrialisierung nennen, es gab noch nicht die Zerstreuung des Lebens, die Erweiterung der Wirklichkeit, welche von den Entdeckern gebracht wurde und die in den Imperialismus mündete. Heute besteht die äußerlich menschliche Welt in dieser dreifachen und entsetzlichen Komplexität. Sofort an der Schwelle des Traumes taucht das unvermeidliche Denken der Unmöglichkeit auf. (Die eigentlich mittelalterliche Unwissenheit war eine Kraft des Traumes.) Heute hat alles sein exaktes und wissenschaftliches Wie und Warum. Die Erforschung Afrikas kann abenteuerlich sein, sie ist aber schon nicht mehr finster und befremdlich; die Suche nach dem Pol kann risikovoll sein, sie ist aber schon nicht mehr (...). Das Mysterium im Leben ist abgestorben: Wer heute Afrika erforscht oder den Pol (...), der trägt in sich schon nicht mehr das Grauen vor dem, was er finden wird, da er letztlich genau weiß, daß er wissenschaftlich bekannte oder wissenschaftlich begreifbare Dinge finden wird. Es gibt bereits keine Kühnheit mehr: Es genügt die körperliche Courage eines körperlich energischen Mannes. Daher sind die verrücktesten Versuche der Idealisierung unserer Flieger und Entdecker nichts anderes als lächerlich, da ihre Seelenstruktur nur mittelmäßig ist. Es handelt sich um Wissenschaftler und praktische Männer. Die großen

Männer aus früheren Zeiten waren Männer des Traumes und der Handlung.

Die Männer haben sich verringert. Herrschen bedeutet immer mehr administrieren oder führen.

Nachdem die moderne Kunst zu einer *persönlichen* Kunst geworden ist, ist es auch ganz logisch, daß sie sich zu einer immer größeren Verinnerlichung hin entwickelt hat – zu einem immer mehr anwachsenden Traum, jedes Mal mehr zu einem größeren Traum.

Der Dichter des Traums ist ein Melodiker, ein an die Musik seiner Verse gefesselter Mensch, der ebenso gefangen ist wie Ariel im Baum der Sycorax. Die Musik ist im wesentlichen die Kunst des Traums: und die moderne Entwicklung der Musik, darin, worin sie groß ist und ihren Wert hat, ist die höchste Bestätigung dessen, was wir hier erörtern. Der träumende Dichter ist als Träumender bis zu einem gewissen Punkt ein Musiker. Und um seinen Traum mitzuteilen, muß er sich *diese Dinge zunutze machen, die den Traum mitteilen.* Eines dieser Dinge ist die Musik.

Der Traumdichter ist im allgemeinen ein visueller, er ist sonderbar visuell. Der Traum ist im allgemeinen mit *dem Gesichtssinn* verbunden. Nur wenig träumt man hörend oder tastend. Das »Bild« und die »Landschaft« sind wesentlich dem Traum eigen, da er selbst *statisch* ist, er negiert die anhaltende Dynamik der äußeren Welt. (Je schneller und trüber das moderne Leben ist, um so langsamer, ruhiger und klarer ist der Traum.)

Nordau verfiel dem gröbsten und offensichtlichsten Fehler eines Denkers hinsichtlich der von ihnen behandelten Materie. Er verwechselte eine fortschrittliche Bewegung, also eine der Differentiation, mit einer rückschrittlichen Bewegung; er begriff den Anfang (der noch zögerlich und verworren war wie alle Ausgangspunkte) einer neuen Kunstform als eine bereits ausgereifte Kunst; er konnte nicht das Wesentliche und das Nebensächliche auseinanderhalten, das Instinktive und das Theoretische (...).

Er sah die in der symbolistischen Bewegung enthaltenen Elemente der Dekadenz – die dieser nun wirklich nicht zur Ehre gereichen, da diese Elemente offensichtlich sind –, er sah jedoch hinter diesen Elementen nicht das, was Dante Gabriel Rossetti und Paul Verlaine zu großen Dichtern macht. Nordau zeigt aber noch mehr Dummheiten und Mißverständnisse: anhand derselben Klassifikation verwechselte (ausgenommen der aufgesetzten Unterscheidung zwischen »Mystizismus« und »Egotismus«) er offensichtlich unterschiedliche Formen der Kunst, Künste mit unterschiedlichen Bedeutungen. In diesem Sinne betrachtete er Nietzsche und (...) unter demselben (...), als ob diese nicht nur Degeneration bedeuten würden, sondern auch noch dieselbe Sache, was auch immer diese Sache sein mag.

Man kann drei Wegen folgen angesichts von diesem neuen Zivilisationszustand:

1 Man gibt sich der äußeren Welt hin, man läßt sich von ihr absorbieren, man entnimmt ihr das zufällige und lärmende Leben, die Kraft ist nicht mehr als die Kraft, die Natur einfach nur die Natur (und das Leben) – und diesem Weg folgten Whitman, Nietzsche, Verhaeren, und zwischen unseren Landsmännern die Bewegung, die Nunes Claro[81], Silvio Rebello[82] und João de Barros[83] einschließt.

2 Sich von all diesem im Abseits halten, in einem völlig individuellen Traum, völlig isoliert, gänzlich und passiv gegen das moderne Leben reagierend, ob dies nun durch eine mittelalterliche Vorliebe geschieht, die *Mittelalterlichkeit,* oder durch eine Flucht in die *Weiten* des Raums, oder durch eine Seltsamkeit und Ungewöhnlichkeit im Leben – also letztlich die Ferne im Leben. Dies war der Weg, dem Edgar Allen Poe, Baudelaire (ins Befremdende fliehend), Rossetti, Verlaine (ins Mittelalter und ins Befremdende), Eugénio de Castro[84] (nach Griechenland), Loti (in den Orient) folgten.

3 Diese lärmende Welt, die Natur, alles *in den eigenen Traum* versetzend – um so in diesem Traum der »Wirklichkeit« zu entfliehen. Dies ist der *portugiesische* Weg (völlig charakteristisch für Portugal) – der angefangen bei Anthero de Quental immer deutlicher wurde bis zu unserer heutigen aktuellsten Dichtung.

Wer den Symbolismus verstehen will, muß seine dreifache Natur in Betracht ziehen. Er bedeutet:

1 eine Dekadenz der Romantik

2 eine Gegenbewegung gegen den Szientismus

3 ein Evolutionsstadium (oder der Anfang einer Evolution) einer neuen Kunst

Wer das nicht sieht, wird insgesamt nichts vom Symbolismus verstehen. Nordau hat nur (1) verstanden, andere verstehen nur (2) oder (3).

Der größte Dichter der modernen Epoche wird der sein, der über die stärkste Traumfähigkeit verfügt.

Der Mystizismus und der Egotismus, die Nordau in der modernen Kunst vorfand und die Goethe, der von Nordau so sehr verehrt wird, in seiner ersten Periode auszeichneten, sind die morbiden Aspekte eines ausgeglichenen Mystizismus und einer für die moderne Kunst charakteristischen Persönlichkeit.

Der Charakter des Träumers zeigt verschiedene Charakteristiken: die Asexualität, oder die Parasexualität, ist eine von diesen, und darüber hinaus sehr evident; es handelt sich um die deutlichste Form seiner Unfähigkeit im Umgang mit der Normalität und der Wirklichkeit der Dinge.

Jenes, was man die moderne Kunst nennt, jenes, was zunächst einmal die moderne Kunst ist, das ist einfach nur ein Anfang einer Kunst – oder vielmehr der Übergang zwischen zwei Stadien der zivilisatorischen Evolution. Zwischen der sogenannten Romantik und der Kunst, die nun in schnellen Schritten ihrem Höhepunkt zueilt.

Heinrich der Seefahrer ist der vollkommene Typ eines Träumers. Angefangen bei seiner Asexualität bis hin zu seinem vollkommenen Opfer der anderen – ist er ein Träumer. Aber er lebte auch in einer Zeit, in der man träumen konnte.

Heute handelt der Traum immer nur von unausführbaren Dingen. Was als ausführbar angesehen wird, begreift man als wissenschaftlich ausführbar, und eine Sache, die als wissenschaftlich angesehen wird, kann keine Traummaterie sein.

* * *

Die neuerliche Unpäßlichkeit in der portugiesischen Literatur. Seit der »Entartung« Nordaus richtete sich die Aufmerksamkeit vieler Kritiker auf die Existenz von morbiden Elementen in der Literatur, und hauptsächlich in einigen Manifestationen der zeitgenössischen Literatur. Wie nachdrücklich die Kritiken bezüglich des Buchs Nordaus auch gewesen sein mögen, eine Sache von ihm blieb bestehen: Heute ist es schwierig, sich davon zu überzeugen, daß der französische Symbolismus eine völlig gesunde und absolut erneuernde literarische Bewegung darstellte, da er unter der Voraussetzung, daß er nicht völlig gesund war, auch nicht erneuern konnte, sondern eigentlich nur verunstalten.

Bedeutet der französische Symbolismus nun eine morbide Manifestation, dann fehlen uns die Worte zur Bezeichnung dessen, was jene literarische Bewegung repräsentiert, die sich gegenwärtig in Portugal abzeichnet. Auch wenn sie noch am Anfang steht – und beten wir zu Gott, daß sie nie über diesen hinausgeht! –, ist sie bereits eine deutlich charakterisierte und eine sich von den anderen unterscheidende Ausrichtung. Und was an ihr essentiell gefährlich ist, ist ihre unerklärliche Kraft, Anhänger zu schaffen und das Gemüt zu beeinflussen. Wenn wir darüber nachdenken, daß es sich bei ihr, um es so zu sagen, um eine schweigsame (oder fast schweigsame) und heimliche Ausrichtung handelt, dann müssen wir eingestehen, daß ihr Einfluß wahrhaftig beeindruckend ist; und um so mehr, da es auf den ersten Blick unglaublich scheint, daß eine solche Anormalität nicht nur schreibende und dieser Bewegung zugeneigte Persönlichkeiten in ihre Reihen eingliedert, sondern auch Leute, die zwar nicht schreiben, es aber zu verstehen geben, daß diese Menschen schreiben.

Sieht man jedoch genauer hin, dann ist diese Beeinflussung nicht völlig unerklärbar. Die Bedingungen des modernen Lebens und die in der heutigen Zeit von allen Staaten durchlebten politischen und sozialen Schicksalswendungen erschaffen nicht nur eine latente Veranlagung für Krankheiten in nahezu jedem einzelnen Geist – und hauptsächlich in den schwachen und semikünstlerischen –, sondern auch eine furiose Sucht nach Neuigkeiten, was in der Kunst vielleicht dem revolutionären Gemüt in der Gesellschaft entspricht.

Zwischen uns kennt man wenig von der portugiesischen Literatur. Aber selbst wenn man viel von ihr wüßte, könnte man nur schwerlich festlegen, von woher diese neue Ausrichtung stammt. Neben Frankreich war es Portugal (selbst wenn es nur wenige wissen), das eine typisch symbolistische Schule aufweisen konnte; von ihr verblieben nur zwei Namen: Eugénio de Castro und Antonio Feijó[85]. Die neue Ausrichtung, von der wir sprechen, hat jedoch nichts mit dieser zu tun und ähnelt auch wenig dem französischen Symbolismus (obwohl es hier einige Gemeinsamkeiten gibt, die vielleicht vom gemeinsamen krankhaften Element herrühren).

Es wird schwierig sein, dem Leser auch nur eine annähernde Idee von dem zu geben, was diese neue Ausrichtung eigentlich ist, da es einerseits bisher nur extrem wenig publizierte Bücher von ihr gibt und da sie andererseits in sich selbst so komplex und so konfus ist, daß es keine Art der Definition geben kann.

Ich weiß eigentlich auch nicht genau, wer an der Spitze dieser Ausrichtung steht, ob es der Herr Fernando Pessoa oder der Herr Mário de Sá-Carneiro ist. So wie einige Eingeweihte es verlauten lassen, muß es wohl der erste sein. Herr Fernando Pessoa hat bisher noch kein Buch publiziert. Ich weiß nicht, ob er hier einen portugiesischen Mallarmé darstellen möchte oder ob er es bisher einfach noch nicht konnte, wovon man ausgehen kann, denn wahrscheinlich wird sich kein Verleger finden lassen, der eines seiner Werke publiziert. Herr Mário de Sá-Carneiro hat bereits drei Bücher publiziert, das erste noch außerhalb dieser Ausrichtung, die beiden anderen wurden vor kurzer Zeit publiziert und gehören völlig zu dieser Ausrichtung. Gemeinsam mit dem Gedichtsband »Distanz« eines anderen Anhängers, des Herrn Alfredo Pedro Guisado[86], sind es die einzigen Bücher, die diese Ausrichtung aufzuweisen hat. Bei den beiden Büchern des Herrn Sá-Carneiro handelt es sich um eine Novelle und um einen Gedichtband. (Dabei handelt es sich um die »Konfessionen des Lucio« und den Band »Zerstreuung«, ein Titel übrigens, der hervorragend den Seelenzustand eines jeden Anhängers dieser Ausrichtung darlegt.)

Auch wenn es sehr leicht sein sollte, das Krankhafte und Gefährliche an dieser Ausrichtung auszumachen, kann man dem Herrn Sá-Carneiro wohl nicht seine außerordentlichen Fähigkeiten als Novellist und Schriftsteller absprechen; es ist schade, daß die Verwirrung seiner Novellen dem Publikum nicht zugänglich ist und daß sein Stil beständig an der Krankheit dieser Ausrichtung leidet. Nahezu dasselbe kann man von den Gedichtbänden der Herren Guisado und Sá-Carneiro behaupten. Sie leiden an einer übertriebenen Verfeinerung, am Mißbrauch der Introspektion dieser Ausrichtung.

Wählen wir hier einige Sätze aus, übertragen wir sie sorgfältig, damit die Leser sich so weit wie möglich von dem in Kenntnis setzen können, was diese Ausrichtung eigentlich ist.

Hier nun einige Sätze des Herrn Sá-Carneiro: (...)

Hier einige des Herrn Alfredo Guisado: (...)

Wie man mir jedoch in Lissabon bestätigte, wird die Übertreibung dieser Ausrichtung in nichts anderem so gut dargestellt wie in der folgenden Dichtung, die wir hier vollständig wiedergeben möchten und die Herr Fernando Pessoa in der Zeitschrift »Wiedergeburt« *(A Renascença),* welche allerdings schon bei ihrer Geburt verstarb, publizierte: Man bemerkt, daß es dem Herrn Pessoa darum geht, seinen Geisteszustand im Angesicht einer Dämmerung zu vermerken, wobei er sich aller möglichen Eindrücke bedient, so klein sie auch sein und so wenig Beziehung sie auch untereinander haben mögen. Wie wir bereits sagten, die »Zerstreuung« ist der charakteristischste Gedichtband dieser Ausrichtung. Letztlich sollte man aber zugestehen, daß es in der Dichtung des Herrn Fernando Pessoa einige wahrhaft bemerkenswerte Verse gibt und einige (...). Diese Dichtung war nach und nach jene, die dieser Ausrichtung ihren (man sagte mir provisorischen) Namen gab; es scheint, daß Herr Pessoa sie in Lissabon rezitierte und jemand aus dem ersten Wort (Sümpfe [pauis] also...) den Namen »Paulismus« für diese Ausrichtung ableitete.

Hier wäre also das grundlegende Gedicht des »Paulismus«: (...)[87]

Seien wir nicht ungerecht. Unabhängig vom Krankhaften und Gefährlichen dieser Ausrichtung müssen wir anerkennen, daß ihre Anhänger ein unbestreitbares Talent besitzen und eine offensichtliche Überlegenheit gegenüber so vielen anderen Neulingen hier in Portugal, und vielleicht nicht nur in Portugal. Bedauernswert ist eigentlich nur, daß das eigentliche Wesen ihrer Inspiration nur krank ist und somit nicht viel mehr hergibt. Anhand der Auszüge, die wir hier angegeben haben, kann man sich den Einfluß auf das Denken, auf die Inspiration bis hin auf die Grammatik ausrechnen, die diese »paulistische« Ausrichtung haben kann!

* * *

Die neue portugiesische literarische Bewegung, die sich seit einiger Zeit abzeichnet, ohne daß sie sich jedoch wirklich zusammengefunden oder gebündelt hätte, erscheint nun in der Zeitschrift *Orpheu*[88]. Es ist nicht einfach, in wenigen Worten eine Idee davon zu geben, welche die wichtigsten, extrem neuen und verstörenden Prinzipien dieser literarischen Bewegung sind. Obwohl diese Bewegung teilweise vom Symbolismus, teilweise vom portugiesischen Saudosismus[89] und zweifelsohne auch vom Kubismus und vom Futurismus ausgeht, zeigt sie doch eine Neuigkeit, und anhand der verschiedenen Modalitäten ihrer Dichter und Schriftsteller scheint es, daß sie nur sehr wenig Beziehung zu den Bewegungen hat, von denen sie ausgeht. Die erste Ausgabe des *Orpheu* ist nahezu ein Manifest. Interessant ist jedoch die offensichtliche Originalität dieser literarischen Strömung, sei es nun in den fremdartigen und (...) Gedichten von Sá-Carneiro, sei es nun in den etwas weicheren und weniger (...) von Alfredo Guisado, von Ronald de Carvalho[90] und von Côrtes-Rodrigues[91], sei es in dem seltsamen und krankhaft statischen Drama »Der Seemann« von Fernando Pessoa, sei es in den anreizenden und (...) »Frisos« des Zeichners Almada-Negreiros[92], oder sei es in der erstaunlichen Komposition, mit der dieser Band endet – dieses futuristische Meisterwerk, die Triumph-Ode von Álvaro de Campos, in der man den Lärm einer Fabrik oder eines Boulevards hört und die er mit Sicherheit nur in einem Fieberdelirium geschrieben haben konnte, wobei er aber durch ein Kunstwunder beständig seine natürliche Überspanntheit ausgeglichen hat.

Wie dem auch sei, nachdem sie sich offenbarte, bestätigte diese neue portugiesische Literaturbewegung ihr außerordentliches Interesse, und man hat nun vor allen anderen Nationen seine Augen auf Portugal zu richten, um eine neue Kunst auftauchen zu sehen, auf die Europa unabhängig von frustrierten Versuchen und Pariser Prahlerei schon lange wartete.

Auch wenn sie in einigen Punkten dem Symbolismus ähnelt und in andern dem portugiesischen »Saudosismus« (bei dem sich schon die *absolute* literarische Handlung abzeichnete) und selbst einige Anklänge hinsichtlich des Kubismus und des Futurismus aufweist, so ist diese neue portugiesische Bewegung aber doch völlig von ihnen verschieden, sie ist schließlich neuer und komplexer als jede einzelne von ihnen.

Was gleich zu Beginn am meisten befremdet, scheint die Art des Ausdrucks dieser neuen portugiesischen Schriftsteller und Dichter zu sein, die mit allen traditionellen Normen gebrochen und somit eine völlig neue Art des Ausdrucks geschaffen haben.

Es ist eine merkwürdige Sache, die sich derzeitig in Portugal zuträgt. Ich spreche momentan nicht von der Politik, sondern von der Literatur. Die Zeitschrift *Orpheu* hat uns überrascht.

In der Tat wußten wir nicht, daß in Portugal diese Bewegung existiert. Und wir nehmen an, selbst hier konnten es viele Leute noch nicht gewußt haben, oder vielmehr, sie wußten es bisher einfach nicht, wobei nun niemand mehr das Recht zur Ignoranz besitzt.

Diese neuen portugiesischen Dichter und Schriftsteller sprechen fast in einer anderen Sprache, ein komplexes, abnormes, ein fremdartig gefärbtes und phantasiertes Portugiesisch. Auf moderne Weise gibt es nichts, was sich mit ihnen vergleichen ließe. Es handelt sich um eine Art nüchterner und erklärbarer Gongorismus.

Was wird sich aus dieser Bewegung ergeben? Zweifellos hat sie schon Anhänger geschaffen; und sie ist noch recht neuartig.

Heute dies:

1 Nüchterner, ernsthafter Artikel, in dem die Mitarbeiter aufgezählt werden und die Bewegung skizziert ist.

2 Ein weniger nüchterner Artikel, der hauptsächlich von dieser Ausrichtung spricht.

3 Artikel, der etwas über die Zeitschrift sagt und darüber, wie sie bewundert wird.

4 Ein Artikel ungefähr wie der unter Punkt 3.), nur nüchterner und kürzer.

* * *

Die Beziehungen zwischen der Psychiatrie und der Literatur sind nicht immer glücklich gewesen. Ausgenommen von Nisbets Buch zum *Wahnsinn des Genies* (Titel in einer Anmerkung aufführen) ist die psychiatrische Arbeit stark mit wissenschaftlichem Aberglauben und fehlender intellektueller Disziplin beschmutzt. Einige Werke wie das von Nordau und Lombroso gehören einer wissenschaftlichen Scharlatanerie an. Die unzähligen anderen Werke, die man in diesem Bereich geschrieben – (...) Monographien – hat, wie beispielsweise das Werk *Dichter und Maler aus dem Irrenhaus* des Herrn Júlio Dantas[93], haben nicht einmal das Zeug zur Scharlatanerie.

Selbstverständlich kann ein literarisches und künstlerisches Werk das Objekt einer psychiatrischen Analyse sein. *Man sollte jedoch nie die psychiatrische Analyse zu einem ästhetischen Kriterium erheben.* Der Psychiater sollte in der Konfrontation mit einem literarischen Werk nie vergessen, daß er nur ein Psychiater und kein Literaturkritiker ist. Hier wird die alte These einer moralischen Kunst wiedergeboren.

Früher attackierte man ein solches Kunstwerk, da es amoralisch ist, und die Attacke sprach vom Werk in einer Form, die es ästhetisch verletzte. Ein mentales Durcheinander führte dazu, daß das moralische Kriterium mißbräuchlich zu einem ästhetischen Kriterium erhoben wurde.

Die modernen Psychiater verfallen – einer fehlenden mentalen Disziplin geschuldet – demselben Fehler. Sie erhoben das psychiatrische Kriterium zu einem ästhetischen Kriterium. Nachdem sie feststellen konnten, daß ein Autor verrückt war, nannten sie sein Werk schlecht; wobei jedoch die einzige wissenschaftliche Behauptung, die sie hätten machen können, die war, daß der Autor verrückt ist, und nicht mehr.

(...)

Ein Verrückter kann ein diszipliniertes und zusammenhängendes Werk erschaffen. Der Fall Auguste Comtes ist hierfür typisch. (...)

In die Ignoranz und Inkompetenz unserer Kritiker, in die fehlende Kultur und Dummheit unseres Publikums, in die fehlende mentale Disziplin und die wissenschaftliche Scharlatanerie unserer vermeintlichen Wissenschaftler – in dieses Milieu fiel unser »Orpheu«.

* * *

Es ist fast unmöglich, daß ein Psychiater nicht auch ein Scharlatan ist. Die unglücklichen Bedingungen seiner Wissenschaft machen dies zwingend.

Uns interessieren nun die Beziehungen zwischen der Psychiatrie und der Literatur. Im allgemeinen sind sie bisher nicht sehr glücklich gewesen. Es hat zwei Arten gegeben. Die erste ist die psychiatrische These vom Wahnsinn, oder von der Neurose, des Genies. Hierbei stammt das beste Buch von Nisbet, und das bekannteste ist jenes von Lombroso. So sollte es auch sein. Bisher konnten in allen Zeiten die Scharlatane rasch die Aufmerksamkeit und das Interesse der Massen gewinnen. Ihre Methoden – ihr theoretisches Gepolter und ihre Frechheit – garantierten ihnen immer die Jämmerlichkeit einer solchen Berühmtheit.

Ich werde an dieser Stelle keinen historischen Abriß von der Genese der Theorie geben, auf die ich mich beziehe. Sie ist in jedem Werk dieser Art enthalten, in der Einleitung. Selbstverständlich ist die Hypothese, nach der das Genie und die mentale Anormalität verwandt oder zumindest benachbart sind, schon wesentlich antiker als die Wissenschaft; aber vom Genie sagte man (...). In der wissenschaftlich genannten Form ist dies eindeutig in einem Satz von Moreau (de Tours) enthalten. »Das Genie«, sagte er, »ist eine Neurose.« Über diesen so hingeworfenen (...) erhebt sich die gesamte moderne Forschungsstruktur bezüglich dieser Sache. Ich sagte bereits, daß das beste Buch dazu von Nisbet stammt, und das bekannteste ist von Lombroso. Dazu muß man nichts mehr anmerken. Man braucht sich hier nicht weiter auf eine Analyse einlassen. Gehen wir direkt zu den Fakten. Erneuern wir ihre Analyse im Lichte unserer Verstandeskraft. Sofort werden wir ein besseres Verständnis davon haben als durch die kalte Wahrheit der Psychiater.

* * *

Die neue portugiesische Literatur

Verteidigung und Rechtfertigung

1 Das Genie bedeutet eine fehlende Anpassung. Daher also eine Neurose. (Im Bereich der neurasthenischen Phänomene begründet sich die Neurose wie die unheilbare Psychasthenie, nicht wie die heilbare Neurasthenie.)

Unterschied, zwischen dem *Genie* – das eine fehlende Anpassung bedeutet; zwischen der *großen Intelligenz,* die eine einfache und schnelle Anpassung an eine hohe Anzahl der Dinge ist, und je mehr, um so größer; und zwischen dem *Talent,* das eine *organisierte Anpassung* an eine oder mehrere Arten der Dinge bedeutet. In einer analogen Beobachtung ergibt sich die Tatsache der geringen Intelligenz vieler genialer Menschen. In ihrem Ursprung und an ihrer Basis sind Intelligenz und Genie antagonistisch.

2 Aber das Genie bedeutet nicht einfach nur eine fehlende Anpassung. Wenn es so wäre, dann wäre das gesamte Genie nicht nur eine Neurose, was es – wie wir gesehen haben – mit Gewißheit ist; sondern auch jegliche Neurose wäre dann genial, was absurd ist.

Von welcher Art der fehlenden Anpassung ist das Genie? Man hatte bereits – mit mehr oder weniger Bewußtsein – eine Hypothese formuliert, in dem Sinne, daß es sich beim Genie um eine Art der Anpassung an zukünftige Dinge handelt; und wenn es so ausgedrückt wird, dann ist es gegen die Begriffe des *Degenerierten* oder des *Progenerierten* gerichtet. Nur schwerlich kann man davon ausgehen, daß sich eine solche Hypothese durchsetzen wird. Die Anpassung an eine zukünftige Sache bedeutet die Anpassung an eine Sache, die noch nicht existiert – was wissenschaftlich völlig unverständlich ist; wissenschaftlich, abstrakt und auch auf alle anderen Weisen. Wie würde ein solcher Anpassungsprozeß im Gehirn nervlich oder logisch vor sich gehen?

* * *

Der wissenschaftliche Aberglaube.
Der Psychiater neigt zum Glauben, er wäre ein Psychologe.

Der Psychiater sieht in den fremdartigen Sätzen der Dichter eine Ähnlichkeit mit denen der Verrückten. *Die geschieht aber nur daher, da er sich mit nichts anderem als mit Verrückten abgibt.* Er ist ein Ignorant. Er kennt sich nur in einem Sachverhalt aus. Daher sieht er die Dinge nie anders als im Verhältnis zu diesem Sachverhalt.

Der Fall Lombroso ist dafür typisch. Dieser unglückliche (...).

Der italienische Scharlatan (der als Spiritist endete, wegen einer »immanenten Gerechtigkeit«) (...).

Das außergewöhnliche Talent des Doktor Julio de Mattos scheint dem außergewöhnlichen Talent von jenem Individuum ähnlich zu sein, mit dem der Leser schon vertraut ist.

Der Herr Egas Moniz[94] gehört der Generation an, deren Jugend in die Epoche zwischen der Revolte von Porto und (...).

Ich habe den Eindruck, sie alle gehören zur Partei des Hintze Ribeiro[95].

Der interviewte Jugendliche ist (...).

Wer garantiert uns das?

Der Reporter, der das Interview führt...

Aber garantieren denn hier die Reporter die Intelligenz der Psychiater?

Mich stört nicht so sehr, daß diese wissenschaftlichen Schafsköpfe diese Meinungen haben. Viel eher stört mich, daß sie in unserem Idiotenmilieu das nötige Prestige besitzen, mit der man diesen Meinungen Wichtigkeit zuschreiben kann. In jedem anderen Land würde ein vermeintlicher Wissenschaftler, der so etwas wie (...) den *Fall Guisado* produziert hätte, sofort seine Kundschaft verlieren. Was für ein Idiot das ist!

Wenn wir nun ein psychiatrisches Studium des *Psychiaters* machen würden? Es würde sich vielleicht lohnen.

Die fehlende intellektuelle Disziplin...

Darüber hinaus sind diese Psychiater auch noch Portugiesen und Pöbel. Sie tragen immer noch die Zeichen des politischen und sozialen Milieus, aus dem sie stammen. Der Doktor Egas Moniz ist der Ratgeber Accacio[96] der nationalen Neurologie. Er hat nie eine eigene Meinung. Niemals hat er auch nur die Skizze eines einzigen Satzes entworfen. Er ist immer nur gefolgt.

Unsere Psychiater studierten Psychiatrie. Sie sind daher kompetent, eine Meinung zu psychiatrischen Fragestellungen abzugeben. Wenn sie Biologie studiert hätten, könnten sie eine Meinung zu biologischen Fragestellungen abgeben. Um eine Meinung zur Literatur zu haben, wäre es notwendig, daß sie – nicht Psychiatrie, was sie berechtigt, eine Meinung zur Psychiatrie zu haben – Literatur studiert hätten.

Haben sie Literatur studiert?

Sehen wir auf den Satz des anonymen Neurologen, der jenes Meisterwerk des *Fall Guisado* hervorgerufen hat: »keine Interpunktion«. Dieser Hornochse kennt nicht einmal Mallarmé.

»Dieser Hornochse«? Warum »dieser Hornochse«?

Gut, wenn man heute nicht Mallarmé kennt, bedeutet das ein grobes Fehlen literarischer Kultur. Ich nehme es einem Psychiater nicht übel, wenn er nicht Mallarmé kennt. Mallarmé ist kein Verfasser von Abhandlungen in diesem Themenbereich. Ich nehme es ihm aber übel, wenn er über Literatur redet, ohne dabei auch nur irgendeine literarische Kultur zu besitzen.

(...)

Und die Manie der Überreizung, das Delirium der Hinterlist? ... Und warum ist das alles nicht Neuerungshaß von seiten der Psychiater? Warum ist dem nicht so? ...

* * *

Doktor Julio de Mattos schreibt so klar, daß er in der Erklärung von fremden Theorien dieselben schon besser erklärt als deren Verfasser; und wir könnten eventuell sogar sagen, daß er sie auch besser versteht als eben dieselben Autoren.

* * *

Fünf vorherrschende Vorstellungen mit wissenschaftlichem Hintergrund bilden heute bezüglich der psychologischen Interpretation einen maßgeblichen und unmerklichen Teil der allgemeinen Kultur. Eine dieser Vorstellungen entstammt der Biologie; drei Vorstellungen wurden durch die psychologische Wissenschaft aufgestellt; die fünfte wurde eher untergeschoben als durch die Wissenschaft aufgestellt, da sie nicht eigentlich von ihr stammt, sondern von der wissenschaftlichen Philosophie.

Wie ich bereits sagte, stammt die erste Vorstellung aus der Biologie; von der Wissenschaft des Körpers, bei der es bezeichnend ist, daß sie direkt in die Wissenschaft des Geistes übergeht, denn letztlich sind beides Wissenschaften des Lebens. Es handelt sich um die Vorstellung, nach welcher der Mensch, wie jedes andere Lebewesen, sowohl psychisch als auch physisch ein determiniertes Produkt der Vererbung und der Umwelt ist. Für den vorliegenden Fall ist es nicht notwendig, daß wir den Inhalt dieser Idee analysieren und zerkleinern; daß wir beispielsweise darauf hinweisen, wie der eigentliche Begriff der Vererbung auch sein Gegenteil und seine Ergänzung – die Variation – enthält. In seiner allgemeinen und absoluten Tragweite beruht eine solche Vorstellung auf der praktischen Wissenschaft.

Von den drei folgenden Vorstellungen – welche die Psychologie mit sich bringt – ist die erste direkt psychologisch. Sie entspringt jener definitiven und essentiellen Errungenschaft der Wissenschaft des Geistes, die sich radikal der antiken Seelenphilosophie entgegenstellt. In wenigen Worten definiert sie sich durch folgenden Ausspruch: »Der Mensch ist ein irrationales Tier.« Und in der Tat, entgegen der traditionellen, christlichen oder nichtchristlichen Pseudopsychologie, für welche die menschliche Seele nur einfach, der Verstand die nicht nur unterscheidende, sondern auch spontane Fertigkeit des Menschen, und das Bewußtsein das bestimmende Phänomen der psychischen Tatsachen gewesen ist, bemerkt die psychologische Wissenschaft, daß die menschliche Seele, als eine Summe von vererbten Impulsen und Instinkten und von erworbenen und unempfindsamen Gewohnheiten, eine heterogene Zusammensetzung ist; daß die Menschen ebenso wie die Tiere von der Leidenschaft und nicht vom Verstand gelenkt werden, der in diesen zwar größer, jedoch nicht aktiver als in jenen ist; daß die Sphäre des Unbewußten, oder Subbewußten, enorm und aktiv ist, wobei die Sphäre des Bewußten klein und fast statisch ist. Diese dreifache Ableitung ist eigentlich nur eine: Der Mensch ist eine heterogene Summe von unbewußten Ansprüchen, denen ein Bewußtsein oder ein Verstand – als relativ junge Erwerbungen der Tierheit – wie ein konstitutioneller König, der zwar herrscht, aber nicht regiert, vorstehen. Die menschliche Handlung ist unvernünftig, widersprüchlich und absurd. Sollte sie Kohärenz besitzen, dann ist es die Kohärenz des Temperaments und nicht die der Verstandesleistung. Die Vernunft erhellt einen Weg, der nicht festlegt. Der Wille befindet sich immer unter einer posthypnotischen Suggestion. Die klarste und einfachste unserer Entscheidungen ist obskur und unerklärbar in ihren Ursprüngen.

Zu dieser in der psychologischen Wissenschaft essentiellen Vorstellung fügt ein spezieller Teil dieser Wissenschaft, die Psychiatrie, zwei weitere Vorstellungen. Die erste – die übrigens von der Biologie ableitbar ist, auch wenn sie von den Psychiatern als unabhängig betrachtet wird – ist die der höchsten Wichtigkeit des sexuellen Phänomens im Geistesleben. Tatsächlich konnte die Psychiatrie bereits bemerken, daß der psychische Verfall fast immer von einer sexuellen Verirrung begleitet ist. Fast immer? Die jüngste der psychiatrischen Theorien behauptet fast immer. Freud und seine Anhänger bestätigen anhand der »Psychoanalyse« den sexuellen Ursprung von allen Psychosen. Mag diese extreme Doktrin nun gerechtfertigt sein oder nicht, es ist sicher, daß die Sexualität die psychischen ebenso (wenn nicht, dann noch mehr) wie die physischen Gegebenheiten beherrscht; und ihre Wichtigkeit sieht man eindeutig, wenn man die mentalen Manifestationen eines Verrückten oder eines Degenerierten analysiert.

Die zweite Vorstellung, welche die allgemeine psychologische Kultur der Psychiatrie schuldet, ist jene, nach der eine bemerkenswerte psychische Überlegenheit von einer psychischen Verirrung begleitet wird, nach welcher der Überlegene ein Kranker ist oder nach der, in noch deutlicheren Worten, ein Supernormaler anormal ist. Diese Vorstellung fand extreme und absurde Interpretationen, wie wir es bei Lombroso sehen; jedoch zweifelt heute niemand mehr daran, daß es sich hierbei substantiell um eine Wahrheit handelt; daß die extreme Variation keine fehlende Adaptation einschließt.

Schließlich brachte die Wissenschaftsphilosophie, also nicht eigentlich die Wissenschaft, der allgemeinen Kultur eine wichtige Vorstellung, welche die letzte ist, die hier zitiert wird. Es handelt sich um die deterministische Vorstellung, die sich in ihrer psychologischen Anwendung in der These zusammenfassen läßt, nach der jede menschliche Handlung das determinierte Erzeugnis des Temperaments und eines äußeren Impulses oder Antriebs sei. Danach, und im Lichte von diesem Kriterium, wäre jegliche menschliche Handlung die unvermeidbare Verschränkung von zwei unvermeidbaren Linien – der determinierte Charakter des Individuums und der determinierte Verlauf von äußeren Phänomenen. Diese Vorstellung kann wahr sein, sie kann aber auch falsch sein; bei ihr handelt es sich jedoch unumstößlich um eine so unvermeidbare Ableitung aus der Summe der wissenschaftlichen Errungenschaften und um eine so unbestechliche Notwendigkeit unserer kultivierten Mentalität, daß sie schon niemand mehr in weitere Abrede stellen würde, wenn sich nicht zufällig das religiöse Dogma oder das pragmatische Vorurteil des freien Willens durch sie entkräftet fühlten. Es läßt sich allerdings nicht abstreiten, daß die deterministische Vorstellung subtil in Gehirne eingeflossen ist, die den in ihr ausgedrückten Glauben bestreiten würden; daß es sich um ein wesentliches Dogma der heutigen Mentalität handelt; daß durch sie in den menschlichen Geist die antike und tief dramatische Vorstellung von der Fatalität zurückgekehrt ist.

* * *

Mitunter wissen die Psychiater, wie ein kranker Geist arbeitet; sie wissen jedoch nie, wie ein gesunder Geist arbeitet.

* * *

Freuds Theorie ist eine Art sublimierter Phallizismus, die wissenschaftliche Form des Phallizismus. Sie hat eine psychische Ähnlichkeit oder Verbindungen mit jenem seltsamen Okkultismus, der sich selbst anhand von phallischen Symbolen und sexuellen Mystizismus begreift. Die Verbindung zwischen sexuellen und religiösen Gefühlen ist jedoch schon eine ältere Beobachtung der Psychiater.

Freud ist ganz nützlich gewesen hinsichtlich der Offenbarung, wie weit die Analyse der menschlichen Seele reichen kann, und der allgemeinen Art eines der Wege, dies zu tun. Der Rest von ihm taugt nichts, da die Behauptung, nach der das gesamte Leben Sexualität wäre, völlig falsch ist, denn schließlich ist alles Leben Vitalität – dies sollte man unterstreichen –, und Sexualität ist nur ein Teil von ihr; und wenn der Rest nur in der Bekräftigung besteht, nach der das sexuelle Leben ein sehr wichtiges Element im menschlichen Leben ist, dann ist die Neuigkeit der Neuigkeiten nicht sehr eindrucksvoll.

* * *

Die interpretatives Delirium genannte Form der Paranoia besteht von seiten des Kranken in der Herausbildung einer Theorie, bei der es sich um eine wahrhaft fixe Idee handelt und innerhalb von welcher er alle möglichen Tatsachen ansammelt, die er dann unbefangen verrenkt, sie ohne schlechte Absichten verändert und instinktiv von ihnen nur die zuläßt, die ihm selbst passen. Diese Doktrinen oder Theorien sind in der Regel metaphysisch und religiös, sie können aber auch soziologisch und selbst wissenschaftlich sein. So haben verschiedene französische Psychiater und Mediziner angemerkt, daß der Österreicher Freud mit seiner Psychoanalyse dieses Delirium vollkommen offenbart. Seine Theorie hat im allgemeinen den Charakter der Extravaganz und der falschen Neuigkeit, und ihr Autor klammert sich an sie mit derselben Furie, mit der sich der Verfolgte oder der Megalomane an die Idee von eingebildeten Feinden und von erträumten Großtaten klammern.

* * *

[Brief an João Gaspar Simões][97]

Lissabon, den 11. Dezember 1931

Mein lieber Gaspar Simões,

vielen Dank für Ihren Brief, den ich gerade erhielt, und ebenso für die Seite der Zeitschrift aus Malaga. Es ist kein Problem, daß das Fragment des Hilfsbuchhalters und das Sonett von Álvaro de Campos nicht in der *presença* 33 erschienen sind; es ist jedoch gut, daß die

Übersetzung der *Hymne an Pan*[98] darin abgedruckt wurde. Es hätte mich tatsächlich kompromittiert, wenn diese hier nicht publiziert worden wäre. Und warum sich mit mir verzanken, da ich mich beim *Descobrimento*[99] ausführlich beteiligt habe? Ich bin bereit, mich ebenso ausführlich bei der *presença* zu beteiligen. In dem einen und in dem anderen Fall achte ich jedoch auf die Eigenart der Publikation. Ich halte es nicht für gerechtfertigt, Ihnen einen Beitrag von drei Seiten zu schicken, da die *presença* jüngeren Dichtern und Schriftstellern einen größeren und besseren Platz einräumen sollte und meinen Jahrgang nur aus Freundschaft mit uns einschiebt, also als unseren Applaus an Euch und nicht mehr als ein Auffüllen von Zwischenräumen.

Nachdem ich nun diese einleitenden Betrachtungen als eine Antwort auf Ihren Brief angestellt habe, werde ich sehen, ob ich eine Kritik zu Ihrem Buch *Das Mysterium der Dichtung* geben kann, oder ob ich damit zumindest anfangen kann; dies wird eine Kritik zu Ihrer Arbeit bezüglich meiner Person mit einschließen, die Sie ja inzwischen schon in Ihr Buch eingefügt haben, obwohl ich Ihnen diese Kritik dazu schon vor langer Zeit versprochen hatte. Zuvor sollten Sie jedoch verstehen, daß ich diese Kritik ohne Rücksicht auf schöne Literatur oder Sätze geben werde, da ich sie direkt und ohne Unterlaß auf die Maschine schreibe, vor der ich gerade sitze, so daß also alles aus einem rein mechanischen Schreibverlauf emporkommt. Da ich momentan Ihr Buch nicht bei mir trage, werde ich nur andeuten, wo ich eigentlich zitieren müßte. Ich sage Ihnen dies nur, damit Sie dort keine vorausgesetzte Unklarheit vermuten, wo ich letztlich das Buch benötigt hätte.

Schon seit geraumer Zeit habe ich eine hohe Meinung von Ihrem Talent im allgemeinen und Ihren Qualitäten als Kritiker im besonderen. Dies möchte ich vor allen anderen Dingen festhalten, und es ist genau dies, was meine wesentliche Meinung ausmacht. Was sich eventuell als eine Meinungsverschiedenheit im Verlauf von diesem Brief offenbaren wird, berührt nur Nebensächlichkeiten oder Details. Meine Vorstellung von Ihrer Intelligenz wird übrigens von der Tatsache – die sonst vielleicht keine bemerkenswerten Elemente zeigt –

unterstrichen, daß ich Ihnen gegenüber Worte wie »Bewunderung« und »Bewunderer« benutze, die ich sonst nicht aus reinem Zufall zu benutzen pflege; es ist die »Wertschätzung«, bis zu der ich gehen und die ich zu meinem Wohl nicht überschreiten kann.

Aus meiner Sicht bedeutet das *Mysterium der Dichtung* in der Entwicklung Ihres Geistes und dessen Ausdruck ein Zwischenstadium zwischen den *Themen* und einem Ihrer zukünftigen Bücher.[100] Das *Mysterium der Dichtung* ist im wesentlichen – wie immer, nur gemäß meiner Meinung – ein Buch aus einer Zwischenstation: Es ist tiefgreifender und konfuser als die *Themen*. Gaspar Simões ist mental gewachsen – mental wächst man bis zu 45 Jahren – und überwindet momentan eine Krankheitsphase im Wachstum. Er fühlt die Notwendigkeit, noch mehr und noch tiefgreifender zu erklären, als er es in den *Themen* bereits getan hat, wobei er jedoch teilweise noch nicht die Mittel für die Tiefe erfassen konnte, und teilweise Punkte der menschlichen Seele tiefer zu erfassen sucht, für die es keine Mittel gibt, um sie tiefer zu erfassen. Daher stammt – wie immer, gemäß meiner Ansicht – das Fiebrige, das Übereilte, das Überhastete, was die substantielle Hellsichtigkeit bei einigen Beobachtungen beeinträchtigt und bei anderen im wesentlichen die Hellsichtigkeit zurückhält.

Unabhängig davon, daß ich in diesem eine einfache Manifestation einer intimen Entwicklung sehe, glaube ich, daß Sie sich etwas zu stark den Einflüssen und Suggestionen des europäischen Intellektuellenmilieus hingeben, mit all seinen Theorien, die man als Wissenschaft proklamiert, mit all seinen als talentiert und tüchtig proklamierten und sich selbst proklamierenden Genies. Ich mache Ihnen keinen Vorwurf, dies nicht zu sehen: In Ihrem Alter sieht man so etwas für gewöhnlich nicht. Heute erschaudert mich – und es erschaudert mich grauenhaft – das, was ich bis zu meinem dreißigsten Lebensjahr – auf aufrichtige und intelligente Weise – bezüglich der Vergangenheit und der (damaligen) Gegenwart der internationalen Literatur alles bewunderte. Mit mir hat sich dies sowohl in der Literatur als auch in der Politik ergeben. Heute erschaudert es mich mit unnützer Beschämung (und daher ungerecht), daß ich so stark die

Demokratie bewunderte und an sie glaubte, daß ich fest davon ausging, es würde sich lohnen, eine Kraftanstrengung zu unternehmen für jene nicht existierende Wesenheit, die man »Volk« nennt und von der ich ernsthaft und ohne Dummheit ableitete, das Wort »Menschheit« müsse tatsächlich einer soziologischen Bedeutung und nicht nur der einfachen biologischen Akzeptanz der »menschlichen Spezies« entsprechen.

Zwischen den Führern, die Sie in dieses relative Labyrinth lenkten, glaube ich auch Freud erkennen zu können, wobei ich unter Freud ihn selbst und seine Anhänger verstehe. Ich betrachte dies als völlig verständlich, nicht nur aus den weiter oben dargelegten Gründen, sondern insbesondere auch daher, daß Freud in der Tat ein genialer Mensch ist, der Schöpfer eines originellen und anziehenden psychologischen Kriteriums, und ausgerüstet mit einer strahlenden Kraft, die sich daraus ableitet, daß sich in ihm dieses Kriterium schon in eine Paranoia des interpretativen Typs gewandelt hat. Der europäische und außereuropäische Erfolg Freuds rührt meiner Ansicht nach teilweise aus der Originalität des Kriteriums, und teilweise aus der in ihm steckenden Kraft und Enge des Wahnsinns (mit der man Religionen und religiöse Sekten formt, wobei ich unter letzteren die – und sie sind es auch effektiv – des politischen Mystizismus verstehe, wie beispielsweise den Faschismus, den Kommunismus und andere in dieser Art); aber hauptsächlich rührt er daher, daß sich dieses Kriterium (ausgenommen von einigen nebensächlichen Ableitungen) auf einer sexuellen Interpretation begründet. Daraus ergibt sich die Möglichkeit, absolut obszöne Bücher mit dem Titel eines wissenschaftlichen Werks (was sie gelegentlich auch tatsächlich sind) zu schreiben und vergangene und zeitgenössische Künstler und Schriftsteller (im allgemeinen ohne einen kritischen Grund) in einem degradierenden Sinn zu »interpretieren«, ebenso wie man es im Café Brasileira am Chiado macht – womit die psychischen Masturbationen in das weite Feld der Onanismen reichen, aus denen sich scheinbar die zeitgenössische zivilisatorische Mentalität formiert.

Verstehen Sie mich recht: Ich möchte damit nicht zu verstehen geben, es wäre dieses Detail des Freudianertums, das Sie hypnotische

Schritte gehen läßt. Es war jedoch diese Einzelheit, die ein weites Interesse am Freudianertum in der ganzen Welt weckte und daher Werbung für das gesamte System betrieb. Genau derselbe Prozeß führte dazu, daß Junqueiro[101] aus dem nichtliterarischen Phänomen des Angriffs auf die katholische Kirche (an die er auf intimste Weise glaubte) und auf die »Bourgeois« (deren Klasse er wie niemand anders zierte) seine Berühmtheit gewann, und wir, in meiner Zeit, gingen dazu über, ihn literarisch zu bewundern; auch wenn wir mit keinem dieser beiden Elemente übereingestimmt hätten, die eben jene Berühmtheit hervorriefen, durch die wir ihn lasen und bewunderten.

Meiner Ansicht nach (es ist immer »meine Ansicht«) ist das Freudianertum ein unvollständiges, beschränktes, überaus brauchbares System. Es ist unvollständig, wenn wir davon ausgehen, daß es uns den Schlüssel (den uns kein System geben kann) zur unendlichen Komplexität der menschlichen Seele geben wird. Es ist beschränkt, wenn wir davon ausgehen, daß es alles auf die Sexualität reduziert, wobei nichts auf nur eine Sache reduziert werden kann, nicht einmal im inneratomischen Leben. Es ist überaus brauchbar, da es die Aufmerksamkeit der Psychologen auf drei ungemein wichtige Elemente im Leben der Seele rief, und daher auch auf deren Interpretation: (1) das Unbewußte und unser konsequentes Sein als irrationale Tiere; (2) die Sexualität, deren Wichtigkeit aus verschiedenen Gründen bisher geringgeschätzt oder mißachtet wurde; (3) das, was ich in meiner Sprache die *Übertragung* nennen könnte, also die Wandlung, durch die Hemmnis oder die Umleitung der Originale, gewisser psychischer (nicht nur sexueller) Elemente in andere, und die Möglichkeit, die Existenz gewisser Qualitäten oder Mängel durch Wirkungen zu bestimmen, die scheinbar in keiner Beziehung mit diesen stehen.

Schon bevor ich irgendeine Sache von oder über Freud gelesen hatte, oder selbst bevor ich von ihm gehört hatte, bin ich persönlich schon zu der unter (1) dargestellten Schlußfolgerung gekommen, ebenso wie zu einigen Resultaten, die unter den Punkt (3) fallen. Unter dem Kapitel (2) hatte ich weniger Beobachtungen zu verzeichnen, da mich meine eigene oder eine fremde Sexualität bisher wenig interessierte – die eigene, da ich mir selbst gegenüber als physisches und soziales Wesen wenig Wichtigkeit zumesse, die zweite durch eine empfindliche Vorsicht (innerhalb meines eigenen Kopfes), mich in das Leben von anderen, selbst wenn es nur interpretativ sein sollte, einzumischen. Ich habe nicht viel von Freud gelesen, und auch nicht viel über das Freudsche System oder über Ableitungen von ihm; was ich jedoch von ihm gelesen habe, diente ungemein – das muß ich eingestehen – zur Schärfung des psychologischen Messers und zur Säuberung und Ersetzung der Linsen des kritischen Mikroskops. Ich brauchte Freud nicht, um (soweit ich weiß, hat selbst er mir diese Einzelheit nicht erhellt) die Eitelkeit vom Stolz zu unterscheiden, zumindest in den Fällen, in denen man sie verwechseln kann, wenn also diese Qualitäten in einigen Manifestationen indirekt auftauchen. Ich brauchte Freud auch nicht, um, wiederum im angegebenen Feld (2), anhand des literarischen Stils den Päderasten und den Onanisten herauszufinden, und innerhalb des Onanismus den praktizierten Onanisten und den psychischen Onanisten. Die drei konstitutiven Elemente für den Stil des Päderasten, die drei konstitutiven Elemente für den Stil des Onanisten (und der Unterschied zwischen dem praktizierten und dem psychischen) – für all dies benötigte ich weder Freud noch die Freudianer. Aber viele andere Dinge in diesem und den beiden anderen Punkten wurden mir in der Tat von Freud und seinen Anhängern erhellt: Beispielsweise ist mir nie in den Sinn gekommen, daß der Tabak (ich würde noch hinzufügen »und der Alkohol«) eine Übertragung des Onanismus sein könnte. Nachdem ich in einem kurzen Text eines Psychoanalytikers etwas in diesem Sinn gelesen hatte, konnte ich sofort verifizieren, daß von fünf hervorragenden Exemplaren mir bekannter Onanisten vier weder rauchten noch tranken, und der Raucher verabscheute den Wein.

Der Fall hat mich nun gezwungen, ins Sexuelle überzugehen, aber wie Sie verstehen, geschah dies nur, um Beispiele zu geben und um Ihnen zu sagen (obwohl kritisierend und eine andere Meinung habend), daß ich die hypnotische Macht anerkenne, die das Freudianertum auf jede intelligente Kreatur ausüben kann, und hauptsächlich wenn ihre Intelligenz noch einen kritischen Charakter zeigt. Ich möchte hier nur betonen, daß es mir scheint, dieses System und andere ihm analoge oder von ihm abgeleitete Systeme sollten von uns als Stimulus für den kritischen Scharfsinn genutzt werden, und nicht als wissenschaftliche Dogmen oder Naturgesetze. Mir scheint es nun, Sie haben sich ihrer ein wenig in letzterem Sinne bedient und wurden insofern von dem mitgezogen, was es in vielen Teilen dieser Systeme an Pseudowissenschaft gibt und was zur Verfälschung führt; von dem, was es in anderen Teilen an Verwegenheit gibt und was zur Überstürzung führt; und von dem, was es in wieder anderen Teilen an übertrieben Sexuellem gibt, was hauptsächlich vor dem Publikum zu einer automatischen Herabsetzung des kritisierten Autors führt, so daß die ernsthaft gesuchte und unschuldig hervorgebrachte Erklärung in einer Aggression endet. Weil das Publikum dumm ist? Ohne Zweifel, denn was das Publikum zum Publikum macht, ist die Kollektivität, die es eben von der Intelligenz fernhält, da diese nur individuell sein kann. Gegenüber Robert Browning, der nicht nur ein großer, sondern auch ein intellektueller und subtiler Dichter ist, wurde einmal angemerkt, man könne die Päderastie Shakespeares kaum in Frage stellen, so deutlich und regelmäßig würde sie sich in den Sonetten bestätigen. Wissen Sie, was Browning darauf antwortete? »Wenn dem so ist, dann ist er weniger Shakespeare!« (»If so the less Shakespeare he!«) So ist das Publikum, mein lieber Gaspar Simões, selbst wenn sich das Publikum Browning nennt, der bekanntlich nicht kollektiv war.

In diesen Betrachtungen, die hier im mentalen Ton eines einsamen Gesprächs vorgebracht und mit der Schnelligkeit der Maschine übertragen werden, ist der größte Teil der Kritik erhalten, die ich widerstrebend gegen das *Mysterium der Dichtung* anzubringen habe. Sie haben, um es pompös zu sagen, einen der methodologischen Aspekte Ihres Buches zum Gegenstand. Aber es gibt in ihm auch Elemente der Schnelligkeit und der kritischen Überstürzung, denen jegliche Bezugnahme auf die Methode fremd ist. Wenn Sie offensichtlich keine genauen biographischen Elemente zur Beurteilung dessen haben, was die Seele von Sá-Carneiro gewesen sein könnte, warum stützen Sie sich dann auf das Fehlen von Elementen, um zu einem Urteil zu gelangen? Sind Sie sich sicher, daß ich, nur weil ich es sage und wiederhole, Sehnsucht nach der Kindheit habe und daß die Musik für mich – wie sollte ich sagen? – das natürlich verhinderte Mittel meines intimen Ausdrucks ist? Und sie sollten bemerken, daß ich die Studie über Sá-Carneiro zitiere, die unabhängig von den fehlenden Elementen einen bewundernswerten kritischen Geist besitzt, und die Studie zu meiner Person, die sich *nur* darin versündigt, daß sie falsche Tatsachen als wahr annimmt, denn als Künstler beherrsche ich nichts anderes als die Lüge.

Ich werde konkreter. Das gesamte Werk Sá-Carneiros ist von einer tiefen Deshumanität, oder vielmehr Inhumanität durchzogen: Es besitzt keine menschliche Wärme, kein menschliches Feingefühl, mit Ausnahme der introvertierten. Wissen Sie warum? Da er seine Mutter verlor, als er zwei Jahre alt war und somit nie eine mütterliche Zuneigung kennenlernen konnte. Ich habe immer wieder feststellen können, daß die Mutterlosen des Lebens im Feingefühl scheitern, seien sie nun Künstler oder seien sie nur einfache Menschen, sei es nun, daß ihnen die Mutter weggestorben ist, oder sei es, daß sich ihnen die Mutter durch Kälte und Distanz entzogen hat. Es gibt einen Unterschied: Diejenigen, denen die Mutter weggestorben ist, betrachten sich selbst (es sei denn, sie hätten keine eigene Gemütsart) mit einem eigenen Feingefühl, mit der Ersetzung der unbekannten Mutter durch sie selbst; diejenigen, denen sich die Mutter durch Kälte entzog, verlieren das Feingefühl, das sie hätten haben können, und werden (wenn sie nicht unbedingt Genies des Feingefühls sind) zu unerbittlichen Zynikern, zu monströsen Kindern der mütterlichen Liebe, die ihnen vorenthalten war.

Ich werde nun konkreter, was mich betrifft. Ich habe nie Sehnsucht nach der Kindheit gefühlt; ich habe eigentlich nie Sehnsucht nach irgend etwas. Von der Gemütsart her und im direkten Wortsinn bin ich Futurist. Ich besitze kein Talent zum Pessimismus und zum Rückwärtsschauen. Soweit es mir bekannt ist und ich es bemerkt habe, können mich eigentlich nur fehlendes Geld (wie gerade eben) und ein Gewitter (wenn es andauert) deprimieren. Was die Vergangenheit betrifft, so habe ich nur nach verstorbenen Personen Sehnsucht, nach denen, die ich geliebt habe; es ist aber keine Sehnsucht nach der Zeit, in der ich sie liebte, sondern nur eine Sehnsucht nach ihnen selbst: Ich wollte, daß sie heute noch leben würden, und mit dem Alter, das sie heute haben würden, wenn sie bis heute gelebt hätten. Alles andere sind literarische Einstellungen, die intensiv durch einen dramatischen Instinkt gefühlt wurden, seien sie nun von Álvaro de Campos oder von Fernando Pessoa unterzeichnet. Sie sind ausreichend dargestellt, als Tonart und als Wahrheit, in jenem kleinen Gedicht, das folgendermaßen beginnt: »Die Glocke meines Dorfes...«[102] Die Glocke meines Dorfes, lieber Gaspar Simões, ist die der Kirche der Märtyrer, dort auf dem Chiado. Das Dorf, in dem ich geboren wurde, war der Platz São Carlos, heute der Platz der Verwaltungsbehörde, und das Haus, in dem ich geboren wurde, ist jenes, in dem sich später die Republikanische Verwaltungsbehörde (im zweiten Stock, ich wurde im vierten geboren) installieren sollte. (Anmerkung: Das Haus ist dazu verurteilt, ein bemerkenswertes zu sein, aber hoffentlich wird der vierte Stock ein besseres Ergebnis erzielen als der zweite.)

Nach diesen konkreteren Ausführungen, oder etwas Ähnliches in dieser Art, möchte ich nun (wenn Sie dazu noch den nötigen Kopf besitzen, zumindest bin ich selbst schon müde) zum methodologischen Punkt zurückkehren. Meiner Ansicht nach (hier sind schon wieder diese drei Worte) sollte sich die Funktion des Kritikers auf drei Punkte konzentrieren: (1) der Künstler sollte wirklich nur als Künstler studiert werden, und in diese Studie sollte nicht mehr vom dahinterstehenden Menschen hineinkommen, als unbedingt nötig ist zur Erklärung des Künstlers; (2) man sollte sich um das bemühen, was wir die *zentrale Erklärung* des Künstlers nennen könnten (lyrischer Typ, dramatischer Typ, lyrisch-elegischer Typ, dramatisch-poetischer Typ etc.); (3) in der Einsicht der wesentlichen Unerklärbarkeit der menschlichen Seele sollten diese Studien und Bemühungen in eine leichte poetische Aura der Unkenntnis gehüllt werden. Dieser dritte Punkt mag eventuell etwas diplomatisch erscheinen, aber mit der Wahrheit hat man, mein lieber Gaspar Simões, diplomatisch umzugehen.

Nichts von dem muß wohl noch weiter erklärt werden, außer

eventuell das, was ich im Punkt (2) darlegte. Ich bevorzuge hier – um es abzukürzen – eine Erklärung anhand eines Beispiels. Ich wähle mich selbst aus, da es genau der ist, der hier am nächsten steht. Der zentrale Punkt meiner Persönlichkeit als Künstler besteht darin, daß ich ein dramatischer Künstler bin; ich habe beständig und in allem, was ich schreibe, die intime Erregung des Dichters und die Depersonalisierung des Dramatikers. Sich in einen anderen zu wandeln – das erklärt alles. Von einem menschlichen Gesichtspunkt – an dem der Kritiker nicht rühren sollte, da es nichts nützt, wenn er daran rührte – aus gesehen, bin ich ein hysterischer Neurastheniker mit dem Vorherrschen des hysterischen Elements in der Emotion und des neurasthenischen Elements in der Intelligenz und im Willen (zu genau in der einen, schwach im anderen). Sobald der Kritiker allerdings wahrnimmt, daß ich im wesentlichen ein dramatischer Dichter bin, hat er den Schlüssel zu meiner Persönlichkeit in der Hand, für das, was ihn an ihr interessieren kann; oder irgendeine andere Person, solange sie nicht Psychiater ist, was der Kritiker hypothetisch auch nicht sein muß. Indem er diesen Schlüssel herumdreht, werden sich ihm langsam alle Schlösser meines Ausdrucks öffnen. Er weiß dann, was ich als Dichter fühle; was ich als dramatischer Dichter fühle, wenn ich mich von mir selbst lossage; daß ich als Dramatiker (ohne den Dichter) automatisch das von mir Gefühlte umwandle in einen Ausdruck, der dem fremd ist, was von mir gefühlt wurde, womit dann in der Emotion eine nicht existierende Person entsteht, die jene wahrhaftig fühlt und in einer Ableitung auch andere Emotionen fühlen wird, die ich, als reines Ich, schon vergessen habe zu fühlen.

An dieser Stelle werde ich aufhören. Ich werde diesen Brief noch einmal durchlesen, im notwendigen Fall einige Verbesserungen vornehmen und ihn dann abschicken. Darüber hinaus werde ich jetzt aufhören mit dem Maschineschreiben, da mich ein eben gekommener Freund, der noch betrunkener ist als ich und der sich nicht gern weiter allein betrinkt, dazu aufgefordert hat. Das »diesen Brief noch einmal durchlesen« bedeutet also, ich werde ihn sofort noch einmal durchlesen, oder morgen. Ich sollte auch keine Verbesserungen vornehmen, außer dort, wo es zwischen mir und der Maschine ein Mißverständnis gab. Kommt Ihnen ein Punkt schlecht erklärt vor, dann sagen Sie bitte, ich solle es besser sagen. Und vergessen Sie selbstverständlich nicht, daß ich dies alles ohne Vorbereitung verfaßt habe – es wurde einfach nur mit der Schnelligkeit aufs Papier geworfen, mit der die Maschine dem fließenden Denken folgen kann.

Nein, ich habe nicht vergessen, wie ich mich darauf berief, daß Ihre Vorstellung von dem falsch sein könnte, was mein gefühlsmäßiges Verstehen der Musik betrifft. Ich übersprang dieses Detail, da es die Schnelligkeit der Darstellung behindert hätte und da ich in dieser Hinsicht keine Kenntnisse habe. Aber diese Lust an der Musik scheint ein anderer Spaß meines dramatischen Geistes zu sein. Es hängt von den Tageszeiten und den Orten ab, und von dem Teil meiner Persönlichkeit, der sich für diese Tageszeiten und Orte gerade vortäuscht.

Selbstverständlich habe ich auch nicht vergessen, daß ich in diesem Brief irgendwo von der »Schärfung des psychologischen Messers« und der »Säuberung und Ersetzung der Linsen des kritischen Mikroskops« sprach. Mit Stolz bemerke ich, im Gespräch über Freud ein phallisches Bildnis und ein yonisches Bildnis praktiziert zu haben; so würde zumindest er es verstehen. Was er daraus schließen würde, weiß ich nun allerdings nicht. Wie auch immer, der Schlag soll ihn treffen!

Und nun bin ich aber endgültig müde und durstig. Entschuldigen Sie die Ausdrücke, in denen die Ideen geredet haben, und was die Ideen der Lüge und der Unentschlossenheit geraubt haben.

Eine große Umarmung Ihres aufrichtigen Freundes und Bewunderers,

PS
In Ihrem Brief gab es einen Punkt, den ich bisher nicht beantwortet oder auf den ich mich noch nicht bezogen habe. Es handelt sich um die Anmerkung im *Descobrimento* zu Camillo Pessanha[103].

Ich will mich einfach nur auf den Einfluß berufen, den Pessanha auf Sá-Carneiro gehabt haben könnte. Er hatte überhaupt keinen. Auf mich hatte er Einfluß, da auf mich alle Dinge Einfluß haben; allerdings ist es nicht angebracht, sofort den Einfluß Pessanhas auszumachen, wenn einige meiner Verse an Pessanha erinnern. Ich verfüge über Elemente, die auf natürliche Weise einigen Elementen Pessanhas ähnlich sind, und einige dichterische Einflüsse aus England, die ich schon hatte, bevor ich überhaupt von der Existenz Pessanhas wußte, wirkten auf mich im selben Sinn wie er.

Aber auf Sá-Carneiro ... Ich kannte fast alle Gedichte Pessanhas auswendig, da ich sie mehrfach Carlos Amaro vorgetragen hatte. Ich teilte sie Sá-Carneiro mit, und sie, wie es anzunehmen war, verzauberten ihn sofort. Jedoch will ich deswegen nicht behaupten, sie hätten Sá-Carneiro in irgendeiner Sache beeinflußt. Eine große Bewunderung bedeutet nicht unbedingt einen großen Einfluß, oder überhaupt irgendeinen Einfluß. Ich hege eine große Bewunderung für Camões (den epischen, nicht den lyrischen), mir würde jedoch kein einziges camoeanisches Element einfallen, das irgendeinen Einfluß auf mich gehabt hätte – beeinflußbar, wie ich bin. Und dies genau aus demselben Grund, der den Nichteinfluß Pessanhas auf Sá-Carneiro erklärt. Was mich Camões hätte »lehren« können, wurde mir schon von anderen »gelehrt«. Die Erregung und die Sublimierung des Instinkts fürs Vaterland sind in ihrer Substanz unlehrbare Phänomene: Entweder besitzen wir auf natürliche Weise ein patriotisches Gefühl, oder wir besitzen es nicht; entweder wir besitzen die Fähigkeit, unsere Gefühle zu erregen oder zu sublimieren, oder wir besitzen sie nicht. (Und unabhängig davon ist das patriotische Gefühl eine sehr häufig anzutreffende Sache in allen Literaturen, wobei es sich übrigens um eine konstruktive Sublimierung des Hasses handelt, der für die Existenz so notwendig ist wie die Liebe – eine ebenfalls sehr häufig anzutreffende Sache in allen Literaturen.) Und eine bessere Konstruktion und Ausdehnung des epischen Gedichts läßt sich übrigens bei Milton (den ich noch vor den *Lusiaden* gelesen habe) eher finden als bei Camões.

Sá-Carneiro hatte in sich selbst, oder in anderen Einflüssen, bereits das, was ihm Pessanha hätte geben können, als er das erste Mal, wie er selbst sagte, »von seinen Versen« hörte. Dies erklärt gleichzeitig den Nichteinfluß und die große Bewunderung.

Aufs herzlichste Ihr Fernando Pessoa

Über Kunst und Künstler

Bei Macaulay[104] – ein seltener, wenn nicht gar einzigartiger Fall! – vermischt sich Talent mit Genie. Sein Genie hat alle Charakteristiken des Talents; sein Talent steigt bis zum Genie. Sagen wir es so: Sein Talent ist genial.

* * *

Die Degeneration des künstlerischen Sinnes bei den Präraffaeliten nimmt eine eigentümliche Form an, nach der in ihrem Geist die Formen den Platz der Idee ausfüllen. Sie schreiben einige Verse, deren weiche Musik ein Geräusch vernehmen läßt; die Lektüre dieser Verse gibt eine Idee der Traurigkeit, da der Rhythmus traurig ist. Man sucht die Idee und findet sie nicht; es handelt sich um Worte, um Bruchstücke von Ideen, um die verschiedensten Sprunghaftigkeiten, miteinander verbunden und voneinander getrennt, aber sie werden in einem Rhythmus vorgetragen, der Traurigkeit einflößt – den kranken Geistern der Präraffaeliten scheint es, sie würden gerade ein trauriges Gedicht, einige pathetische Verse schreiben oder lesen, während sie nur eine Musik (die eher von Worten als von Noten herrührt) hören, deren Rhythmus eine Traurigkeit ohne Ideen, eine Melancholie einflößt (...). Es handelt sich um eine degenerative Verwirrung zwischen den entsprechenden Funktionen der Dichtung und der Musik als Kunstformen. Die Erklärung dieses Phänomens überlasse ich den Psychologen von Irren. Es handelt sich jedoch um einen deutlichen und unleugbaren Fall einer mentalen Degeneration.

Die einzige Form, in der die Inspiration der Präraffaeliten (...) ist das Sonett. Der Grund dafür ist einfach. Man muß sich zusammennehmen und sich konzentrieren, man kann also nicht delirieren.

Wie es scheint, realisierten zumindest einige Präraffaeliten in der Dichtung für das Erschaffen eines Stückes jene Anordnung, die auch einen hypothetischen Unteroffizier gerechterweise ausgezeichnet hätte: »Man greift nach einem Loch und umschließt es mit Eisen.« Einige Mitglieder der Schule der Präraffaeliten ergriffen das Nichts und umfaßten es mit Versen. Wir können auf keinem anderen Weg der ideellen Hohlheit von diesem Inspiriertenverband Ausdruck verleihen.

»The Germ«[105]

Aber die Bewegung, die den »Germ« hervorrief, wuchs an, und indem sie anwuchs, zeigte sie, welcher ihr Wert war. Der Keim [Germ] war ein Bazillus.

* * *

Der (...) Charakter Flauberts

Flaubert war, so schreibt E. Faguet[106] in seiner Studie, ein Schüchterner und ein Stolzer; ein Stolzer, der schüchtern ist, so schreibt dieser Schriftsteller weiter, ist zweifach schüchtern, und ein Schüchterner, der stolz ist, ist zweifach stolz. Diese Beobachtungen sind exakt. Sie liefern uns das Fundament zu einer Untersuchung zum Charakter Flauberts. Halten wir hier inne: Schüchternheit und Stolz waren die beiden augenfälligen Charakterqualitäten des Romanciers.

Beginnen wir mit unserer Untersuchung.

Es gibt drei grundlegende, fundamentale Formen des Wahnsinns: den depressiven Wahnsinn, den erregten Wahnsinn und das, was wir den gemischten Wahnsinn nennen können, den umlaufenden oder wechselnden Wahnsinn, also den Wahnsinn, in dem es in der einen oder anderen Form eine Depression und eine Erregung gibt. Diese Klassifikation, die hinsichtlich des Wahnsinns mehr als evident ist, macht das Verständnis der Charaktere einfach, da sie für uns in dieser Art der Klassifikation erweitert werden. (...)

Aber warum bringen wir hier den Wahnsinn an? Wäre es nicht einfacher, nur zu sagen: Es gibt depressive, erregte und gemischte Charaktere? Warum vom Wahnsinn (dem komplexesten) zum normalen Charakter (dem einfachsten) gehen? Die Antwort ist einfach: kein *normaler* Zustand ist depressiv oder (...), kein normaler Charakter ist die eine oder andere Sache. Aber ein normaler Charakter kann eine Krise durchlaufen, in die Anormalität übergehen. In diesem Fall gibt es notwendigerweise eine dieser drei Dinge. Eine Krise bedeutet einen *Zustand*. Das ist alles. Es gibt auf *normale Weise* keine depressiven oder erregten Charaktere; es gibt Charaktere, die auf verschiedene Art vermischt sind. Was normalerweise erregt oder depressiv ist, das sind *Zustände*.

* * *

Diese Überlegung zum Charakter Flauberts erlaubt es, einen unerwarteten Weg einzuschlagen. Es gibt nichts Bürgerlicheres als dieses »Widersprechen-Sie-mir-nicht-denn-ich-weiß-daß-ich-recht-habe«. Nicht ohne ein Lächeln kann ich hierzu anmerken, daß die großen Ästheten, Künstler (...) und alle anderen, die gegen das Bürgerliche anschreien, brüllen und wettern, sich in ihrem Charakter unweigerlich als bürgerlich entlarven.

Hierbei ist letztlich nichts verwunderlich. Die über das Volk lachenden Aristokraten sind in ihrem Charakter nichts anderes als das *Volk* selbst. Der wahrhafte Aristokrat – mein Freund sollte dies hier bemerken – spricht niemals schlecht vom Volk, er spottet niemals über dieses aus dem einfachen Grund, da Spott und Geringschätzung nicht der Aristokratie entsprechen. Die (...) des Adels, die dem Volk gegenüber Geringschätzung und Sarkasmus anbringen, sind in nicht wenigen Fällen Abkömmlinge von vergöttlichten Kutschern, von (...) und Straßenjungen, die durch irgendwelche Umstände zu den Hurenwirten eines Königs geworden sind. Aristokratie ist immer die des Charakters. Der Aristokrat hebt sich nicht vom (...) Volk ab, indem er ihm gegenüber unhöflich ist, da Unhöflichkeit nicht seinem Wesenszug entspricht. Er ist ihm gegenüber nicht einmal spöttisch, höhnisch oder stichelig; da Spott, Hohn oder Stichelei einfach nur eine etwas gepflegtere Unhöflichkeit sind, was jedoch immer eine Unhöflichkeit bleibt, da die Gewohnheit noch keinen Mönch macht. Ein Aristokrat hat mir einmal von seinem Land folgendes erzählt: »Ich dulde es nicht, daß man in meiner Gegenwart das Volk beleidigt, selbst wenn ich dafür den Grund wüßte, denn ohne das Volk gäbe es auch keine Aristokratie; daher betrachte ich die Aristokratie entweder als einen Wert, oder ich betrachte sie nicht dementsprechend; wenn ich es nicht täte, wäre es sicher keine große Dummheit, sich ihrer zu rühmen und die zu beleidigen, die sie nicht haben; wenn ich es aber doch tue, dann sollte ich bemerken, daß ich nur Aristokrat bin, da es eben das Volk und die Aristokratie gibt. Es ist so, als ob das Kind die Amme, die es in ihrem Schoß trägt, beschimpfen würde in der einfachen Überraschung, auf dem Schoß getragen zu werden. Und wenn die Amme es nun auf den Boden fallen lassen würde?« Diese klugen Überlegungen stellte ein englischer Adliger an. Auch in keinem anderen Land könnte ein Adliger solche Überlegungen anstellen. Es lohnt nicht, hierauf weiter zu beharren.

* * *

Die großen Idealisten attackieren nicht das Bürgerliche. Shelley stürzte sich auf Priester und Könige. Byron stürzte sich auch auf sie, wobei er (...). Shelley hatte in seinem Charakter kein Element, was irgendwie bürgerlich war. Byron hatte diese ungeschliffene Charakteristik.

Aber warum sind es die Bürgerlichen, die das Bürgerliche angreifen? Es ist sehr einfach – es handelt sich um Leute, die halb bürgerlich und halb künstlerisch sind. Ein Teil von ihnen haßt den anderen. Es ist einer der etwas weniger komplexen psychologischen Fälle.

Ein französischer Neurologe merkte an, eine Gotteslästerung könne nur von einer (...) religiösen Person betrieben werden. (Zitiere Grasset.)

Diese gotteslästerlichen, ästhetischen, aristokratischen Leute würde ich unvollständig nennen. Deshalb fällt es dem Psychiater so leicht, in ihnen so zahllose Anzeichen der Degeneration aufzuzeigen. Es handelt sich um Individuen, die sich beständig in der Entwicklung befinden, vom Realen zum Idealen. Sie haben schon Flügel, aber ihre Füße sind ihnen noch zu schwer.

* * *

Bei Anthero de Quental ist alles – oder fast alles – Denken. Er ist einer der am stärksten *bewußten,* vielleicht sogar *der* am stärksten bewußte Dichter, der jemals existiert hat. Er hat nichts von der Inspiration, die Prof. Lombroso dahin brachte, das Genie als eine Art der psychischen Epilepsie anzusehen.

Im eigentlichen Sinne besitzt er nichts an Spontaneität. Nichtsdestotrotz ist er ein großer und ein inspirierter – ein wahrhaftig inspirierter Dichter. Es ist jedoch eine Tatsache, daß seine Inspiration – wahrhaftig, wie sie ist – nicht gefühlsmäßig ist, sondern intellektuell. Oder vielmehr, seine Inspiration geht nicht, wie bei den meisten Dichtern, vom Gefühl auf den Intellekt über, sondern *vom Intellekt zum Gefühl.* Seine Gedichte sind *zuerst* gedacht, und *danach* wurde das Gedachte *gefühlt:* und schließlich kommen sie zum Ausdruck. Und dieser Ausdruck ist nicht weniger vollkommen als der von anderen Dichtern. Aber er ist (selbstverständlich) ruhiger, *voll der Unendlichkeit.*

Keine anderen Sonette sind wie seine »tiefgeistigen Sonette«. Dies behaupten wir so, und wir sind uns sicher, noch nicht vollständig die Bedeutung von einigen Sonetten erlangt zu haben.

* * *

Anthero de Quental ist einer der größten Dichter des 19. Jahrhunderts, da er mit Sicherheit der größte Dichter der Iberischen Halbinsel dieser Periode ist. Manche behaupten, er sei ein so überragendes Genie gewesen, wie er es als Dichter war, und diese Behauptung besitzt sicher etwas Passendes für Dichter, die, wie beispielsweise Campoamor[107] oder Espronceda[108] in Spanien und Lamartine in Frankreich, *als Dichter* scheinbar größer waren als er selbst, die jedoch, wenn wir erst einmal die überwältigende Tiefe seines Genies erfaßt haben, als ihm gegenüber unterlegene Geister erscheinen werden. Das wird einige Leute erstaunen. Aber Anthero de Quental ist »Kaviar für den General«, wobei der General hier alles meinen kann, mit Ausnahme eines hohen literarischen Publikums.

Dieser Dichter stellt ein Beispiel, ein schmerzhaftes und offensichtliches Muster für ein pathologisches Genie dar. Und eine seiner Charakteristiken zeigt er in der Unterscheidung zu seiner Rasse, worin er an Byron erinnert – in der Verschiedenheit zwischen seinem Charakter und dem seiner Landsmänner. So wie Byron noch einige schottische Charakteristiken präsentierte, so war auch der Unterschied Antheros nicht vollständig. Die bemerkenswerte Einfachheit seiner extrem tiefen Dichtung, seine kalte Intellektualität, vielleicht nicht völlig kalt; persönlich sein ausgedehntes Wohlwollen (er wurde wie ein absoluter Heiliger geliebt).

* * *

Als Dichter, rein als Dichter, war er nicht der großartigste auf der Halbinsel des 19. Jahrhunderts; Espronceda und Junqueiro waren größere *Dichter.* Zumindest waren sie größere Dichter in einem (mehr oder weniger umschriebenen) Sinn von diesem Wort. Aber im 19. Jahrhundert gab es auf der Halbinsel keinen größeren genialen Menschen. Der Geist Anthero de Quentals hat bisher noch nichts Gleichrangiges gefunden, und hauptsächlich in einem tiefen, profunden Verständnis. (...)

* * *

Antheros Sonette erfordern vom Leser eine ungewöhnlich hohe philosophische Intuition und die Fähigkeit, auch die subtilsten geistigen und idealistischen Konzeptionen zu erfassen.

* * *

Der moralische Zweifel und das Martyrium Antheros scheinen dreifach gewesen zu sein. Zunächst scheinen der Zweifel und das Martyrium dem Kampf zwischen einer rational mentalen Konstitution (...) und dem allgemeinen Temperament eines Glaubenden zu entstammen. Wir wissen, wie Anthero das Christentum aufgab, wie er es völlig seinem Intellekt entriß, aber wir wissen auch, daß er es nicht seinem Temperament, dem Fundament seines Gefühls entreißen konnte. Das Christentum war unauflösbar durch eine lange und starke Familientradition mit dem Geist Antheros verbunden; in Perioden der intellektuellen Schwachheit oder Apathie überfiel dieses plötzlich die Intelligenz, aber wie diese bis zum Ende hellsichtig blieb, konnte sie nicht unterworfen werden. In den Perioden der Traurigkeit und der Niedergeschlagenheit – Wochen, Stunden, Momente –, als das Denken einer gewissen Schläfrigkeit verfallen war, wurde er temperamentell von einem christlichen Mystizismus ergriffen. Je nach Stärke der Niedergeschlagenheit konnte dieser tiefer oder weniger tief in sein Denken eindringen; und hieraus ergibt sich auch die Heftigkeit seiner Qual, denn je apathischer und (...) sein Denken war, um so deutlicher machte sich das christliche Gefühl bemerkbar, und je stärker es sich bemerkbar machte, um so deutlicher schien es eine Intuition, fast eine intellektuelle Intuition, der Wahrheit zu sein. So ergibt sich also, bis der völlig erwachte Geist das Gefühl verstößt, ein Zustand des religiösen Zweifels, der zutiefst beängstigend ist, obgleich er von den Menschen des Südens nicht so stark gefühlt wird, da bei ihnen die Religion nicht so bedeutsam ist wie bei den Menschen des Nordens.

Das zweite Element des moralischen Martyriums Anthero de Quentals bestand in dem Konflikt zwischen dem moralischen Gefühl des Dichters und der Abwesenheit von Moral in der Natur, die pessimistische Schlußfolgerung, welche äußerlich vorhanden ist in den Phasen und Formen des Lebenskampfes gegen die Natur, gegen den Menschen – gegen alles. Dieses Element ist weitaus schlimmer als der religiöse Zweifel. Ein überlegener Geist, der geziemend im Besitz der Instrumente der Religionswissenschaft ist (wie Anthero), kann nicht über eine längere Zeit hinweg *intellektuell* (und nicht nur!)

vom religiösen Zweifel beherrscht werden; es gibt eine Lösung, die gegenüber dem Gefühl zwar schmerzhaft und hart sein kann, die es aber doch gibt. Diesem Dilemma entgeht man schmerzerfüllt und verletzt, man entgeht ihm aber. Jedoch hinterläßt die christliche Glaubensüberzeugung, wie auch jede andere Glaubensüberzeugung, weniger tiefe Wurzeln in den metaphysischen Dogmen als vielmehr in den moralischen Dogmen – Ehrfurcht, Mitleid mit den Erniedrigten etc. (der Leser kennt sie alle). Nachdem die Metaphysik entschwunden ist, verbleibt noch die Moral. Der Grund dafür ist einfach. Jegliche Metaphysik spricht zuerst die Intelligenz an; die absurde Metaphysik des Christentums paßt recht gut zu einer verhältnismäßig vernünftig entwickelten Intelligenz, selbstverständlich wenn diese begleitet ist von einer (nicht zu sehr großen) Entwicklung des moralischen Sinnes, der ernsthaft, mit Standhaftigkeit und ohne Anfechtungen die Wahrheit sucht.

Mit jeglichem moralischen Sinn geschieht dies; und noch mehr mit einem moralischen Sinn, der ein von der Religion hinterlassenes Residuum ist. Was jedoch die Religion an moralischem Sinn hinterläßt, kann nicht so einfach eliminiert oder widerlegt werden, und ein hoher moralischer Sinn neigt mehr und mehr dazu, für die Religion empfänglich zu sein (oder wurde vielmehr empfänglich gemacht), da der moralische Sinn nicht direkt der Intelligenz zugehört; oder zumindest ist er ihr nicht sehr nahe.

Aber weder der Konflikt zwischen dem Gefühl und dem Denken noch jener zwischen dem (...) begründet eine erheblichere Qual für einen großen Denker. Dieser Konflikt entschwindet für den größeren Menschen mit der Wirklichkeit – die Qual des Mysteriums *an sich,* das Problem des *Seins,* von jenem, was *wirklich ist.* Es schmerzt diese (...) des Leidenswegs eines Denkers – er findet sich, mit Leidenschaft erfüllt, im Angesicht des Mysteriums wieder.

* * *

Die Immoralität der Biographen

Das Genie, das Verbrechen und der Wahnsinn haben ihren Ursprung gleichermaßen in einer Anormalität, sie repräsentieren in verschiedenen Arten eine fehlende Anpassung an die Umwelt. Ob sie allerdings auf demselben degenerativen Fundament beruhen, ob das Genie an sich eine durch Krankheit beschreibbare Spezies ist – das sind Dinge, die wir nicht wissen. Ob es sich nun um eine spezielle Manifestation einer schleichenden Epilepsie, wie es Lombroso voreilig annahm, handelt, oder um eine (...) Manifestation einer degenerativen Diathese, es ist sicher, daß das Genie von seiner Natur her eine Anormalität darstellt.

Die einfältige Imagination der Massen entwirrt instinktiv allerdings nicht zwischen dem, was die Persönlichkeit eines überlegenen Menschen ausmacht oder was Höherwertigkeit bedeutet, und zwischen dem, was sich in ihr gleichzeitig oder mitläufig aus der psychischen Anormalität als solcher ergibt. Im Prinzip ist diese spontane Intuition gerechtfertigt. In der Persönlichkeit ist alles miteinander verbunden, alles steht miteinander in einer Beziehung. So können wir nicht, ausgenommen in einem analytischen Prozeß, der bewußt von der Wirklichkeit abgeschnitten ist, in der Persönlichkeit Goethes die kennzeichnende Modalität seiner literarischen Ideenbildung von jener halluzinatorischen Tendenz »trennen«, die, wie man weiß, zu einer äußeren Selbstbetrachtung zwingt; in der Persönlichkeit Shakespeares können wir auch nicht die dramatische Intuition von der, zum Beispiel, sexuellen Inversion trennen.

Die große Masse von minderwertig Begeisterten, unfähig zum Schaffen und (...), Versager in der Hemmung und im kritischen Sinn, in der Unmöglichkeit der (...), im sensiblen Bewußtsein für die (ausgenommen im erklärten Delirium der Herrlichkeiten) Imitation von Gedichten Mussets oder Verlaines, kann nichtsdestotrotz zunächst mit größerer Annäherung einen gigantischen Proto-Cocktail[109] plagiieren, mit dem man sich täglich betrinkt, und damit das unheilbare Vagabundieren und die Amoralität des typisch Degenerierten. Wer keine Verse schreiben kann wie Baudelaire, kann sich zumindest die Haare grün färben, wie es diesem Unglücklichen eines Tages mal eingefallen war. Die Praktik der Päderastie, obwohl nicht immer einfach und bequem, ist immer noch einfacher als die Erschaffung einer zweiten *Salome.*

Die Biographien von großen Männern realisieren heute, in einem umgekehrten Sinne, was zwischen den Männern der Renaissance die Lektüre Plutarchs realisierte. (...)

Ich weiß sehr wohl, daß sich dieses Phänomen nicht nur bei großen Männern ergibt, sondern auch mit großen Dummbatzen. Man plagiiert das »große Leben« wie die großen Männer.

* * *

Lucios Bekenntnis[110]

Das gesamte Buch ist eine Degeneration.

Die traurige Romanperson, Gervasio Villa-Nova genannt, ist von einer minderwertigen Degeneration gezeichnet. Der Herr Sá-Carneiro nennt diesen Herrn genial, ohne daß der Roman dafür den Grund angeben würde. Man begreift den Grund aber recht einfach. Jedermann, dem es nicht völlig an einem wachen Blick fehlt, versteht, daß es sich hierbei um eine wirkliche Kreatur handelt. Ich weiß nicht genau, bis wohin diese Kreatur vom normalen Weg abweicht. Aber es wird wohl nicht sehr weit sein. Ohne es zu wollen, gibt uns Herr Sá-Carneiro eine vollständige Studie eines Schwachkopfs, der die Cafés von Paris frequentiert und von der Zivilisation nicht mehr kennt als Cafés und Music-Halls. Es ist der Typ eines banalen *blagueur,* wie es zwischen den Geschäftsangestellten zahllose gibt, ausgenommen des Unterschiedes, daß die Prahlerei von diesen letzteren etwas gesünder und witziger ist.

Die psychologische Studie – ich weiß nicht, mit welcher Hellsichtigkeit vollzogen – ist fast überragend. Die (...) des Lucio Vaz gehört zu jener Krankheitsform, die man *mentales Durcheinander* nennt.

Die Sexualität der Figuren ist von einer anrührenden Arglosigkeit. Sie sprechen mit Kolleginnen, die alle noch, zumindest wie sie selbst behaupten, Jungfrauen sind. Gewisse Worte, einige Sprechweisen, bestimmte Beschreibungen, an denen sich der Autor nicht hätte versuchen sollen, offenbaren eine solche Ignoranz der Haltungen des sexuellen *Gegenübers* – eine solch schändliche Unkenntnis der Gesten und fundamentalen Beiwerke (sowohl physischen als auch psychischen) der sexuellen Handlung, daß wir von der Unbefangenheit des Autors, diese aufzuzeigen, zu dem Verdacht gelangen, er hätte hier Elemente seiner selbst offenbart, die er selbstverständlich nicht offenbaren wollte.

Das *Bekenntnis des Lucio* ist einfach nur ein Bekenntnis des Herrn Mário de Sá-Carneiro. Anhand seiner charakteristischen Arglosigkeit ist es dem Autor nicht bewußt, wieviel er von sich selbst offenbart (...).

Je mehr er zu uns sexuell spricht, um so sexuellere Dinge offenbart er.

Am Ende haben wir ein großes medizinisches Mitleid mit ihm.

* * *

Die Kunst von James Joyce, wie die von Mallarmé, ist eine Kunst, die im Prozeß der Herstellung, auf dem Weg festgelegt ist. Die Sinnlichkeit des *Ulysses* ist ein Symptom des Intermezzo. Es ist das onirische Delirium der Psychiater, dargestellt als ein Zweck.

* * *

Autopsychographie

In mir selbst bemerke ich die graduelle und schreckliche Aufspaltung zwischen der Welt und mir selbst; der Unterschied zwischen dem Menschen und mir war größer den je. Familiäre Zuneigungen – die meiner Familie mir gegenüber – nahmen einen kalten Aspekt an, eine schmerzvolle Erscheinung angesichts meiner warmen Zuneigung zur gesamten Menschheit. Ein Lebensekel nahm von meiner Seele Besitz; ich wurde feindselig gegenüber den menschlichen Meinungen, wobei ich meine Liebe zur Menschheit immer weiter vertiefte. Mit jedem Tag, den ich älter wurde, sah ich, wie sich die beängstigende Kluft erweiterte. Ich war ein Genie, ich realisierte die Wahrheit, und ich sah auch, daß ich als Genie ein Wahnsinniger war.

Um Erfolg zu haben, sagt Dr. Reich, benötigt ein junger Mann drei Dinge: Geographie, Geschichte und Religion. Die »Religion« sollte ich mit der »Glaubensüberzeugung« ersetzen, wobei damit Ernsthaftigkeit gemeint ist.

Um jedoch Erfolg in dieser Welt zu haben, wenn es das sein sollte, was Dr. Reich meinte, müßte ich hinzufügen, daß für den Erfolg in dieser Welt drei Dinge erforderlich sind: fehlendes Gewissen und fehlender Skrupel; Rücksichtslosigkeit; Verlangen. Dabei folgt das eine dem anderen ohne Probleme, sie sind alle so logisch miteinander verbunden, daß wir diese Dinge eventuell auch nur mit einem Wort bezeichnen könnten: Kriminalität, oder die Neigung zu ihr.

C. R. Anon

* * *

Er ist (ohne den geringsten Zweifel) ein psychotischer Neurastheniker. Die gewöhnliche Neurasthenie und die von ihr hervorgerufenen Wirkungen, welche auf den Boden einer Degeneration fallen, erfassen, um es so darzustellen, eine charakteristisch hysteriforme, wenn nicht gar hysterische Geistesverfassung. Bezüglich dieser Diagnose habe ich keine Zweifel. Hiermit will ich die Krankheitsgeschichte von Pessoa aufzeigen, oder vielmehr die Geschichte von (...); ich will die Psychologie kennenlernen, oder vielmehr will ich wissen, auf welche Weise oder durch welche Kanäle sich die gegenwärtige Neurasthenie in diesem armen, von Natur aus hyposthenischen Temperament festsetzen konnte.

Allerdings fehlen mir für diese »Lebensgeschichte« oder diese »Seelengeschichte« die nötigen Angaben. In den Grenzen des Möglichen kenne ich das mentale Leben Pessoas bis 1895 (Dezember), also bis zu dem Zeitpunkt, an dem er (im Alter von sieben Jahren) nach Durban umzog. Er war nicht völlig normal. In diesem Alter existierte für den Beobachter schon eine Art deutliche Neigung zur Neurasthenie: mit sieben Jahren ist er bereits – wenn auch noch etwas versteckt – ein (...). Viel mehr noch, mit sieben Jahren zeigte Pessoa schon diesen reservierten, überhaupt nicht kindlichen Charakter – eine tiefe Überlegung (nicht die tiefe Überlegung in einem gewöhnlich bürgerlichen Sinn, sondern vielmehr eine melancholische, intellektuelle Überlegung), eine Ernsthaftigkeit, die beeindruckend wirkten. Er isolierte sich bereits, er liebte es, allein zu spielen, zu lesen und zu schreiben (was er für sich allein erlernte). Er war ein Einzelgänger – das bemerkte man sofort. Und zu all diesem muß man viele impulsive und fast hasserfüllte Zornausbrüche hinzurechnen (die nicht immer eine entsprechende Veranlassung hatten), und für gewöhnlich eine große Angst. So kann man den Charakter festlegen: intellektuelle Frühreife, vorzeitig intensive Imagination, Boshaftigkeit, Angst, das Verlangen nach Isolation. Ein Psychopath in Miniaturform.

So ging es wahrscheinlich noch einige Zeit weiter. Im Jahre 1901 (August) kehrte er aus Durban zurück. Es handelt sich immer noch um denselben Charakter, allerdings nun weniger impulsiv: Das Klima (so nehme ich an) und die Schuldisziplin haben diese Charaktereigenschaften eingeschränkt. In dieser Zeit zeigt er einen nicht sehr komplexen Charakter: lebendige Intelligenz, ausgeprägte, aber nicht unbedingt intensive Imagination, etwas infantil (...), ohne besonders auffällige Ängste – zumindest zeigt er diese nicht ohne klare äußere Provokation. Psychologisch also normal. Darüber hinaus Schüchternheit, Naivität, einigen Egoismus – aber insgesamt normal. Die Pubertät war noch nicht ausgebrochen. Da er bisher in einem Land (das südafrikanische Natal) weitab vom korrupten Einfluß der Zivilisation gelebt hatte, ist er *mental* noch nicht entjungfert gewesen; in dieser Zeit bewahrte er sich noch (so glaube ich zumindest) eine perfekte Jungfräulichkeit der Imagination. Übrigens gibt es hierzu keine sicheren Forschungsmethoden.

Zwischen August 1901 und September 1902 verweilte er in Lissabon; er stand also unter dem Einfluß urbaner und amoralisch korruptiver Sensualität. Mir ist es aber völlig unmöglich, eine Methode zu entdecken, um (...).

* * *

Das Genie ist eine Handlung der Befreiung.

Alles ist frei, was in Hinblick auf das Universelle handelt. Wenn ich auf meinen Hunger oder auf meine Wünsche hin ausgerichtet handele, bin ich nicht frei. Hier also ist die Tugend groß, denn sie handelt in Hinblick auf das Universelle. Wenn das Genie nur vom Bösen singt, mag es zwar frei darin sein, was es in der Kunst, in der Schönheit sucht, es wird aber nicht frei sein, wenn es nicht insgesamt das Gute sucht.

Die größte Freiheit, die man auf dieser Welt erreichen kann, ist die Freiheit des guten Menschen.

Ich glaube nicht an den freien Willen. Jedoch ist der freie Wille eine Sache und die persönliche Freiheit eine andere. Ich bin auf das festgelegt, was ich bin, um persönlich frei oder ein Untertan zu sein; der freie Wille existiert nicht. Aber in meiner Unfreiheit gibt es die Abstufungen einer sekundären Freiheit, einer persönlichen oder moralischen Freiheit.

* * *

Das Wesen mit dem höchsten Bewußtsein (das sollte man bemerken) ist das unglücklichste Wesen.

Das große Bewußtsein der bewußten Genies ist nichts anderes als eine schreckliche, enorm hellsichtige Verrücktheit. In diesem ausgeprägten Bewußtsein verliere ich mich, und gleichzeitig rettet es mich, denn wenn es mich zuviel sehen läßt, mich zu groß werden läßt, dann läßt es mich auch sehen, was es hier an Megalomanie gibt; es zwingt mich zum medizinischen Studium meines Wesens. Anhand von diesem Studium verliere ich jegliche morbide Idee.

Ich bin gekommen als ein Botschafter des Bewußtseins.

* * *

Eine meiner mentalen Komplikationen besteht – schrecklich jenseits aller Worte – in der Angst vor einer geistigen Krankheit, wobei diese Tatsache selbst schon eine geistige Krankheit ist. Ich befinde mich teilweise in dem verräterischen Zustand, der in dem Gedicht beschrieben wird, mit dem Rollinat (wie ich glaube) seine »Névroses« begann. Einige Impulse, einige kriminell und andere geistesgestört, provozieren eine schreckliche Tendenz zur Handlung, eine schreckliche *Muskularität* befällt die Muskeln, ich meine – dies ist mir und der Angst vor ihr und ihrer Intensität gemeinsam – nun größer als bisher sowohl in der Anzahl als auch in der Intensität zu sein – es kann nicht beschrieben werden.

* * *

Lebensregel

Der geniale Mensch ist ein einfacher Treuhänder seines Genies. Alle seine Kraft sollte sich darauf richten, es anzuwenden, sich auf dessen Anwendung vorzubereiten.

Sollte dies nicht geschehen, wird man sich selbst gegenüber – oder vielleicht sogar gegenüber Gott – zukünftig hohe Rechnungen zu bezahlen haben.

* * *

Nachdem ich heute die Entscheidung getroffen habe, ein Ich zu sein und auf der Höhe meiner Pflichten zu stehen, und daher die Idee der Reklame verachte, die plebejische Sozialisation meiner selbst, den Intersektionismus[111], konnte ich erneut und endgültig, nun zurück von der Reise durch die Sinneseindrücke anderer, von meinem Genie und vom göttlichen Bewußtsein meiner Mission vollsten Besitz ergreifen. Heute will ich genau der sein, für den mein mir angeborener Charakter mich bestimmt hat und der von meinem mir angeborenen Genie zwangsweise auch nur zugelassen wird.

Einstellung für Einstellung, nur die nobelste, die höchste, die ruhigste erwählen. Haltung für Haltung, nur die Haltung, die ich bin.

Keine Herausforderung des Pöbels, keine Girandolen für das Gelächter oder den Zorn von Minderwertigen. Die Überlegenheit benutzt keine Clownsmasken; sie kleidet sich nur im Verzicht und im Schweigen.

Die letzte Spur eines fremden Einflusses in meinem Charakter erlosch damit. Ich habe – nachdem ich fühlte, daß ich den intensiven und kindischen Wunsch beherrschen könnte und würde, den »Intersektionismus zu begründen« – den ruhigen Besitz meiner selbst wiedererlangt.

Ein glänzender Strahl begeisterte mich heute mit Hellsichtigkeit. Ich wurde geboren.

* * *

Lissabon, den 10. Juni 1919

Herrn Hector & Henri Durville,
23, rue Saint-Merri,
Paris

Meine Herren,

ich bitte Sie um den Gefallen, mir – wenn möglich auf dem Postweg – Ihre vollständigen Kataloge zu schicken, ebenso wie Informationen zum *Institut für experimentellen Magnetismus und Psychismus*[112] und hauptsächlich bezüglich des Briefkurses zum persönlichen Magnetismus.

Vielleicht wird es Ihnen leichter fallen, mir exaktere Informationen zu übermitteln, wenn ich Sie meinerseits schon jetzt darüber aufkläre, was ich eigentlich will und warum. Ich werde Ihnen also die einleitenden Elemente zukommen lassen, die für Sie zweifelsohne notwendig sind, um mir eine Antwort geben zu können. Es ist unnötig, Ihnen zu erklären, daß dies alles nur auf meine Bitte nach Informationen bezogen ist hinsichtlich des Briefkurses, auf den ich mich eben berufen habe.

Soweit es möglich ist, möchte ich das weiterentwickeln, was man vom persönlichen Magnetismus erwarten kann, und ich möchte es weiterentwickeln, um, wenn man es denn machen kann, meinem Leben eine *äußere Richtungskoordination* zu geben. Einfach so dahergesagt, ist es sicher etwas kompliziert, ich werde es aber deutlicher machen anhand der folgenden Erklärungen. Ich werde Sie zunächst über mein Temperament informieren und danach über meine (übrigens sehr geringen) Kenntnisse hinsichtlich des Magnetismus.

Von einem psychiatrischen Gesichtspunkt aus betrachtet bin ich ein hysterischer Neurastheniker, wobei aber meine Neuropsychose glücklicherweise nur sehr schwach ist; das neurasthenische Element beherrscht das hysterische Element, was dazu führt, daß ich äußerlich keine hysterischen Züge aufweise – es gibt keinen Zwang zur Lüge, keine morbide Instabilität in der Reaktion gegenüber anderen etc. Meine Hysterie ist innerlich, und sie ist deutlich meine; in meinem eigenen, nur auf mich bezogenen Leben habe ich die gesamte

Unstabilität der Gefühle und Wahrnehmungen, das ganze Schwanken der Emotion und des Willens, die für eine sprunghafte Neurose charakteristisch sind. Ausgenommen bei intellektuellen Angelegenheiten, bei denen ich stets zu festen Schlußfolgerungen gelange, wechsele ich meine Meinung zehnmal am Tag; ich habe nur einen unbestechlichen Standpunkt bezüglich der Dinge, die nicht die Möglichkeit zur Emotion einschließen. Ich weiß, was ich über irgendeine philosophische Lehre oder über irgendein literarisches Problem denken soll; ich hatte jedoch nie eine feste Meinung, was meine Freunde oder die Form meiner äußeren Aktivität anbelangt.

Als innerlich verstandesorientiert wie der größte Teil der geborenen Neurastheniker, beherrsche ich fast immer die äußeren Folgen oder die Dynamiken dieser intimen Manifestationen. Ich muß sehr müde sein oder sehr erschüttert, damit sich meine Emotionalität äußerlich ausbreitet. Meine Gemütsverfassung ist *äußerlich* ausgeglichen: Vor anderen bin ich fast immer ruhig und heiter. Da sie so ist und da sie sich unter Kontrolle befindet, bereitet mir meine Emotionalität keine Probleme; ich liebe sie sogar, da sie für mein literarisches Leben, das ich neben meinem praktischen Leben führe, behilflich ist. Mit einer etwas dekadenten Sorgfalt kultiviere ich diese sowohl lebendigen als auch subtilen Emotionen, aus denen mein inneres Leben besteht. Hier möchte ich nichts ändern. Darin gibt es keine Nachteile.

Sicher haben Sie schon bemerkt, worin der schwache Punkt besteht; ein Temperament, wie ich es Ihnen eben beschrieben habe, ist nicht in den Emotionen, nicht in der Intelligenz, sondern im Willen beeinträchtigt. Dieser Wille leidet durch die Emotion und durch die Intelligenz; ich beziehe mich auf die Emotion, so wie ich sie habe, und auf die Intelligenz, über die ich verfüge. Die exzessive Emotionalität beeinträchtigt den Willen; die exzessive Vergeistigung – wenn die Intelligenz zu stark zur Analyse und zur Überlegung neigt – erdrückt und verkleinert diesen Willen, der zuvor schon von der Emotion beeinträchtigt wurde. Hier hört er auf zu existieren – er wird unbeweglich. Zur selben Zeit möchte ich immer drei oder vier unterschiedliche Sachen gleichzeitig machen; aber letztlich mache ich nicht nur keine von ihnen, sondern will sogar nicht einmal eine von ihnen machen. Die Handlung schwebt über mir wie eine Verdammung: Handeln bedeutet für mich eine Selbstvergewaltigung.

Alles, was in mir ausschließlich intellektuell ist, zeigt sich als sehr stark und auch als sehr gesund. Der hemmende Wille, der gleichzeitig auch der intellektuelle Wille ist, ist in mir sehr stark; selbst unter starkem Drängen der Emotion habe ich die Kraft *nicht, zu handeln.* Es ist der Wille zur Handlung, der Wille über das Äußere, der mir fehlt; das *Handeln* fällt mir schwer.

Betrachten wir das Problem genauer. Es ist die Konzentration auf die Substanz des gesamten Willens. Ich habe nur die intellektuelle Konzentration, also nur die Überlegung. Was die Überlegung betrifft, so beherrsche ich sie vollkommen: keine Emotion, keine fremdartige Idee, keine dieser Überlegung beiläufige Entwicklung kann deren festen und kühlen Fortgang beeinträchtigen. Aber jegliche andere Konzentration ist für mich schwierig oder unmöglich.

Daher ist es scheinbar durch die zentrifugale Anwendung dieses zentripetalen Willens, daß ich auf gewöhnliche Weise und dauerhaft handeln kann. Aber dieser Prozeß betrifft selbstverständlich nicht alle Arten der Handlung. Nehmen Sie an, es handele sich um die Abfassung eines sehr langen Briefes, eines komplizierten Geschäftsbriefes; da ich der Auslandsvertreter eines portugiesischen Geschäftshauses bin, ist es eine Sache, die ich fast täglich zu vollbringen habe. Ich kann es nicht anders machen als mittels einer mentalen Klassifikation des Briefinhalts, einer überlegten Auseinanderlegung der mitzuteilenden Materie. Ich vollbringe diese Arbeit sehr schnell, und der Prozeß hat, wie in einem Fall wie diesem, den Vorteil, besser zu sein, da der Brief deutlicher und überzeugender wird. Stellen Sie sich nun aber vor, dieser Prozeß soll auf eine Handlung angewandt werden, die rein Handlung ist, die nicht rein literarisch ist wie die eben angezeigte! Das Ergebnis ist deshalb nicht absurd, da es nichtig ist. Die koordinierende Handlung wird hier vollkommen hemmend, und die daraus resultierende Handlung ist das Nichthandeln. Es gibt keine Strategien in den kleinen Handlungen; man spielt nicht Schach in der alltäglichen Wirklichkeit.

Nun muß aber die Tragweite dieser Beobachtungen nicht unbedingt übertrieben werden. Ich bin nicht vollkommen eine bewußte Leiche. Mein Handlungswille ist jedoch unzureichend; er ist es hauptsächlich, wenn wir ihn mit meinem Hemmungswillen vergleichen.

Dieser Geisteszustand, oder vielmehr dieses Temperament ist (muß dies noch unbedingt gesagt werden?) eminent demagnetisierend. Mein psychisches Leben ist eine Art Kurs des persönlichen Demagnetismus. Sie erkennen also den Grund, aus dem heraus ich Ihnen schreibe und Sie dazu bringe, diese langen und ziemlich lästigen Betrachtungen zu ertragen. Ich möchte meinen Handlungswillen weiterentwickeln, ich möchte es jedoch so tun, daß meine Emotion und meine Intelligenz sich dabei nicht beklagen können. Soweit ich weiß, gibt es nur einen Prozeß zur Entwicklung des Willens, der weder die Emotion unterdrückt noch die Intelligenz beeinträchtigt: Es ist die magnetische Kultur. (...)

* * *

Lissabon, den 31. August 1925

Mein sehr geehrter Freund,

ich glaube, einen Anfall – ich nehme an, es handelt sich um einen leichten und somit heilbaren – des psychasthenischen Wahnsinns zu erleiden. Da nun, sollte meine Annahme stimmen – und sollte sie nicht stimmen, dann ist meine laienhafte Diagnose wahrscheinlich nur nachlässig –, die Einweisung in ein Irrenhaus anzuraten ist und da es das Gesetz vom 11. Mai 1911 in irgendeinem Absatz seiner Paragraphen erlaubt, daß der Kranke diese Einweisung selbst beantragen kann, möchte ich Sie hiermit höflichst um die Auskunft bitten, wie und bei wem dieser Antrag gestellt wird und mit welchen Dokumenten, sollten einige von ihnen sofort nötig sein, dieser begründet werden muß.

In aller Liebenswürdigkeit bedanke ich mich schon an dieser Stelle für Ihre Antwort.

* * *

Auszüge aus einigen Erzählfragmenten

[Doktor Jones]

[Ein einzelnes Fragment]

Doktor William Jones war ein Mann, der sehr anschaulich die Relativität der menschlichen Kenntnisse repräsentierte. Er selbst paßte allem Anschein nach zu keiner rechten Körperbeschreibung, da er neben einem kleineren Mann groß wirkte, und im umgekehrten Fall selbstredend klein. Man könnte ihn wohl dem zuordnen, was man eine mittlere Statur nennt, wenn diese Bezeichnung nicht sehr ungenau wäre, da sie für gewöhnlich gemäß der individuellen Vorstellung sehr variieren kann. Um die Sache nun aber klarer zu machen, Doktor Jones war fünf Fuß und sieben Zoll groß; aus dieser Tatsache kann der Leser sich selbst nun die von ihm gewünschte Einschätzung entnehmen. Er hatte ein freundliches, etwas aufgeblasenes Wesen und wurde, da er nie einen Patienten verängstigte, allgemein als ein sehr guter Doktor betrachtet, was aber wohl insgesamt mit der extrem unbestimmten Art zu tun hatte, mit der er für gewöhnlich seine Meinung darlegte. Dies kann eventuell als ein taktvolles Verhalten betrachtet werden, es sollte jedoch nicht geleugnet werden, daß die Ignoranz mitunter auf demselben Weg einherkommt.

Ein sehr angenehmer Zug im Charakter des Doktor Jones, der mit einigen Gentlemen seines Berufsstandes die Gewohnheit teilte, Zweifel mit festen Behauptungen zu übergehen, war es, daß er, wenn er sich nicht festlegen konnte bezüglich der Erkrankung seines leidenden Patienten, immer behauptete, es handele sich um nervliche Beschwerden. Dies ist eine sehr gebräuchliche Methode bei den Herren aus diesem Gewerbe; die Krankheit ist immer eine andere, nie die Methode.

So kam es, daß er eines Tages einen Raum betrat (...).

»Was haben wir denn?«

»Schmerzen im Fuß, Sir...«

»Verstehe, es handelt sich um die Nerven.«

»Ich bitte um Ihre Entschuldigung, Sir, aber es sind nich die Nerven, sondern das Plätteisen, sie war gerade beim plätte und da isses ihr auf den Fuß jefallen.«

»Wahrlich, wahrlich«, sagte der Doktor eilig, »aber nehmen Sie an«, rief er streng, »das Plätteisen wäre nicht heruntergefallen, dann wären es die Nerven, und nichts anderes als die Nerven.«

»Das iss wohl sehr richtig, Sir«, antwortete Mr. Wilson schroff, »aber wie ich jesehen habe, daß das Plätteisen auf ihren Fuß jefallen iss, können's wohl nich die Nerven sein. Und wenn«, fügte er mit unerfreulicher Philosophie und großer Intuition hinzu, »das Plätteisen nich auf ihren Fuß jefallen wär, dann hätte'se jetzt auch keine Schmerzen.«

Nachdem er dies gesagt hatte, strahlte Mr. Wilson, im hohen Bewußtsein seines logischen Kunststücks, seine Partnerin übers ganze Gesicht an; da seine Partnerin ihn dagegen keines Blickes würdigte, entschwand das Lachen sofort wieder aus seinem Gesicht und nahm nun den Ausdruck einer leichten Kränkung an.

Doktor Jones, obwohl er nicht bemerkt hatte, daß die Partnerin dem Logiker kein Gehör geschenkt hatte, schwieg in der Befürchtung, noch weiteren Unsinn zu reden.

* * *

[Marcos Alves]

[Bei Marco Alves handelt es sich um eine Persönlichkeit, die nie ihre sexuelle Unschuld verloren hat und deutliche Probleme im Umgang mit dem anderen Geschlecht zeigt. Gelegentlich treten bei ihm Größen- und Verfolgungswahn auf, die ihn bereits zu zwei gescheiterten Selbstmordversuchen führten. Dieses Scheitern läßt in ihm eine Mission aufklingen, nach der es sich bei ihm um einen neuen Christus handelt. Am Schluß der Erzählung kommt es zu einem Selbstmord mit einem Revolver, bei dem ausdrücklich auf Ähnlichkeiten mit dem Selbstmord des portugiesischen Dichters Antero de Quental hingewiesen wird, der sich 1891 auf der Azoreninsel S. Miguel das Leben nahm.]

»Wissen Sie, Herr Dr. Gomes, mir bereitet es gelegentlich Kopfzerbrechen«, sagte Sanches, der Literaturchronist des *Diario da Manhã*, »daß man bisher so wenig die subjektive Seite des Wahnsinns studiert hat...«

»Was zum Teufel wollen Sie denn damit sagen, die subjektive Seite des Wahnsinns?« fragte der Mediziner schroff.

»S... Sehen Sie, ich möchte damit sagen: die Mediziner studieren die verschiedenen mentalen Krankheiten, die Symptome, die Manifestationen und so weiter, sie untersuchen jedoch nicht, was die Typen verdammt noch mal dort für sich selbst denken, was man also nicht an den Symptomen ablesen kann, verstehen Sie... Die Psicatrie ... die Psychaterie ... wie sagt man das noch mal...«

»Sagen Sie, wie Sie wollen... weiter.«

»Also gut... Die Psychiatrie studiert sie von außen, um es so zu sagen. Sie will nicht wissen, was der Typ fühlt, er selbst, unabhängig von den Symptomen... Eine solche Untersuchung scheint mir interessant zu sein ... Verdammt noch mal, was ist denn dabei so schwierig ...«

»Warum sollten wir denn wissen wollen, was die Irren für sich denken, wie Sie es gesagt haben? Das interessiert uns nicht ... Und, mein lieber Freund, das ist sicherlich nicht so interessant, wie es scheint ... Bei den Psychopathen gibt es eigentlich keine Gefühle, die menschlich zu verstehen wären ... Vielleicht bei den Neuropathen, aber bei den Psychopathen ... Ein ... Der taugt nicht für die Literatur, wenn es das ist, wonach sie fragen, und noch weniger für die Dichtung ... Die Könige Lear des praktischen Lebens sind nicht poetisch, weder in dem, was sie sagen, noch in dem, was sie tun ... Der Platz eines Krankenpflegers in einem Irrenhaus dient nicht als *gradus ad parnassum* ... Na ... Die einfache Beobachtung genügt. Sie zu heilen, darum geht es. Was sie denken, was für ein verdammtes Interesse kann das haben? Versuchen Sie nicht, ein Freizeitdichter zu werden, Mensch ... Stellen Sie sich vor ... Stellen Sie sich vor ... Kennen Sie jemanden ... Ja, stellen Sie sich vor, jemand würde einen Roman über das schreiben, was Marcos Alves fühlte ...«

* * *

Der Anfang von Marcos Alves.
Mit der Dämmerung, bei einbrechender Nacht erhob Marcos Alves seine Augen aus dem Buch und schaute durchs Fenster auf die dunkle Stadt.

* * *

Episode eines unschuldigen Mädchens, das versucht, Alves zu verführen, und sich dann über ihn lächerlich macht. Alves provoziert Gelächter, wird um so mehr verlacht und versucht, zum ersten Mal, Selbstmord zu begehen. Die Zeugen lachten danach über ihn.

Man hörte in einem Café, daß das Treffen der vier Zeugen überaus frohgemut gewesen sein muß, daß es nur darum ging, ihn lächerlich zu machen, um danach, noch mit den Tränen der Heiterkeit in den Augen, alles niederzuschreiben. Ohne ihr die Signale des Gelächters beizufügen, wurde eine »Akte« vorgetäuscht, der es nicht an den »Hochwohlgeborenen« und »Hochverehrten Herrschaften« fehlte. Die Abfassung dieser Akte wurde unter den humoristischen Einschüben jener vier Personen vollbracht, wobei, wie Alves später erfuhr, auch noch andere Individuen anwesend waren. Ein Teil von diesen Dingen kam ihm, ihn sichtlich überraschend, zu Gehör, den Rest konnte er sich rekonstruieren. Eingehüllt in Tränen, überflutete eine immense Bitterkeit sein Herz. Durch diese Lächerlichkeit fühlte er sich abgeschnitten von der Gesellschaft, vom Leben, von der Welt. Eine gewaltige, dunkle Niedergeschlagenheit überkam ihn plötzlich. Im tiefsten Inneren seines Gehirnes fühlte er von außen kommende Schläge. Er fühlte sie einmal, zweimal, dreimal. Jeder Schlag hinterließ in seinem Gehirn furchtbare Vibrationen. Mit einem Satz sprang er aus dem Sessel, in dem er bisher matt gesessen hatte. Mit fiebrigen Bewegungen zog er aus einem Reisesack den Strick, riß wütend am hinteren Ende und machte einen unangemessenen Lärm, als er die Schlaufen löste. Zitternd, fiebrig und mit einer Luzidität, die weder dem Intellekt noch dem Gefühl entsprach, stieg er auf den Sessel und rutschte zweimal von der Lehne, bis er schließlich festen Halt hatte; und ganz plötzlich zerschlug er mit einem Messerkasten – das Objekt, das er gerade zur Hand hatte – das obere Türfenster. Die Tür war hoch genug. Dort befestigte er den Strick, machte am anderen Ende eine Schlinge, steckte seinen Hals herein und straffte den Strick, um beim Herunterspringen nicht mit den Füßen den Boden zu berühren. Er zog die Knoten fest – den am Türfenster und den an seinem Hals. Nachdem er sich von deren Festigkeit überzeugt hatte, stieß er den Sessel weg, auf den er zuvor gestiegen war. Er fiel unmittelbar nach unten und war sofort ohnmächtig. Der Strick jedoch, entweder weil er nicht genügend festgezogen war oder weil er von einer Glasscherbe angeritzt wurde, riß und vereitelte somit sein Vorhaben.

* * *

»Was für ein Trottel«, hörte er jemanden sagen, »hat der Kerl sich denn nicht schon genug lächerlich gemacht?«

Nach dem ersten Selbstmordversuch – nächstes Kapitel.

Er war lächerlicher denn je. Er vermied es, etwas davon wissen zu wollen. Geistig war er sich schon über das Maß der Gesellschaft bewußt, in der er lebte. Wie viele andere eminent moralische Geister verfügte auch er über eine gewisse Intuition des Charakters. In diesen Momenten nutzte sie ihm. Da er sich als ein Objekt des Mitleids empfand, wurde er vor dem Schrecken bewahrt, einer weiteren, noch heftigeren und noch furchtbareren Desillusion zu verfallen.

Es erstaunte ihn, die Idee für folgende Niederschrift zu haben: »Die mentale Überlegenheit ist ein Gut, die moralische Überlegenheit ist das schlimmste Übel, das einem Menschen passieren kann. Die eine macht ihn nur vorübergehend lächerlich, die andere macht ihn immer lächerlich.« Die ihm innewohnende Nachlässigkeit erschütterte ihn. Anstatt dieser Sache schrieb er vielmehr: »Ich würde meine Grabstätte in diesem Buch finden wollen.« Das war eine Banalität. Er glaubte sogar, es schon irgendwo einmal gelesen zu haben.

Instinktiv spürte er, daß die angestrebte moralische Überlegenheit der beiden radikalen Systeme nicht mehr war als ein (...) Schein und ein dummer (...). Es wäre ihm nicht schwergefallen, sich der republikanischen oder antisozialistischen Propaganda anzuschließen, doch fühlte er sich nicht mit den entsprechenden Qualitäten ausgerüstet, sei es nun bezüglich seiner Eloquenz, seines Stils oder seiner Argumentationsfähigkeiten. Seine Bescheidenheit, die weit über das Normale hinausreichte, ließ diesbezüglich nicht den geringsten Schatten oder (...) einer Illusion übrig. Traurig überzeugte er sich davon, daß er auf intellektuellem Gebiet zu nichts taugte.

Ihm ging der Wunsch durch den Kopf, metaphysisch alle großen moralischen Probleme kennenzulernen: die Existenz Gottes, die Unsterblichkeit der Seele, der freie Wille, aber er fühlte sich unfähig, sie so zu verstehen, wie sie hätten verstanden werden müssen, um über sie intellektuell diskutieren zu können. Seine Intelligenz war nur den moralischen Tendenzen untergeordnet. Während seine Bescheidenheit ihm seine metaphysische Unfähigkeit zeigte, unterband sie ihm das Verständnis, daß er für einen Metaphysiker nur eine Fertigkeit hatte: eine hohe Ernsthaftigkeit.

Er fühlte, daß er nicht mehr als die Begriffe verstand, die am nächsten liegende Bedeutung der Begriffe.

Er hatte Ängste von einer metaphysischen Art, aber alle unter einer moralischen Bedingung. Er konnte unmöglich die Gottesexistenz, die Unsterblichkeit der Seele und den möglichen Vergleich zwischen Himmel und Erde nur unter einem exklusiv intellektuellen Standpunkt ins Auge fassen. Von diesen Dingen hatte er zwar ein richtiges, aber doch kein vollständiges Bewußtsein.

Er versuchte sich im Studium der Wissenschaften, doch waren die Wissenschaften für ihn zu trocken. Er las einige Bücher zu den sogenannten sozialen Studien. Er konnte sich nur mit den Republikanern anfreunden. Der Sozialismus und der Anarchismus stießen ihn in der heftigsten Weise ab. Er hatte einen zu klaren moralischen Sinn, zu rein und zu sicher, um sich einwickeln zu lassen. Hier nutzte ihm seine völlig gefühlsmäßige Intelligenz.

* * *

Die Zärtlichkeit und die Gutherzigkeit des M. Alves.

Er sah die Kinderchen.

Boshafte Kinder.

Ihn schmerzte die Seele, und sie schmerzte ihn wirklich und ernsthaft, ohne unnütze Rhetorik, ohne die intimen Ausflüchte der Autosuggestion. Ohne eingeschobene Suggestionen.

* * *

Anhand eines Instinktes, der mit der sozialen Meinung ihm gegenüber zusammenstimmte, begann er zu verstehen, daß Personen, die er traf oder mit denen er Umgang hatte, in seiner Person ein lächerliches Wesen vorfühlten, das einen Unterschied zu ihrem eigenen darstellte.

Maskuline Unterhaltungen erfüllten ihn mit einem unbeschreibbaren Widerwillen. Die femininen mit Widerwillen und Furcht.

Immer ernsthaft und nüchtern, spielerisch nur in einer infantilen Art, liebte er die Kinder. Im direkten Verhältnis zu seiner (...) Furcht stand seine Liebe, seine Leidenschaft hinsichtlich der kindlichen Unschuld. Fand er – was sehr oft geschah – in einem kindlichen Geist die Unschuld der Seele schon zerstört vor, dann fühlte er in sich einen Dämon der Empörung und die Wut gegen die gesamte Gesellschaft rumoren.

* * *

Paranoide Periode.
»Ersparen Sie sich die Arbeit«, schrieb er, »weiterhin mir gegenüber nachteilige Dinge zu planen, mich auszuspionieren und alle meine Handlungen aufzuzeichnen, nur um mich lächerlich zu machen. In Wahrheit bin ich arm, führe ein einfaches Leben und gebe mich keinen Orgien hin. Das alles hat seinen Reiz.«

»Ist er verrückt – oder was?« murmelte Thomás.

»Soviel Unsinn!« rief José Francisco. »Aber was bedeutet das?«

Er wollte den Satz schreiben: »Ja, tröste dich. In einer Jungfrau.« Aber er schämte sich und schrieb es nicht. Dann hielt er inne, sich schämend über seine Scham. Er führte einen schrecklichen Kampf. Er gewann über die Angst, vor der Lächerlichkeit – eine jetzt posthume Angst. Er wuchs an im Zorn gegenüber sich selbst. Er dachte an den Brief, um sich selbst Vorwürfe zu machen. Es war deswegen, wegen dieser Schwäche, daß ihm alles zum Feind wurde. Ja, die Welt hatte recht; die Schuld lag ganz bei ihm.

Er tat sich selbst leid und weinte über sich wie über eine andere Person, ohne jegliches mentales Schamgefühl. Er hatte die Illusion des Trostes, und er hatte sie nicht. Es handelte sich um einen merkwürdigen Geisteszustand. Er trocknete sich die Augen und fuhr mit dem Brief fort.

Würde er in Kürze eine noch größere Genugtuung erfahren? Er schrieb nicht klarer aus Angst, mit dem Selbstmord zu zögern (...).

* * *

Der Brief schien ihm vornehm, angefüllt mit Gefühl. Auf seine Freunde machte er denselben Eindruck – bei der Lektüre fielen sie vor Lachen vom Stuhl. Er schloß den Brief und schrieb auf den Umschlag (...): »An alle Freunde des Lächerlichen aus Villa Franca.« Diese Anschrift hielt er für angebracht.

* * *

(...) und er warf sich in den Fluß ...

Er machte es jedoch so überstürzt, daß er nicht bemerkte, wie drei Landarbeiter seinen Selbstmordversuch beobachteten. Nicht ohne Schwierigkeiten wurde er von ihnen gerettet, er hatte nur die Sinne verloren.

* * *

Der Fall mit der Hotelangestellten; er floh aus dem Hotel und ließ die Koffern nachkommen, in einem Brief den schlechten Service vorgebend. (...)

* * *

Die Fähigkeit, die diese völlig minderwertigen Kreaturen hatten, ihn zu verletzen und ihn stundenlang verletzt zurückzulassen, stundenlang meditierend über (...).

Und am Ende seines bewegten und tränenreichen Mitleids gegenüber allen Leidenden kam ihm die herbe Einsicht, daß er sie nicht hätte, wenn er nicht selbst leiden würde, wenn er sich nicht selbst unglücklich und schmerzlich fühlen würde.

* * *

Spaziergang nach der Szene im Hotel.
Wie er nun gerade Hunger hatte, wurde sein großes Selbstmitleid zu einem Mitleid mit allen Hungernden, mit allen Herabgewürdigten, mit denen, die mit an die Schultern gelegten Köpfen auf den Treppenstufen schlafen – seine Augen wurden von Tränen getrübt. Der Geschmack der Tränen, gemischt mit dem hohlen Geschmack des Hungers, rief in ihm eine Magen- und Geschmacksvorstellung hervor, die sich in einem Gefühl der Revolte gegen Ungerechtigkeit und Elend vergeistigte. Doch dann richtete er schnell wieder die Augen auf sich selbst, purzelte auf seinen eigenen Fall, erinnerte sich mit zynischer Ängstlichkeit daran, wie er als pervers dargestellt wurde, er dachte mit Entsetzen daran, wie man ihn hat leiden sehen wollen, an die ganze Szene im Hotel... Eine Hotelangestellte, eine gewöhnliche Hotelangestellte ... Sofort verspürte er einen Impuls des Hasses, der sich verallgemeinerte gegen die Demokratie, gegen das Mitleid mit den Armen und gegen die Zuneigung gegenüber dem Volk und den Demütigen. Und als sich dieses Gefühl mit dem ersten vermischte, ergab sich in ihm ein weiteres, ein anderes Gefühl – ein schon religiöses, ein schon vages Mitleid, was sich nicht an Objekten festmachen ließ (...). Er sah das Volk nicht mehr in einer individuellen Sicht, sondern nun als einen Block und als eine Masse, die sich gegenseitig Mitleid entgegenbringt.

Und plötzlich brach in diesem Augeblick anhand eines heftigen Wunsches nach klarem Denken und Fühlen in ihm all seine persönliche Bitternis aus, seine ganze Abneigung gegen sich selbst, seine (...). Es handelte sich um eine so gewaltige und so schwarze Bitternis, daß sie ihm fast die Kraft nahm, sein eigenes Seinsbewußtsein zu ergreifen.

So irrte er bis in den späten Nachmittag umher. Kaum hatte er sich beruhigt, bemühte er sich schon in einer perversen Art, alles Geschehene nochmals zu rekapitulieren, wobei er erneut einer extremen Bitternis verfiel. Er setzte sich auf eine Bank. Aber kaum hatte er sich gesetzt, erhob er sich schon wieder und ging weiter. Nichts konnte ihm Erleichterung verschaffen. Mehr und mehr sah er die Türen, die ihm hätten hypothetisch einen Ausgang aus seiner Traurigkeit bieten können, fester verschlossen denn je. Und wie er sie weder unterdrücken noch beruhigen konnte, schien es ihm, als ob seine Bitterkeit immer weiter anwüchse.

Plötzlich hatte er eine Eingebung. Sich selbst töten. Sich in den Fluß werfen. Aber mit einer heftigen physischen Geste stieß er diesen nur mentalen Impuls von sich. Man würde dann sagen, es wäre wegen des Falls im Hotel (er selbst nannte es den »Fall im Hotel«, obwohl anhand dieser Worte das Geschehnis nur euphemistisch gesehen werden kann und es nicht zu einer richtigen Betrachtung kommt) gewesen, daß er sich umgebracht hat. Und die posthume Lächerlichkeit erschreckte ihn. Er fragte sich sogleich, was die posthume Lächerlichkeit wert sein könnte. Sofort überlegte er, ob diese Sorge um das, was man nach unserem Tod über uns wohl denken mag (wobei es sich hier um eine Sache handelt, um eine andere jedoch bei der in Künstlern und Dichtern anzutreffenden Sehnsucht nach Unsterblichkeit), nicht einer Intuition der Unsterblichkeit der Seele entspräche. Mit einer heftigen Geste der Irritation wurde er postwendend auf sich selbst wütend, da er inmitten seiner eigenen Traurigkeit anhand eines metaphysischen und abstrakten Denkens fühlte, da er sich nicht um seine eigene Haltung kümmerte, da er sich selbst gegenüber so uninteressiert war.

Das metaphysische Denken verstummte nun aber nicht, sondern setzte sich hinter seiner Abweisung fort, bis es schließlich so tief in seine Seele eingedrungen war, daß er selbst es schon nicht mehr sehen konnte ...

Verwirrung und Verzweiflung ergriffen immer mehr von seiner Seele Besitz. Seine Seele glich einem Tumult in der Finsternis.

* * *

Heulend verfluchte er Gott, er heulte rasend, er schrie fast, mit einem gewissen Genuss, sich selbst zu hören, sich (im Spiegel, von einer Seite zur anderen) leidend zu sehen, sich im ganzen Körper leidend zu fühlen. Er verfluchte Gott und spuckte in die Luft; er rief Gott einen Hurensohn und einen geilen Bock; sein Geisteszustand war so schwarz, daß er bei seinen Ausrufen (und obwohl er sie dunkel als lächerlich verspürte) das Lächerliche schon nicht mehr als lächerlich wahrnahm, er fühlte das Lächerliche nicht, das er als lächerlich wahrnahm, als eine Sache, über die man lachen kann …

Und er heulte bis zur völligen Erschöpfung …

In Lissabon bittet er einen Nachbarn aus dem Erdgeschoss, in der Nacht die Papiere zu verbrennen. Er verspürt eine enorme Verklemmung, als ob ihm die Seele abgestorben wäre und als ob er darum wüßte.

Er schläft unruhig. Er steht um fünf Uhr auf, da er das Fenster offengelassen hatte und es nun sehr kalt war.

Er wäscht sich mit einer flüchtigen Sorgsamkeit. Er geht hinaus. Irrt durch die Straßen. Ein leichter und kalter Nebel … Er fühlt sich so einsam; so nichtig; so verloren in den Schwaden der Dampfer vor Cacilhas … Er wirft sich in den Fluß.

Anderes Kapitel

Der Mann am Ruder meinte, er hätte ihn schon länger beobachtet, da auch ein anderes Individuum dieselbe Sache gemacht hatte …

Er schlug den Jungen. Schnell lief er weg. Er wußte, daß der Junge den Fall erzählen würde und daß es alle verstehen und darüber lachen würden …

Letztes Kapitel

Im Haus einiger Cousins (wo er sonst wenig war). Ein Freund hat alles erzählt. Mitleidsvolle Stimmen, ohne großes Gefühl. Von ihnen verletzt. Der Oberstleutnant Santos: »Sie gehen mit Alfredo in das Haus von einigen bestimmten Damen, und das alles hört auf. Gelegentlich ist es beim ersten Mal etwas schwer, und bei einigen Typen ...«, und er erzählte von einigen seiner Kollegen aus der Militärakademie.

Es war fast seins, dieses nichtige Leben, immer nur im Bett (...). Eines Tages sinnierte er fast in einer glücklichen Form über die Wissenschaftsklassifikation von Spencer, als das Wort *Damen* grob an seiner Seele anklopfte. Es wurde vom Oberst ausgesprochen, nachdem dieser mit dem Oberstleutnant Santos geredet hatte. In einem Schrekkensanfall schien ihm dies wie von einer Vorhersehung gesandt, wie ein göttlicher Fingerzeig... Es hörte sich für ihn wie ein Befehl an, und das Gefühl, gehorchen zu müssen, betrübte ihn.

* * *

»Sie haben in diesem Punkt keine Ideen – erlauben Sie mir, daß ich Ihnen dies sage, und sehen Sie hierin keine Beleidigung –, sondern nur Gefühle, und das, was Sie die Analyse Ihrer Ideen nennen, um in Ihr Denken besser einsehen zu können und um Ihren Verstand in Denkübungen zu entfalten, ist nicht mehr, mein lieber Freund, als die Inanspruchnahme einiger Überlegungen und Argumente, um eine Handvoll Ihrer Rührseligkeiten aufrechtzuerhalten, die weder logisch noch rational sind und die Sie deshalb nicht ohne weiteres verteidigen können, und die Ihnen selbst zweifelsohne auch nicht als Überzeugungen erscheinen.«

Der Ton, in dem Dr. Mendes sprach und der völlig ruhig und wohlwollend war, verbitterte zutiefst den Vergeistigten. Es schien ihm, die Stimme der Wahrheit, der Logik, der Wissenschaft zu hören, und er hörte, daß sie seine Theorien zerstörte, und so wie sie die Stimme der Wahrheit war, konnte er ihr nichts zur Antwort geben.

»Aber was bleibt uns dann noch übrig?« fragte Marcos, und die Trostlosigkeit seiner Stimme klang fast weinerlich, wenn nicht sogar völlig weinerlich.

»Was uns übrigbleibt? Die Wissenschaft. Halten Sie das für wenig, Alves? Lernen Sie, sie wertzuschätzen, und sie wird Ihnen eines Tages alle Ihre Ausgaben zurückzahlen, all die Stunden, die Sie zu ihrem Studium aufgebrachte haben. Was? Erachten Sie das für wenig?«

In der Stimme des Vergeistigten gab es nun deutlich Tränen zu vernehmen ...

»Wenig? Nicht einmal das. Ich glaube überhaupt nichts.«

* * *

Er verbrachte den Tag mit der Lektüre der Sonette Anthero de Quentals, was ihm aber nur schlecht bekam. Ohne die nötige Metaphysik, um das in ihnen enthaltene Wesen der Ideen zu erreichen, aus dem er hätte eventuell einige Tröstung schöpfen können, konnte er nur, indem er mit schmerzhafter Sympathie die absolute Trostlosigkeit spürte, den unmeßbaren Überdruß des heiligen Dichters verstehen.

* * *

Als er den Rossio in Richtung Rua do Carmo überquerte, erinnerte sich Marcos Alves an sich selbst. Mitten auf der Straße begegnete er einer Wäscherin mit einem Wäschebündel auf dem Kopf. In seiner momentanen Depression erinnerte sie ihn an jene Figur, die vor zwei Jahren am Kai Terreiro do Paço als erste dem Dampfschiff aus Barreiro entstiegen war.

Vorletztes Kapitel

Barmherzigerweise hörte bei ihm die Fähigkeit auf, Ideen zu haben. Es blieb ihm die Hellsichtigkeit aus, und wo er früher einen Anlaß für endloses Umherschweifen, für eine Verkettung der verschiedensten Überlegungen (...) gefunden hätte, da fühlte er nun nicht mehr als eine vage Sehnsucht nach der Vergangenheit, ein Bedauern, bereits nicht mehr denken zu können. Denken schmerzte, aber es entfernte ihn von sich selbst. Nun war er immer er selbst ... Es war nie ein reines metaphysisches und analytisches Geschick, dunkel damit zufrieden, sich selbst nicht menschlich und aus dieser Zeit zu fühlen.

Ihm fiel nichts ein. Die äußere Welt war für ihn nie so wirklich wie heute.

Er lebte mit einer nichtigen Einfachheit. Seine einzigen Exzesse bestanden im Tabak und in Spaziergängen. Obwohl jegliche sexuelle Idee in ihm abgestorben war, hätte er doch eine Untersuchung gewagt, wenn er sich nicht darüber erregen würde, tief in sich selbst einen beständigen, allmählich heller werdenden Fluß der Sexualität in den Subideen zu finden.

Danach drängten sie ihn, doch endlich etwas zu machen. Er verkam langsam. Ihm ging das Geld aus, er konnte seine Zeit schon nicht mehr in den Cafés verbringen. Er hatte nur wenig Geld, er gab es aus. Tod der Mutter. (...)

Das zweite Kapitel beginnt:

Seine Kindheit verbrachte er an der Algarve. Er wurde in Lissabon geboren – als sehr kleines Kind verließ er es. Der Vater, Unteroffizier beim Zoll, er besaß in Faro eine (...).

* * *

In einer betörenden Ahnung erinnerte er sich an die heimatliche Landschaft der Algarve. In einem Einfall der Erinnerung sah er die blühenden Mandelbäume in den letzten Januartagen, die Blumenteppiche auf den Hängen und die wärmende Wintersonne, wie sie die Küsten erhellte. Plötzlich überkam ihn eine tiefe Sehsucht, eine Traurigkeit, durch welche die Prophezeiung eines verlorenen Lebens eintrat. Er befreite sich von der Gegenwart, aber ohne Erleichterung. Er sah sein Leben aus der Entfernung, er betrachtete es wie ein Ding und rief nach ihm in dem anhaltenden Moment, in dem er es so sah.

Mit einer unbewußten und fremden Sicherheit blieb die Rua do Ouro, auf der Straßenseite seiner Ängstlichkeit, weiterhin ein Teil seiner unmittelbaren äußeren Welt.

Er fühlte in allem eine gewaltige Nutzlosigkeit. Das, was die

Professionellen des methodischen Zweifels am Ende allen Philosophien entnehmen, verschluckte ihn in einem Zug in genau der Minute, in der er sich selbst verlor.

* * *

Die Briefe von Marcos Alves:
Das ganze Leben habe ich damit verbracht, mich selbst gegenüber den höchsten Dingen fremd zu fühlen, und paßte mich aber doch an alles an, selbst an die niedrigsten Dinge. So erschuf ich eine doppelte Persönlichkeit, bei der beide Wesen falsch sind. Aus diesem Grund kann ich mich nicht finden. Hinter dem Geistesmenschen, und auch ein wenig dem Gesellschaftsmenschen, bin ich ein toter Künstler, und ich bin es nicht wirklich. Im Blick auf das, was ich sein wollte und zu dem ich mich auch als völlig befähigt ansah, und im gleichzeitigen Verständnis dessen, was ich heute unweigerlich bin, steigt mir eine enorme Ängstlichkeit zu Kopf, als ob ich meine Seele verloren hätte.

Nie fühlte ich anderes, als hinter der Idee von mir selbst stehend.

Alles, was ich liebte, verletzte früher oder später (...).

Ich habe alle Verbindungen zu mir selbst aufgegeben; heute gibt es schon nichts mehr, was mich an mich selbst binden könnte, mit Ausnahme des Gefühls, daß ich gebunden sein sollte. Wenn ich betrachte, was ich bin – viele –, fühle ich mich nur als einer.

Sie fragen mich, wie sich dies alles ergibt – also die Seinsweise eines brillanten Schwätzers, eines Triumphhalters der Aufmerksamkeiten ... Indem ich mich verliere. Jeden Stein, mit dem ich meine Reputation als Prahler, als Künstler, als (...) aufbaute, habe ich der heute völlig zerstörten Mauer entnommen, mit der ich mich vor dem Nicht-Ich schützte. Heute habe ich schon keine Seele mehr. Ich habe sie an mich selbst veräußert, im Tausch gegen falsche Münzen, gekaufte Küsse, unnütze Freundschaften, verwerfliche Bewunderer, gegen Feinde, die mich schon längst vergessen haben.

* * *

Meine gewöhnliche Freizeit, die aus Zigarettenrauchen und (wenn das nötige Geld dafür vorhanden ist) Kaffeetrinken besteht, bildet einen fast lächerlich schmerzhaften Kontrast zu der Girandole von Bestrebungen, die mein Leben ausmacht, und zu dem fiebrigen Charakter, der dem Glauben an mein Genie entspricht.

Ich spreche mit dem Herzen in den Händen.

* * *

Gelegentlich ergriff ihn das drängende Bedürfnis zu bekennen, und all seine Angst bestand dann darin, nicht auf das Bekenntnis zu vertrauen.

Die Unmöglichkeit zu träumen war eines seiner furchtsamsten (...). Es ging nicht nur darum, daß die Sterilität des Traumes ihn ermüdete – für ihn, der sich so analytisch und deshalb so bedacht hinsichtlich der Wirklichkeit gab, war es auch eine beständige Leere.

Und darüber hinaus – unter der Berücksichtigung, daß seine Träume immer nur von einer sexuellen und einer stolzen Art waren – gab es bei ihm auch die Furcht, sich aufgrund des schrecklichen Bewußtseins seiner eigenen Häßlichkeit (und dabei hatte er noch Glück, nicht auf eine Brille angewiesen zu sein, wie so viele aus dem ihm bekannten intellektuellen Milieu) nicht als sexuell träumen zu können.

Ein anderes bemerkenswertes Phänomen war es, wie ihm seine Träume unangenehm wurden.

* * *

Seine sexuelle Verdrehtheit gab ihm nicht nur eine beachtliche Schärfe, um bis in die sexuellen Fundamente (die den Personen selbst offensichtlich fernstanden) der individuellen Handlungen analysierend vorzudringen – was furchtbar niederschmetternd war –, sondern sie vermittelte ihm auch die Tendenz, seine Analyse der Individuen immer nur an einem sexuellen Orientierungspunkt auszurichten.

Seine Sexualität füllte ihm das ganze Gehirn aus – sie färbte alles mit ihrer Intention. Sie vermischte sich befremdlich mit seinem bedürftigen Streben nach Wahrheit und Sicherheit, und in diesem Punkt gab es bei ihm wenig Zweifel, ob diese Elemente, die er für gewöhnlich als die Säulen aller Handlungen betrachtete, sexuelle waren oder nicht.

Wie er sie mit Ideen, mit hohen und reinen und noblen Ideen kannte, und wie er sie zur selben Zeit als ausschweifend und schweinisch kannte, voll der Korruptionen und Furchtbarkeiten des Fleisches – womit sie das Schamgefühl ihrer eigenen Idealisierung verloren hatten –, vergaß auch er, die anderen zu idealisieren, und las okkulte Süchte und monströse Bestrebungen nach Perversion aus den Dingen heraus, von denen er sich am meisten wünschte, sie würden unschuldigen und reinen Seelen angehören. Seine Beobachtungen nahmen den Anschein von Gewißheiten an. Er schaute auf eine Frau mit – absolut und sichtbar – ehrbarem Aspekt und rief in sich selbst aus – »... und nun daran zu denken, wieviel Schmutz es in dieser Seele gibt!« –, als ob er es wirklich wüßte und als ob es ihn, nachdem es für ihn als wissenschaftlich erwiesen galt, überraschen würde, daß der reine Anschein so stark einen unedlen Kern verraten könnte.

* * *

Er fühlte eine bebende Empörung, wenn Frauen über irgendein obszönes Ding lachten, das sie gehört oder gesehen hatten. Zunächst wollte er glauben, es handele sich um eine rein moralische Empörung. Jedoch war sein Haß gegen sie, wenn er sie lachen sah, so brennend, daß er alles sofort genau durchdachte und sich bestätigt darin fand, daß sie lachten, weil sie ganz genau wußten, was diese Dinge bedeuteten, weil sie vielmehr sogar diese Dinge praktiziert hatten. Die einfache Annahme, auch ein jungfräuliches Mädchen würde diese Dinge verstehen, erfüllte ihn mit Haß. Die simple Vermutung, andere hätten in diesen Dingen mehr Erfahrung als er, schwärzte ihm die Seele mit unstillbarem Haß.

Eine gewaltige Wut ergoß sich über seine Seele.

* * *

Er hatte Momente, in denen ihm plötzlich die Illusion seiner Hellsichtigkeit zu Bewußtsein kam – und er sah sich mit dem Durcheinander und der Zerstreuung seines Seins konfrontiert. Ein namenloser Schrecken legte sich über sein Existenzbewußtsein. Und er war so kalt und zugespitzt, daß er zuweilen in seinem Zimmer wimmernde Schreie von sich gab, bis zum Schmerz mit den Fäusten an die Möbel schlug, Papiere zerriß oder irgendwelche Dinge auf den Boden warf. Mit Vorliebe zerriß er Dokumente, die ihm fehlen würden. Im allgemeinen warf er brauchbare und zerbrechliche Dinge auf den Boden, wie beispielsweise seine Uhr, oder Dinge, die viel Schmutz erzeugen und danach wütend stimmen, wie beispielsweise einen vollen Tintenbehälter.

* * *

Im Verlauf seines Denkens kam er zu der Feststellung, nach der er in einer Epoche lebte, welche die der Onanisten (...), der Impotenten in Potenz, der Sexuellen ohne sexuelles Leben zu sein schien.

Und die Heiterkeit des Denkers war von einer grausamen Traurigkeit, mit der er sich als obszön symbolisch verstand.

Mit Ausnahme der maßlosen und absurden Handlungen waren ihm alle Handlungen unmöglich.

* * *

Was würde er nicht dafür geben, daran glauben zu können, daß sie nicht von ihm sprachen!

Die Sehnsucht nach der kindlichen Vergangenheit, eine Sehnsucht, einschneidend wie der Hunger, fleischlich wie die Geilheit, nichtig wie die (...). Und die schreckliche Angst vor der Zukunft, die Angst vor dem Ungewissen, vor dem Finsteren, vor dem Unbekannten, die ihn immer mehr überkam! Jede Handlung, die auch die geringste Bedeutung in seinem zukünftigen Leben haben könnte, erschreckte ihn.

Jeder gute Wille stagnierte hier, mit all seinen Schmerzen und (...), um ja nicht in den nächsten Tag gehen zu müssen!

Es überkam ihn ein großes Bedauern, keinen künstlerischen Ausdruck zu haben, obwohl er das Verständnis und das Bestreben nach ihm hatte. Es tröstete ihn ein wenig, sich in Versen auszudrücken, sich in einem Roman zu schreiben (...).

Und der Mangel an Geld, nur etwas Geld, um ein Fremder in einer großen ausländischen Stadt zu sein!

Wenn er Ideen hätte, würde er das Lächerliche dieser schmutzigen Jungfräulichkeit nicht spüren. Das schlimmste war jedoch, daß ihn nichts vor der Lächerlichkeit schützen würde, nicht einmal er selbst.

* * *

Die Episode in der Rua da Prata mit der Schreibkraft – einer wirklichen oder als wirklich angenommenen.

Der Eindruck war von einer Art, die es ihm unmöglich machte, zwischen Angst und Heiterkeit zu unterscheiden; es war eine grausame Heiterkeit, die er in sich selbst fühlte. Hinsichtlich seiner gewohnten Selbstanalyse, die einen Rückfall bedeutete in die krankhafte Verschlagenheit, sein eigenes Leiden zu genießen und sich in seiner eigenen Demütigung zu sielen, fühlte er im Betrachten eines solchen Charakters unter solchen Umständen eine wahrhafte, andauernde und absurde Befreiung. Alles, was sich darum drehte, sie zu erobern, befreite ihn von einer ganzen Reihe von Problemen. Er erhielt jedoch einen tiefen Dolchstoß in allem, was in ihm Stolz, Hoffnung oder selbst Lebenswille war. Allerdings besaß er genügend Intelligenz hinsichtlich seiner selbst, um – obwohl mit Bitterkeit – seinen

Fehlschlag anzuerkennen, und schätzte dabei die moralische Genauigkeit, mit der das Schicksal die Umstände seiner Niederlage abgezeichnet hat. Dies alles geschah jedoch nur auf einer intellektuellen Ebene. Das Gefühl war bis aufs Blut verletzt. Die Hoffnung, die es bis dahin noch gegeben hatte, war nur noch ein schmutziger Wischlappen in irgendeiner finsteren Ecke. Der Eindruck des Fehltritts, des Absurden, des Unmöglichen, der beständig verschwommen in diesem Abenteuer mitlebt, das in einer vorwegnehmenden Imagination projiziert wird, all dies wurde nun greifbar und augenfällig. Er stellte sich ins Angesicht mit der Wirklichkeit und sah all ihre Grausamkeit. (...)

* * *

Es gab Tage, an denen sein Seelenzustand aufgequollen und überspannt war.

Ihm fiel plötzlich ein, seine zwei fehlgeschlagenen Selbstmordversuche müßten für ihn irgendeine Bedeutung haben. Gab es hier keine okkulte Absicht, sondern nur einen direkten Hinweis der Vorhersehung, was auch immer sie bedeuten mochte? Zeigte dies ihm nicht, daß er zu leben hatte, daß er die Pflicht hatte, sein Mitleid geltend zu machen, seinen Schmerz hinsichtlich des menschlichen Unglücks? Es handelte sich – wie gut erkannte er nun zwischen den Geschehnissen die Andeutung der Vorhersehung – um eine Mission, die ihm zuerteilt wurde im Leben, auf der Erde, im Weltensystem ... Eine Mission wie die Buddhas, wie die des Christus, eine des Friedens, der Mildtätigkeit und der Liebe... Seine alten Träume waren – mit welchem deutlichen Nachdruck er dies nun sah – Vorschauen, und keine Träume oder Wünsche ... Vielleicht würde ihn das Martyrium erwarten; und gut so... Er fühlte sich stark, kühn zum Kampf gegen das Böse ...

Tränenreich überkamen ihn große Anwandlungen menschlicher Rührseligkeit, und für sich allein ging er im Zimmer – nur unterbrochen von langanhaltenden und ernsthaften Weinanfällen – aufgeregt von einer Ecke in die andere und dachte dabei an die Kinderchen ohne Brot, an die zur Prostitution gezwungenen Kinderchen, an all die Ungerechtigkeiten dieser Welt... Es erwachte in ihm die verrückte und maßlose Ambition, ein neuer Christus zu sein, die ganze Welt mit der Intensität seiner Liebe anzustecken, mit seinem Mitleid allen gegenüber, mit der feinen und ewigen Liebe zur traurigen und leidenden Menschheit... In klaren, fast halluzinatorischen Visionen sah er sich als der Messias eines neuen Glaubens, desselben noch wie der des Christentums mit seiner Wiederauferstehung, er sah sich predigend, und es erregte ihn zu hören, was er in dieser Vision zu sagen hatte, er stellte sich als verschmäht und vergebend vor, als gehaßt und als die liebend, die ihn hassen, – in völliger Seelenklarheit sah er sich seinem Feinde das Brot reichen, er wachte am Nachttisch einer kleinen, geohrfeigten Tochter, er gab Almosen dem, von dem er wußte, daß er ihn verraten hatte. Instinktiv rekonstruierte er in sich selbst die Geschichte Christi als seine eigene, und nachdem er in sich selbst sein langes Martyrium, das noch länger, noch demütigender und noch schmerzhafter als das Martyrium von Nazareth war, vollkommen wahrgenommen hatte, brach er in brennende Tränen aus, tröstend im Mitleid mit seiner eigenen Zukunft, in der langen und feurigen Liebe zur gesamten Menschheit... Er warf sich schließlich aufs Bett, sich durch die vergossenen Tränen besänftigt und traurig fühlend, seine Stirn glühte, die Augen brannten ihm, die Gesichtszüge verzogen sich automatisch zu weiteren Weinanfällen, fast schon heulte er in den höchsten Tönen, glücklich und traurig zugleich über die schmerzhaft brennende Liebe in seinem Herzen.

* * *

Letztes Kapitel.
Völlig geisteskranker Brief vor dem versuchten Selbstmord am Fluß. Etwas über die Jungfräulichkeit erwähnen, oder nicht?

Mit wachsamer Arglist verheimlichte er die Existenz des Revolvers. Er vollbrachte es auf eine geschickte Art und erzählte zunächst eine dümmliche Geschichte, von der er wußte, sie würde den Bediensteten interessieren, und täuschte dann Müdigkeit und Mattigkeit vor, um dessen Aufmerksamkeit vom Kissenbezug wegzulenken.

* * *

Letztes Kapitel.

Die Nacht brach langsam und friedlich herein, fast wie eine zärtliche Stimmung. Der Kranke fühlte die Depression der Niederlage, die quälende Traurigkeit des Bewußtseins, bisher noch nichts vollbracht zu haben, die völlige Unnützlichkeit seiner Intentionen, welche nur für ihn wirklich waren, lebendig begraben in der Bitterkeit seines Herzens. Er wollte weinen, aber seine Seele war – und er fühlte es – verdorrt, trocken und spröde gegenüber dem Gefühl des Schmerzes. Er seufzte nur, eher mental als körperlich ...

Gleichgültig heftete er seine Augen an die ihn umgebenden Dinge, und passiv beängstigte ihn die deutlich objektive Banalität von allem ... Die Grobschlächtigkeit der Materie war auch Teil der Stühle, des Toilettentisches zwischen den beiden Fenstern, der Kommode in der anderen Zimmerecke – er drehte sich nicht einmal nach ihr um, er sah sie unbewußt, anhand seiner Erinnerung – und der alten, schon vergilbten Tapete mit dem Muster irgendeines vergoldeten Drachens, eine völlig banale und nichtige Sache, am Fußboden anfangend und fast bis zur Decke reichend. Diese war mit Stuck verziert, und in der Mitte gab es einen Blumenkranz, an dem der Haken für die Deckenlampe angebracht war. Der Blick auf all dies bereitete ihm Schmerzen, da sich diese Dinge auf brutalste Weise als wirklich erwiesen, viel wirklicher als Hoffnungen, als Mitleid, als Kränkungen und Hoffnungslosigkeit.

Die Gardinen an den Fenstern hinderten seinen Blick nach draußen, durch einen kleinen Spalt an der Seite sah er jedoch in der Weite das tiefe Blau des Himmels, sehr blau, sehr weit, sehr blau, ein sehr ebenes Blau, rein und perfekt.

Mental vollführte er die Geste eines Achselzuckens.

* * *

»Wie schön wäre doch«, dachte Marcos, »die absolute Ruhe, Stille, weit weg von dieser lärmenden Gärung der Fäulnis!« Es war unnütz, mit einem scharfen und anspruchsvollen Moralsinn zu leben. Nur in der Versöhnung zwischen der »Normalität« und seinem eigenen moralischen Sinn war das Leben möglich, wobei aber eben diese Versöhnung den moralischen Sinn unmöglich und undenkbar macht. Alles war unnütz. Dem eifrigen Kampf gegen die Unreinheit und gegen das Böse fehlte noch ein anderes Denken; die entrüstete Trostlosigkeit, mit der er die soziale Welt ins Auge faßte, brauchte noch eine andere Ausdruckskraft. Also ... also ... hinsichtlich der überschüssigen Fertigkeiten für ein soziales Leben und der fehlenden Fertigkeiten für ein außergewöhnliches, geniales Leben war diese Konsequenz unvermeidbar, diese Abtreibung der Illusionen, der Hoffnungen und der Entrüstungen, dieser ruhmlose Tod einer unnützen Überlegenheit. Im Angesicht der Wissenschaft reduziert sich schließlich alles – so ging es im Denken von Marcos weiter – auf einen einfachen Fall. Alves kannte schon die Oberfläche der wissenschaftlichen Erklärungen. Alles reduzierte sich auf die nötige Eliminierung eines an das Leben Unangepaßten, den man auch als einen Degenerierten bezeichnet. Als er diesen Begriff mental spürte, pausierte er im Lauf seiner Gedanken und lachte bitter über die Idee seiner Degeneration. Diese wissenschaftliche Feststellung war jedoch, so ließ er sein trauriges Denken fortfahren, exakt und letztlich auch anwendbar auf seinen Fall. Gab es denn einen besseren Beweis der Degeneration, als alles so zu beenden, im Nichts (...). Die Unruhe des Lebens, die vom unbewußten in den bewußten Teil des Geistes aufstieg, drang nachweislich in die Überlegungen des Kranken ein. Er hatte – deutlicher als je zuvor – ein sicheres Bewußtsein davon, wie weit er von der Sonne und vom Leben entfernt war. Zwei Tränen wurden in seinem Gehirn geboren, was ihm die Illusion gab, sie würden in seinen Augen erscheinen. Sie trübten ihm jedoch nicht den Blick ein. Sie provozierten nur eine stärkere Verbitterung, da sie sich umwendeten und erneut ins Innere von diesem Wesen rollten. Er ließ sich neben das Kopfkissen fallen und hatte schon nicht mehr die Energie, die Schultern zusammenzuziehen. (Es lohnte sich nichts mehr.) (Er entschuldigte alles. Verfolgungen und Intrigen, denen er zum Opfer gefallen war; für alles war er – und nur er – verantwortlich. Da dies nun der Fall war, war es auch völlig klar, daß alles, was geschah, auch mit ihm geschah.)

Seine Depression wuchs an. Er dachte dann, es wäre der Stolz, der ihm fehlte. Wenn er ein richtiges Genie gewesen wäre, hätte er ihn gehabt. Und selbst ohne es zu sein, hätte er ihn haben können, und er wäre dann ein Gegenmittel zum Schmerz gewesen, welcher aus seiner Opposition gegenüber dem Gewöhnlichen heraus entstanden war. Er hätte sich dann in die Verachtung dieser niederträchtigen Welt geflüchtet, in das stolze Gefühl seiner Überlegenheit. Aber nicht einmal diesen Stolz hatte er.

Als er an diesem Punkt angekommen war, ermüdete sich sein Denken in einem verloschenen Gefühl, in dem die höheren Folgerungen von jenem (...) Lebensabgleich auf hohle Weise ihm das Gehirn belagerten. So verharrte er mehrere Stunden lang unbeweglich und mit geschlossenen Augen, die Zeit schien weit weg von ihm selbst zu verfließen, an irgendeinem Platz außerhalb seines eigenen Seins.

Schließlich öffnete er die Augen und sah, daß es schon sehr spät war. Das Licht hatte bereits einen grauen Ton angenommen und das Gesäusel des Lebens schien ihm schon etwas gedämpfter. Der Kranke fühlte, wie sein gesamtes Sein – Seele und Körper – erfror und erblaßte. Er schob eine Hand unter das Kopfkissen und zog den Revolver hervor. All dies vollzog er in einer Art unbestimmtem Automatismus, ungefähr wie in einem Traum oder in einer leeren Abstraktion.

Für einige Zeit verharrte er mit dem Revolver in der fast steifen Hand, die Arme auf dem Bettbezug ausgestreckt und die Augen leer auf die ihm gegenüberliegende Wand gerichtet. Er fühlte vage, wie er mit einem dümmlichen Interesse die Zeichnung auf der Tapete verfolgte und sie zu entwirren suchte, wobei er nach und nach die einzelnen Linien dieser Muster wahrnahm. Kurz darauf spürte er, wie ihm bei der Dämmerung die moralische Zeichnung entschwand. In Kürze würde man kommen und fragen, ob er schon Licht benötige. Die Idee einer Anweisung ließ ihn merklich zusammenschaudern. Dieses Schaudern weckte in ihm sein eigenes Sein. Er neigte seinen Kopf langsam nach hinten, und zwei heiße Tränen liefen ihm schweigsam übers Gesicht.

Er hob den Revolver, legte den Lauf in den Mund und drückte den Abzug.

* * *

Ende

Er steckte sich den Revolverlauf in den Mund und erschauderte, als er dessen Kälte in seinem Rachen spürte. Nicht ganz ohne Stolz und Vergnügen erinnerte er sich daran, daß sich Anthero de Quental auf dieselbe Weise umgebracht hatte. Er nahm den Revolver wieder raus, behielt ihn aber in der Hand und ließ diese neben sein Bein auf die Bettdecke fallen.

So vergingen einige zeitlose Augenblicke seines nichtigen und gleichgültigen Lebens. Er kam wieder zu sich und bemerkte plötzlich, wie weit die Sonne schon untergegangen war, alles war grau, weit entfernt und fremd, ohne jeden Reiz für den Blick.

Seine Seele wurde nun von dem Gefühl der Notwendigkeit, der Unabweisbarkeit des Todes durchquert. Ihm war es, als ob er eine längere Zugfahrt hinter sich gebracht hätte und nun von ihm auf dem Bahnsteig erwartet würde. Irgendeine letzte Sache befiel ihm noch die Seele – sie war ihm aber schon nicht mehr bewußt. (...)

Er führte den Revolver zurück in den Mund. Diesmal spürte er den Revolverlauf schon den Gaumen berühren, obwohl ihm dies nichts ausmachte. Die Apathie war absolut. Er wurde zu einem anderen. Er wurde zu einer verloschenen Sache.

Es fehlte nur noch die letzte Geste. Es fiel ihm schwer zu glauben, daß es sich nur noch um eine Geste handelte.

Die alles geschah in einem Moment eines schon verlöschenden Bewußtseins. Nach und nach starb es für sich selbst ab.

Mit einem letzten Blick aus den halbgeschlossenen Augen sah er um sich herum eine letzte Ungewißheit des Lebens...

Alles war unergründlich und ohne Form.

Er schloß die Augen und drückte ab …

* * *

Epilog

Marcos Alves … 24 Jahre alt, aus Lissabon stammend, (…).

Schwere Erbschaft von väterlicher Seite; ein Onkel starb an Tuberkulose, die väterliche Großmutter litt an einer mentalen Verwirrung, und in der Nachkommenschaft des Urgroßvaters war dieses Kind das einzige, das überlebte (…). Auf mütterlicher Seite scheint es keine Anormalitäten gegeben zu haben.

Marcos hatte einen merkwürdigen und infantilen Charakter, stark verdorben von religiösen Ideen und Schamgefühlen (…). Ein sexuelles Leben existierte bei ihm nicht (…).

Dreimal versuchte er sich umzubringen, und der dritte Versuch war erfolgreich. Marcos zeigte deutlich die typische Entwicklung des Verfolgungswahns (…).

* * *

[Die Liebesgeschichte eines genialen Menschen]

[Ein einzelnes Fragment]

Diesen scheinbar widerwärtigen Umständen verdanken wir einige der besten Gedichte – und der spirituellsten – des großen Poeten. Aus Zufall, aus reinem Zufall weiß ich, daß der »Goldsee«, in dem der flüchtige Ausdruck der Tiefe mit einer unvergleichlichen Meisterschaft wiedergegeben wird, sich aus der Notwendigkeit entwikkelte, die Gesten zu vergessen, mit denen Teresa dem Bäcker von der anderen Straßenseite zugewinkt hatte.

Ein großer Poet verwandelt jedoch alles. Eine große Seele macht alles groß. Es gibt keine Wesensumwandlungen wie die im blöden Geist. Und so können wir, wenn wir folgendes lesen:

Am späten Nachmittag im Park zwischen den Pfauen.
Berührt am Schweif ihrer kalten Pracht, (...)

uns auch nur sehr schlecht vorstellen, der Autor hätte das Bewußtsein für ein Liebestreffen gehabt, das für eine Uhrzeit vereinbart war, in der sie nicht mehr zu Hause sein müßte – vielmehr hatte er, ohne daß sie bereits ausgegangen wäre, die Uhrzeit dieses Treffens nur gehört, beziehungsweise aus ihren Gesten erraten.

Die »Ballade für eine jungfräuliche Königin« wurde an einem Regentag geboren, an dem die Ungeduld Teresas, deren Regimentstrompeter nicht aus der Kaserne gelassen wurde, mit allen möglichen Umständen in Konflikt geriet.

In großen Schritten stampfte er die Avenida entlang und umfaßte in seinem Fieber nur leidlich die maßlosen Gesten, die in ihr selbst ihren Stolz ausmachten.

Hinter den Gittern seiner Zelle war die Nacht gewaltiger als das Leben. Wenn er nur wollte, hätte er das Irrenhaus verlassen können; wie er sich den Direktoren aber nun angebiedert hatte, ließen sie ihn bleiben. Es sprach für sein Ansehen, er hatte eine eigene Zelle; soviel war die Sympathie wert, die sie für ihn aufbrachten. Draußen hatte er schon keine Familie mehr. In seinen höchsten Geisteszuständen hatte er auch nie im Leben irgendeine Familie gehabt.

Er hat mir einmal seine Geschichte erzählt, als ich ihn im Hospital besuchte und mich darum bemühte, in seine Seele einzudringen. Wahrscheinlich ist die Geschichte falsch, es lohnt sich jedoch, sie zu erzählen. Was haben wir auch mit der nicht existierenden Wahrheit der Dinge zu tun? Es ist die Geschichte, die er mir erzählte.

Er sprach zu mir von all diesen Dingen in ausschweifenden Gesten, genau solchen, bei denen es scheint, sie wollten Sonne und Mond ergreifen, um sie dann in eine Tasche zu stecken und mit einem Knopf zu verschließen.

Es handelt sich um eine Sache, die häufig bemerkt wurde. Zweifelsohne wurde sie häufig bemerkt.

Von jenen, die glauben, menschliches Elend könne damit beseitigt werden, indem man die Verfassung eines Landes ändert und erneut die Wahlkreise eröffnet. Schließlich bedeuten Himmel und Erde mehr als irgendein Minister, und es gibt kein Schauspiel, das nur annähernd den Umläufen eines Planeten ähneln würde.

* * *

[Quaresma, Entzifferer]

[Bei Abilio Quaresma handelt es sich um eine äußerlich unscheinbare Person, die sich durch das »psychologische« Entziffern verschiedener Kriminalfälle hervortut. Zwischen den zahlreich nachgelassenen Fragmenten wurden in dieser Zusammenstellung insbesondere die ausgewählt, die sich mehr oder weniger direkt auf angenommene Phänomene des Wahnsinns berufen.]

[Vorwort zum Quaresma]

Die Erzählung der verschiedenen Fälle, von denen sich einige auf einer völlig und andere auf einer fast kriminellen Ebene bewegten und zu deren Lösung Quaresma gänzlich oder teilweise beigetragen hatte, gehört ganz natürlich drei Kategorien an. Die Erzählung des berühmten Falls Vargas, der zwar nicht der erste Fall war, für dessen Lösung sich Quaresma einsetzte, aber doch der erste, bei dem er öffentlich die Lösung präsentierte und bei dem die Polizei (und in welcher Art!) von der Existenz Quaresmas Kenntnis nahm, ist kein Sachverhalt, der in weniger als in einem Band erzählt werden könnte, denn letztlich war der Fall und sein Verlauf überaus verwickelt, und die einzigartige Gedankenschärfe, die Quaresma zur Entzifferung aufbringen mußte, war nicht weniger weitläufig und komplex.

Die anderen von Quaresma entzifferten Fälle benötigen keine so ausgedehnte Beschreibung. Einige wären jedoch verstümmelt hinsichtlich der Fakten und beschnitten im Verlauf der Entzifferung, wenn wir die gesamte Erzählung auf eine Art Zusammenfassung verringern würden. Es gibt aber auch noch andere, wie die, die den gegenwärtigen Band ausmachen und die wahrscheinlich noch weitere Bücher hergeben werden, in denen die Erzählung ohne jeglichen Verlust kurz und die Überlegung in einer schnellen und entscheidenden Analyse konzentriert sein können.

Mit diesen beginne ich die Erzählungen des Entzifferers Abilio Quaresma.

Da ich diese Berichte in der Art niederschreibe, wie ich komplette Sachverhalte zu jedem einzelnen besitze, verwende ich in ihrer Darlegung keine chronologische oder irgendeine andere Anordnung. Es handelt sich bei allen um unabhängige Untersuchungen, womit es egal ist, ob die eine Erzählung der anderen folgt oder umgekehrt. Darüber hinaus war der Geist Quaresmas, als er öffentlich oder vielmehr sozial in Erscheinung trat, schon völlig ausgebildet; womit es nichts gibt, was hinsichtlich seiner Entwicklung in diesen Erzählungen beobachtet werden könnte.

* * *

[Quaresma – Seine Beschreibung.]

Von der Körperstatur her lag er etwas über dem allgemeinen Durchschnittswert der Portugiesen. Er war mager, wir könnten fast sagen klapperdürr, gebeugt, er gab eine melancholische und deprimierte Figur ab, er hatte eine schlechte Hautfarbe, erdfahl bis aschgrau, das Gesicht war von Furchen durchzogen, die sowohl von der Magerkeit als auch von der Depression herrührten. Auf den ersten Blick vermittelten die Gesichtszüge den Eindruck einer leichten Asymmetrie, wobei man diese bei einer etwas längeren Analyse schon nicht mehr genau lokalisieren konnte, zumindest wenn man sich nicht unbedingt zu sehr an sein betont ungleichmäßiges Schielen hielt, an die halbseitig gelähmte Verzerrung des Mundes, an die kalte, reguläre Teilnahmslosigkeit der dünnen und farblosen Lippen und an den schlecht aufgesetzten Kopf, der wie bei allen Schwächlingen gebeugt und krumm auf einem langen Hals stand. Das Gesicht war lang gezogen, das Kinn zurückgesetzt und kraftlos, die allgemeine Verfassung entsprach einer deutlichen Niedergeschlagenheit und einem ewigen Zögern, was noch vom relativen Vorsprung einer schmalen Adlernase unterstrichen wurde, ebenso wie durch das machtvolle Hervortreten einer Stirn, die, ohne eigentlich sehr groß zu sein, nicht ganz passen wollte zu den restlichen Gesichtszügen und diese nahezu verschwinden ließ.

Er hatte einen dünnen, ungepflegten Bart, wie auch das übrige Haar dünn und ungepflegt war. Die Farbe von beiden neigte zu einem leichten Hellbraun. Die Augen waren auch braun, eher hell als dunkel; abgesehen vom Schielen, von dem ich schon sprach, waren sie fast ausdruckslos und verloren sich in einer innerlich unruhigen und fieberhaften Konzentration.

Die gesamte äußere Erscheinung – von der Körperhaltung bis hin zu seinem Anzug – verriet Zerknirschung und Nachlässigkeit, wobei kein einziger Hinweis auf ein spezielles Laster oder eine auffällig schlechte Gewohnheit einen handfesten Grund dafür verraten hätte. Der ganze Mann sah nach einem dieser Gescheiterten im Leben aus, die niemals aus dem allgemeinen Nichts auftauchen, die alle Möglichkeiten verfehlen, denen jeder Anschein des Glücks abhanden kommt, in denen es schlichtweg keine Energie zu einer kriminellen Initiative gibt, die so absolut notwendig für die Existenz eines Lasters ist, und ferner auch keine Heiterkeit, die man für das natürliche Leben eines Bohemien benötigt hätte.

Der zerknitterte Anzug, dessen Farbe jenem Grau ähnelte, das man für gewöhnlich als die bevorzugte Farbe der Nachlässigen und Langsamen kennt, vervollständigte den niedergeschlagenen und schwächlichen Aspekt jenes Mannes, der sich mir eines Tages persönlich vorstellte.

Unabhängig von dieser nichtigen Erscheinung gab es in ihm jedoch einen sympathischen Zug, der vielleicht seiner offensichtlichen Wehrlosigkeit entsprang oder aus deren Verbindung mit dem Anzeichen einer unaufdringlichen Überlegenheit, die man seiner milden, fast kahlen Stirn, dem nachdenklichen Anschein seines Gesichts und dem ruhig durchdringenden Blick entnehmen konnte.

So erschien mir, so maß ich Abilio Quaresma, den Entzifferer.

Während des Gesprächs konnte ich noch weitere, extrem interessante Details feststellen. Seine Stimme war die etwas zitternde, leise Stimme der Schüchternen; wobei aber die Gleichgültigkeit, die er gegenüber allen Dingen und allen Menschen an den Tag legte, jene Schüchternheit fast völlig verblassen ließ.

Derselbe Kontrast zeigte sich in seiner physischen Haltung. Diese war – keine andere Sache ließe sich hier auch erwarten – achtlos und schäbig; wobei dieser Mann der eigenen Schäbigkeit jedoch eine Teilnahmslosigkeit entgegenbrachte, die bei ihm nahezu den Aspekt einer absoluten Taktlosigkeit annahm.

Ununterbrochen rauchte er Zigarren, die er sich eine nach der anderen anzündete, wobei er beständig eine neue Zigarre aus der rechten Tasche seiner etwas zu großen Jacke kramte. Anhand der Banderolen, die er sofort entfernte, nachdem er die Zigarre aus der Jackentasche geholt hatte, konnte ich feststellen, daß es sich um mittelmäßige Peraltas für 25 Reis handelte.

Die Hände waren lang und knochig, die Fingernägel abgeknabbert. Er blickte auf die Leute, als ob sie nicht anwesend wären.

Im Gespräch enthielt er sich völlig feierlicher Formen, und seine Stimme hatte nichts Formelles.

Als er eintrat, gab er mir sofort die Hand.

»Sie sind Herr Carlos Carqueira, nicht war? Herr Sampaio Costa gab mir Ihren Kontakt und sagte mir, Sie hätten ein interessantes Problem, welches Sie lösen möchten. Da ich sonst nichts anderes zu tun habe, widme ich mich der Lösung von Dingen, die andere schon nicht mehr lösen können. Seitdem ich mich nicht mehr mit Scharaden auseinandersetze, mache ich auf diese Weise weiter.«

Dieser paradoxe Satz erschien bei ihm wie die normalste Sache der Welt, als ob in ihr nicht das geringste Paradox stecken würde.

Ich bedankte mich für seinen Besuch, erklärte ihm aber sofort, an diesem Problem könne nichts auf eine so leichte Weise gelöst werden. Im Gegenteil, es handele sich um eine einzigartige Schwierigkeit, und nur ein geduldiger und in solchen Problemen geübter Forscher wäre meines Erachtens nach in der Lage, hier Klarheit zu schaffen. Dieser Satz entglitt mir einfach, aber in der Tat glaubte ich nicht, dieser hier vor mir stehende Mann mit seinem Aspekt der völligen Gleichgültigkeit wäre in der Lage, auf den Dächern auf allen vieren nach der Suche von Spuren herumzukriechen oder Nachforschungen in der Alfama und in der Mouraria zu betreiben.[113]

Dr. Quaresma lachte und strich sich langsam durch den Bart.

»Es ist nicht das, was der Herr denkt. Der Herr denkt, bei meinen Nachforschungen handele es sich um physische Nachforschungen, bei denen ich den Leuten nachspüre, den Ort des Verbrechens aufsuche und den Boden abmesse. Nichts von dem. Im allgemeinen löse ich die Probleme auf einem Stuhl sitzend, in meinem Haus oder an einem anderen Ort, an dem ich mich bequem anlehnen und meine Peraltas rauchen kann. Dem Studium des praktizierten Verbrechens begegne ich mit jenen abstrakten Überlegungen, die auch der Trumpf der Scholastiker waren und die heute noch die byzantinische Glorie von den Männern sind, die sich über reine Belanglosigkeiten den Kopf zerbrechen.«

Und während ich damit beschäftigt war, dies alles zu verstehen, fuhr er folgendermaßen fort:

»Verstehen Sie mich recht. Für nichts gibt es eine spezielle Methode. Irgendeine Methode genügt, sobald sie uneingeschränkt angewandt wird, mit der absoluten Treue zu ihren spezifischen Prinzipien und mit der absoluten Ausschließung jeglicher Elemente, die irgendeiner anderen Methode entnommen sein könnten. Ich, der ich vom Gemüt her ein subjektiver Denker bin (ich wurde so geboren), benutze immer und in allen Fällen die Methode der Überlegung, der reinen und einfachen Überlegung, die nichts mit Beobachtung oder einer der Empirie ähnlichen Sache zu tun hat – einfach nur die reine Überlegung, und nichts als Überlegung. Ich gehe von ein oder zwei elementaren Fakten aus und beginne damit, in einer reinen Überlegung zu überprüfen, ob es sich auch tatsächlich um Fakten handelt; und von hieraus beginne ich mit geschlossenen Augen, völlig versunken in meine Analysen und Synthesen, mit der Entdeckung der Wahrheit. Abgesehen von einigen speziellen Fällen – extrem wenigen in meiner weitläufigen Erfahrung als unnützer Denker – habe ich bisher immer richtiggelegen, und ich liege immer richtig, da ich mich nur meiner Überlegung widme und nie von meinem inneren Weg abweiche.«

»Sie haben wahrscheinlich schon davon gehört, daß die Beobachtung wesentlich ist, daß die Aufmerksamkeit wesentlich ist, daß die Konzentration wesentlich ist. Glauben Sie nicht daran. Die Aufmerksamkeit, die Beobachtung, die Konzentration, das Experiment sind jenen Individuen wesentlich, die nicht mit instinktiver Hartnäckigkeit nur einer Methode folgen können und die ihre natürliche Schwäche durch die Anwendung von verschiedenen Methoden ausgleichen müssen, um überhaupt zu irgendeiner Sache zu gelangen. Allein die Aufmerksamkeit, davon bin ich überzeugt, führt zu Resultaten, wenn man sie nur wirklich will. Vom Charakter her bin ich unaufmerksam und denke daher auch nicht daran, die Aufmerksamkeit zu benutzen, sie zu kultivieren, schließlich ist es absurd, man würde von einem Mensch etwas verlangen wollen, wofür er von Natur her nicht geschaffen ist. Wenn ich von der Natur her ein Säufer wäre, würde ich trinken ohne den geringsten Versuch, es seinzulassen; die Verantwortung liegt völlig auf seiten der Natur. Wie ich fest davon überzeugt bin, daß nur die Aufmerksamkeit als Methode ausreichend sein kann, so bin ich auch davon überzeugt, daß allein die Konzentration ebenso ausreichend sein kann, daß allein nur die Beobachtung ausreichend sein kann. Von diesen beiden benutze ich jedoch weder die eine noch die andere, aus einem Grund, den Sie ja schon kennen, da ich eben von meinem Gemüt her nicht beobachten kann, und auch nie das Denken völlig auf eine Sache konzentrieren könnte. Wenn die Überlegung allein nur der Überlegung dient, brauche ich nicht über das nachzudenken, worüber ich überlege. Ich überlege, wie ich atme. Ich messe ihm aber nicht viel Wert bei. Es geht nichts über die Bescheidenheit.«

Er warf den Stummel der Zigarre fort, holte sofort eine andere aus der Jackentasche, entfernte die Banderole, kniff die Spitze ab und zündete sie an. »Nachdem ich Sie nun«, sagte er endlich, »über meine Qualitäten in der Lösung schwieriger Probleme in Kenntnis gesetzt habe, würde ich gern die Gegebenheiten hören, die es bezüglich der Lösung Ihres Problems gibt...«

Quaresma hob die Hand, um anzudeuten, daß ich noch nicht sprechen sollte.

»Bevor wir in den Fall eintreten, möchte ich, daß zwischen uns und in gutem Einvernehmen eine Sache klar ist.«

»Sagen Sie schon, sagen Sie«, erwiderte ich.

»Mir ist es völlig gleichgültig, was Sie von den Dingen denken mögen, die ich Ihnen eben dargelegt habe.«

Diese Aussage brachte er in einer Art hervor, daß ich sie nur als völlig natürlich anerkennen konnte, als die höflichste Sache, die in dieser Welt möglich ist.

* * *

[Der Fall des verschlossenen Zimmers]

*[*Der Fall des verschlossenen Zimmers *behandelt ein angeblich perfektes Verbrechen, bei dem ein hypothetischer Mord als Selbstmord dargestellt werden soll. Der Mord in einem von innen verschlossenen Zimmer bedeutet für Quaresma eine höhere Form einer Scharade.]*

[Die Morbidität des José Silvares. – Selbstmord oder Mord? – Ein hysterischer Neurastheniker ermordet sich mit einem Rasiermesser, in aller Entschlossenheit? – Verblüffung des Erzählers. – Intervention des Dr. Quaresma.]

Der Bruder von Silvares, nervös, aufgeregt und gestikulierend, weigerte sich jedoch, die Hypothese eines Selbstmordes anzuerkennen, komme, was da wolle.

Besser als jeder andere kannte er die ans Temperament gebundene Krankhaftigkeit seines Bruders, er wußte nur zu gut um dessen gewöhnlich neurasthenischen Zustand, um dessen beständig zwanghafte Befürchtungen. Und genau jene deutliche Kenntnis des eigentlichen Zustands seines Bruders führte ihn zur kategorischen Verneinung eines möglichen Selbstmordes.

»Diese Krankhaftigkeit«, sagte er, »ist eine zweischneidige Sache. Sollte jemand sehr krankhaft sein, kann dies gewiß einen Selbstmord erklären, man könnte aber auch behaupten, er wäre gerade dadurch nie dazu in der Lage. Die Morbidität meines Bruders war von einer Art, die nie zum Selbstmord geführt hätte. Sicher, ich kann Ihnen dafür keine wissenschaftliche Erklärung liefern. Aber ich weiß nur zu gut, daß es zwischen all den Zwangsvorstellungen meines Bruders keine gab, die ihn zum Selbstmord geführt hätte; und ich habe ihn in Lebenslagen gesehen, seien sie für ihn nun wirklich oder nur eingebildet gewesen, in denen ein Selbstmord einen guten Ausweg dargestellt hätte, wenn er denn ein Mensch gewesen wäre, der an einen solchen Ausweg dachte. Nein, nein, nein. Es handelt sich um ein Verbrechen. Ich weiß nicht wie und ich weiß auch nicht warum. Aber ich weiß, daß es ein Verbrechen war, da es nie ein Selbstmord gewesen sein kann.«

»Aber in einer plötzlichen Aufwallung...«

»Was für eine plötzliche Aufwallung, nicht einmal eine halbe plötzliche Aufwallung! Mein Bruder war nicht impulsiv, er war deprimiert. Er hatte plötzliche Wutanfälle, er hatte unerwartete Gemütsschwankungen, aber er hatte im eigentlichen Sinn nie heftige Aufwallungen – zumindest keine von jenen, die einen Menschen dazu verleiten, sich selbst umzubringen. Ich versichere Ihnen, ich schwöre Ihnen bei der Gesundheit meiner Kinder, er hat sich nicht umgebracht: Man hat ihn umgebracht. Darüber können Sie Gewißheit haben: Man hat ihn umgebracht. Ich werde nicht ruhen, bevor nicht sein Mörder gefunden wurde.«

»Nun, Herr Silvares«, merkte ich an, »wenn Sie nicht an einen Selbstmord glauben, da es dafür keinen Grund gab, dann nennen Sie mir einen Grund dafür, daß man ihn umgebracht haben könnte. Sie sagten, das Temperament Ihres Bruders hätte nie zu einem Selbstmord führen können. Nun geben Sie mir jedoch einen Grund dafür an, der jemand anderen dazu geführt haben könnte, ihn umzubringen. Also, aus welchem Grund? Hätte man ihn nun auf der Straße vorgefunden, dann könnte es sich um eine der gewöhnlichen Aggressionen handeln, es könnte sich dann um eine der natürlichen Aggressionen handeln, die vom Raub bis hin zur Verwechslung mit einer anderen Person reichen. Hier jedoch, unabhängig davon, daß der Mann tot in einem von innen verschlossenen Zimmer vorgefunden wurde, was kann das Motiv gewesen sein, das den Mörder dazu führte, ihn hier aufzusuchen? Sollte es hier ein Verbrechen gegeben haben – wovon ich nicht ausgehe –, dann muß es ein sehr gut vorbereitetes Verbrechen gewesen sein, dann muß es einen triftigen Grund gegeben haben, der leicht herauszufinden wäre. Kein Mensch gibt einem anderen einen Grund zu einem Mord, den man nicht sehr leicht herausfinden könnte. Unabhängig von seiner Niedergeschlagenheit und Depression hatte ich bei Ihrem Bruder nie den Eindruck, er wäre einer jener Menschen gewesen, die Geheimnisse mit sich herumtragen. So oft hat er ohne Vorsicht und Argwohn von seinen Ambitionen, von seinen Projekten gesprochen! Ich gehe nicht davon aus, daß es bei ihm ein extrem tiefes Geheimnis gegeben haben könnte, welches einen anderen Menschen zum Mord an ihm geführt hätte. Darüber hinaus war er weder reich, noch verfügte er über Macht. Was könnte nun der Grund zu einem Mord an ihm gewesen sein?«

Francisco Silvares wurde wütend.

»Ich sage Ihnen mit sicherem Instinkt, mit der mir eigenen Intuition, daß ich mich nie in meinem Leben geirrt habe. Nie hatte ich in meinem Leben eine falsche Vorahnung, nie! Immer wenn ich eine Vorahnung hatte, lag die Sache richtig – entweder eine zukünftige Sache, oder eine bereits geschehne Sache, von der bisher noch niemand wußte.« Sofort gab er dafür Beispiele und erzählte von übrigens ganz merkwürdigen Dingen, die seine spontane Intuition in den verschiedensten Umständen und Situationen bestätigen sollten.

Ohne die geringste Zustimmung hörten wir uns ihn an, und ich glaube, überhaupt niemand hätte ihm zugestimmt. Wir brauchten nur einen kleinen Moment der Reflexion, um zu sehen, wie absurd seine These war, wobei wir natürlich hauptsächlich an die sozusagen physischen Bedingungen des Falls dachten: an das hermetisch abgeriegelte Zimmer, an die harmonische Zusammenstellung der Umstände, die einen Selbstmord völlig annehmbar machten.

Meinerseits sollte ich dennoch zugeben, daß mich ein wenig die felsenfeste Überzeugung von Francisco Silvares verunsicherte, mit der er einen Selbstmord des Bruders ausschloß. Ich selbst ging von Anfang an und mit völliger Natürlichkeit davon aus, jemand könne sich umbringen, der vom Gemüt her so offensichtlich krank war. Die Argumentation des Francisco Silvares', in der er sich auf die für seinen Bruder typische Morbidität berief, machte mich zögerlich und stutzig. Zweifelsohne handelte es sich – dachte man darüber etwas gründlicher nach – nicht um die Art der Krankhaftigkeit, die zum

Selbstmord führt. Die Handlungsantriebe waren zu oberflächlich und zu sporadisch in diesem Temperament eines hysterischen Neurasthenikers. Die Depression war zu tief oder zu innerlich für einen gewaltsamen Akt des Individuums gegen sich selbst. Darüber hinaus war auch die für einen Selbstmord gewählte Waffe die unzweckmäßigste, die man sich vorstellen kann. Ein Schuß in den Kopf, ein richtig dosiertes Gift, auch wenn sie nicht die völlige Absurdität eines Selbstmordes rechtfertigen, wären zumindest vage Möglichkeiten. Ein mit fester Hand an die Kehle gesetztes Rasiermesser entsprach überhaupt nicht der typischen Art des José Silvares.

Ich mußte mich kraftvoll in die Wirklichkeit zurückrufen, um mich nicht in einer Reihe von Überlegungen zu verlieren, die nichts anderes als absurd waren. Schließlich war der Fall nahezu abgeschlossen, und das auch noch in einer Art, die alles ausschloss, was nicht mit Selbstmord zu tun hatte, die eine andere Hypothese als völlig widersinnig hätte erscheinen lassen. Die Argumente über den Charakter, das Gemüt, das Seelenleben litten an der typischen Substanzlosigkeit wie alle anderen psychologischen Argumente. Welchen Wert besaßen sie angesichts der bewiesenen Realität der Fakten – angesichts der fundamentalen Tatsache, daß man einen Mann mit durchschnittenem Hals vorgefunden hatte, der noch ein Rasiermesser in der Hand hielt und auf dem Bett lag in einem Zimmer, dessen Türen und Fenster von innen verschlossen waren, die eine Flucht eines nur hypothetisch angenommenen Kriminellen von vornherein völlig ausschlossen? Ich schüttelte von mir den Traum ab, in den mich die Suggestionen von Francisco Silvares hatten fallen lassen, und kehrte in die Wirklichkeit zurück. Schließlich kann sich niemand in Zeiten, in denen wie in unseren so sehr die menschliche Seele studiert wird, gänzlich vom Einfluß eines Arguments befreien, das auf psychischen Wahrscheinlichkeiten oder Unwahrscheinlichkeiten beruht.

Diese Gedanken durchstreiften für einige Sekunden meinen Geist. Mir gegenüber fingerte Francisco Silvares nervös an einer halbvollen Kaffeetasse herum. Chef Silva saß in einer Ecke des Raumes und hörte mit einem halb lächelnden, vielleicht auch halb verblüfften Interesse zu.

In diesem Moment erhob sich auf meiner rechten Seite am anderen Tisch am Ende des Raumes eine leicht zitternde, aber doch deutliche Stimme.

»Erlauben Sie mir doch eine kleine Befragung zum Gemütszustand Ihres Bruders. Es geht nur darum, diesen Punkt des Problems deutlich festzuhalten; es geht nur darum, in logischen und intellektuellen Begriffen festzulegen, was sich bei Ihnen als ein intuitiver Zustand repräsentiert, der sowohl eine durch den Instinkt konzentrierte Überlegung sein kann als auch eine Überlegung mit sentimentalem Hintergrund und daher ohne jeglichen Wert.«

»Stellen Sie alle Fragen, die Sie wollen. Wenn ich kann, antworte ich … Ich bin zu jeder Sache bereit, die diesen Fall klären kann …«

»Gut«, sagte der Fremde, »werden wir das Problem auseinanderlegen. Das Selbstmord genannte Problem kann durch drei verschiedene Gründe hervorgerufen werden: Gründe des Gemüts, soziale Gründe und zufällige Gründe. Er kann das Ergebnis eines Seelenzustands sein, er kann das Ergebnis von mächtigen sozialen Umständen sein, die auf ein dem Selbstmord eigentlich nicht zugeneigtes Temperament wirken, und er kann das Ergebnis eines völlig zufälligen Impulses sein.«

* * *

[Überlegungen des Dr. Quaresma zum Selbstmord]

Es gibt drei Arten des Selbstmordes: der auf Motiven des Gemüts, auf sozialen Motiven und auf zufälligen Motiven beruhende Selbstmord. Ich gebe Ihnen Beispiele der letzten beiden Fälle, da Sie den ersten sofort verstehen werden. Beim Selbstmord aus sozialen Gründen bringt sich das Individuum um, da der Druck von Ideen, welche die sozialen Meinungen hinsichtlich einer bestimmen Situation repräsentieren, es selbst in einen Konflikt mit ebendiesen sozialen Meinungen treibt.

In allen Selbstmordfällen haben wir vorab die Fähigkeit des Individuums zum Selbstmord zu betrachten; das bedeutet, um einen

Selbstmord zu begehen, muß das Individuum erst einmal über ein entsprechendes Temperament verfügen, ich würde nicht gleich sagen, ein unbedingt suizidgefährdetes Temperament, es sollte sich aber wohl um ein Individuum handeln, das sich unter bestimmten Umständen umbringen kann. Es handelt sich ganz einfach nur um die Tatsache, daß es sich umbringt. Danach haben wir die Gründe zu betrachten, die zum Selbstmord führen, und schließlich haben wir die Art ins Auge zu fassen, wie es sich umbringt.

Da von diesen drei in der Idee des Selbstmordes vorhandenen Dingen das Motiv das zentrale und vorherrschende ist, müssen wir unsere Argumentation um dieses herum aufbauen.

Gemäß der Art des Selbstmordes unterscheiden sich die Individuen ebenfalls in drei Kategorien: diejenigen, die sich in einer speziellen und anormalen Art umbringen, also durch originelle und ausgesuchte Vorgehensweisen; diejenigen, die sich in völlig gebräuchlichen Arten umbringen, ich würde fast sagen in einer normalen Vorgehensweise, wenn in diesem Fall der Gebrauch von diesem Wort zulässig wäre; und letztlich diejenigen, die sich anhand einer absolut zufälligen Vorgehensweise umbringen, wie Individuen, die sich anhand einer Verzweiflung aus dem Fenster stürzen, die jedoch, sollte der Selbstmord vorher geplant gewesen sein, eine andere Art ausgewählt hätten.

* * *

[Der magische Brief]

*[*Der magische Brief *handelt von einem verschwundenen Brief, dessen Inhalt niemand kennt. Die Überlegung zum Verschwinden des Briefes aus einem verschlossenen Zimmer dient Quaresma zu einer Darlegung der verschiedensten mentalen Typen, um jene Person, wahrscheinlich eine Frau, zu beschreiben, die hinter diesem angenommenen Mysterium stecken könnte. Sein Gesprächspartner ist der Kriminalkommissar Guedes, wobei der Dialog beider ein wenig an die berühmten Auseinandersetzungen zwischen Sherlock Holmes und Dr. John H. Watson erinnern soll.]*

[Eine Überlegung des Dr. Quaresma. – Mentale Typen. – Der merkwürdige Diebstahl des Briefes. – Kurzer Einwand des Chefs Guedes.]

»Es gibt drei Mentalitätstypen: die Mentalität des Menschen, den wir als normal ansehen, die des Menschen, den wir als anormal ansehen, ohne ihn aber gleich als verrückt zu bezeichnen, und die des eigentlich Verrückten. Man kann keine genaue Unterscheidung zwischen zwei dieser Mentalitäten vornehmen; obwohl es einen deutlichen Abstand zwischen der Mentalität des normalen Menschen und der des Verrückten gibt, findet sich eben dieselbe Unterscheidung zwischen der des normalen und der des einfach nur anormalen Menschen, oder der von jenem in einem fortgeschrittenen Stadium und der des eigentlich Verrückten. Wie auch immer, die Unterscheidung dieser drei mentalen Typen ist nicht eigentlich falsch. Ich werde Ihnen sagen warum und erkläre Ihnen auch, wie man diese Unterscheidung vornehmen kann.«

»Im als normal bezeichneten Menschen gibt es keine mentale

Qualität, die ein solches Übergewicht besitzen würde, daß sie die Handlung der anderen beeinträchtigen könnte; hierin besteht die mentale Normalität, da sie im Gleichgewicht der mentalen Qualitäten unter sich besteht, wodurch sich die Normalität normalerweise begründet. Beim nicht verrückten Anormalen gibt es die eine oder andere mentale Qualität, die durch ihre Hervorhebung oder durch ihr Defizit eine oder vielleicht sogar mehrere andere mentale Qualitäten beeinträchtigt. Beim Verrückten treffen wir denselben Prozeß an, wobei dieser aber bis zum Extrem geführt ist: der Exzeß oder das Fehlen eines mentalen Elements beeinträchtigt schon nicht mehr ein oder mehrere andere Elemente, sondern bereits den gesamten Geist in seinem Zusammenhang. Es ist schwierig, den normalen Menschen vom anormalen zu unterscheiden, da es keinen Menschen gibt, bei denen alle Elemente gleichermaßen ausgeprägt oder geschmälert wären, und in dem einen oder anderen Lebensumstand ergibt sich bei ihm ein äußerer Stimulus, der die am stärksten ausgeprägte oder geschmälerte Qualität dazu verleitet, die Ausführung von einer oder mehreren anderen Qualitäten zu beeinträchtigen. Und es ist auch schwierig, zwischen dem gewöhnlich Anormalen und dem Verrückten zu unterscheiden, da oftmals, unter einem stärkeren Einfluß, die Störung der morbiden Qualität unabhängig von nur einer oder mehreren anderen Qualitäten bereits den gesamten Geist ergreift, oder zumindest fast ergreift.«

»Die Annäherung an den Wahnsinn, oder den Übergang eines Individuums vom Zustand der Anormalität in den Zustand des Wahnsinns, bemerkt man, wenn das morbide mentale Element deutlich anfängt, vom mentalen Gesamtzustand Besitz zu ergreifen, und sich in Handlungen manifestiert, die nicht nur von dem einen oder anderen mentalen Element abhängen, sondern vom abstrakten Gebrauch der Vernunft.«

»Betrachten wir den Fall dieser Frau im Licht der von mir angestellten Überlegungen, die ich, um es so zu sagen, als evident in sich selbst oder axiomatisch betrachte. Der Diebstahl des Briefes, so wie ihn die Frau ausführte, ist völlig merkwürdig und deutet auf eine mentale Anormalität hin. Ein im Geiste gesundes Geschöpf – befände es sich in derselben Situation wie diese Frau – würde entweder einen normalen Weg finden, um diesen Brief verschwinden zu lassen (obwohl es hier ein größeres Risiko gäbe); oder es würde keinen Weg finden und damit, wie man so sagt, den Kopf verlieren, und es würde unverhohlen den Brief vernichten; oder es würde sich umbringen; oder es würde irgend etwas tun, was sich, wie auch immer, innerhalb der Normalität bewegt und was nur den Umständen geschuldet als ungewöhnlich erscheint. Was jedoch nie – ich wiederhole es – bei einem normalen Geschöpf geschehen würde, oder was nicht einmal geschehen könnte, ist die Tatsache, den Brief auf so abnorme Art und Weise verschwinden zu lassen. Gut...«

»Das haben Sie sehr gut gesagt, Herr Doktor, fahren Sie fort.«

(...)

* * *

[Eine Überlegung des Dr. Quaresma. – Mentale Zustände. – Charakterisierung des Wahnsinns. – Wie eine normale, eine anormale und eine verrückte Frau beim Diebstahl eines Briefes vorgehen würden. – Dialog mit dem Chef Guedes. – Die Vorgehensweise beim Diebstahl. – Eine Handlung zwischen Anormalität und Wahnsinn. – Die Zuspitzung der Paranoia. – Konsequenzen der Überlegung: Die Frau würde nicht nur versuchen, ihren Mann umzubringen, sie würde es auch vollbringen.]

»Es gibt drei unterschiedliche mentale Zustände, obwohl sich hier, wie bei allen Dingen, die Trennlinien verwischen. Es gibt den normalen mentalen Zustand, den zwar anormalen, aber nicht verrückten mentalen Zustand, und es gibt den mentalen Zustand des Wahnsinns.

Was bedeutet ein mental normaler Zustand? Es handelt sich um jenen Zustand, bei dem es ein Gleichgewicht zwischen den mentalen Elementen gibt, eine Harmonie zwischen ihnen, und daher unterscheiden sich die Handlungen des Individuums auch nicht von den Handlungen der Allgemeinheit der übrigen Individuen, zumindest vom Typ her, wenn nicht gar auch in der Qualität.

Selbstverständlich variieren die mentalen Elemente in ihrem Niveau von Mensch zu Mensch, und in einem einzelnen Menschen gibt es keine mentalen Elemente, die gleichermaßen ausgeprägt wären. Sollte es denn so sein, worin besteht dann die sogenannte Normalität beziehungsweise das Gleichgewicht zwischen diesen Elementen, die notwendigerweise unterschiedlich ausgebildet sind? Wie entsteht die Harmonie des Ungleichgewichts? Ausgehend von der evidenten Tatsache, daß dieses Ungleichgewicht begrenzt ist und daß kein einzelnes Element in der Beziehung zu den anderen übermäßig defizient oder hervorstechend ist, was kann dann die Harmonie beeinträchtigen? Es ist die Art, wie sich dieses Defizit oder diese besondere Ausprägung manifestiert, welche die Aktivität der anderen Elemente beeinträchtigt. Sollte beispielsweise der Instinkt der Gewinnsucht so weit ausgeprägt sein, daß er die Handlung in einem moralischen und sozialen Sinn beeinträchtigt, oder sollte, im umgekehrten Fall, der moralische und soziale Instinkt so weit unterdrückt sein, daß er schon nicht mehr den Sinn für die Gewinnsucht unterdrückt, dann gibt es eine Störung des Gleichgewichts, und das Individuum, in dem dies alles vonstatten geht, wäre als anormal zu bezeichnen.

Nehmen wir jedoch an, das hervorstechende mentale Element – sei es nun das bemerkenswerte oder das defiziente – wäre übertrieben hervorstechend. Anstatt nur dieses oder jene andere Element in seiner Handlung zu beeinträchtigen, wird es mehrere beeinträchtigen; und so, im Fortgang der Stufe der Anormalität, wird das Hervorstechen von jenem Element den gesamten Geist befallen. Dieser Befall des gesamten Geistes durch ein mental exzessiv deprimiertes oder hervortretendes Element ist das, was man als Wahnsinn bezeichnet. Daher gibt es zwischen gewissen Zuständen der Anormalität keine sehr leichte Unterscheidung, womit die Unterscheidung zwischen dem Zustand einer verschärften Anormalität und dem Zustand eines simplen Wahnsinns auch nicht sehr einfach ist.

Nun offenbart sich der Befall des gesamten Geistes durch das Defizit oder das Hervortreten eines Elements in einer von drei unterschiedlichen Weisen: durch eine mentale Unterdrückung wie bei der Idiotie oder der Demenz; durch eine mentale Verstörtheit wie bei der Art des Wahnsinns, die sich durch das Delirium oder die allgemeine Verwirrung des Geistes auszeichnet; und durch die zentrale Verdrehung der Geistesoperationen wie beim sogenannten luziden Wahnsinn oder bei der Paranoia.

Der Wahnsinn charakterisiert sich im wesentlichen durch den Verlust der mentalen Anpassung an jenes, was wir als Wirklichkeit bezeichnen, oder durch die Unfähigkeit, zwischen subjektiven und objektiven Phänomenen zu unterscheiden. Wahnsinn bedeutet wachendes Träumen, ohne es zu bemerken.

Beim normalen Menschen sind die Motive zur Handlung normal, und die Arten der Ausführung sind auch normal. Der normale Mensch ist gewöhnlich in seinen Handlungsmotiven und banal in der Art, diese Handlungen auszuführen. Beim anormalen – wohlgemerkt aber nicht beim wahnsinnigen – Menschen sind entweder die Motive anormal und die Ausführung normal, oder die Motive sind normal und die Ausführung ist anormal.

Beim normalen Menschen gibt es eine Angleichung zwischen dem Motiv und der Ausführung; beim anormalen Menschen gibt es diese Angleichung nicht; beim Wahnsinnigen gibt es eine falsche Angleichung.

Beim normalen Menschen sind die Motive der Handlung normal, und auch die Prozesse sind normal; es gibt eine Angleichung zwischen den einen und den anderen. Beim anormalen – wohlgemerkt aber nicht beim wahnsinnigen – Menschen sind die Motive anormal, und die Prozesse sind in derselben Art anormal; es gibt dieselbe Angleichung zwischen ihnen. Beim Verrückten läßt diese Angleichung nach: Seien die Motive nun normal oder anormal und die Prozesse normal oder anormal, wir haben entweder ein normales Motiv mit einem anormalen Prozeß, oder wir haben ein anormales Motiv mit einem normalen Prozeß, oder wir haben ein sowohl anormales Motiv als auch einen anormalen Prozeß, der diesem Motiv dann aber nicht angepaßt ist.

Ich werde Ihnen ein Beispiel geben, anhand dessen die ganze Sache deutlicher wird. Irgendein Individuum geht die Straße entlang, und ein anderes tritt ihm beim Vorübergehen auf den Fuß. Ein normaler Mensch fühlt etwas Schmerz, protestiert und ist mehr oder weniger verärgert, wobei die Verärgerung aber nicht ein bestimmtes Limit überschreiten wird. Der anormale Mensch – wohlgemerkt, wenn dessen Anormalität von dieser Art ist – verärgert sich ungestüm und beschimpft den Treter mit einer Heftigkeit, die der Fall nicht rechtfertigt, oder er wirft sich gleich ohne Vorwarnung auf den anderen. Hier besteht die Anormalität in der Übertreibung der gespürten Verärgerung, wobei allerdings die Heftigkeit der Verärgerung und die entsprechende Gewalttätigkeit in einem völligen Gleichgewicht stehen; denn ein normaler Mensch würde genauso gehandelt haben, hätte er die die Verärgerung mit derselben Heftigkeit gespürt. Nehmen wir jedoch an, das getretene Individuum wäre verärgert, würde seine Verärgerung jedoch unterdrücken; es merkt sich aber nun das Individuum, das ihn getreten hat, denkt weiterhin darüber nach und entwickelt innerhalb seiner selbst eine lange Geschichte, gemäß welcher der zufällig Vorbeigehende ein Abgesandter von bestimmten Feinden ist, die diesen damit beauftragt haben, ihn auf den Fuß zu treten, um ihm den Tag zu verderben oder um ihn einfach nur zu verärgern. In diesem Fall bewegt sich die Reaktion auf eine äußere Stimulanz völlig abseits dessen, was man von dieser Stimulanz erwarten würde.

Selbstverständlich beziehe ich mich auf einen speziellen Typ des Wahnsinns. Der Getretene kann verrückt sein, aber einfach nur wie ein normaler Mensch reagieren oder wie ein einfach nur anormaler Mensch; sein Wahnsinn ist von einer Art, die ihn in diesen Fällen nicht gleich wie einen Verrückten handeln läßt.

Im Fall dieser Frau, was würde eine normale Frau machen? Zunächst würde sie versuchen, über einen normalen Weg an diesen Brief zu kommen; wenn dies nicht gelingt, gibt sie auf, und sie würde entweder fest davon ausgehen, daß nichts dahinführt, oder sie würde sich ihrem Schicksal fügen: In einer zeitweiligen Aufwallung könnte sie sogar irgendwohin die Flucht ergreifen oder sich umbringen. Es wäre nichts anderes als eine anormale Episode innerhalb der Normalität, wobei aber diese Anormalität von den Umständen und nicht von der Person herrührt.

Im Fall dieser Frau, was würde eine anormale Frau machen? Angesichts des Ernstes der Lage würde sie in einer ausgefallenen und anormalen Art vorgehen, aber in Übereinstimmung mit ihrer Verwirrung. Mit anderen Worten, sie würde wie eine normale Frau handeln, aber auf exzessive Weise. Entweder würde sie fliehen, oder sie würde sich gleich umbringen, noch bevor sie das Desaster in aller Klarheit vor Augen hätte; oder sie würde versuchen, an den Brief mit Hilfe der Künste der Verführung und Betörung zu kommen, alles so, wie sie es in Anbetracht des Ernstes der Lage versteht; oder sie würde in einem Anfall der Kühnheit den Brief stehlen; oder sie würde den Ehemann mit irgendeiner Droge stillstellen, um an den Schlüssel des Safes zu gelangen und um den Brief zu stehlen. Sie würde wie eine normale Person reagieren, nur mit mehr Kühnheit, mit höherer Anspannung oder mit höherem Feingefühl.

Im Fall dieser Frau, was würde eine verrückte Frau machen? Im Fall eines depressiven Wahnsinns würde sie nichts machen. Im Fall des Wahnsinns der Verwirrung würde sie entweder noch verrückter werden, oder sie würde endgültig verrückt werden, wenn sie nicht schon zuvor völlig verrückt gewesen wäre; *im Fall des luziden Wahnsinns würde sie entweder versuchen, den Fall durch irgendeine absurde und weitschweifige Strategie noch komplizierter zu gestalten, oder sie würde versuchen, den Brief mit Hilfe irgendeiner extravaganten, aber doch banalen Strategie zu stehlen.* Aber doch banal, mein lieber Guedes, darauf möchte ich Ihre Aufmerksamkeit lenken. Die Verschlagenheit des Verrückten ist komplex und subtil, allerdings ohne irgendwelche Originalität. Dies sieht man auch an den literarischen Kompositionen von Geisteskranken: bezüglich der Ideen oder des Ausdrucks sind sie extravagant, im Grunde genommen sind sie jedoch extrem banal. Und so sollte man es auch verstehen: Nur in den mental höheren Sphären entwickelt sich Originalität, und es sind exakt die höheren mentalen Sphären, die durch den Wahnsinn gebunden werden. Es bleiben nur noch die niederen mentalen Sphären, deren Aktivität rein imitierend ist.«

»Aber dann, Doktor ...«

»Genau ... Sie werden behaupten, die Handlung dieser Frau bezieht sich auf keinen dieser drei Fälle, denn es handelt sich weder um die Handlung einer normalen Frau noch um die Handlung einer anormalen Frau, und auch nicht um die Handlung einer verrückten Frau.«

»Genau, aber dann zum Teufel ...«

»Es ist dieser Punkt, den ich deutlicher herausstellen möchte – die Handlung dieser Frau entspricht keinem dieser drei Typen menschlicher Mentalität. Sie ist in einem anderen Sinne anormal – in einem logischen Sinn und nicht in einem psychologischen, um es so zu sagen.«

Quaresma zündete sich erneut seine Zigarre an, während Guedes ihn die ganze Zeit mit aufmerksamen Augen betrachtete.

»Wenn diese Frau in einer Art vorging, die mit keinem Typ der menschlichen Mentalität vereinbar ist, dann befindet sie sich offensichtlich außerhalb dieser drei Eigenarten. Welches sind nun die charakteristischen Merkmale des Prozesses, den sie zum Diebstahl dieses Briefes angewendet hat? Es handelt sich eindeutig um eine *nicht notwendige Extravaganz und um eine perfekte Geschicklichkeit oder gar Verschlagenheit,* und diese Extravaganz wurde in die Praxis umgesetzt. Die nicht notwendige Extravaganz ist das Charakteristikum einer anormalen Handlung. Die Geschicklichkeit oder die Verschlagenheit können das Charakteristikum der Normalität oder des Wahnsinns sein. In beiden Fällen ist die Verschlagenheit jedoch banal; die Extravaganz befindet sich im Prozeß, da die Geschicklichkeit, mit der sie in die Praxis umgesetzt wurde, nicht die Banalität übersteigt. Ich möchte Ihre Aufmerksamkeit auf diesen Sachverhalt lenken: das Geschick, mit dem sie ihren Ehemann dazu brachte, mit ihr an diesem Tag aus dem Haus zu gehen, der Aufwand, den Brief auf den Tisch zu legen, der Angestellten Sorgfalt anzumahnen, dies alles und noch viel mehr sind Handlungen einer banalen Verschlagenheit; sie nähern sich einfach nur einem fundamental anormalen Prozeß an. Aber die banale Verschlagenheit eines normalen Individuums und die banale Verschlagenheit eines Verrückten unterscheiden sich in einem Punkt: die banale Verschlagenheit eines Normalen ist banal, da der Normale banale Prozesse anwendet und sie daher auf banale Weise in die Praxis umsetzt; die Verschlagenheit eines Verrückten ist banal, da dessen mentaler Ruin ihm den Gebrauch der Originalität verwehrt. Und die Verschlagenheit des Verrückten behilft sich immer verrückter Prozesse oder verrückter Motive. Hier haben wir also entweder eine banale Verschlagenheit, die sich eines anormalen Prozesses behilft, oder eine Verschlagenheit eines Verrückten, die sich eines anormalen Prozesses behilft. Nun ist aber die Verschlagenheit eine Anwendung der Intelligenz, und die Anwendung der Intelligenz unterscheidet sich beim normalen Menschen und beim Verrückten, da sich der Verrückte ihrer bedient, um den Wahnsinn auszudrücken, während sie beim normalen Menschen nicht nur zum Ausdruck da ist, sondern auch hemmend wirkt, denn dies sind, außer beim Verrückten – bei dem es keine Hemmung mehr gibt –, die beiden Funktionen der Intelligenz. Sollte daher die Verschlagenheit dieser Frau normal sein, wäre das erste Ergebnis, daß sie diesen extravaganten Prozeß abgelehnt hätte aufgrund der Hemmung des Impulses, der ihr den Diebstahl des Briefes auf ebendiese Weise suggerieren würde. Da dies nun nicht geschehen ist, da die Verschlagenheit nur dem Ausdruck dienend und nicht auch hemmend gewesen ist, können wir bekräftigen, daß die Handlung dieser Frau eine Handlung einer Person war, die sich an einem mittleren Punkt zwischen Anormalität und Wahnsinn bewegt.«

»Hervorragend!« sagte Guedes.

»Nun, mein lieber Guedes, es gibt aber kein mentales Stadium zwischen Anormalität und Wahnsinn.«

»Sehr schön!« rief der Chef. »Dieser letzte Teil war vollkommen klar!«

»Sie werden sehen, daß es sich so verhält«, antwortete Quaresma lachend. »Es gibt kein Zwischenstadium zwischen Anormalität und Wahnsinn, da es zwischen beiden keinen festgelegten Punkt geben kann. Der Raum zwischen beiden ist dynamisch, nicht statisch. Sich zwischen Anormalität und Wahnsinn zu bewegen, bedeutet nicht, sich zwischen Anormalität und Wahnsinn zu bewegen: Es bedeutet vielmehr einen Übergang von der Anormalität zum Wahnsinn. Diese Handlung, mein lieber Guedes, war die letzte rationale Handlung von dieser armen Frau. In jedem Fall war die Paranoia unvermeidlich, aber ich glaube, der Zwischenfall mit dem Brief brachte sie zu einem früheren Ausbruch. Noch schlimmer als der gesamte Fall ist die Ausführung des Diebstahls.«

»Das ist gut. Warum?«

»Da dies alles die an sich schon übertriebene Selbstliebe noch verstärken wird, die eines der mentalen Phänomene ist, auf denen die Paranoia beruht. Diese Frau ist heute voll der Freude angesichts der Dinge, die sie bisher vollbringen konnte. Sie fühlt sich bezüglich ihrer Familie in ihrer eigenen Höherwertigkeit immer mehr isoliert. Ihre Tendenz zum Herrschen und Befehlen wird sich von nun an immer weiter verschärfen. Die Erleichterung wirkt enthemmend. Der erhöhte Herrscherdruck wird sicher Gegenreaktionen hervorrufen – seien diese nun schwächlich oder nicht, aber sie werden bestimmt hervorgerufen. Nach und nach wird sich das familiäre Leben schwieriger gestalten; die Gegenreaktionen und Widerstände, so schwach sie anfangs auch noch sein mögen, werden an Deutlichkeit zunehmen, und sie werden hauptsächlich an Deutlichkeit für jene Seele zunehmen, die ihre Aufmerksamkeit nur auf sich selbst richtet. Sie wird ihren Druck erhöhen; die Widerstände werden zunehmen, so schwach sie anfangs auch noch sein mögen. Und schließlich wird die Frau offen spüren (in Perioden der Selbstbetrachtung, wie man so schön sagt), daß sie nur von Feinden umgeben ist. Sie wird immer mehr darüber nachdenken, was diese ihr alles antun wollen. Und die Paranoia tritt in die Phase, in welcher der Verfolgungswahn akut wird. Mit anderen Worten, der Wahnsinn wird offensichtlich.«

»Welch ein Glück für die Familie, ohne Zweifel!« sagte Herr Guedes. »Sie wird ins Irrenhaus gesteckt, und die Sache ist erledigt.«

»Die Sache kann nicht so erledigt werden, wie Sie denken. Zunächst ist die Paranoia keine Sache, bei der man mit dem Kopf gegen die Wand rennt oder irgendwelchen Blödsinn von sich gibt. Der völlig befallene Geist bleibt an seiner Oberfläche klarsichtig; die Fähigkeit zur logischen Überlegung, an deren Fehlen oder Verwirrung die meisten Laien normalerweise den Wahnsinn ablesen, wird intakt bleiben. Die Überlegung wird sich einfach nur auf beständig falsche Tatsachen stützen, die einem halluzinatorischen Zustand entspringen. Sicher wird sie in ein Irrenhaus eingeliefert, allerdings aber erst nach der klinischen Untersuchung, die zwangsläufig dem Mord folgt, den sie begehen wird oder den sie, hoffentlich soll es so sein, nur versuchen wird.«

»Wie? Der Herr Doktor geht davon aus, daß sie versuchen wird, jemanden umzubringen?«

»Darüber bin ich mir völlig sicher. Zumindest wird sie einen Mord versuchen; wobei ich jedoch davon ausgehe, daß nur ein außergewöhnlicher Umstand den Erfolg des Mordversuches vereiteln wird. Ihre Mentalitätskraft, ihre tatsächlichen Fähigkeiten sind die Charakteristiken nicht nur einer einfach nur Verfolgten, sondern einer verfolgten Verfolgerin, also einer kriminellen Verfolgerin. Die Charakteristiken des verfolgten Verfolgers sind sogar, während der kritischen Situation, sehr ähnlich mit den beständigen Charakteristiken des typischen Mörders. Bemerken Sie nun: Ihr Geist bleibt hellsichtig, die perfekte Verschlagenheit der Gesundheit. Stellen Sie sich eine Kreatur vor, die sich diesen Diebstahl ausgedacht hat und dieselbe Verschlagenheit für einen Mord anwenden wird.«

Chef Guedes schlug sich mit der Hand an die Stirn. »Zum Teufel!« sagte er. »Das ist ja irre. Zum Glück gehöre ich nicht zum Haushalt. ... Und auf wen wird sie denn nun schießen?«

»Es wird keinen einzigen Schuß geben. Die Waffe wird Gift sein.«

»Aha, die sympathischste von allen ... Zum Teufel, was für ein Engel! ... Aber warum Gift, Herr Doktor?«

»Sie verstehen: eine Sache ist die typische Mentalität des Verrückten – in diesem Fall die eines Paranoiden –, eine andere Sache sind die Qualitäten des Temperaments einer Person, unabhängig ihres Wahnsinns und der speziellen Qualitäten, die diesem Wahnsinn entspringen. Wie es nun große und kleine, blonde und dunkelhaarige Verrückte gibt, werden wir auch Verrückte finden, die vom Temperament her gewalttätig sind oder die vom Temperament her durchtrieben sind. Es ist selbstverständlich, daß die Vorgehensweise des Wahnsinns zwar bei den einen und anderen hinsichtlich der allgemeinen Resultate identisch sein wird, wobei diese allgemeinen Resultate aber durch Mittel erreicht werden, die dem spezifischen und persönlichen Temperament eines jeden Verrückten entspringen. Diese Frau besitzt eine Mentalität, die in der Paranoia des verfolgten Verfolgers enden wird. Von dieser Seite her wird sie ihre Mentalität zum Mord führen, je mehr ihre Hartherzigkeit und ihre natürliche Kälte die Amoralität von diesem Typ des Wahnsinns verstärken. Aber unabhängig davon ist sie vom Temperament her weder expansiv noch gewalttätig – was sie sein könnte –, sondern konzentriert und listig. (Der eigentliche Fall des Briefes hat dies in ihr ausreichend aufgezeigt.) Wenn sie daher an dem für einen Mord notwendigen Punkt des Wahnsinns steht, an dem sie von der Notwendigkeit (so wie sie diese versteht) eines Mordes überzeugt ist, wird sie in Übereinstimmung mit ihrer List und Subtilität nach einer passenden Art für einen Mord suchen, und diese Art ist das Gift, welches sie aufgrund ihrer Listigkeit mit großer Leichtigkeit besorgen kann. Da sie nun eine Frau ist, sollte nur hinzugefügt werden, daß sie hinsichtlich ihres Geschlechts zu den Formen eines Verbrechens neigen wird, die für dieses Geschlecht charakteristisch sind, und das Gift oder die Droge sind jene Waffen, die dem listigen Geschlecht am ehesten einfallen.«

»Und wen wird sie nun vergiften, Doktor? Geht Ihre Überlegung auch bis hierhin?«

»Ich weiß nicht, ob sie bis dahin geht, Guedes. Aber ich möchte glauben, daß ich bis dahin gehen kann. Sie vergiftet den Ehemann.«

»Armer Teufel! Und das alles, nachdem sie ihn betrogen und von da an das ganze Leben verbittert hat, ist es nicht so?«

»Ja, da aber die Annahme unumgänglich ist, nach der sie zwangsläufig jemanden umbringen wird, gehe ich notwendigerweise davon aus, auf einen Mord am Ehemann schließen zu können. Ich glaube sogar, daß sie es nicht nur versuchen, sondern auch schaffen wird. Betrachten wir es recht. Sie ist an den Ehemann gebunden, und sie sieht daher im Ehemann eine enorme Opposition, die in ihrer Imagination schon zur Feindschaft anschwillt. Nur durch die Befreiung vom Ehemann wird sie sich frei fühlen. Und letztlich ist es der Ehemann, der sie am meisten beherrscht und in dessen Widerstand sie die angenommene Feindschaft am lebendigsten spürt. Die fremden Widerstände – die der Hausangestellten, selbst ihres kleinen Knirpses, oder wer auch immer – wird sie auf ein Werk ihres Mannes zurückführen, so nehme ich zumindest an, was hier aber nicht weiter wichtig ist. Darüber hinaus liebt sie ihn nicht. All dies konzentriert sich in einem festen Vorsatz, den sie – hierüber habe ich nicht den geringsten Zweifel – mit hoher Sicherheit und Bestimmtheit ausführen wird. Die Paranoia beeinträchtigt nicht die mentalen Bewegungen …«

»Das ist ja ein schönes Werk des Schöpfers!« sagte Guedes streng. »Und es ist wirklich sehr nett von uns, hier zu sitzen und kalt über den Mord an einem armen Teufel nachzubrüten, der nichts anderes auf dem Gewissen hat als die Blödheit, sich mit dieser hinterlistigen Nulpe verheiratet zu haben. Zum Teufel, was für ein Pech!«

»Aber was wollen Sie jetzt machen?«

»Nichts. Was gibt es denn hier zu machen? Man kann doch jetzt nicht hingehen und den Mann warnen …«

»Ja. Es ist unmöglich, ihn zu warnen. Wir sind fest an unser Schicksal gebunden. Hier gibt es nichts zu machen …«

* * *

[Der Fall Vargas]

[Diese etwas längere Kriminalgeschichte ist mit einiger Sicherheit diejenige, auf die sich Pessoa in seinem oft zitierten Brief zur Erklärung der Heteronymie bezogen hat.[114] *Es handelt sich um den Mord an Carlos Vargas in der Azinhaga da Bruxa (Hohlweg der Hexe), der anfangs noch den Anschein eines Selbstmordes erweckt. Vargas befand sich auf dem Heimweg von einem Abendessen im Hause des Kommandanten Pavia Mendes, bei dem Pläne zum Bau eines Unterseebootes diskutiert wurden. Die erste Zeugenaussage stammt von Pavia Mendes, die zweite von Custódio Borges, mit dem sich Vargas noch vor seiner Rückkehr treffen wollte, um ihm Geld zu überreichen. Danach kommt es zur überraschenden Aussage eines weiteren Zeugen (ein Zeichner aus dem Marinearsenal), die eine weitere Vernehmung von Borges und Mendes erfordert. Dabei schaltet sich Quaresma ein, der mit seinen spezifischen Gedankengängen zur Lösung des Falls kommen wird. Pessoa bemüht sich hier in einem gewissen Sinne, seine frühen und autodidaktischen Studien zur Psychopathologie (die der vornehmliche Leitfaden in nahezu allen Kriminalgeschichten Pessoas ist) in der Form einer Erzählung zu verarbeiten. Wie nahezu in der Gesamtheit des Werkes Pessoas, stellt auch diese Erzählung die Herausgeber vor das Problem einer kohärenten Zusammenstellung. Insofern handelt es sich hier nur um eine Annäherung an die verschiedenen Pläne Pessoas, von denen an dieser Stelle nur einer aufgezeigt werden soll. Und letztlich handelt es sich bei dieser Auswahl der Fragmente nur um die, die direkt mit dem Themenbereich* Genie und Wahnsinn *verbunden sind.]*

1 Der Tod in der Azinhaga.
2 Die Nachbarschaft. Die Pläne des Unterseebootes.
3 Die Aussagen.

4 Die Untersuchung.
5 Die Überraschung durch den Zeichner.
6 Zweite Aussage des Kommandanten Pavia Mendes.
7 Zweite Aussage des Custódio Borges.
8 Quaresma, Entzifferer.
9 Die Kunst der Überlegung.
10 Psychopathologie. Der Fall Vargas (Rekonstruktion).
11 Stockfisch à la Guedes.
12 Endgültige Aussage.

* * *

[Die morbiden Typen: Der Idiot, der Verrückte, der geniale Mensch und der Kriminelle. – Die Arten des Kriminellen: Der geborene Kriminelle, der gelegentliche Kriminelle, der verrückte Kriminelle, der idiotische Kriminelle und der vorsätzlich Kriminelle.]

»Der Mensch, wie übrigens alle Tiere, hat ein psychisches oder mentales Leben, das sich aus zwei Elementen zusammensetzt – jenes Element, das für gewöhnlich unter dem Ausdruck *die Sinne* zusammengefaßt wird und durch das er in Kontakt mit der sogenannten äußeren Welt treten kann, durch das er seine Kenntnisse erlangt und durch das er sich in Beziehung zu anderen Dingen setzen kann; und jenes Element, das vom Selbstbewußtsein bis zur abstrakten Intelligenz reicht, durch das er mit jener Welt in Kontakt tritt, die wir die innere nennen können – die Welt seiner Erinnerungen, seiner Vorstellungen, seiner Ideen, also mit seinem Sein, wie es denkt und fühlt.«

»Diese beiden Elemente sind für das menschliche Leben notwendig, und beide sind in einem ausgeglichenen Verhältnis notwendig, sie müssen also mit einer gleichwertigen Intensität funktionieren, da es sonst zu einem Ungleichgewicht kommen würde. Damit es allerdings zwischen zwei Dingen ein Gleichgewicht gibt, muß es zwischen ihnen auch eine Beziehung geben. Damit sich zwei Dinge auf Waagschalen ausgleichen können, muß es notwendigerweise eine

Waage geben. Damit ist im Grunde genommen gesagt, daß sich das psychische Leben des Menschen nicht nur aus jenen zwei offensichtlichen Elementen zusammensetzt, sondern aus drei – aus diesen beiden und einem dritten, das wir den Beziehungssinn nennen werden.«

»Nun ist jedes die menschliche – oder sogar eine animalische – Person bestimmende Element fähig, innerhalb verschiedener Niveaus zu existieren, von denen die mittleren Abstufungen, auch wenn sie unbegrenzt sein mögen, die sogenannte *Normalität* ausmachen; die Abstufungen über oder unter dieser zeigen sich in *Anormalität,* Krankheit, Morbidität. Dies betrifft sowohl den Körper als auch den Geist, mit dem Unterschied jedoch, daß wir im Körper, der eine extrem komplizierte Zusammensetzung ist, die unterschiedlichsten Elemente zu betrachten haben, wobei es beim Geist oder beim Gehirn in Anbetracht der einfachen Zusammensetzung genügt, jene drei Elemente zu untersuchen, die ihn zusammensetzen und definieren – der objektive Sinn, der subjektive Sinn und der Beziehungssinn.«

»Da von der Natur her der objektive und der subjektive Sinn entgegengesetzt sind, kommt es dazu, daß sich die morbide Übersteigerung des einen konträr oder parallel dazu in der morbiden Unterdrückung des anderen zeigt, und selbstverständlich umgekehrt. Das Phänomen ist nur eines: Es bewegt sich in entgegengesetzten Richtungen, in gegensätzlichen Verhältnissen der psychischen Zusammensetzung. Der Beziehungssinn kann jedoch auch, da er eben existiert, für Krankheit oder Anormalität anfällig sein; da er dafür notwendig ist, die beiden anderen in Beziehung zu setzen, würde das Resultat seiner Erkrankung in einer Störung der Beziehungen zwischen dem objektiven und dem subjektiven Sinn bestehen, ohne daß hierzu die Übertreibung des einen oder anderen notwendig wäre, und dementsprechend eine Depression oder im Gegenteil eine Übertreibung, solange dieses Ungleichgewicht nicht unabhängig von der Erkrankung des Beziehungssinns existiert.«

»Insofern sind wir mit vier morbiden Menschentypen konfrontiert: Beim ersten wird der objektive Sinn übertrieben und der subjektive im Verhältnis dazu unterdrückt; beim zweiten wird der subjektive Sinn übertrieben und der objektive im Verhältnis dazu unterdrückt; beim dritten wird der Sinn für die Beziehung übertrieben; beim vierten wird der Sinn für die Beziehung unterdrückt.«

»Beim ersten, der bei Tieren normal ist und bei dem der objektive Sinn weit den subjektiven übersteigt, handelt es sich, wenn er sich beim Menschen ergibt, um den Idioten oder Blödmann. Der zweite ist der Verrückte, bei dem es sich wesentlich um ein Geschöpf handelt, dessen subjektives Leben bis zu einem Punkt übertrieben wird, an dem es die objektive Wahrnehmung der Dinge verliert. Beim dritten handelt es sich um den genialen Menschen, nach meinem Dafürhalten um das Genie, und aus dieser Überlegung heraus handelt es sich dabei um die morbide Übertreibung des Sinnes für die Beziehung, eine morbide Übertreibung, die den merkwürdigen Effekt hat, einen Exzeß des Ausgleichs hervorzurufen, eine Krankheit der nur hellsichtigen Hellsichtigkeit. Beim vierten handelt es sich schließlich um den Verbrecher. Der Verbrecher ist also, so würde ich sagen, ein Beziehungsidiot.«

»Der Kriminelle ist kein Verrückter, obwohl er verrückt sein kann, da, wie ich bereits sagte, die Erkrankung des Beziehungssinns mit einer Erkrankung des objektiven und des subjektiven Sinnes einhergehen kann. Der Kriminelle ist kein mentaler Idiot, obwohl er, aus demselben Grund wie im anderen Fall, ein mentaler Idiot sein kann. Wenn überhaupt, kann der Kriminelle nur in ausgesprochen seltenen Fällen ein genialer Mensch sein, zumindest im wahrhaften Sinn dieses Wortes, da, wie ich es schon darlegte, das Verbrechen genau auf dem mentalen Phänomen beruht, welches das genaue Gegenteil von jenem ist, auf dem das Genie beruht. Sicher kann es aber Momente – gelegentliche Phänomene – einer Unterdrückung des Beziehungssinns geben, wie es sie auch beim normalen Menschen geben kann. Ich glaube allerdings, daß der einzige Fall, bei dem es irgendeine Sache gab, die annähernd einer Zusammenkunft eines authentischen Genies und des Verbrechens entspricht, derjenige des Benvenuto Cellini[115] ist (...).«

»Alle diese Phänomene, die ich bis hierher beschrieben habe, können organisch oder episodisch sein. Gewisse Umstände der Bildung, der Umgebung und andere weniger wichtige Faktoren können bis zu einem gewissen Punkt aus einem Menschen einen Blödmann machen. Gewisse Umstände, die man schon leichter hervorrufen kann, können aus einem normalen Menschen einen Verrückten machen. Andere Umstände, wie gewisse Stimulationen, gewisse Momente der geistigen Erregung und noch andere Momente dieser Art, können in einem nicht genialen Gehirn einen Funken erzeugen, der, wenn er eindeutig ist, sich als genial herausstellen kann. Ein solcher von seiner Natur her normaler Mensch ist zwar intelligent, aber doch banal, und er wird vielleicht irgendwann einen Moment haben, in dem er ein für ihn einzigartiges Sonett vollbringt, das dann Einzug in eine Anthologie hält. Der andere – und das ist geläufiger – wird eine Geisteseingabe haben, die wir ohne weiteres einem wirklich genialen Geist zuordnen können. Die Geisteseingabe ist sogar eines der merkwürdigen Beispiele des seltenen Phänomens eines gelegentlichen Genies: und es wäre anzumerken, wie oft dies aus einem Stimulus der Gesellschaft entspringt, aus einem Stimulus des Weines oder einer anderen solchen Sache.«

»In derselben Art gibt es, wie wir alle wissen, gelegentliche Umstände, die aus einem normalen Menschen, oder einem, den wir als normal bezeichnen würden und der es auch tatsächlich ist, einen Kriminellen machen. Ein solcher Mensch, der zwar moralisch, aber doch schwach ist, wird eine Geldhinterziehung unter dem Druck übertriebener Umstände und einer verräterischen Möglichkeit begehen. Ein solcher anderer, nicht weniger normal, wird eine Frau töten, wenn er wegen eines Ehebruchs von einem Kolleranfall ergriffen wird. Diese Fälle, die nicht unbedingt selten sind, kommen insgesamt häufiger vor, als wir denken. In vielen Fällen eines scheinbar gelegentlichen Verbrechens finden wir, wenn wir denn einmal genauer die Sache betrachten, eine Basis der Anormalität, die vielleicht vage und schwach ausgebildet ist, die aber unter heftigen Umständen an der Oberfläche auftauchen kann. Was allerdings, und das ist für alle einleuchtend, den geborenen Verbrecher (nennen wir ihn so) vom Gelegenheitsverbrecher unterscheidet, obwohl es bei ihm eine vage morbide Basis gibt, ist eines von drei Dingen: die fehlende Proportion zwischen Stimulus und krimineller Reaktion; die fortwährende Neigung zum Verbrechen; und die vorhergehende Konzeption.«

»Das Verbrechen jedoch, sei es nun gelegentlich oder nicht, ist immer ein Verbrechen. Wie nun sowohl das Gelegenheitsverbrechen, da es eben gelegentlich ist, deutlicher und ausführlicher (unter der Voraussetzung, daß es auf einer nicht kriminellen oder wenig kriminellen Ebene beruht) die Mechanik des Verbrechens zeigt und auch der normale oder fast normale Mensch, der dies begeht, uns verständlicher ist als ein anormaler Mensch, wäre die beste Art zum Studium der Mechanik des Verbrechens (und daraus schlußfolgernd der Seele des Kriminellen) diejenige, in der wir analysieren, wie in einer normalen oder fast normalen Seele der Impuls eines vollzogenen oder versuchten Verbrechens entstehen kann.«

»Die fehlende Proportion zwischen dem Stimulus und der kriminellen Reaktion ist charakteristisch für den verrückten Verbrecher oder für den Verrückten, der kriminell geworden ist, oder für den Kriminellen, dem ein Element des Wahnsinns beiwohnt. Die Dauerhaftigkeit in der verbrecherischen Praxis ist für den idiotischen Verbrecher charakteristisch oder für den übelgesinnten Idioten (ein häufiger Typ) oder für den Verbrecher, dem ein Element mentaler Minderwertigkeit beiwohnt. Im geplanten Verbrechen erscheint uns das perfekte Beispiel, ich würde sogar sagen das reine Beispiel, eines Verbrechers. Da sich bei diesem Typ des Verbrechers zu seiner Beziehungsidiotie kein morbides Phänomen, welches den gegensätzlichen Sinnen und deren Ungleichgewicht entstammt, angliedert, und wie dieser Typ eines Kriminellen aus einer Erkrankung, die ihn nur *aus einer Störung des Beziehungssinns* kriminell werden läßt, hervorgeht, sollten wir uns nicht verwundern, daß es Verbrechen in dem Verhältnis gibt, in dem irgendeine vage Sache anwesend ist, die einem Genie ähnelt. In jeder Krankheit gibt es irgendeine andeutungsweise mitschwingende Sache: beim Genie die beständig fehlende Sozialität, welche auch das Fundament, wenn auch in einem geringen Maße, für das Verbrechen ist; beim vorplanenden Verbrecher die Erregung und die Klarheit in der Organisation, die ihn gelegentlich zu *einem wahrhaften Strategen* werden läßt, wenn auch auf einem etwas eingeschränkten Feld. Und hier vorläufig erst einmal zwischen Klammern gesetzt: Etwas später werde ich den Strategen im Detail genauer untersuchen.«

* * *

[Verbrechensarten: vom Temperament her, aus einem Impuls heraus und in einer Gelegenheit. – Die mentalen Funktionen: der Intellekt, die Emotion und der Wille. Der Kriminelle ist ein Willensschwacher.]

»Es gibt drei Verbrechensarten – Verbrechen des Temperaments, Verbrechen des Impulses und gelegentliche Verbrechen. Verbrechen des Temperaments sind jene, die nicht durch einen äußeren Umstand provoziert wurden, der sie rechtfertigen würde – ich sage jetzt nicht moralisch, da ein Verbrechen nicht moralisch, sondern maximal nur intellektuell gerechtfertigt werden kann; die Verbrechen also, die einen Grund haben, der mit ihnen in keinem Verhältnis steht. Der Mensch, der einen anderen aus einem trivialen Motiv heraus tötet, der Mensch, der ohne offensichtliche Notwendigkeit Geld raubt oder der diesen Betrag sich auch ehrlich beschaffen könnte, wenn er nur etwas mehr arbeiten würde – diese Menschen begehen Temperamentsverbrechen. Verbrechen aus einem Impuls heraus sind die, die von äußeren Umständen herrühren, welche es auf einer intellektuellen Ebene rechtfertigen; der Mann, der die untreue Frau umbringt, der Mann, der Geld raubt, das er sich auf legitime Weise nicht besorgen kann, oder zumindest nicht in der Frist, in der er es zurückzuzahlen hat – diese Männer begehen Verbrechen aus einem Impuls heraus. Gelegenheitsverbrechen sind jene, bei denen das Motiv nicht hinreichend ist, um es intellektuell rechtfertigen zu können, bei denen sich jedoch ein äußerer Umstand ergeben hat, der beim Individuum eine unwiderstehliche Versuchung erzeugte.«

»Hier sind wir eindeutig mit drei Stufen der latenten Kriminalität konfrontiert. Jawohl, denn selbst der Kriminelle aus einem Impuls heraus besitzt eine latente Kriminalität. Zwischen den betrogenen Männern gibt es schließlich wenige, die ihre Frauen auch umbringen, zwischen den Männern, die dringend Geld benötigen, gibt es schließlich wenige, die es auch stehlen. Es gibt also im impulsiven Kriminellen auch immer ein Anzeichen eines Temperamentskriminellen; der Unterschied besteht darin, daß die äußere Anregung absolut erdrückend sein muß – oder mit anderen Worten, das Motiv muß absolut dramatisch sein –, damit das Verbrechen zur Ausführung kommt. Beim Gelegenheitsverbrecher muß die Veranlagung schon größer sein, da von der Definition her die Erregung, oder der äußere Umstand, normalerweise nicht die ausreichende Kraft hat, um ein gewöhnliches Verbrechen zu veranlassen. Wir müssen also annehmen, daß der Gelegenheitsverbrecher ein Verbrecher vom Temperament her ist, bei dem es normalerweise eine Hemmung der kriminellen Neigung gibt, eine Hemmung, die durch einen äußeren Umstand plötzlich aufgelöst wird. Mit anderen Worten, der Gelegenheitsverbrecher ist ein Temperamentsverbrecher, dessen Temperament gewöhnlich gehemmt ist.«

»Untersuchen wir nun, was ein Temperamentsverbrecher ist. Zunächst ist ein Verbrecher anormal: Was ist aber anormal? Anormal ist ein Wesen, das in der Regel nicht wie andere Wesen seiner Spezies handelt; es ist also ein Wesen, das nicht so ist wie die anderen Wesen seiner Spezies, da die gewöhnliche Handlungsweise aus dem hervorgeht, was das entsprechende Sein ausmacht. Die Funktionen des Geistes – oder die Qualitäten der Seele, wenn man dies bevorzugt – werden in drei unterschiedlichen Kategorien klassifiziert: der Intellekt, die Emotion und der Wille. Anormal wäre daher ein Individuum, das nicht wie die anderen denkt oder nicht wie die anderen fühlt, oder nicht wie die anderen will, wenn es also zumindest eine dieser Normabweichungen aufzeigt.«

»Nun besteht das Leben wesentlich aus der Handlung, und die Handlung geht aus dem Willen hervor. Der Wille entspringt seinerseits aus einer Emotion, da eine einfache Idee oder eine Vorstellung noch keinen Willen erzeugen; es ist immer nur Emotion, die den Grund einer Handlung abgibt.«

»Diese drei Geistesfunktionen stehen untereinander in folgender

Art in Beziehung: eine Vorstellung oder Idee entsteht (Intellekt), diese Idee erzeugt irgendeine Emotion, diese Emotion erzeugt eine Handlung, sie ruft also den Impuls des Willens hervor, und die Handlung ist einfach oder komplex, schwach oder stark, an diesem oder einem anderen Sinn orientiert, abhängig von der Emotion, die von der Vorstellung hervorgerufen wurde – dies allerdings nur, wenn der Intellekt, die Emotion und der Wille normal funktionieren. Wie das Leben wesentlich Handlung ist, gehören wir dem Leben nur durch den Willen an, wir sind also durch den Willen mit den anderen verbunden – im Gebrauch einer paradoxen Behauptung könnte man fast sagen, daß wir durch den Willen die anderen sind. Durch den Intellekt, welcher das andere Extrem darstellt, sind wir mit den anderen weniger verbunden; es ist in unseren Vorstellungen, in denen wir am meisten wir selbst sind, und genau deswegen sind wir unübertragbar (...).«

»Daher ergibt es sich, daß der Kriminelle im wesentlichen ein Willensschwacher ist, nicht was den funktionellen Willen, der auch beim Neurastheniker schwach ist, sondern was den wesentlichen Willen betrifft. Es ist nicht die Willenskraft, die beim Kriminellen so erkrankt ist wie beim Neurastheniker; es handelt sich um die eigentliche Willensstruktur, die ergriffen ist.«

»Was sind die Resultate einer strukturellen Erkrankung des Willens?«

* * *

[Studium des Anormalen. – Die Trunkenheit und der Wahnsinn. – Der Soldat und der Krieg. – Kriminelle gemäß der Stimulierung: der passionierte Mörder, der geborene Mörder und der Mörder aus einer andauernden Autosuggestion heraus. – Die Beziehung zwischen Hysterie und Epilepsie in jedem einzelnen Fall. – Der überlegende Mörder und die radikale und ausgeglichene Hystero-Epilepsie. – Der Autor des Verbrechens ist ein radikaler hysterischer Epileptiker mit Vorherrschaft des hysterischen Elements.]

»Untersuchen wir also«, sagte Dr. Quaresma, »wie die Seele des Mörders beschaffen ist, oder vielmehr die Unterscheidungsphänomene vom Normalen, die sich in dieser Seele ergeben und die ihn zu einem Mörder werden lassen.«

»Im gesamten Studium des Anormalen liegen wir immer richtig, wenn wir vom Normalen ausgehen, da uns dies bekannt ist. Im allgemeinen kann es schwierig erscheinen, vom Normalen zum Anormalen überzugehen, und im speziellen ist es kompliziert, von der friedfertigen Seele eines gewöhnlichen Menschen zur Seele eines Mörders überzugehen. So ist es jedoch nicht. Es ist leicht und üblich, den normalen Menschen in den Zustand eines Mörders zu versetzen: Man muß ihn nur in den Krieg schicken. Der Betrunkene benimmt sich wie ein Verrückter, der Soldat benimmt sich wie ein Mörder. In beiden Fällen geschieht die Anormalität gelegentlich. In beiden Fällen wird die Anormalität beim Individuum durch irgendeine äußere Sache hervorgerufen – der Alkohol in dem einen Fall, die Überzeugung und der soziale Druck in dem anderen Fall. Insofern müssen wir dies untersuchen: Was sind genau die Phänomene, durch welche die Trunkenheit dem Wahnsinn ähnlich wird? Welches sind genau die Phänomene, durch die sich der Soldat zum Mord überreden läßt? Wenn wir diese Phänomene erst richtig begreifen, genügt es, sie nicht mehr als gelegentlich, sondern als andauernd anzusehen, die Gründe in das Individuum hineinzuversetzen, anstatt sie außerhalb von ihm zu suchen, und schon haben wir eine gesicherte Erkenntnis von der Seele des Verrückten und von der Seele des Mörders.«

»Als ein einleuchtendes Beispiel haben wir die Trunkenheit mit dem Wahnsinn verglichen. Legen wir die äußeren Differenzen beiseite, dann ist die Ähnlichkeit absolut: Es ist das gleiche Fehlen der Selbstbeherrschung, das gleiche Auftauchen unterdrückter Tendenzen eben durch dieses Fehlen der Selbstbeherrschung, das gleiche Fehlen der Koordination von Ideen, Emotionen und Bewegungen, oder die falsche Koordination der einen mit den anderen. In einer nicht schweren mentalen Anstrengung stelle man sich diese Trunkenheit als andauernd vor: da wir nun alle bestimmt schon einmal betrunken waren, haben wir aus der eigenen Intuition heraus eine tiefe Kenntnis von dem, wie die Seele eines Verrückten funktioniert. Und wir haben diese Kenntnis mit allen ihren wesentlichen Einzelheiten – der Zusammenbruch der Hemmung, die emotionale Verwirrung, das Fehlen einer korrekten Beziehung mit der äußeren Welt.«

»Untersuchen wir nun den Soldaten. Warum tötet ein Soldat? Wegen dem Überwiegen eines äußeren Impulses, der bei ihm vollständig alle seine normalen Vorstellungen vom Respekt gegenüber dem Leben und dem Gesetz unterdrückt; dieser äußere Impuls kann das Vaterland sein, die Pflicht oder einfach nur die Unterordnung unter eine Überzeugung: Es handelt sich jedoch immer – wie beim Alkohol, der den anderen zu einem Verrückten hat werden lassen – um eine von außen kommende Sache. Der Krieg ist der Zustand eines kollektiven Wahnsinns, wobei aber dessen Auswirkungen auf das Individuum anders sind als bei der Trunkenheit: Die Trunkenheit löst es auf, der Krieg macht es durch die Aufhebung der moralischen Hemmungen anormal luzide. Der Soldat ist ein Besessener: In ihm und anhand von ihm funktioniert eine andere Persönlichkeit, bei der es weder ein Gesetz noch eine Moral gibt. Der Soldat ist ein Besessener oder mit jenen Drogen vergiftet, die im Geist eine künstliche Klarheit erzeugen, eine Hellsichtigkeit, die es bei ihm angesichts des Überflusses der Wirklichkeit sonst nicht gibt.«

»Ich meine sogar, ohne jegliche Probleme behaupten zu können, daß alle großen Männer der Tat Besessene sind und die wahrhaftige und gesunde Klarheit nur in der wissenschaftlichen Forschung und dem daraus folgenden Denken anzufinden ist – und es ist erstaunlich, daß diese mentalen Berufe, wenn sie kontinuierlich ausgeführt werden, dazu neigen, den Willen zu erschlaffen und für die Handlung untauglich zu machen. Im gewissen Sinne sind wir alle Besessene, und die Befreiung entmutigt uns wie das Fehlen der Droge, durch das wir uns entgiften wollen.«

»Diese sich im Soldaten abspielenden Phänomene, durch die ein normaler Mensch zu einem Mörder wird, weisen eine betonte Ähnlichkeit mit den Phänomenen der Hypnose auf, bei der sich nichts anderes ereignet als die Unterwerfung eines Individuums unter eine ihm fremde Mentalität. Die Phänomene der Hypnose ergeben sich besonders leicht in als hysterisch bezeichneten Individuen, also in Individuen, die unter einer Hysterie genannten Neuropsychose leiden.«

»Ich gebe nicht viel auf die Bezeichnung ›Hysterie‹. Wenn man will, kann man sie auch als irgend etwas anderes bezeichnen. Aber zweifelsohne ist sie ein nervlicher Zustand von extremer Unbeständigkeit und Unstabilität, bei dem eine äußerlich starke Suggestion mit bemerkbarer Einfachheit wirken kann, da sie auf keinen Widerstand trifft, auf keine Hemmung oder irgendeine Temperamentsstärke.«

»Im Fall des Soldaten wäre anzumerken, daß das normale Individuum zwar nicht hysterisch ist, durch den Krieg aber hysterisiert (jedermann ist hysterisierbar) und seelisch beeinflußt wird.«

»Im Fall des Mörders, ebenso wie in dem des Verrückten in der Beziehung zum Betrunkenen, müssen wir festhalten, daß der Impuls nicht äußerlich, sondern innerlich ist. Der Mörder ist also ein Hysteriker, der von innen beeinflußt ist.«

»Dieses Innen kann nun eines von drei Dingen sein – ein Impuls aus einer Gelegenheit oder einer Erregung heraus; oder eine intime Veranlagung des Temperaments; oder (darauf möchte ich die Aufmerksamkeit lenken!) ein mental-emotioneller Zustand, der innerhalb vom Individuum ein suggestives Wesen erzeugt.«

»Im ersten Fall haben wir den Mörder aus Leidenschaft, im exakten Sinn des Wortes; der Mord geschieht also aus einem plötzlichen leidenschaftlichen Impuls heraus, ohne Vorplanung, wenn einer, wie es im Volk heißt, den *Verstand verliert.* Im zweiten Fall haben wir den geborenen Mörder, also ein Individuum, dem von Geburt an alle fundamentalen moralischen Qualitäten abhanden gekommen sind. Im dritten Fall haben wir einen Mörder, dem die Psychiater und Kriminologen bisher noch nicht die entsprechende Aufmerksamkeit geschenkt haben: der Mörder aus einer fortwährenden Autosuggestion heraus.«

»Wenn wir also bemerken, daß der Mörder ein oberflächlich durch einen epileptoiden Impuls beeinflußter Hysteriker ist, ergibt sich für uns die Schlußfolgerung, nach der jeder Mörder ein epileptischer Hysteriker ist.«

»Bei diesen gemischten Neuropsychosen ist jedoch eine Sache zu beachten: die entsprechende Dosierung dieser beiden Neuropsychosen ist derartig unterschiedlich, daß die hysterischen Epileptiker – wie auch bei der anderen Mischung, den hysterischen Neurasthenikern – in einer großen Anzahl von Klassen und Gestalt untergliedert werden müssen.«

»So finden wir also drei Typen der Beziehung zwischen der Epilepsie und der Hysterie bei den drei Mördertypen vor. Beim Leidenschaftsmörder gibt es eine hysterische Tendenz, die mit einer vorübergehenden Epileptisierung gelegentlich eine Hystero-Epilepsie ausformt. Beim Temperamentsmörder ergibt sich genau das Gegenteil: Es gibt eine epileptische Basis, die mit einer mitunter nur geringen vorübergehenden Hysterisierung eine Hystero-Epilepsie ausformt. Beim planenden Mörder ist die Hystero-Epilepsie, um es so zu sagen, radikal ausgeglichen. Es gibt keine vorübergehende Hysterisierung, keine vorübergehende Epileptisierung: Es gibt eine langsame Anhäufung von äußeren Impulsen, die in ihrer unmittelbaren Reaktion unterdrückt werden, oder von Gedanken, die wie äußere Impulse wahrgenommen werden.«

»Die Mentalität des überlegenden Mörders ist stark analog zur Mentalität des Strategen. Alle großen Generäle sind epileptoid gewesen; dies läßt sich anhand von ihren Biographien nachvollziehen. Aber die eigentlich großen Strategen waren auf deutliche Weise auch Hysteriker. Dies sieht man anhand der überraschend femininen Elemente bei Friedrich dem Großen, und auf skandalöse Weise (...) im Temperament des Schauspielers Napoleon (Tragöde! Komödiant! hat ihn der Papst gerufen).«

»Aber innerhalb der eigentlichen, also radikalen und ausgeglichenen Hystero-Epilepsie können wir drei untereinander gut unterschiedene Typen identifizieren. Es gibt den Typ, bei dem die Epilepsie die Hysterie beherrscht und diese, um es so zu sagen, einfärbt. Es gibt den Typ, bei dem die Hysterie die Epilepsie beherrscht und diese, um es so zu sagen, einfärbt. Und es gibt den Typ, bei dem sie bis zu einem solchen Punkt ausgeglichen sind, daß sie den Eindruck einer dritten Sache hervorrufen, wie beispielsweise die Mischung aus Blau und Gelb eine dritte Sache ergibt, die man Grün nennt.«

»Bei diesem Verbrechen sind wir, angesichts seiner charakteristischen Vorausplanung und der Behutsamkeit bei der Ausführung, mit einem Mörder konfrontiert, der ein radikaler Hystero-Epileptiker ist. Aber angesichts der komplizierten Vorbereitungen, was so aussieht, als ob zu lösende Schwierigkeiten gesucht worden sind, sind wir auch mit einem Menschen konfrontiert, der die Handlung literarisiert, also mit einem radikalen Hystero-Epileptiker, bei dem das hysterische Element vorherrscht.«

»Gelegentlich erscheint dies in der Feminisierung – sagen wir es so – des Temperaments, wie bei Cesar, und noch deutlicher wie bei Friedrich dem Großen. Und gelegentlich erscheint dies in der moralischen Niedertracht der Hysteriker, wie bei Napoleon und Marlborough[116], die beide beständig von Frauen dominiert waren.«

»Der Mörder ist in diesem Fall *ganz deutlich* ein Hystero-Epileptiker, sonst wäre er auch kein Mörder. Und wie er dies *ganz deutlich* ist, erkennen wir auch recht schnell sein Temperament, solange wir eben das typische Temperament des Hystero-Epileptikers kennen, das sich notwendigerweise in den aufgeführten Beispielen manifestiert.«

»In uns allen wohnen epileptische, hysterische und neurasthenische Wirkungsvermögen.«

* * *

»Die Passivität eines Menschen mit einer solch organisierten und aktiven Gemütsart verwundert nicht. Alle großen Herrscher und Organisatoren waren in ihren früheren Zeiten gehorsam und diszipliniert. Napoleon war außerordentlich und morbid ungeduldig, aber Napoleon ist auch ein extrem disziplinierter Offizier gewesen. Friedrich der Große war nicht nur ein extrem gefügiger Sohn, er war sogar auch ein regelrechter Lump im Gehorsam.«

»Die Kraft, mit der die eigentliche Individualität annulliert wird, ist auch jene, wenn wir sie von ihrer Kehrseite nehmen, mit der wir diese Persönlichkeit aufrechterhalten. Die Konzentration ist der Unterwerfung und dem Herrschen gemeinsam. Und das ist der psychologische Schlüssel von diesem Problem.«

»Dies erklärt auch jenen merkwürdigen, in der Geschichte so häufigen Fall, bei dem ein Mensch, den wir zuvor für nichtig, unbedeutend und gegenstandslos erachtet haben, sich plötzlich zum Meister einer ganzen Generation und zum Herrscher eines ganzen Landes erhebt. Dies erklärt sogar den Grund, warum Mathematiker so oft bedeutende Männer der Handlung sind.«

* * *

[Soldat: überlagerte Hysterie und Epilepsie. – Der Verbrecher aus Leidenschaft: die bis zur Epilepsie gehende Hysterie. – Der geborene Kriminelle: die sich durchdringende Hysterie und Epilepsie.]

»Ein emotioneller Respekt vor dem Leben ist das, was ein gegenseitiges Morden verhindert. Der Buddhist hat diesen Respekt; der Christ hätte ihn, wenn er wirklich einer wäre.«

»Wer keinen Menschen töten kann, kann auch kein Huhn töten. Und umgedreht, wer ein Huhn töten kann, kann auch einen Menschen töten; man muß ihm nur die äußeren Umstände so gestalten, daß für ihn aus anderen Menschen Hühner werden, oder zumindest aus einem bestimmten Menschen. Also die äußeren Umstände müssen so sein, daß nicht der Affekt fürs Leben verdunkelt wird (dieser ist bei denen, die töten können, ohnehin verdunkelt), sondern die Wahrnehmung der Identität des einen menschlichen Lebens mit dem eigenen (und genau dies ist verdunkelt bei dem, der effektiv tötet).«

»Die Leidenschaftsverbrechen sind Verbrechen der Liebe oder des Hasses: sie werden begangen als Liebesstrafe oder aus Rache. Die Liebe ist eine Hysterie, wenn auch eine normale Hysterie. (In derselben Art ist die Schwangerschaft ein gleichzeitig normales und anormales Phänomen, zugleich gesund und morbid.)«

»Im Fall des Soldaten haben wir eine Hysterisierung, auf die sich eine Epileptisierung legt. Das hysterische Phänomen und das epileptische Phänomen sind voneinander verschieden, aber doch überlagert.«

»Im Fall des Leidenschaftlichen haben wir die Hysterie, die bis zur Epilepsie geht.«

»Im Fall des geborenen oder natürlichen Verbrechers existieren die Hysterie und die Epilepsie miteinander, sie vermischen und vermengen sich aber, und sie vermengen sich, da sie angeboren sind und keine von ihnen induziert wie in den Fällen des Soldaten (bei dem beide induziert sind) und des Leidenschaftlichen (bei dem nur eine induziert ist, die Epilepsie).«

»Beim geborenen Kriminellen können wir zwei Typen unterscheiden, je nachdem, ob in der hystero-epileptischen Verschmelzung der hysterische Inhalt überwiegt oder der epileptische Inhalt. Im ersten Fall, dem gewöhnlicheren, haben wir einen Mörder, der aus Interesse mordet, also einen Mörder, zu dem sich Gaunerei gesellt. Im zweiten Fall haben wir den reinen Mörder, der den Raub fast immer ablehnt.«

* * *

[Der Soldat: ein gelegentlicher Hystero-Epileptiker. – Der geborene Mörder: ein Hystero-Epileptiker. – Der geborene Kriminelle: ein Zwischenfall. – Typen der Hystero-Epilepsie. – Das Gleichgewicht. – Der Charakter des Mörders von Vargas.]

Der Nachweis, daß der Soldat ein gelegentlicher Hystero-Epileptiker ist. (1) Der Mensch ist ein hysterisches Tier, aber innerhalb seines normalen Zustands wenig hysterisch. (2) Der Hysteriker ist zwar anfällig für Suggestionen, damit die Suggestion aber bedeutende Konsequenzen zeigt, muß sie notwendigerweise sehr stark sein. (3) Im Krieg gibt es eine extrem starke Suggestion, da sie kollektiv und intensiv ist. (4) Die Natur der kriegerischen Suggestion hat (a) gewalttätig, (b) der allgemeinen Moral gegenüber entgegengesetzt, (c) die normalen Hemmungen aufhebend zu sein. Die Suggestion ist daher epileptoid.

Wenn also der Soldat, der gelegentliche Mörder, ein gelegentlicher Hystero-Epileptiker ist, so ergibt sich daraus, daß der geborene Mörder ein geborener Hystero-Epileptiker ist und daß die Hystero-Epilepsie ein Phänomen ist, welches eine Tendenz zum Töten aufzeigt.

Zum Töten muß es geben (a) eine Hystero-Epilepsie, (b) eine äußere Beeinflussung, die ausreichend Stärke besitzt, um den Mord anzuregen. (Der Fall des Verbrechers aus Leidenschaft steht zwischen dem des Soldaten und dem des geborenen Kriminellen.) (Wer unfähig ist, ein Huhn zu töten, kann auch keinen Menschen töten – wer also Angst hat vor dem Blutvergießen oder dem Zerschneiden von Fleisch, wie der Buddhist und die eine oder andere menschliche Seele in ihren Leidenschaften.)

Typen der Hystero-Epilepsie: (a) die große Hysterie, also die Hysterie, die bis zur Hystero-Epilepsie geführt wird; (b) die Hysterie *plus* Epilepsie; (c) die beiden Dinge zusammen. Diese Phänomene ergeben drei unterschiedliche Typen des Mörders oder des Verbrechers: (a) den Mörder aus einer einfachen Gelegenheit heraus, (b) den Mörder (...).

Unabhängig von seiner Hystero-Epilepsie muß der Charakter des Individuums betrachtet werden.

Die Typen der Amoralität innerhalb der Hystero-Epilepsie. Die unterschiedlichen Formen, durch die jeder Typ des Hystero-Epileptikers amoralisch ist. Sie unterscheiden und formen unterschiedliche Seelenveranlagungen.

Das Gleichgewicht existiert durch die Äquivalenz von zwei gegensätzlichen Tendenzen. Insofern ist ein Mensch mit einem gleich großen Anteil an Emotionalität und an Intelligenz ein ausgeglichener Mensch, wie groß auch die jeweiligen geistigen Zugaben sein mögen. Auf einem hohen Niveau handelt es sich um ein poetisches Genie, und es ist recht einfach, bei Shakespeare eine außerordentliche Gleichwertigkeit zwischen einer intensiven und tiefen Emotion und zwischen einer vernünftigen und ausdrucksfähigen Intelligenz aufzuzeigen. Bei Poe haben wir eine ausgeglichene Entwicklung der Imagination und der Überlegung.

Dieser Kriminelle, der dieses Verbrechen ohne Fehler, einwandfrei und exakt in der Ausführung begangen hat, ist innerhalb seiner Anormalität ein ausgeglichener Mensch. In seiner Art ist er ein genialer Mensch, ein vollkommener Künstler im Morden.

* * *

[Psychologische Analyse der Psychoneurosen]

Es gibt drei Psychoneurosen – die Neurasthenie, die Hysterie und die Epilepsie. (Es hat wenig Interesse, wie sie die Psychiater nennen, oder sie nennen werden. Der Psychologe stößt auf diese drei unterschiedlichen Typen der Psychoneurosen. Die Psychiater sind selten oder eigentlich nie Psychologen, aus dem einfachen Grund, da sie Mediziner sind. Die Mediziner berücksichtigen mehr die Symptome als die Gesamtheit, was kein Problem ist hinsichtlich der physischen Krankheiten, da sich diese Krankheiten effektiv anhand der Symptome zeigen; allerdings zeigen sich bei mentalen Krankheiten nicht einmal Symptome...) (Wer beispielsweise wissen will, was eine Hystero-Neurasthenie bedeutet, der lese keine Abhandlung der Psychiatrie, der lese vielmehr den *Hamlet*. Wer wissen will, was eine Demenz in ihrem Schlußstadium bedeutet, der lese keine Abhandlung der Psychiatrie, der lese vielmehr den *König Lear*. In beiden Fällen gibt es eine gewisse Verfinsterung des psychologischen Zustandes hinsichtlich des Überlebenswillens, in den uns vorliegenden Stücken finden wir vorshakespearesches Material, das der Meister in seiner für ihn typischen Nachlässigkeit zurückließ.)

Die drei Neuropsychosen bilden eigentlich drei Stufen ein und derselben Neuropsychose, allerdings schon in einer so voneinander unterschiedenen Art, die uns zwingt, korrekterweise von drei unterschiedlichen Typen zu sprechen. Was uns diese Abstufungen erkennen läßt, ist die Tatsache, daß es zwar deutlich die Hystero-Neurasthenie und deutlich die Hystero-Epilepsie gibt, wohlgemerkt aber nicht die Neurastheno-Epilepsie, denn schon allein dieses zusammengesetzte Wort ist grotesk und unmöglich.

Die Neurasthenie ist eine einfache Ermüdung, welche die Nerven befällt. Jedermann war schon einmal von einer Neurasthenie befallen, oder zumindest von leichten und gelinden Formen derselben.

Die Hysterie ist eine Ermüdung des Zusammenhalts oder der Hemmung, die den Geist oszillieren läßt und dabei gelegentliche Impulse freisetzt. Der hysterische Anfall ist der Ausdruck des Willens zur Gestikulation, zur Verrenkung, des Unwillens zur Beherrschung.

Die Epilepsie ist die Ermüdung der eigentlichen Persönlichkeit, und das bezeichnende Charakteristikum eines epileptischen Anfalls ist der Verlust des Selbstbewußtseins, das wiederum für die Persönlichkeit bezeichnend ist.

Alle die Phänomene, die man psychischer Automatismus, multiple Persönlichkeit nennt, sind epileptische Phänomene – vielleicht rein psychisch, aber epileptisch.

Wie es eine Abstufung von der Neurasthenie zur Hysterie und von der Hysterie zur Epilepsie gibt, folgt, daß es in der Neurasthenie unter dem Druck äußerer, intensiv neurasthenisierender Umstände immer eine Tendenz zur Hysterisierung gibt und in der Hysterie unter dem Druck äußerer, intensiv hysterisierender Umstände immer eine Tendenz zur Epilepsie. Umgekehrt, aber parallel gibt es in jeder Epilepsie Anzeichen der Hysterie und in jeder Hysterie Anzeichen der Neurasthenie. (...) Der Verlauf eines epileptischen Anfalls ist merkwürdig: Er beginnt mit einem hysterischen Vorspiel, steigt zum eigentlichen epileptischen Anfall an, wird gefolgt von einer Periode des Halbbewußtseins (währenddessen mitunter absurde Handlungen geschehen können, was man einen postepileptischen Automatismus nennt) (...), fällt danach zu einer hysterischen Ermüdung ab, und schließlich kommt es zu einer Entkräftung von neurasthenischer Art. In der physischen Epilepsie sehen wir den gesamten Verlauf der Neuropsychosen, die insgesamt jedoch nur eine ist; und wir sehen darin den exakten Beweis der psychologischen Analyse, den ich Ihnen bis hierher vorgelegt habe.

Der Soldat tötet aus einer ausgeprägten Hysterie heraus, die ihm induziert wurde.

Die poetische oder künstlerische Inspiration ist ein Phänomen der ausgeprägten Hysterie. Es gibt denselben Possessivcharakter wie bei der Epilepsie.

* * *

[Anmerkungen zur fehlenden Adaption des Genies, des Verrückten und des Kriminellen]

Das Genie, der Verrückte und der Kriminelle sind drei Fälle der fehlenden Anpassung. Beim Genie ist die fehlende Anpassung intellektuell: Es handelt sich um einen Menschen, der nicht wie andere denkt, nicht wie andere denken kann. Beim Verrückten ist die fehlende Anpassung emotional: Es handelt sich um einen Menschen, der nicht wie andere fühlt, nicht wie andere fühlen kann. Beim Kriminellen bezieht sich die fehlende Anpassung auf den Willen: Es handelt sich um einen Menschen, der nicht so wie andere will, nicht wie andere wollen kann.

Da wir in der Intelligenz am meisten wir selbst sind, entspricht es einem *Exzeß* der Intelligenz, nicht so wie andere zu denken, womit es sich beim Genie um ein überlegenes Wesen handelt: Um es so zu sagen, es ist hypernormal, und wenn es als krankhaft erscheint, dann eben nur da es hypernormal und notwendigerweise anormal ist. In den Emotionen sind wir, um es so zu sagen, teilweise wir selbst und teilweise die anderen; fühlt man also nicht so wie die anderen, beinhaltet dies ein Ungleichgewicht im Geist – eine Sache, die an sich weder eine Überlegenheit noch eine Minderwertigkeit ist (...). Im Willen sind wir uns selbst fremd; es bedeutet eine *Schwäche* des Willens, wenn man nicht so wie die anderen will.

Zunächst scheint es, der Verrückte wäre ein Individuum, das nicht wie die anderen denkt. Dem ist nicht so. Die Gedanken eines Verrückten können durcheinander sein; und sie sind immer banal. Was den Verrückten charakterisiert, ist die Tatsache, daß er nicht wie die anderen fühlt. Dies sieht man deutlich an den typischen Verbrechen der Verrückten. Ein Verrückter würde beispielsweise auch die Person töten, die er am meisten liebt.

Im Kriminellen gibt es die Erkrankung des Willens. Ein Mensch wünscht sich intensiv Geld. Sollte es sich um einen normalen Menschen handeln, dann wäre das Resultat dieses intensiven Wunsches eine höhere Arbeitsleistung, aufmerksamere Geschäfte oder ähnliche Dinge in dieser Art. Es handelt sich um eine normale Art des *Wollens.* Ein Krimineller fühlt, er denkt sofort ans Stehlen, ans Fälschen. Offensichtlich ist sein Wille, seine Art des Wollens irrig.

Den Verrückten verwechselt man gelegentlich mit dem Kriminellen, da die Emotion eine innere Beziehung zum Willen hat.

Da es in einem etwas verdunkelten Sinn eine Ähnlichkeit zwischen der fehlenden Anpassung des Kriminellen und des Genies gibt, wollten einige den Kriminellen schon als eine starke Persönlichkeit oder zumindest als einen Rebellen ansehen. So ist es aber nicht. Der Kriminelle ist einfach nur ein Blödmann. Wie groß auch seine Qualitäten hinsichtlich der Courage, der Widerstandskraft oder sogar bis zu einem gewissen Sinne der Intelligenz sein sollten, der Kriminelle ist immer ein Schwächling, ebenso wie der Verrückte, auch wenn er (wie in der Paranoia) wunderbar überlegen sollte, immer ein Minderwertiger ist.

* * *

[Anmerkungen. – Der Stratege, der Dramatiker, der planende Kriminelle, der Schauspieler, der Metaphysiker und der Paranoide. Die fundamentalen Symptome der Paranoia.]

Der Stratege und der Dramatiker.
Der vorausplanende Kriminelle und der Schauspieler.
Der Metaphysiker und der Paranoide.

Die Paranoia ist in ihrem Wesen ein deutendes Delirium.

Wie die Einteilung vornehmen? Entweder so:

Der Stratege und der Metaphysiker.

Der Schauspieler und der Dramatiker.

Der Paranoide und der vorausplanende Kriminelle.

Oder so:

Gesund: der Stratege, der Dramatiker, der Schauspieler.

Morbid: der Metaphysiker, der vorausplanende Kriminelle, der Paranoide.

Die Analogie zwischen dem Metaphysiker und dem Paranoiden, hier werden unvollständige und falsche Daten systematisiert. (Der Stratege und der vorausplanende Kriminelle sind analog, wie es der Dramatiker und der Schauspieler sind.)

Der Handlungsstratege – das ist der Kriegsstratege, und bis zu einem gewissen Punkt auch bestimmte Politiker und bestimmte Diplomaten; der Denkstratege – das ist der Dramatiker, und bis zu einem gewissen Punkt auch bestimmte Romanciers; zwischen ihnen steht der Stratege einer limitierten Handlung (der Kriminelle und der Schauspieler).

Der Stratege sollte haben: eine Vision (...).

Der Verrückte ist oftmals ein Simulant, aber dies nur da und wenn der Wahnsinn in ihm gänzlich eine Hysterie erweckt; und die Hysterie hat als charakteristischen Wesenszug eine Autosuggestibilität, welche den Wahnsinn vereinfacht. Daher gibt es in allen Formen des Wahnsinns die Simulation, es kann sogar eine (relative) Hellsichtigkeit geben.

Die fundamentalen Symptome der Paranoia sind drei: die dem eigenen Ich geschenkte übertriebene Wichtigkeit, die auf dieses gelenkte übertriebene Konzentration, die falsche und mißbräuchliche Systematisierung der Fakten aufgrund dieser Konzentration (...).

Es handelt sich um ein zentrales Delirium, das die mentalen Qualitäten an sich intakt läßt; es ist ein egozentrisches Delirium, bei dem die Gedanken, die Gefühle und die Individualität des Kranken für ihn selbst alles sind; und es ist ein defensives Delirium (...).

* * *

[Ähnlichkeiten zwischen dem Mörder von Vargas und einem Paranoiden. – Charakterisierung des Wahnsinns. – Typologie. – Die Paranoia begründet ein interpretatives Delirium, das einer inneren Halluzination entstammt. – Die drei Typen der Paranoia. – Normalität und Wahnsinn.]

»Das bedeutet«, fuhr Quaresma fort, »der Autor dieses Verbrechens hat eine völlige Ähnlichkeit mit einem Paranoiden, ausgenommen er ist nicht verrückt. Seine Mentalität ist daher analog zur Mentalität des Paranoiden, wobei aber das ausgeschlossen bleibt, was bei ihm direkt dem Wahnsinn entspringt. Man könnte sagen, es wäre annehmbar, daß die gesamte Mentalität des Paranoiden aus dem Wahnsinn herrührt. So ist es jedoch nicht: Die Paranoia ist eine gewisse Art des Wahnsinns, von anderen verschieden und eben deswegen genau von dieser Art. Bezüglich des Wahnsinns ist sie den anderen ähnlich; bezüglich der Paranoia unterscheidet sie sich von den anderen. Worin sie sich von den anderen unterscheidet, ist jener Teil der Mentalität des Paranoiden, der nicht direkt aus dem Wahnsinn hervorgeht.

Der Mentalität eines Paranoiden mit einem gesunden Menschenverstand, wie ich ihn an dieser Stelle nennen würde, fehlen also einige Dinge im Verhältnis zur Mentalität des Paranoiden, und es sind diejenigen, die bei ebendiesem aus dem Wahnsinn hervorgehen; es gibt gleichartige Dinge, und das sind genau die, welche die Mentalität des Paranoiden ausmachen, als die eines Verrückten, der sich von anderen Verrückten unterscheidet; und es gibt auch Dinge zuviel, die aus dem Fehlen des Wahnsinns herrühren, oder, wenn man es bevorzugt, aus der vorhandenen Klarheit (ich würde nicht unbedingt Gesundheit sagen) des Geistes.

Legen wir also fest, was der Wahnsinn alles bedeuten kann, was es also bei allen Typen des Wahnsinns an Gemeinsamkeit gibt, angefangen beim einfach nur überspannten Typus wie der zugespitzten Manie bis hin zum scheinbar logischen Typus wie der Paranoia; oder von der Übererregung bis hin zur Depression; vom Wahnsinn, der aus einer Verletzung des Hirnes herrührt, bis hin zu denen, die zumindest offenkundig diesen Ansatzpunkt nicht besitzen. Der Wahnsinn zeichnet sich aus durch die Aufhebung der Funktion der höheren Zentren des Gehirns oder des Geistes, wobei die minderen in ihrer Funktionalität weiterhin bestehen. Im Schlaf oder in der Ohnmacht gibt es eine Aufhebung der höheren Gehirnzentren; allerdings sind auch die niederen verhältnismäßig außer Funktion, oder gänzlich wie bei der Ohnmacht, oder nur hinsichtlich der Handlung wie beim Schlaf mit Träumen; und wahrscheinlich ist jeder Schlaf ein Schlaf mit Träumen, obwohl einige auch so statisch sein können, daß sich der Schlafende beim Erwachen nicht einmal mehr an sie erinnert.

Sollten die Funktionen der höheren Gehirnzentren nun ausgeschalten sein, also die Funktion der Hemmung (oder Hemmungen), der Koordinierung oder des unterscheidenden Vergleichs zwischen dem Subjektiven und dem Objektiven, dann verliert das Individuum die Kontrolle über seine Impulse, stellt diese nicht mehr in eine klare Beziehung zu den eigenen Vorstellungen und verwechselt das Gesehene mit dem Geträumten, das Imaginierte mit dem Verstandenen. Die nicht zurückgehaltenen Impulse können sich in einer Erregung oder in einer Depression zeigen, die unkoordinierten Vorstellungen können lebendig oder schlaff sein, die Verwechslung zwischen dem Subjektiven und dem Objektiven können von einer halluzinatorischen (wenn ein Individuum eine visuelle oder eine andere Wahrnehmung von »Dingen« hat, die nicht existieren) oder einer interpretativen (wenn jede wirkliche Wahrnehmung einer inneren Halluzination untergeordnet wird, die alles auf sich selbst bezieht und alles in ihr falsches Schema eingliedert) Art sein. Die zweitrangigen Unterschiede interessieren nicht: Es handelt sich um die Phänomene, die allen Arten des Wahnsinns gemeinsam sind.

Jede Form des Wahnsinns neigt jedoch zu einem Vorherrschen eines dieser negativen Elemente über die anderen beiden, obwohl alle auf dem einen oder anderen Niveau vorhanden sind; der Wahnsinn kann insofern in drei Gruppen aufgegliedert werden. Aus der Aufhebung der Hemmung geht normalerweise der Wahnsinn des manischen und des melancholischen Typs hervor, und die Krankheit zeichnet sich aus durch die Unmöglichkeit des Individuums, seine Impulse zu beherrschen, seien diese nun jene der Exaltation oder der Aufregung wie im ersten Fall, oder seien es jene der Depression oder der Negation wie im zweiten Fall. Aus der Aufhebung der Vorstellungskoordination gehen prinzipiell jene Wahnsinnsarten hervor, in welchen sich ohne große Gewalt oder Depression, oder ohne Gewalt und typische oder gewöhnliche Depression, eine mentale Verwirrung ergibt, sei es aufgrund eines gewalttätigen Austritts lebendiger Vorstellungen, die sich üblicherweise in solchen Delirien überschlagen, oder sei es aufgrund des Überschlagens von schwächlichen Ideen wie bei der Demenz oder in der Idiotie. Aus der Unfähigkeit zur Unterscheidung zwischen dem Subjektiven und dem Objektiven gehen jene Wahnsinnsarten hervor, bei denen die Exaltation oder die Depression nicht bemerkbar sind, oder wenn sie es sind, dann nur gelegentlich und labil aufgrund von scheinbar logischen Dingen, schließlich erklärt der Kranke sie für sich selbst; bei denen es kein greifbares Delirium oder Durcheinander gibt; bei denen wir eventuell nicht in der Lage sind, die äußere oder innere Halluzination deutlich wahrzunehmen – da sie nicht völlig absurd ist, da wir den Kranken nicht in den Situationen der deutlich delirierenden Exaltation oder Depression angetroffen haben, oder da wir von dem Fall der Halluzination unabhängig von den Äußerungen des Kranken keine direkte Kenntnis haben und diesen daher als gesund ansehen, oder höchstens als einen gewöhnlich Nervösen oder einen erregten Nervösen. In diesem letzten Fall habe ich den halluzinatorischen Typ und den interpretativen Typ unterschieden – die äußere und die innere Halluzination, wie ich danach wiederholt habe; die Paranoia konstituiert für sich allein das aus einer inneren Halluzination hervorgehende interpretative Delirium.

Die innere Halluzination ist an das subjektive Leben, an das Innere des Individuums gefesselt, und involviert daher immer eine übertriebene, relative Idee hinsichtlich der eigenen Persönlichkeit. Diese Persönlichkeit kann anhand ihrer selbst betrachtet werden, anhand ihrer inneren Manifestationen (was ihre Ideen sind) oder anhand der Beziehungen zu anderen. Hieraus ergeben sich die drei unterschiedenen Typen der Paranoia. Zunächst gibt es den Typus, der auf einer übertriebenen Stellung der Persönlichkeit beruht – entweder die exaltierte Persönlichkeit, wie bei der Megalomanie, wenn sich das Individuum für einen Gott, für einen König, für ein Genie hält; oder die deprimierte Persönlichkeit, wenn sich das Individuum für den größten Sünder, für den größten Verbrecher oder sonst irgend etwas in dieser Art hält. Darüber hinaus gibt es die Paranoia, die auf einer übertriebenen Hervorhebung der individuellen Ideen beruht, wenn der Kranke sich beispielsweise im Besitz einer ihm eigenen und höherwertigen Religion wähnt, oder einer eigenständigen und definitiven Philosophie; die Religionsgründer (ob sie sich nun durchsetzen oder nicht durchsetzen, denn das *objektive* Resultat hat nichts mit dem subjektiven Phänomen zu tun) sind alles Fälle der Paranoia, und da ich darin (wie ich bereits sagte) paranoide Zustände annehme, gehe ich auch davon aus (und biographische Daten unterstützen mich darin), daß es sich bei der Mehrheit von Philosophen und Künstlern mit feststehenden Kunstideen ebenfalls um Verrückte dieser Art handelt. Schließlich gibt es die Paranoia, die auf einer übertriebenen Vorstellung von jener Wichtigkeit beruht, die andere in ihrer Aufmerksamkeit der Persönlichkeit des Individuums zugestehen. Jede physische oder psychische Reaktion des Organismus gegenüber der Umwelt ist eine Verteidigung hinsichtlich ihrer selbst, und diese Verteidigung ergibt sich entweder in einer Anpassung an diese oder in einer heftigen Opposition gegen sie. Die Anpassung, welche eine Vorstellung vom Gleichgewicht zwischen Organismus und Umwelt beinhaltet, oder in einem mentalen Fall zwischen dem Subjektiven und dem Objektiven, ist für einen Verrückten unmöglich. Das Milieu – die anderen erscheinen ihm daher nicht als zu überwindende Hindernisse, an die er sich anpaßt, sondern, in Anbetracht seiner Besorgnisse ihnen gegenüber, als zu bekämpfende Feinde. Entsprechend der Beschaffenheit des Individuums und der seines übertriebenen depressiven oder exaltierten Wahnsinns, wird die Reaktion sich entweder in einer Anklage zeigen, in einer Anprangerung, in einer Reklamation mit eventuell gewalttätigen Zwischenspielen bei Zunahme des Drucks des Wahnsinns oder in Gewaltakten. In dem einen Fall haben wir den einfach nur Verfolgten, im anderen haben wir den Verfolgten-Verfolger.

Die Paranoia des ersten Typs, also bezüglich der positiven oder negativen Übertreibung der Persönlichkeit, ist ganz eindeutig das Fundament von allen anderen, und daher die Paranoia an sich. Niemand kann Ideen als übertrieben ansehen, ohne dabei auch die dafür verantwortliche Persönlichkeit als übertrieben anzusehen; und daher ist ein Element der Megalomanie der konkrete Drehpunkt aller abstrakten interpretativen Delirien, seien diese nun religiös oder philosophisch oder sonstwas. Ebenfalls kann niemand den anderen vorwerfen, eine intensive und beharrliche Besorgnis betreffs der eigenen Persönlichkeit zu haben, ohne daß man in dieser Persönlichkeit einen Grund für diese intensive und konstante Besorgnis antreffen würde. In der eigentlich negativen Exaltation (um sie so zu nennen) der Persönlichkeit bemerkt man dies. Derjenige besorgt sich unwillkürlich um sich selbst, der sich unwillkürlich der Aufgabe hingibt, sich selbst für den größten Sünder der Welt zu halten.

Der Wahnsinn ist eine Kondition, oder ein Zustand, des menschlichen Geistes: Er gehört, wenn auch übertrieben und daher morbid, zu den Charakteristiken des menschlichen Geistes. Was den Zustand des Wahnsinns von einem normalen Zustand unterscheidet und ihn aber auch an die Spezies annähert, das sind die Übertreibung selbst und die Konstanz dieser Übertreibung. Wir alle haben Exaltationen und Depressionen. Wir alle haben Momente des mentalen Durcheinanders, des Verdachtes und des Mißtrauens, der willkürlich systematisierten Überlegungen. Aber in uns, in den normalen Menschen, sind diese Zustände episodisch und wenig intensiv und daher atypisch. Beim Verrückten sind sie konstant und intensiv und daher typisch.

* * *

[Ein literarischer Fragebogen aus dem Jahr 1916 und Antwort Pessoas]

Sehr geehrter Kollege,

da wir uns nun vorgenommen haben, eine schon vor einigen Jahren begonnene Befragung zu vervollständigen, und diesbezüglich den größten Teil der portugiesischen Literaten berücksichtigen möchten, habe wir die Ehre, Sie um Ihre Antworten auf diesen Fragebogen zu bitten, und bedanken uns schon im voraus für Ihre Freundlichkeit, unserer Bitte nachzukommen. Geleitet vom Wunsch, einige der wichtigsten und für alle portugiesischen Literaten interessanten Punkte zum Problem unserer ästhetischen und literarischen Kultur zu lösen, richten wir uns an Sie und bitten Sie, unserem Anliegen nachzukommen. Sie würden uns eine sehr große Gefälligkeit erweisen, Ihre Antwort bis zum 6. Mai an uns zu schicken.

Enrico de Seabra

FRAGEBOGEN

1 *Welches sind die Bücher und die literarischen, ästhetischen oder soziologischen Schulen, auf denen die Herausbildung Ihres schriftstellerischen Geistes beruht?*

2 *Welches Ihrer Werke (Roman, Novelle, Monographie, Kritik, Theaterstück, Dichtung oder Erzählung) ist jenes, das Ihnen am meisten zusagt?*

3 *Welches sind die ausländischen Schulen oder Schriftsteller, von denen Sie glauben, daß sie direkt und intensiv die zukünftigen literarischen, ästhetischen oder soziologischen Bewegungen beeinflussen?*

4 *Was halten Sie von der modernen Mentalität Brasiliens?*

5 *Welches sind die Vorteile, die sich durch einen starken Zusammenschluß und intellektuellen Austausch zwischen den Literaten und Wissenschaftlern aus diesem und dem unsrigen Land ergeben könnten?*

6 *Welche Rolle würden Sie der Presse zugestehen, sei es als eventuelles literarisches Dokument oder sei es als vorantreibender Faktor für das Buch und die ästhetische oder soziologische Kultur?*

Mein sehr geehrter Kollege,

selbst ohne Aufrichtigkeit könnte ich nicht auf alle Fragen Ihres Fragebogens antworten. Schon jetzt lege ich die zweite und die drei letzten zur Seite. Auf diese kann ich nicht antworten. Auf die zweite kann ich nicht antworten, da jemand, der noch kein Werk publiziert hat, auch kein Recht hat, von seinem Werk zu sprechen. Auf die vierte und fünfte Frage habe ich auch keine Antwort. Sie beziehen sich auf Brasilien, von dem ich nichts weiß und von dem ich nicht einmal weiß, ob man etwas von ihm wissen müßte. Soziologisch gesehen gibt es kein Brasilien. Es gibt jedoch ein ununterscheidbares Amalgam verschiedenster Rassen, die alle mit der Ursünde geschlagen sind, Portugiesisch sprechen zu müssen. Selbst wenn ich wüßte, daß Brasilien existiert, könnte ich aus dieser Tatsache heraus die Schlußfolgerung ziehen, daß es auf literarische Weise nicht existiert.

Damit ist auch die folgende Frage schon negativ berührt worden. Es gibt keinerlei Interesse an einem intellektuellen Austausch mit Brasilien, da intellektuelle Austausche in der Regel nur das Werk von Menschen mit einer geringen Intelligenz sind und auch nur für diese einen Nutzen haben.

Ein wenig anders ist das Motiv, das mich hemmt, etwas zur Presse zu sagen. »Welche Rolle würden Sie der Presse zugestehen?« Ich würde ihr nicht einmal eine Rolle Druckpapier zugestehen. Die Presse ist das Mittel, mit dem man Minderwertige für sich selbst zugänglich macht. Es ist die Art, einige Unverstandene bekannt und verständlich zu machen, bei denen es aber nichts zu verstehen gibt. Sollte es sich lohnen, davon zu sprechen?

Nachdem ich die Fragen zur Seite gelegt habe, die ich schlecht beantworten kann, möchte ich Ihnen nun, soweit ich kann, etwas zu den übrigen Fragen sagen.

Erlauben Sie mir, daß ich zur Beantwortung jener ersten Frage, die sich auf die Bücher oder auf die literarischen Schulen bezieht, welche mich bei meinen Schriften beeinflußten, dieselbe Frage in einen etwas weiteren Sinn fasse und als Befragter zu den wichtigen Strömungen nicht nur zu dem antworte, was ich schreibe, sondern auch zu dem, was meine Mitstreiter aus der sensationistischen Bewegung[117] schreiben.

In der Ätiologie unserer Morbidität finden sich alle Dekadenten jeglicher Dekadenzen wieder. Unser übrigens sehr weit gefaßtes Pantheon schließt nicht nur alle Vormundschaftsgötter der bürgerlichen Tugenden und die göttlichen Ratgeber für angestrengte Aktivitäten und Einstellungen mit ein.

Wenn man dies liest, fragt man sich wahrscheinlich, welches Gold und welche Smaragde es denn in einem Kult der Dekadenz, in der Ausführung einer Kunst gibt, die vergiftet und zum Verkümmern führt: Ich werde versuchen, es Ihnen zu erklären.

Jegliche höhere künstlerische Produktion ist von ihrer Natur her ein Produkt der Dekadenz und der Degeneration. An erster Stelle ist sie original, und Originalität ist biologisch betrachtet nichts weiter als eine Entfernung vom Normaltyp, deswegen also rein und einfach eine Abweichung; und es ist unwichtig, ob in der Klassifizierung von dieser Abweichung ihr noch ein anderer Wert zugeschrieben werden könnte, der nicht der Wissenschaft des Lebens entstammt. Jegliche Originalität, was auch immer sie sein mag, beinhaltet die Notwendigkeit, sich dem ihr eigenen Lebensmilieu unterzuordnen, den Ideen von diesem Milieu, seinen intellektuellen ebenso wie vitalen Normen. Wie man es auch betrachten mag, die Tatsache ist biologisch gesehen genau jene. Deshalb hat die heute dank der Renaissance von religiösen Thesen und anderen analogen Drogen etwas vernachlässigte Theorie, nach der das Genie eine Neurose ist – eine These, gegen die sich Lombroso richtete, die aber hervorragend in *Insanity of Genius* von Nisbet definiert ist –, nur den Nachteil, axiomatisch zu sein, wonach das Genie Originalität impliziert, also eine Abweichung vom Normaltypus, eine Nichtanpassung an das Akzeptierte und an das Gewöhnliche. Wenn es sich so verhält, ist in den eigentlichen Worten der Begriff vom degenerativen Charakter des Genies und des Talents schon dargestellt.

Die künstlerische Produktion hat aber außer der Originalität auch noch andere Seiten, durch die sie sich als ein morbides Produkt zeigt.

Da es nun sicher ist, daß jedes Genie degeneriert ist (nicht höher- oder minderwertig, da es nur Degenerierte von einer Art gibt, ausgenommen von den absurden Ausflüchten der Psychiater des modernen Stils), ist es ohne Zweifel gewiss, daß zwischen den Genies diejenigen der Intelligenz das deutlichste Profil der Degeneration zeigen. Ein politischer Chef, ein großer General sind, was das Genie betrifft, degeneriert, da sie Abweichungen vom Normaltypus darstellen und in ihren Handlungen oder in ihrer Individualität original sind. Sie sind jedoch normal, da sie Männer der Handlung sind, da sie mitten im Leben stehen, was ohne eine gewisse Anpassung an dieses nicht möglich wäre. Selbst das revolutionärste unter den politischen Genies hat sich dem anzupassen, was es zerstören will, damit es dies auch zerstören kann. Es muß in das Leben eintauchen, welches es überwinden will, damit es im Verhältnis zu ihm agieren kann.

So verhält es sich nicht in der Sphäre der Intelligenz und der intellektualisierten Emotion – in der der Philosophie und in der der Kunst, würde ich sagen. Darüber hinaus, daß er original ist, ist der Künstler und der Denker unangepaßt an die normalen Formen des Lebens, weswegen er weder im Sinn einer normalen Aktivität handelt (da er original ist), noch in seinem Handeln auf eine gewöhnliche Art handelt (da er, anstatt gewöhnlich zu handeln, sein Leben hauptsächlich an den Sinnesempfindungen und an der Intelligenz orientiert, und nicht an der Aktion, am Willen, wie der größte Teil aller Menschen).

Es wäre interessant, in einem soziologischen Studium herauszubekommen, wozu in Gesellschaften ein so degeneriertes Phänomen nutzt, das man Kunst nennt, das man Wissenschaft nennt, das man Philosophie nennt; wenn es tatsächlich eine Degeneration ist, wozu nutzt es dann? Da es nun aber existiert, muß es doch irgendeinen Sinn, irgendeinen Zweck im Wirklichkeitsschema der Dinge erfüllen. Da nun das ganze Leben in allen seinen Formen der Aktivität nicht mehr ist als eine stärkere oder geringere Schwingung um den normal existierenden Typus, kann man die absolute und radikale Anormalität des Genies als eine überlegene Interpretation des Lebens ansehen. Aber dies ist im Moment nicht wichtig.

Wie wir nun festgestellt haben, daß jegliche künstlerische Arbeit morbid und antisozial ist, da es eben ein Erzeugnis der Degeneration ist und die Degeneration in ihre Symptome völlig unnütze und für das Leben der Spezies und des politischen Körpers schädigende psychische Faktoren einschließt, sollte man noch wissen, wie der Künstler – wenn er sich selbst als einen Kranken begriffen hat – seine eigene soziale Rolle betrachtet. Indem er einsieht, daß ihn die Natur krank macht und daß nur sie anhand der Krankheit sein Künstlerdasein ermöglicht, sollte er seine Krankheit gänzlich ausleben, sich völlig dem Willen der Natur ergeben und somit sorgfältig die Rolle des Kranken ausleben, die ihm im absurden Drama des Lebens zuerkannt wurde.

Die Theorie der Dekadenz in der Kunst ist nun die Theorie, welche die Natur von der Kunst hat. Folgen wir dieser Theorie, dann sind wir so naturalistisch, als ob wir schon die Natur selbst wären und uns selbst aus unserem eigenen Mund zusprechen würden, also vom dunklen Schicksal der Dinge inspirierte Medien.

Der Künstler hat gegenüber der Natur die Pflicht, seine Rolle als Künstler, also als ein Kranker, zu erfüllen. Wie ein pflichtbewußter Patient hat er in seinem Geist alles zu zerstören, was es in ihm noch an Gesundheit, an Brüderlichkeit und an Gerechtigkeit gibt. Der Künstler ist für sich selbst nicht nur Gott geopfert, sondern in ihm opfert sich die gesamte Spezies Gott.

Es wäre interessant herauszufinden – wenn es denn möglich ist –, zu welchem Zweck die Natur diese krankhaften Produkte erschafft und wozu sie sich dieser krankhaften Produkte im Verlauf des sozialen Lebens bedient.

* * *

Erläuterung der Zeichen

(...) Nicht lesbares oder mehrere nicht lesbare Worte im Original
(...) Lücke im Original
[...] Vom Übersetzer oder den Herausgebern hinzugefügt

Anmerkungen

1 Alexander Search ist eines der frühesten Präheteronyme Pessoas, das vorwiegend in englischer Sprache schrieb.

2 Edgar Allan Poe (1809–1849) veröffentlichte 1835 die Erzählung *Berenice,* in welcher der Ich-Erzähler Egaeus durch übertriebene Konzentration auf banale Dinge langsam in eine geistige Krankheit hinübergleitet.

3 Maine de Biran (1766–1824), französischer Philosoph und Mitglied des Rats der Fünfhundert, dessen kompletter Name Marie François Pierre Gonthier de Biran war. Setzte sich mit den Theorien Condillacs auseinander und betonte die Wichtigkeit des inneren Selbstbewußtseins.

4 Henri Frédéric Amiel (1821–1881), schweizerischer Schriftsteller, dessen Werk insbesondere in Pessoas (Bernardo Soares') *Buch der Unruhe* einen bleibenden Eindruck hinterließ.

5 Charles Robert Richet (1850–1935) erhielt als französischer Mediziner und Psychologe im Jahre 1913 den Nobelpreis. War ab 1905 Präsident der *Society for Psychical Research.*

6 Alfred Fouillée (1838–1912), französischer Philosoph, der zu seiner Zeit ausgesprochen einflußreich war und sich insbesondere durch seine Platon-Interpretationen einen Namen machte. In Pessoas Privatbibliothek sind heute noch anzutreffen: *Esquisse psychologique des peuples européens,* Paris, 1903; und: *La philosophie de Platon: théorie des idées et de l'amour,* Paris, 1904. In einem anderen Fragment schreibt Pessoa: »Als ein eminent französischer Geist in seinem subtilen und enthusiastischen Verständnis, und mehr noch als französisch – nahezu als genial – in seinem tiefen Verständnis, ist Herr Fouillée, als ein Philosoph von heute, einer derjenigen, dessen Name in der Philosophiegeschichte mehr sein wird als nur eine einfache Anmerkung.« [15B3-53v]

7 »Der denkende Mensch ist ein entartetes Tier.« Rousseau behauptete in seinem *Discours sur l'origine et les fondements de l'inégalité parmi les hommes:* »j'ose presque assurer que l'état de réflexion est un état contre nature, et que l'homme qui médite est un animal dépravé.« Wobei es jedoch Chateaubriand ist, der im Vorwort zu seinem Roman *Atala* kommentiert: »Bien loin d'être d'opinion que l'homme qui pense soit un animal dépravé, je crois que c'est la pensée qui fait l'homme.«

8 Pessoa bezieht sich hier auf ein Vorwort von M. Charles Richet zum Werk *L'Homme de Génie* von Cesare Lombroso (Paris 1889). Im Zusammenhang mit

den geometrischen Fähigkeiten Pascals spricht Richet vom Unterschied zwischen »dégénéré« und »progénéré«.

9 João Ferreira Franco Pinto Castelo Branco (1855–1929) war Premierminister (1906–1908) in den letzten Jahren der portugiesischen Monarchie und wurde von Pessoa in seinen Nachlaßschriften als intellektuell ausgesprochen mittelmäßig bezeichnet.

10 »A little learning is a dangerous thing; / Drink deep, or taste not the Pierian spring: / There shallow draughts intoxicate the brain, / And drinking largely sobers us again.« Alexander Pope (1688–1744), *Essay on Criticism* (II, 15–18). Pope wird allgemein als der wichtigste englische Dichter des frühen 18. Jahrhunderts angesehen und ist bekannt für seine satirischen Verse oder seine Übersetzung Homers.

11 Gemeint ist eventuell der Bezug auf ein Zitat von Charles Stuart Calverley (1831–1884), viktorianischer Dichter, der für seine humoristischen Verse berühmt war.

12 Louis-Claude de Saint-Martin (1743–1803) war Anhänger von Martinez de Pasqually (1727–1774), einem französischen Mystiker, den man auch den »Unbekannten Philosophen« nannte.

13 Wahrscheinlich Bezug auf das *Buch des Gesetzes* (»Do what thou wilt shall be the whole of the law. Love is the law, love under will.«) des englischen Okkultisten Aleister Crowley (1875–1947), zu dem Pessoa zwischen 1930 und 1931 engen persönlichen Kontakt hatte.

14 Eigentlich Benjamin Jonson (1572–1637), englischer Bühnenautor, der als Gegenspieler zu William Shakespeare in die Literaturgeschichte eingegangen ist.

15 »Who, born within the last forty years, has read one word of Collins, and Toland, and Tindal, and Chubb, and Morgan, and that whole race who called themselves Freethinkers? Who now reads Bolingbroke? Who ever read him through?« Edmund Burke (1729–1797), *Reflections on the French Revolution,* London, J. M. Dent & Sons, 1955, S. 86.

16 Pessoa bezieht sich an dieser Stelle auf das letzte Kapitel *(XIX. The Eclipse of Genius)* im zweiten Band von Alfred William Benns (1843–1915) *Modern England: a record of opinion and action from the time of the French revolution to the present day,* London, Watts & Co., 1908.

17 Der deutsche Philosoph und Biologe Ernst Haeckel (1834–1919) entwickelte von der Evolutionslehre ausgehend eine religiöse oder zumindest philosophische Weltanschauung, die er »Monismus« nannte und von der auch Pessoa lange Zeit beeindruckt war.

18 Die folgenden Fragmente sind stark von Pessoas Lektüre von Max Nordaus (1849–1923) Buch *Entartung* (1892) geprägt, das Pessoa in der französischen Übersetzung unter dem Titel *Dégénérescence* kannte. In diesen zumeist englischsprachigen Texten benutzt Pessoa abwechselnd und eigentlich nie systematisch die Begriffe »degeneration« und »degeneracy«. Da die Übergänge zwischen »degeneracy« und »degeneration« bei Pessoa oft fließend und nicht deutlich zu erkennen sind und um gegebenenfalls Zweideutigkeiten zu ver-

meiden, wurde in der Übersetzung durchgehend das Wort »Degeneration« gewählt.

19 Gustave Le Bon (1841–1931), französischer Psychologe mit hohem Einfluß auf das damalige intellektuelle Leben in Frankreich. Sein Werk *La psychologie des foules* (1895) wurde kritisch von Sigmund Freud aufgegriffen und steht teilweise an der Basis zu dessen *Massenpsychologie und Ich-Analyse* (1921).

20 Anspielung auf *Adonais: An Elegy on the Death of John Keats* (1816) von Percy Bysshe Shelley (1792–1822).

21 Maurice Rollinat (1846–1903), französischer Dichter und Anhänger Baudelaires.

22 Einige Fragmente Pessoas lassen darauf schließen, daß er ein Essay über Shelley plante. Zumindest zeigt sich Pessoa ungefähr um 1906 als Leser der Biographie Shelleys von Edward Dowden, *The Life of Percy Bysshe Shelley* (1896).

23 Bénédict Augustin Morel (1809–1873), französischer Psychiater, der den Begriff »dementia praecox« einführte, um auf emotionale und mentale Abweichungen mit beginnender Pubertät hinzuweisen. Diese Bezeichnung wurde später in »Schizophrenie« umbenannt.

24 Elizabeth Barrett Browning (1806–1861), englische Dichterin und herausragende Vertreterin des Viktorianischen Zeitalters. Der hier von Pessoa zitierte Vers stammt aus *The Drama of Exile and Other Poems* (1845): »Eve. I am renewed. / My eyes grow with the light which is in thin; / The silence of my heart is full of sound. / Hold me up-so! Because I comprehend / This human love, I shall not be afraid / Of any human death; and yet because / I know this strength of love, I seem to know / Death's strength by that same sign.«

25 Eigentlich Antero de Quental (1842–1891), ein von den Azoren stammender Dichter, der von Pessoa geschätzt wurde, als einer der wichtigsten Überwinder der veralteten Romantik in Portugal gilt und politisch ausgesprochen aktiv war. Gehörte zur in Portugal einflußreichen »Geração de 70« und nahm sich in Ponta Delgada in einem öffentlichen Park durch einen Revolverschuß das Leben.

26 Eigentlich Jacques-Joseph Moreau (1804–1884), war französischer Psychiater, der den Effekt von Marihuana im Zusammenhang mit Wahnsinn oder Träumen studierte. Moreau de Tours war Gründer des sogenannten »Club des Hashischins«, zu dem auch Baudelaire, Delacroix oder Alexandre Dumas gehörten.

27 Pessoa beruft sich an dieser Stelle konkret auf seine Lektüre des Buches *La famille névropathique. Théorie tératologique de l'hérédité et da la prédisposition morbides et de la dégénérescence* (Paris 1894) von Charles Féré (1852–1907).

28 Ulysse Trélat (1795–1879), französischer Arzt und Politiker, der 1861 in Paris das Werk *La folie lucide, étudiée et considérée au point de vue de la famille et de la société* publizierte.

29 Joseph Grasset (1849–1918), französischer Neurologe, dessen Werk von Pessoa häufig zitiert wird. Der Begriff »demifou« geht allerdings auf das Buch *Les Demifous* (Paris 1905) von Michel Corday zurück.

30 Jean Etienne Dominique Esquirol (1772–1840), französischer Psychiater, der in seiner Monomanielehre von einer partiellen Störung der psychischen Funktionen des Menschen ausging.

31 Cesare Lombroso (1836–1909), italienischer Arzt und Psychiater, der als der Begründer der Kriminalanthropologie gilt. Pessoa war mit dessen Werk sehr gut vertraut und bezieht sich auf ihn in überwiegend negativer Form.

32 Pessoa beruft sich hier, wie auch an vielen anderen Stellen, auf seine Lektüre des Buchs *Demifous et Demiresponsables* (Paris 1907) des französischen Neurologen Joseph Grasset.

33 Etienne Rabaud (1868–1956), französischer Biologe und Autor des Buches *Le génie et les théories de M. Lombroso* (Paris 1908), das mit dem Kapitel »Les idées de Moreau, de Tours« beginnt.

34 »Nullum magnum ingenium sine mixtura dementiae fuit.« (»Es gibt keine große Fähigkeit ohne eine Vermischung mit dem Wahnsinn.«) Seneca, *De Tranquillitate Animi* (XVII, 10).

35 »genus irritabile vatum« (»Das reizbare Geschlecht der Dichter«). Horaz, *Epistulae* (II, 2, 102).

36 John Dryden (1631–1700), einflußreicher englischer Dichter, Dramatiker und Literaturkritiker. Pessoa zitiert aus dem 1681 erschienenen Werk *Absalom and Achitophel* (I, 1.163).

37 Bei diesem Buch handelt es sich konkret um *The Insanity of Genius and the General Inequality of Human Faculty* (London 1893) des schottischen Autors John Ferguson Nisbet (1851–1899). Dieses Buch war um die Jahrhundertwende überaus einflußreich und hinterließ auf Pessoa großen Eindruck.

38 In Pessoas Nachlaß gibt es ein Gedicht mit dem Titel *Nomen et praeterea nihil,* welches auf den 30. 7. 1917 datiert ist.

39 Eleftherios Venizelos (1864–1936) war Premierminister Griechenlands, der 1913 die Union zwischen Griechenland und Kreta erreichte.

40 John Pentland Mahaffy (1839–1919), irischer Klassisizist, von dem Oscar Wilde behauptete, er wäre dessen »erster und größter Lehrer« gewesen.

41 Paul Richer (1849–1933), französischer Anatom und Physiologe. Anhänger von Jean-Martin Charcot.

42 Mário de Sá-Carneiro (1890–1916), portugiesischer Dichter und einer der engsten Freunde Pessoas. Er war Mitherausgeber der Literaturzeitschrift *Orpheu* und beging 1916 in Paris Selbstmord, was bei Pessoa einen nachhaltigen Schock verursachte.

43 William Cowper (1731–1800), englischer Dichter, der durch seine teilweise sehr volksnahe Dichtung ausgesprochen populär war. Pessoa besaß sowohl das dichterische Werk Cowpers als auch dessen Übersetzung der *Odyssee.*

44 Mark Akenside (1721–1770), englischer Dichter und Mediziner.

45 Bezug auf Eugène de Roberty (1843–1915) und dessen Buch *Frédéric Nietzsche: contribution à l'historie des idées philosophiques et sociales à la fin du XIXe siècle* (Paris 1902).

46 An dieser Stelle handelt es sich um einen direkten Lektürebezug Pessoas zu

José Caetano de Sousa Lacerda (1861–1911), *Os Neurasthenicos: Esboço d'um Estudo Médico e Philosóphico* (Lissabon 1895).

47 Pessoa beruft sich an dieser Stelle sehr wahrscheinlich auf das Prinzip der Widerspruchslosigkeit des deutschen Physikers und Naturphilosophen Gustav Theodor Fechner (1801–1887).

48 Hierbei handelt es sich um einen Verweis auf den Artikel »Folie« im *Dictionnaire encyclopédique des sciences médicales* (Paris 1879) des französischen Neurologen Jules Cotard (1840–1889).

49 Im Jahre 1908 erschien der erste Band von *La Folie de Jésus* des französischen Schriftstellers Charles Binet-Sanglé (1868–?). Dieser Text wurde ins Portugiesische übersetzt, wodurch sich Pessoa veranlaßt fühlte, seinem Präheteronym Alexander Search die Autorschaft von kritischen Anmerkungen zu übertragen. Diese sollten sich vornehmlich an ein englisches Publikum richten. In Pessoas Privatbibliothek befinden sich heute der zweite (1910) und der dritte (1912) Band von diesem Werk.

50 Gilbert Ballet (1853–1916), französischer Psychiater und Neurologe, der unter Jean-Martin Charcot am berühmten Hospital Salpêtrière in Paris tätig war. Pessoa meint an dieser Stelle sicher Ballets Hauptwerk *Traité de pathologie mentale* (Paris 1903), das in Frankreich lange als ein Standardwerk der modernen Psychiatrie galt.

51 Pessoa bezieht sich hier anhand seiner Lektüre von Binet-Sanglé einerseits auf David Strauss (1808–1874) *Das Leben Jesu* (Tübingen 1835), andererseits auf Ernest Renan (1823–1892) *Vie de Jésus* (Paris 1863).

52 Dom Carlos (1863–1908) war der vorletzte König Portugals, er geht zurück auf das Haus Sachsen-Coburg und Gotha und fiel einem Attentat zum Opfer. Ihm wurden teilweise Vorwürfe gemacht, an den damals chaotischen innenpolitischen Zuständen Portugals, die 1891 zu einem Staatsbankrott führten, mitschuldig zu sein.

53 João Ferreira Pinto Castelo Branco Franco (1855–1929) wird von Pessoa allgemein als teilweise kriminell, teilweise als geistig und intellektuell ausgesprochen schwächlich dargestellt. Diese Textfragmente rechtfertigen einerseits die hier vorliegende Inhaltsangabe, andererseits den Titel *Die Geschichte der Diktatur* für das hier geplante Projekt. Allerdings wurde auf die Übersetzung einiger nur auf Franco bezogener Fragmente verzichtet, da für ihr Verständnis eine weitergehende Vorkenntnis der portugiesischen Politikgeschichte notwendig wäre.

54 Jean-Baptiste Joseph Emmanuel Régis (1855–1918), französischer Autor, der verschiedene Werke zur Psychologie von Kriminellen und zu mentalen Krankheiten publizierte.

55 Pierre-Marie-Félix Janet (1859–1947), französischer Psychiater und Mitarbeiter von Jean-Martin Charcot (1825–1893). Gilt als ein wesentlicher Begründer der heutigen Psychotherapie und übte starken Einfluß auf die Werke von Freud, Jung und Adler aus.

56 Im Nachlaß Pessoas befindet sich das auf 1909 datierte Buch *Gallery of Literary*

Portraits des schottischen Autors George Gilfillan (1813–1878) mit folgender Unterstreichung auf Seite 190: »This unconsciousness, or impersonality, I have always held to be the highest style of genius. I am aware, indeed, of a subtle objection. It has been said by a high authority – John Sterling – that men of genius are conscious, not of what is peculiar in the individual, but of what is universal in the race; of what characterizes, not a man, but man; not of their own individual genius, but of the Great Spirit moving within their minds.«

57 William Barnes (1801–1886), englischer Schriftsteller und Philologe, der sich durch seine Dialektdichtung hervortat.

58 Eigentlich Mário Paes da Cunha e Sá (1893–1971), portugiesischer Schriftsteller, der 1925 in Lissabon das Buch *A Invasão dos Judeus* publiziert, in dem Fernando Pessoa als typischer Vertreter eines jüdischen Intellektuellen dargestellt wird.

59 Eigentlich António Perreira Nobre (1867–1900), portugiesischer, zum Symbolismus gerechneter Dichter. Sein 1892 zunächst in Paris herausgegebenes Hauptwerk *Só (Allein)* gilt gemeinhin als das traurigste Buch Portugals.

60 David Garrick (1717–1779), englischer Schauspieler und Theaterleiter, der nachhaltigen Einfluß auf die gesamte englische Theaterlandschaft des 18. Jahrhunderts ausübte.

61 John Greenleaf Whittier (1807–1892), amerikanischer Dichter, der sich stark für die Abschaffung der Sklaverei einsetzte. Pessoa zitiert an dieser Stelle dessen Überlieferung: »Whether Bacon wrote the wonderful plays or not, I am quite sure the man Shakspeare neither did nor could.«

62 John Bright (1811–1889), englischer Staatmann, von dem folgender, von Pessoa oft zitierter und variierter Satz überliefert ist: »Any man that believes that William Shakespeare of Stratford wrote *Hamlet* or *Lear* is a fool.«

63 Thomas Ebenezer Webb (1821–1903), englischer Universitätsprofessor, Richter und Autor von: *The Mystery of William Shakespeare, A Summary of Evidence* (London 1902).

64 Eigentlich John Campbell, Lord Campbell (1779–1861), liberaler Politiker und von 1859–1861 oberster Richter Englands.

65 Eigentlich James Plaisted Wilde, Lord Penzance (1816–1899), war englischer Richter, der als wichtigster Fürsprecher der hier von Pessoa erörterten Theorie gilt, nach welcher die wahre Autorschaft des Werks von William Shakespeare eigentlich beim Philosophen Francis Bacon liegt.

66 Frederick James Furnivall (1825–1910), englischer Literaturwissenschaftler, der sich als Förderer der Mittelalterstudien hervortat.

67 Richard Grant White (1822–1885), amerikanischer Philologe und Essayist, der in den Vereinigten Staaten als einer der wichtigsten Herausgeber und Experten Shakespeares galt.

68 Die einzige zu Shakespeares Lebzeiten veröffentlichte Version der Sonette (1609) war einem »Mr. W. H.« gewidmet. Bis heute gibt es keine endgültige Klärung, wer mit diesen Initialen gemeint sein könnte.

69 Pessoa spielt hier auf Oscar Wildes Kurzgeschichte *The Portrait of Mr. W. H.* an,

in der William Hughes zu einem jungen Schauspieler in Shakespeares Theatergruppe wird.

70 Walter Begley (1845–1905). Pessoa bezieht sich sehr wahrscheinlich auf den 1905 erschienenen Band *Bacon's Nova Resuscitatio or The Unveiling of His Concealed Works and Travels; The Exit of Shakespeare.*

71 John Mackinnon Robertson (1856–1933), englischer Essayist und ausgesprochen vielseitiger Schriftsteller, der auf Pessoa großen Einfluß ausübte. Robertson war u. a. auch Herausgeber (inklusive Einleitung) von *The philosophical works of Francis Bacon* (London 1905).

72 Dieses Fragment endet an dieser Stelle, und es wurde im Nachlaß keine weitere Fortführung dieses Textes gefunden.

73 *Debrett's* ist eine 1769 ins Leben gerufene Publikation, die sich auf den Stammbaum der britischen Aristokratie spezialisiert hat. Darüber hinaus werden diese Ausgaben als wesentliche Anleitungen für die traditionell britischen Umgangsformen angesehen.

74 Obwohl die Lesart des Namens an dieser Stelle etwas zweifelhaft ist, handelt es sich sehr wahrscheinlich um einen Bezug auf Georges Pellissiers (1852–1918) *Shakespeare et la superstion shakespearienne* (Paris 1914).

75 David Garrick (1717–1779) gilt als einer der berühmtesten englischen Schauspieler des 18. Jahrhunderts. Darüber hinaus war er als Theaterautor bekannt und geschätzt.

76 Robert Clive, Baron Clive of Plassey (1725–1774), englischer Militär, der die militärische und politische Oberhoheit der East Indian Company begründete.

77 Gemeint ist an dieser Stelle der französische Dramatiker Henry Bataille (1872–1922), dessen prunkvolle Stücke gerade zu Beginn des 20. Jahrhunderts sehr beliebt waren.

78 Pessoa bezieht sich auf ein Buch aus seiner Privatbibliothek mit dem Titel *Regeneration. A Reply to Max Nordau* (Westminster 1895). Dieses mit vielen Marginalien versehene Buch enthält keine Angabe zur Autorschaft, als Besitzer des Buches ist allerdings das Präheteronym Alexander Search angegeben.

79 Eigentlich Júlio de Matos (1857–1923), portugiesischer Psychiater, der offiziell an der Medizinfakultät der Lissabonner Universität das Fach Neuropsychiatrie einführte. Gilt in Portugal als einer der wichtigsten Pioniere der forensischen Psychiatrie.

80 Heinrich der Seefahrer (1394–1460) war Sohn des portugiesischen Königs Johann I. und gilt als der wichtigste Auftraggeber und Organisator der portugiesischen Entdeckungsfahrten im 15. Jahrhundert.

81 Joaquim Nunes Claro (1878–1949), portugiesischer Mediziner und Schriftsteller.

82 Silvio Rebello (1879–1933), portugiesischer Dichter.

83 João de Barros (1881–1960), portugiesischer Dichter und Pädagoge.

84 Eugénio de Castro e Almeida (1869–1944), portugiesischer Schriftsteller, der sich zunächst am französischen Symbolismus orientierte und später der klassischen Antike und der portugiesischen Vergangenheit zugewandt hat.

85 António Joaquim de Castro Feijó (1859–1917), portugiesischer Dichter und Diplomat, der sich an den Parnassiens orientierte.

86 Alfredo Pedro Guisado (1891–1975), portugiesischer Dichter, der auch unter dem Pseudonym Pedro de Meneses publizierte. Er war enger Mitarbeiter von Pessoa und Mário de Sá-Carneiro hauptsächlich bei der Publikation der für Portugal bedeutsamen modernistischen Literaturzeitschrift *Orpheu*.

87 Die Kunstrichtung »Paulismus« ist vorwiegend eine Erfindung Pessoas, die auf einer Verfeinerung symbolistischer Prozesse beruht. Zum Ausdruck sollen hierbei das Vage, das Komplexe oder das Subtile gebracht werden, wobei es beständig zu einer Vermischung zwischen Objekt und Subjekt kommt und zu einer Verbindung von nicht zusammenhängenden Ideen. Das von Pessoa in diesem Text erwähnte Wort ›pauis‹ (Plural vom ›paul‹ = Sumpf, Pfuhl) geht auf das erste Wort des Gedichts *Impressões do Crepúsculo* zurück (»Pauis de roçarem ânsias pela minh' alma em ouro …«), das 1914 in der einzigen Ausgabe der Zeitschrift *A Renascença* erschien. Mit hoher Wahrscheinlichkeit sollte dieses Gedicht an dieser Stelle eingefügt werden.

88 Die beiden einzigen Ausgaben der von Fernando Pessoa und Mário Sá-Carneiro gegründeten Zeitschrift *Orpheu* erschienen im Jahre 1915. Beide gelten heute als der entscheidende Ausgangspunkt für die literarische Moderne in Portugal.

89 Saudosismus war eine portugiesische Literaturbewegung des späten 19. und des frühen 20. Jahrhunderts, deren Name vom portugiesischen *saudade* abgeleitet wurde, was nur annähernd mit Sehnsucht oder Schwermut übersetzt werden kann.

90 Ronald de Carvalho (1893–1935), brasilianischer Dichter und Diplomat, der während seines Aufenthalts in Portugal sich der Gruppe um Pessoa anschloß. Gilt als ein wichtiger Begründer der literarischen Moderne Brasiliens.

91 Armando César Côrtes-Rodrigues (1891–1971), portugiesischer Dichter und Mitglied der Gruppe um den *Orpheu*.

92 José Sobral de Almada Negreiros (1893–1970), portugiesischer Maler und Schriftsteller, der als einer der wichtigsten Vertreter des portugiesischen Modernismus gilt. Ausgesprochen bekannt sind einige seiner Bildnisse Pessoas und seiner Heteronyme.

93 Júlio Dantas (1876–1962), portugiesischer Schriftsteller und Politiker, dessen nahezu jeden literarischen Bereich umfassendes Werk von Fernando Pessoa und dessen Mitstreitern als der höchste Ausdruck für die Rückschrittlichkeit der portugiesischen Kultur angesehen wurde. Bezeichnend diesbezüglich ist das sogenannte *Manifest Anti-Dantas* von José Almada-Negreiros.

94 António Caetano de Abreu Freire Egas Moniz (1874–1955) war portugiesischer Neurologe und Politiker, gilt als Begründer der Psychochirurgie oder der heftig umstrittenen Lobotomie. Erhielt 1949 den Nobelpreis für Medizin, was als eine Entscheidung angesehen wird, gegen die noch heute starke Einwände erhoben werden.

95 Ernesto Rodolfo Hintze Ribeiro (1849–1907), portugiesischer Politiker mit deutscher Abstammung.

96 Der Ratgeber Accaio ist eine literarische Figur, die in den *Cartas de Fradique Mendes* von Eça de Queiroz anzutreffen ist.

97 João Gaspar Simões (1903–1987), portugiesischer Schriftsteller und Herausgeber der Literaturzeitschrift *presença*. Publizierte die ersten Einzelausgaben Pessoas nach dessen Tod und schrieb seine erste Biographie (*Vida e Obra de Fernando Pessoa,* Lissabon 1950). Der hier übersetzte Brief wurde an dieser Stelle eingefügt, da Pessoa allgemein zum aufgeführten Thema Stellung nimmt und eine deutliche Beschreibung seiner eigenen Freud-Rezeption gibt.

98 Hierbei handelt es sich um das Gedicht *Hymn to Pan* des englischen Magiers Aleister Crowley, das Pessoa auf dessen Wunsch hin und nach einem persönlichen Zusammentreffen übersetzte und in Portugal publizierte.

99 Gemeint ist die Zeitschrift *Descobrimento – Revista de Cultura,* für die Pessoa 1931/32 einige kurze Beiträge verfaßte.

100 Die beiden von Pessoa erwähnten Essaybände *O Mistério da Poesia* und *Temas* erschienen jeweils 1931.

101 Eigentlich Abílio Guerra Junqueiro (1850–1923), portugiesischer Dichter, dessen schriftstellerisches Schaffen teilweise die republikanischen Umbrüche in Portugal vorwegnahm. Pessoa bezieht sich an dieser Stelle insbesondere auf das 1885 erschienene Werk *A Velhice do Padre Eterno,* welches heftigen Widerstand im portugiesischen Klerus hervorrief.

102 Das Gedicht »Sino da minha aldeia« wurde 1913 geschrieben und erschien 1914 in der Zeitschrift *Renascença.* Pessoa spielt in diesem Gedicht auf Kindheitserinnerungen an und bezieht sich auf die Kirchenglocken der Igreja dos Mártires, die in unmittelbarer Nähe seines Geburtshauses steht.

103 Eigentlich Camillo de Almeida Pessanha (1867–1926), gilt als wichtigster Vertreter des portugiesischen Symbolismus. Lebte den größten Teil seines Lebens in Macao und assimilierte sich völlig mit dem chinesischen Leben. Als sein wichtigstes Werk gilt der 1920 publizierte Gedichtband *Clepsydra.* Pessoa gibt an mehreren Stellen seiner aufrichtigen Bewunderung gegenüber dem Schaffen Pessanhas Ausdruck.

104 Thomas Babington Macaulay (1800–1859), englischer Dichter und Historiker, der von Pessoa enorm geschätzt wurde wegen des literarischen Stils seiner Geschichtsschreibung.

105 *The Germ* war eine kurzlebige Literaturzeitschrift der Präraffaeliten, die von William Michael Rossetti publiziert wurde und zwischen Januar und April 1850 erschien.

106 Émile Faguet (1847–1916), französischer Schriftsteller und Kritiker, der 1899 einige Studien zu Flaubert veröffentlichte.

107 Ramón María de las Mercedes de Campoamor y Campoosorio (1817–1901), spanischer Romantiker, dessen Werk von eingehenden metaphysischen und philosophischen Fragestellungen geprägt ist.

108 Eigentlich José Ignacio Javier Oriol Encarnación de Espronceda y Delgado (1808–1842), spanischer Romantiker, der oft gesellschaftlichen Außenseitern die Stimme verlieh.

109 Gemäß Charles Maurras eine Mischung aus Absinth und Bier. Pessoa zitiert an dieser Stelle sicher aus Joseph Grassets *Demifous et Demiresponsables* (Paris 1907, S. 157).

110 Die kurze Erzählung *Lucios Bekenntnis* von Mário de Sá-Carneiro erschien erstmalig 1913 und wurde 2003 vom Suhrkamp Verlag in einer deutschen Übersetzung publiziert.

111 Beim Intersektionismus handelt es sich um eine der von Pessoa ins Leben gerufenen Kunstrichtungen, bei der es um die Überlagerung von zwei unterschiedlichen oder sogar gegenteiligen Wirklichkeiten geht. So können sich eine reale und eine unwirkliche Landschaft überschneiden, ebenso wie eine gegenwärtige mit einer vergangenen Zeit. Ein berühmtes Zeugnis dieser Kunstrichtung ist Pessoas Gedicht aus dem Jahre 1915 *Chuva Oblíqua (Schräger Regen).*

112 Pessoa meint an dieser Stelle sicher die von Hector Durville (1849–1923) und seinem Sohn Henri Durville (1887–1963) in Paris gegründete »Ecole pratique de Massage et de Magnétisme«. Beide gelten als Begründer des sogenannten Magnetismus und publizierten umfangreich zur experimentellen Psychologie. Ihre Schriften werden heute in den Bereich der Grenzwissenschaften eingeordnet.

113 Die Mouraria und die Alfama sind zwei sehr typische Stadtviertel Lissabons, die überwiegend von ärmeren Bevölkerungsschichten bewohnt werden.

114 Vergleiche hierzu die 2006 im Ammann Verlag erschienene Übersetzung des Briefes in *António Mora et al. – Die Rückkehr der Götter/Erinnerungen an den Meister Caeiro,* S. 22.

115 Benevenuto Cellini (1500–1571), berühmter italienischer Goldschmied und Bildhauer der Renaissance, der wegen angeblichen Diebstahls für zwei Jahre in der römischen Engelsburg inhaftiert war und ansonsten auch des Mordes und der Sodomie bezichtigt wurde.

116 John Churchill, erster Herzog von Marlborough (1650–1722), englischer Feldherr, der durch seine Verbindungen mit dem Königshaus (insbesondere mit Prinzessin Anne, die 1702 zur Königin gekrönt wurde) zum Oberbefehlshaber der englischen Truppen im spanischen Erbfolgekrieg ernannt wurde.

117 Diese Bewegung begründet sich im Sensationismus als eine von Pessoa selbst hervorgerufene Kunstrichtung. Mitglieder waren im wesentlichen nur seine Heteronyme, und als wichtigster Vertreter des Sensationismus gilt Álvaro de Campos, dessen Vers »Alles zu fühlen auf alle Weisen!« als Leitsatz für diese Kunstrichtung gilt.

Fernando Pessoas intellektueller Werdegang am Schnittpunkt von Genie und Wahnsinn

Nachwort des Übersetzers

Eine der bekanntesten Eigentümlichkeiten des portugiesischen Dichters Fernando Pessoa besteht in der Zusammensetzung eines Großteils seines literarischen Werkes aus relativ ungeordneten Nachlaßfragmenten. Die posthum in seiner berühmten Truhe vorgefundene literarische und vor allem personale Mannigfaltigkeit – die Pessoa gemäß seinem Lebensmotto »Sei vielfältig wie das Universum!« nahezu zelebrierte – ist inzwischen geläufig, obgleich seine Heteronymie mitunter immer noch recht labyrinthisch auf den Leser wirken kann und die starke Fragmentierung seines Werkes bisweilen renommierte Linguisten vor kaum lösbare Probleme hinsichtlich einer vertrauenswürdigen Editierung stellt. Dies sind vertraute Tatsachen, sie lösen allerdings noch nicht die Problematik. Das leibhaftige Rendezvous von Dichterpersönlichkeiten in einer lebendigen Truhe und ein Nachlaß mit unzähligen unveröffentlichten Fragmenten stehen weiterhin als die herausragenden enigmatischen Kennzeichen des großen portugiesischen Modernisten.

Zumindest in bezug auf seine Heteronyme bleibt es aus biographischen, stilistischen und weltanschaulichen Gründen immer noch offen, inwieweit Fernando Pessoa mit diesen gleichgesetzt werden kann. Rein theoretisch kann er beispielsweise nur schwerlich Álvaro de Campos gewesen sein, denn der introvertierte Pessoa hat ja nach eigenem Bekunden diesen Opium rauchenden, dandyhaften und dem Futurismus nahestehenden Schiffsbauingenieur höchstpersönlich in Lissabon getroffen und mit ihm in literarischen Projekten kooperiert. Und auch der kurzsichtige Hilfsbuchhalter Bernardo Soares hat mit dem monarchistischen Arzt Ricardo Reis relativ wenig gemeinsam. Die Beispiele könnten fortgeführt werden, die heteronyme Verwirrung ist nicht ganz unberechtigt. Der italienische Schriftsteller und Pessoa-Übersetzer Antonio Tabucchi spekulierte einmal ganz zutreffend, die literarische Welt hätte wohl vor noch ganz anderen Rätseln gestanden, wäre die Truhe erst 200 Jahre nach Pessoas Tod aufgefunden worden. Hypothetisch wäre bei diesem Zeitabstand und in der Konfrontation mit den verschiedensten Biographien, Stilen oder Weltanschauungen die Möglichkeit nicht mehr ausgeschlossen gewesen, Alberto Caeiro, Ricardo Reis, Álvaro de Campos, Bernardo Soares und Fernando Pessoa als völlig unterschiedliche Dichterpersönlichkeiten anzusehen. Tabucchi vermutete daher nicht ohne hinreichenden Grund, dem Lissabon des beginnenden 20. Jahrhunderts wäre zumindest auf literarischem Gebiet noch nachträglich ein kleines »Zeitalter des Perikles« zugeschrieben worden.

Unabhängig von diesen Spekulationen und auf einer ganz realen Ebene wurden erst kürzlich dem bisher öffentlich zugänglichen, in der portugiesischen Nationalbibliothek aufbewahrten Nachlaß einige Dokumente hinzugefügt, die sich bis dato noch im Besitz seiner Familie befanden. Die ursprüngliche Zahl von ungefähr 27 000 Fragmenten ist nun auf über 30 000 angewachsen, womit man metaphorisch sagen könnte, seiner großen Truhe habe sich noch eine etwas kleinere hinzugesellt. Nahezu gleichzeitig wurden ernsthafte Versuche unternommen, all die heterogenen Schriften, Publikationspläne, Notizen oder Anmerkungen erneut systematisch durchzusehen und chronologisch besser zu ordnen. Angesichts dieser Tatsachen darf man sich von allen Vorstellungen eines »essentiellen« Pessoa verabschieden. Was die Gesamtkenntnis seines Werkes betrifft, so stehen wir immer noch – oder eventuell wiederholt – vor einem weiten, offenen Feld. Nichtsdestotrotz tragen die arbeitsaufwendigen Ansätze einer kritischen Neuedition inzwischen erste Früchte und erlauben es, Lücken in der intellektuellen Biographie des Schriftstellers auszufüllen und bisher noch recht dunkle Phasen seines Lebens besser zu beleuchten. Dazu gehört insbesondere die Zeit unmittelbar nach seiner endgültigen Rückkehr aus dem südafrikanischen Durban ins heimatliche Lissabon im Jahr 1905. Ein großer Teil der hier vorliegenden Übersetzungen stammen von Texten, die in den Jahren zwischen 1907 und 1911 abgefaßt wurden. Es handelt sich also vowiegend um Jugendschriften, und in ihrer Gesamtheit sollten sie als ein Ausschnitt aus Pessoas intellektueller Biographie angesehen werden, in dem er sich vornehmlich mit den Phänomenen des Wahnsinns, des Genies und der Degeneration beschäftigte, oder allgemein mit den Zusammenhängen zwischen Psychopathologie und künstlerischem Schaffen.

Es ist speziell ein herausragendes Verdienst des kolumbianischen Linguisten Jerónimo Pizarro, die *Schriften zum Genie und Wahnsinn* kritisch editiert und in ihrer Gesamtheit dem Publikum zugänglich gemacht zu haben (Fernando Pessoa, *Escritos sobre Génio e Loucura,* Edição Crítica de Fernando Pessoa [Série Maior, Volume VII], Imprensa Nacional – Casa da Moeda, Lissabon 2006). Selbst für eingestandene Pessoaspezialisten bedeutete diese gewissenhafte Edition, auf der auch die hier vorliegende Übersetzung und ein Teil der Erläuterungen beruht, eine recht unerwartete Neuigkeit, welche die Diskussion zum Inhalt und zur Publikation seines Gesamtnachlasses neu entfacht hat. Pizarro ergänzte die kritische Edition dieser Schriften mit einer aufmerksamen Verortung von Pessoas eigener Lektüre zum entsprechenden Themenbereich und ordnete sämtliche Dokumente sorgfältig in dessen biographische Entwicklungslinie ein. Für die heutige Pessoaforschung bedeutet diese Arbeit einen nicht zu unterschätzenden Beitrag, insofern sie aktualisierte Richtlinien hinsichtlich der linguistischen Qualität zukünftiger Ausgaben einforderte und einige neue, teilweise ganz amüsante biographische Details aus dem Leben des Dichters ans Tageslicht befördern konnte. Beispielsweise war die zeitweilige Vorliebe des jugendlichen Pessoa für den Gesichtsausdruck bisher nahezu unbekannt oder zumindest völlig unterschätzt. So wurde es bisher etwa kaum wahrgenommen, daß er zwischen 1906 und 1907 scheinbar besonders an den »poetischen Nasen« einiger englischer Romantiker wie Byron, Keats oder Wordsworth interessiert gewesen sein muß. Diese frühe Wißbegierde an der äußeren Erscheinung und den charakteristischen Gesichtszügen eines Menschen sollte nicht unterbewertet werden, insbesondere wenn man an die Heteronyme Alberto Caeiro, Ricardo Reis und Álvaro de Campos denkt, die Pessoa ja doch versuchte, physiognomisch so deutlich wie möglich zu beschreiben. Darüber hinaus wurde gerade in seinen Frühschriften eine erstaunliche Aufmerksamkeit ersichtlich, die es ihm auch in einer etwas abseitig gelegenen Region des damaligen intellektuellen Weltgeschehens ermöglichte, viele rationale Fragestellungen oder Antworten hinsichtlich der geistigen Bedingtheiten von Kunst und Literatur – oder ganz allgemein des kreativen Handelns – vorwegzunehmen, oder sie zumindest im Ansatz aufzuwerfen. In bezug auf die hier zusammengefaßten Abhandlungen zu Genie, Wahnsinn und Degeneration darf beispielsweise angedeutet werden, daß die von den Surrealisten im Jahr 1928 in Paris als »konvulsivische Schönheit« gefeierte Hysterie von Pessoa schon ungefähr 20 Jahre zuvor in Lissabon »poetisch entdeckt« wurde. Viele in den Jugendjahren allgemein vorherrschende Thematiken kehren in späteren Aufzeichnungen Pessoas immer wieder zurück und werden in diesen verarbeitet. Dabei ist seine Hinwendung zu einer Analyse der psychologischen und auch der psychopathologischen Besonderheiten seiner eigenen Persönlichkeit ein hervorstechendes Merkmal, das ihn in der einen oder anderen Form bis an sein Lebensende begleiten wird.

Wie kam es nun aber zu seinem doch recht ausgiebigen Interesse an einem eventuellen Zusammenhang zwischen der Pathologie des Wahnsinns und der Kreativität des Genies? Zunächst würde die Behauptung naheliegen, Ausgangspunkt für dieses Interesse sei die Demenz seiner Großmutter Dionísia Perestrelo de Seabra (Pessoa gab nach deren Tod im Jahre 1908 mehrfach seiner eigenen Angst vor dem Wahnsinn Ausdruck) gewesen oder zumindest das frühe Bewußtsein der eigenen und unbedingten Berufung zur Literatur. Obwohl beide Annahmen ohne große Umstände für eine Begründung hinhalten könnten, gibt es hierfür keine nachvollziehbare oder direkte Verbindung. Folgen wir allerdings der chronologischen Aufschlüsselung Jerónimo Pizarros (*Fernando Pessoa: entre Génio e Loucura,* Imprensa Nacional – Casa da Moeda, Lissabon 2007), so zeigen sich bei Pessoa ungefähr schon um 1903/1904 erste Versuche von Charakterbeschreibungen anhand einiger Theorien, die er unter dem Namen »kleine Wissenschaften« zusammenfaßte und zu denen er hauptsächlich die Phrenologie, Physiognomie, Graphologie und Chirologie rechnete. Pessoas Herangehensweise war hierbei jedoch noch völlig von jugendlicher Unschuld geprägt und zeigte nicht den geringsten rassistischen Unterton, mit dem einige Jahre später – und nicht ohne berechtigte Gründe – vornehmlich die Phrenologie und Physiognomie in Verbindung gebracht wurden. Mit dem Ende des Jahres 1906 setzt bei Pessoa ein intensives autodidaktisches Studium ein, das anhand seiner *Notizbücher* sehr aufschlußreich nachvollzogen werden kann und eine beeindruckende Lektüreliste wichtiger Werke zur Evolutionslehre bezeugt. Neben Ernst Haeckels *Welträthsel* in englischer Übersetzung machte sich Pessoa in dieser Zeit mit den Evolutionstheoretikern Charles Darwin, Thomas Henry Huxley und insbesondere mit Herbert Spencer vertraut. Dieser Einfluß ist in den hier zusammengefaßten Schriften gerade dann bemerkbar, wenn es um Fragen hinsichtlich der homogenen oder heterogenen Form einer progressiven Entwicklung biologischer Organismen und ausdrücklich des menschlichen Geistes geht. Daneben las Pessoa die Schriften der französischen Neurologen Joseph Grasset (*Demifous et Demiresponsables,* 1907) und Charles Féré (*La Famille Névropathique,* 1894), mit deren Theorien er sich in seinen eigenen Aufzeichnungen eng auseinandersetzte. Der Neurophysiologe und Psychiater Féré, der auch einen nachhaltigen Einfluß auf Friedrich Nietzsche ausübte, war einige Zeit persönlicher Sekretär des berühmten Neurologen Jean Martin Charcot am Pariser Nervenkrankenhaus Salpêtrière, das im 19. Jahrhundert die wohl berühmteste psychiatrische Anstalt Europas war und an dem auch Sigmund Freud während einiger Zeit verschiedene Fälle der Hysterie studierte. Allem Anschein nach versuchte Pessoa in den Werken von Grasset und Féré Antworten auf Fragen zu finden, die einem gewissen Verlangen nach Selbstanalyse entsprangen, wobei es ihm aber auch darum ging, sich allgemein Klarheit zum Verhältnis zwischen »intellektueller Höherwertigkeit« und Neurose zu verschaffen. Weiterhin kann vermutet werden, daß Pessoa sich anhand dieser Lektüre schon frühzeitig von den Thesen des zur damaligen Zeit überaus populären italienischen Psychiaters Cesare Lombroso distanzierte. Im Sommer 1907 las Pessoa Lombrosos Buch *L'Homme de Génie* (italienisches Original *L'Uomo di Genio in Rapporto alla Psichiatria,* 1889) und weigerte sich, einige von Lombrosos damals sehr beliebten Thesen anzuerkennen, nach denen etwa das künstlerische Genie auf eine Erbkrankheit zurückgeführt werden könnte. Verständlicherweise müssen solche Annahmen den jungen Pessoa doch etwas beängstigt oder zumindest befremdet haben.

Der wichtigste Einfluß auf Pessoa stammt in dieser Zeit allerdings von Max Nordau, dessen Werk *Entartung* er im Mai 1907 in der französischen Fassung *(Dégénérescence)* für sich entdeckte. Obwohl in seinem Nachlaß sehr viele und teilweise recht überschwengliche Anmerkungen zu seiner Lektüre Nordaus zu finden sind, ist dessen tatsächliche Wirkung auf ihn bis heute umstritten. In diesem Zusammenhang wird oft eine Briefpassage Pessoas zitiert, nach der er in jener Zeit sein »drittes Jugendalter« verbrachte und »sein Geist von der Atmosphäre der griechischen und deutschen Philosophen ebenso wie der französischen Dekadenten ganz plötzlich durch die schwedische Gymnastik und die Lektüre der *Entartung* Nordaus bereinigt wurde«. Nordaus inquisitorischer Feldzug gegen den »nervös-dekadenten« Zeitgeist mag Pessoa sicher beeindruckt haben, man sollte jedoch nicht die Ironie in diesem Briefauszug unterschätzen. Während Nordau beispielsweise den französischen Symbolismus als eine einfache Degeneration der Romantik deklassierte, erkannte Pessoa hinter den vermeintlich dekadenten Elementen viel eher die positiven Seiten einer neuen Kunstform. So trägt der in den Jahren zwischen 1910 und 1917 abgefaßte Gedichtzyklus *The Mad Fiddler* selbst noch einige deutliche symbolistische Züge, Dichter wie Dante Gabriel Rossetti, Paul Verlaine oder insbesondere Stephan Mallarmé wurden von Pessoa mitunter als Vorbilder angesehen, und die beiden im Jahre 1915 erschienenen Ausgaben der für den portugiesischen Modernismus entscheidenden Zeitschrift *Orpheu* entstanden zum großen Teil aus dem Geist des Symbolismus. Sicher ist es daher auch kein reiner Zufall, daß es nach der Herausgabe des *Orpheu* in der Lissabonner Tagespresse zu heftig ablehnenden Reaktionen kam, die den Begründern des portugiesischen Modernismus eine kollektive Neurose zuschrieben, und nicht umsonst löste diese öffentliche Entrüstung bei Pessoa und Mitstreitern einen gewissen Stolz oder zumindest eine befriedigte Erheiterung aus. Um aber kurz auf ein weiteres Beispiel von Pessoas etwas undurchsichtigem Verhältnis zu Max Nordau zurückzukommen, so schien er zwar völlig dessen Auffassung von der mutmaßlichen Degeneration Nietzsches zu teilen, zeigt jedoch in seinem eigenen Werk vielerlei verhüllte Affinitäten zum Philosophen aus Deutschland. Wie viele andere Affirmationen Pessoas ist auch jene, nach der er sich dem Gedankengut Nordaus eng verbunden fühlte, mit einer gewissen Vorsicht zu genießen. Betrachtet man sein Werk in seiner Gesamtheit, so besteht nicht der geringste Zweifel an der Tatsache, daß sich Pessoa in späteren Jahren gänzlich von den Ideen der *Entartung*, die er laut eigenem Bekunden nahezu »wie die Bibel gelesen« hatte, abgekommen ist.

In den Jahren zwischen 1908 und 1911 setzt in Pessoas Leben eine neue Etappe ein. Portugal war in dieser Zeit von extremen politischen Unruhen geprägt, die dem Land ab dem tödlichen Attentat auf den aus dem Hause Sachsen-Coburg und Gotha abstammenden König Karl I. und seinen Thronfolger Ludwig Philipp am 1. Februar 1908 und bis weit über die Ausrufung der Ersten Republik am 5. Oktober 1910 hinaus eine extreme Instabilität bescherten. Pessoa beginnt in diesen Jahren, sich systematischer und intensiver mit der damals immer populärer werdenden Literatur zum Genie oder zur Psychopathologie zu beschäftigen. Beispiele dafür sind die heute etwas in Vergessenheit geratenen, am Anfang des 20. Jahrhunderts aber sehr bekannten Autoren wie Charles Binet-Sanglé (*La Folie de Jesus*, 1908) oder hauptsächlich John Ferguson Nisbet (*The Insanity of Genius and the General Inequality of Human Faculty*, 1891). Beide Autoren hinterließen ein nachhaltiges Echo bei Pessoa, wofür sein eigener Titel *Die Geistesstörung des Jesus* Zeugnis ablegt, ebenso wie jene Schriften, in denen eine Argumentation hinsichtlich einer gewissen Psychopathologie bei staatsmännischen, philosophischen, wissenschaftlichen und hauptsächlich literarischen Genies durchschimmert. Gerade in einigen der unter den Titeln *Geschichte der Diktatur* und *Sozialpolitische Fragmente* zusammengefaßten Texte wird erkenntlich, wie er versuchte, die überaus konfuse Politsituation seiner Zeit unter einem psychopathologischen Gesichtspunkt zu analysieren. Interessanterweise zeigt sich in diesen Texten anfangs noch eine gewisse Sympathie gegenüber einigen republikanischen Bestrebungen, was insofern erstaunlich ist, da man den späteren Pessoa meist nur als elitären Antidemokraten kennt. Eine deutliche Distanzierung von jeglichen demokratischen Ideen ergab sich bei ihm allerdings sehr schnell und war allem Anschein nach einer ausgeprägten republikanischen Radikalität geschuldet, die in Portugal nahezu bürgerkriegsähnliche Konflikte heraufbeschwor.

Einem eher individuellen Interesse folgend, wandte sich Pessoa in dieser Zeit auch dem Werk und der Lebensgeschichte des portugiesischen Dichters Antero de Quental zu, der sich 1891 auf seiner heimatlichen Azoreninsel São Miguel mit zwei Schüssen in den Kopf das Leben nahm und heute als einer der bedeutsamsten portugiesischen Dichter des 19. Jahrhunderts angesehen wird. Hauptsächlich die letzten Lebensjahre Quentals, der sich literarisch von einem revoltierenden Spätromantiker zu einem frühen Existentialisten entwickelte, waren gekennzeichnet von metaphysischen Sinnkrisen und nie vollständig aufgeklärten, in Intervallen auftretenden psychopathologischen Problemen. Wie es in einigen Fragmenten des Abschnitts zur *Literatur und Psychiatrie* erkenntlich wird, fühlte sich Pessoa in einem gewissen Sinne mit Quental »geistig brüderlich verbunden« und sah in ihm die extreme Ausprägung eines »moralischen Martyriums«, das er in drei Untergruppen aufteilte. Zunächst gibt es den Konflikt zwischen »der mentalen Konstitution eines Rationalisten und der Mentalität eines Gläubigen«; dann gibt es weiterhin den Widerstreit zwischen »dem moralischen Sinn des Dichters und dem Nichtvorhandensein von Moral in der Natur«; und schließlich gibt es »die Qual des Mysteriums *an sich*«. Diese Konflikte, und insbesondere das »Mysterium *an sich*«, sind Elemente, die in Pessoas eigenem Werk ständig präsent sind. Seine Beschäftigung mit Quentals Dichtung und dessen psychischer Beschaffenheit diente in diesem Sinne auch immer einer untrüglichen, bis zu diesem Zeitpunkt aber vielleicht noch etwas unbewußten Selbstanalyse.

Folgen wir weiter den Forschungsergebnissen Jerónimo Pizarros, so dürfen wir festhalten, daß hinsichtlich der Thematik *Genie und*

Wahnsinn ab dem Jahre 1911 bis zum Tode Pessoas im Jahre 1935 Texte vorherrschen, die sich immer unverhüllter auf eine Beschreibung der eigenen Seelenverfassung (oder auf eine *Autopsychographie*) unter einem psychopathologischen Blickwinkel beziehen. Obwohl Pessoa es explizit nie zugibt, lassen gerade die Fragmente zur *Fragestellung Shakespeare–Bacon* nicht den geringsten Zweifel offen, daß er die Analyse des literarischen Genies Shakespeares auch auf sich selbst bezieht. Heute kann man davon ausgehen, daß diese Fragmente Skizzen zu einem größeren Projekt waren, das jedoch, wie die meisten anderen Projekte Pessoas, nie konkretisiert wurde. Dennoch sind diese Schriften überaus bemerkenswert, da sie dem englischen Dramatiker eine hysterische Neurasthenie bescheinigen. Die Fähigkeit Shakespeares, sich in andere Charaktere hineinzuversetzen und an einem Rendezvous von scheinbar nicht vorhandenen Figuren teilzunehmen, zeugt gemäß der mentalphysiologischen Ansichten Pessoas eben deutlich von einer hysterischen Neurasthenie. Und in bezug auf seine eigene Heteronymie beschreibt sich Pessoa im Jahre 1931 mit »hoher Wahrscheinlichkeit« als ein »hysterischer Neurastheniker, bei dem das hysterische Element in der Emotion vorwiegt und das neurasthenische Element in der Intelligenz und im Willen«.

In Anbetracht seiner jugendlichen Lektüre und dieser Selbsteinschätzung ist es also nicht weiter verwunderlich, daß Pessoa mehrfach betont, die sich damals immer weiter verbreitende Psychoanalyse Sigmund Freuds würde bei ihm selbst zu keinen hilfreichen Resultaten führen. Insgesamt werden aber ab dem Jahre 1912 die Texte mit einem direkten historischen oder nahezu erkenntnistheoretischen Bezug auf das psychopathologische Verhältnis zwischen Genie und Wahnsinn immer weniger, wobei das Thema aber nicht völlig aus Pessoas Blickwinkel verschwindet. Im Gegenteil, es kehrt, wenngleich auch in größeren Abständen, bis zu seinem Tode immer wieder. Es wird nun aber eher fiktional bearbeitet. Deutliche Anklänge des Gegenstandes finden wir in den um 1930 in englischer Sprache abgefaßten Fragmenten des Essays *Herostratus,* einer Figur, die völlig irrational den Tempel der Artemis in Ephesos in Brand steckte, um unsterbliche Berühmtheit zu erlangen. Da der *Herostratus* bereits in einer deutschen Übersetzung vorliegt, wurde er in diesem Band nicht erneut aufgenommen. In anderen Erzählfragmenten – wie hauptsächlich in der in diesem Band eingegliederten Geschichte *Quaresma, der Entzifferer* – geht es um die Lösung von mysteriösen Kriminalfällen anhand von Versuchen, auf die psychopathologischen Besonderheiten des Täters zu schließen. Ähnlich wie bei Edgar Allan Poe arbeitet bei Pessoa die mit der Lösung des Falls beauftragte Person rein deduktiv. Sie ist mit vielerlei absonderlichen Auswüchsen der menschlichen Geistesverfassung vertraut und kann daher anhand von Logik und Kombinationsgabe recht schnell den Täter ausfindig machen. Eigentlich geht es nur um die Identifizierung des psychischen Motivs für das Verbrechen und um die Suche nach der Person, deren mentale Struktur diesem Motiv entspricht. Diese an sich recht kreative Verarbeitung früherer Studien zur menschlichen Psychopathologie in Form von Kriminalfiktion rechtfertigt die Aufnahme dieser Erzählungen in diesen Band, auch trotz ihrer Unvollständigkeit und starken Fragmentierung.

In einem abschließenden Überblick dürfen wir nochmals festhalten, daß es sich bei den hier zusammengefaßten Texten vorwiegend um Frühschriften handelt, die einen weitreichen Aufschluß zu Pessoas intellektueller Biographie hauptsächlich in der Zeit nach seiner Rückkehr aus Südafrika geben. Viele dieser Schriften sind ein Konglomerat aus autodidaktischen Studien, aus einer kritischen Interpretation dieser Studien und aus eigenem kreativem Schaffen. Sie zeigen ihre Wirkung vorwiegend auf drei Ebenen seines Gesamtwerkes. Zunächst kann ohne Umschweife behauptet werden, Pessoa habe seine Lektüre teilweise dafür benutzt, eine überzeugende Erklärung für die politischen Turbulenzen zwischen 1908 und 1911 in Portugal zu finden. Dieser Versuch macht insofern Sinn, da er sich auf die Betrachtung der vermeintlichen Psychopathologie einflußreicher Politiker bezieht. In einer etwas pauschalisierten Form können wir davon ausgehen, daß Pessoa einige Zeit lang die Hoffnung hegte, einen Aufschluß über nachteilige, komplizierte oder eben »krankhafte« politische Situationen in der mentalen Konstitution führender Staatsmänner finden zu können. Daneben gibt es einige Betrachtungen, in denen er die Umschläge von politischen und kulturellen Systemen oder die Veränderungen von physischen und psychischen Organismen im Rahmen der Evolutionslehre zu verstehen suchte. Allerdings handelte es sich hierbei um vereinzelte Versuche, die Pessoa recht schnell wieder verwarf. Zum zweiten macht sich seine Lektüre zur Psychopathologie in einigen Erzählfragmenten bemerkbar, die er vorwiegend in späteren Jahren abfaßte und in denen es um den krankhaften Drang nach Berühmtheit wie im *Herostratus* geht, oder um die Lösung von Kriminalfällen anhand von Rückschlüssen auf die psychopathologische Bedingtheit des Täters wie im *Quaresma*. Die literarisch eventuell interessanteste Ebene findet sich aber schließlich genau dort, wo sich Pessoa unmittelbar direkt, oder indirekt anhand eines Stellvertreters – sei es nun Antero de Quental oder Shakespeare –, um die Analyse seiner eigenen Geistesverfassung bemüht. Diese Tatsache ist nicht ganz belanglos, sie ist sogar von erheblicher Bedeutung. Im Laufe der letzten Jahre kam es immer wieder vor, daß Pessoas Aufspaltung in verschiedene Dichterpersönlichkeiten oder das leibhaftige Vorhandensein von »anderen« Personen in seinem Werk als eine multiple oder dissoziative Persönlichkeitsstörung aufgefaßt wurde. Im Hinblick auf die hier zusammengestellten Schriften erweisen sich solcherlei Auffassungen jedoch als völlig absurd und haltlos. Es mag paradox klingen, aber genau das Gegenteil ist der Fall. Oder zumindest ist es schon sehr außergewöhnlich, wenn jemand seine vermeintlich eigene Psychopathologie so extrem rational und sachlich nüchtern zu analysieren versucht wie Fernando Pessoa. Eigentlich sollte man in bezug auf Pessoas Heteronymie mit Kenntnis der hier zusammengestellten Texte vielmehr behaupten, daß sie ein völlig überlegter und bewußt literarischer Kunstgriff einer Persönlichkeit gewesen ist, die in ihrem eigenen Charakter – ähnlich wie in dem Shakespeares – ein gewisses hystero-neurasthenisches Talent vorfand.

Fernando Pessoas Schriften zu Genie und Wahnsinn sind in ihrer Gesamtheit nicht unbedingt als Abhandlungen zu verstehen, in denen

er zwischen beiden Phänomenen eine direkte und unbedingte Verbindung herstellen oder die geheimen Psychosen der europäischen Geistesgeschichte aufdecken wollte. Pessoa ging es hauptsächlich – und das sollte nochmals unterstrichen werden – um eine langanhaltende Selbstanalyse, die ihm helfen sollte, seinen unbändigen Schreibzwang, seine literarische Berufung und seine Neigungen zur heteronymen Vervielfältigung besser zu verstehen. Und letztlich können diese Schriften auch auf einer sekundären Ebene helfen, Fernando Pessoas Gesamtwerk deutlicher zu interpretieren und es neu kennenzulernen. Einerseits können die hier zusammengefaßten Fragmente als Beleg für die Tatsache aufgefaßt werden, daß der pessoasche Archipel bei weitem noch nicht völlig umschifft wurde. Auch in Zukunft werden noch andere Editionen aus der Truhe hervorkommen, die seine an sich schon ungeheure dichterische Vielfalt sehr wahrscheinlich noch weiter anschwellen läßt. Andererseits können diese und zukünftige Schriften zeigen, daß es sich bei Pessoa keineswegs nur um einen ausgesprochen würdigen Repräsentanten vermeintlicher portugiesischer Schwermut und Melancholie handelt. Diese Auffassung ist im deutschen Sprachraum immer noch verbreitet, und es mag tatsächlich eine sehr wichtige Facette bei diesem großen Portugiesen sein. Sie ist aber keineswegs die einzige Charakteristik Pessoas, was diese und zukünftige Übersetzungen zeigen sollen.
In diesem Zusammenhang möchte ich abschließend dem Verleger Egon Ammann danken, dessen unermüdlicher Einsatz in den letzten Jahren glücklicherweise dazu führte, daß Pessoa auch im deutschen Sprachraum inzwischen etwas mehr für sich beanspruchen kann als nur den etwas fragwürdigen Titel eines »Geheimtips«. Weiterhin gilt ein aufrichtiger und freundschaftlicher Dank Jerónimo Pizarro, der mit großer Hingabe für überraschende Editionen sorgt und damit immer wieder neue Masken Pessoas von der Truhe ans Tageslicht befördert. Und schließlich geht ein herzlicher Dank auch an Adelaide Galhano, die nicht nur bei gelegentlichen Übersetzungshilfen eine erstaunliche Geduld aufbrachte.

Steffen Dix, Lissabon im September 2009

Inhalt

Fernando Pessoa

»Das Drama im Menschen«

Die definitive, erweiterte Ausgabe der Werke Fernando Pessoas in neuer und überarbeiteter Übersetzung

Das Buch der Unruhe des Hilfsbuchhalters Bernardo Soares

Aus dem Portugiesischen übersetzt von Inés Koebel
Mit einem Nachwort von Egon Ammann
576 Seiten. Leinen mit zwei Lesebändchen
ISBN 978-3-250-10450-6

Das Buch der Unruhe ein Hauptwerk der Weltliteratur, erstmals soweit vollständig, in erweiterter und neuer Übersetzung auf deutsch erschienen, ist der Prosatext eines Dichterphilosophen und präzise formulierenden Moralisten, der in der Person seines Halbheteronyms und Protagonisten, des Hilfsbuchhalters Bernardo Soares, nach dem Sein des Menschen und den Geheimnissen seines Ichs fragt. Als Mikrokosmos von Pessoas Gesamtwerk weist es die unterschiedlichsten Gedankengänge und Stilrichtungen auf, poetische, tagebuchartige, aphoristische und essayistische Aufzeichnungen. In ihnen allen finden sich die Gedanken seiner Heteronyme wieder. Somit bildet *Das Buch der Unruhe* den Ausgangspunkt für die Edition der Werkausgabe Pessoas im Ammann Verlag.

»Pessoas Werk ist wie eine Bibel, man kann es über Jahre hinweg mit sich herumtragen, jederzeit aufschlagen, immer wieder einen Abschnitt lesen und sich über die Einsamkeit des Menschen belehren lassen. Es umspannt die Seele mit sehnsüchtiger Trauer.« *Maike Albath, Tagesspiegel*

»Als Dichter ist Pessoa einzigartig, denn er hat aus reiner Poesie einen großen Roman gemacht.« *Antonio Tabucchi, Bücherjournal, NDR*

»Ein Jahrhundertbuch!« *Andreas Isenschmid, Schweizer Literaturclub*

Ammann Verlag

Fernando Pessoa

»Das Drama im Menschen«

Die definitive, erweiterte Ausgabe der Werke Fernando Pessoas
in neuer und überarbeiteter Übersetzung

Álvaro de Campos. Poesia - Poesie

Portugiesisch und Deutsch
Aus dem Portugiesischen von Inés Koebel
784 Seiten. Leinen mit Lesebändchen
ISBN 978-3-250-10454-4

Álvaro de Campos ist, wie Ricardo Reis vor ihm, an jenem legendären 8. März 1914 aus Pessoas Seele ans Licht getreten, als der Dichter in einem Zug die *Triumph-Ode* niederschrieb. Campos ist das Gegenstück eines selbstbewußten Männlichkeitsfanatikers, er will nicht ständig überlegen sein, und vielleicht macht ihn gerade das dem Leser sympathisch. Wichtiger aber ist, daß Campos die selbstgestellte Forderung Pessoas erfüllt, »die moderne Kunst müsse mit der gesamten Schönheit der Gegenwart vibrieren, mit der ganzen Woge von Maschinen, Handel und Industrien«.

Nirgendwo im Werk des großen portugiesischen Dichters rühren gemeinmenschliche Erfahrungen den Leser so stark an wie bei Álvaro de Campos, von dessen spätem Werk zahlreiche Querverbindungen zu den Niederschriften des Hilfsbuchhalters Bernardo Soares im *Buch der Unruhe* bestehen.

Die wesentlich erweiterte Neuübersetzung von Inés Koebel ermöglicht einen neuen Blick auf die Figur, die neben Bernardo Soares Pessoas liebste war.

»In Pessoas Dichtung wird der Gedanke Klang und der Klang Gedanke. Koebel erreicht in ihren freien deutschen Versen große Treue zum Sinn portugiesischer Dichtung.« *Andreas Dorschel, Süddeutsche Zeitung*

Fernando Pessoa

»Das Drama im Menschen«

Die definitive, erweiterte Ausgabe der Werke Fernando Pessoas in neuer und überarbeiteter Übersetzung

António Mora – Die Rückkehr der Götter

Herausgegeben und aus dem Portugiesischen übersetzt, mit einem Nachwort versehen von Steffen Dix

528 Seiten. Leinen mit Lesebändchen

ISBN 978-3-250-10452-0

Mit diesem Prosa-Buch, ähnlich wie *Das Buch der Unruhe,* tritt erstmals auf deutsch ein Pessoa zutage, der sich hinter dem Heteronym António Mora verbirgt und religionsphilosophische Fragen aufwirft, Fragen zur Rückkehr der antiken Götter, Fragen zu einem neuen Heidentum. – Pessoa sagt von sich: »Ich war ein von der Philosophie angeregter Dichter und kein Philosoph mit dichterischen Fähigkeiten«, und so liest sich denn auch dieses Fesseln sprengende, aufmüpfige und anregende, verstörende Werk. Mora ist eines der spannendsten Heteronyme Pessoas, er nimmt die Fragen von Caeiro auf und sieht alle Dinge als Dinge, ohne weitere Dimension oder metaphysische Exegese. Die Fragestellungen sind von Aktualität, wird doch heute, nach der religiösen, moralischen und politischen Verunsicherung durch die Moderne, vermehrt von verschiedenartigsten Gottheiten (im Gegensatz zu den monotheistischen Glaubensrichtungen) gesprochen. Mora, der Meister Caeiro – und damit Pessoa – gehen radikal weiter als Nietzsche mit seiner Religionskritik.

»Pessoas Prosa ist von kristalliner Klarheit. Keine Formulierung ist unverständlich, und doch legt man das Buch in dem Gefühl aus der Hand, ein Verstehen eben erst gestreift zu haben.«

Andreas Dorschel, Süddeutsche Zeitung

Ammann Verlag